中央编译局文库出版工作领导小组（编委会）

主　任：贾高建
副主任：俞可平　魏海生　陈和平　柴方国　杨金海
委　员：崔友平　沈红文　杨雪冬　季正聚　陈家刚
　　　　赖海榕　郝卫东　张文成　刘明清

中央编译局文库出版工作领导小组办公室

主　任：薛晓源
成　员：徐向梅　苗永姝

中央编译出版社文库编辑中心编辑小组

刘明清　苗永姝　李媛媛　盛菊艳　薛迎春　董妍

马克思主义经典著作研究读本

主　编　杨金海　李惠斌

恩格斯《反杜林论》研究读本

姚　颖

中央编译出版社

《马克思主义经典著作研究读本》顾问委员会

贾高建　俞可平　柴方国　庄福龄　陈先达　赵家祥　詹汝琮
李洙泗　张钟朴　冯文光　安启念　韩庆祥　李小兵　张曙光

《马克思主义经典著作研究读本》编委会

主　编　杨金海　李惠斌
副主编　薛晓源　林进平
编　委　（按姓氏拼音排序）
　　　　　曹典顺　冯　章　韩立新　江　洋　姜海波
　　　　　李百玲　吕梁山　苗永姝　聂锦芳　闫月梅
　　　　　杨学功　姚　颖　张　盾　张云飞　郑　锦

总　序

呈献给读者的这套"马克思主义经典著作研究读本"丛书，旨在立足于21世纪中国和世界发展的现实，对马克思、恩格斯、列宁重要著作以及有关专题思想重新进行较为深入的研究和解读，供广大读者特别是致力于深入研究马克思主义经典作家原著的读者阅读使用。计划出版40种，三年内陆续完成编写和出版工作。

马克思主义经典著作是学习和研究马克思主义理论的基础文本，历来为人们所重视。在我国学术史上，曾编写和出版过不少关于经典著作的读本，包括各种注释性读本和导读性读本，对学习和研究马克思主义理论发挥过重要作用。然而，随着时代的发展，这些读本也越来越显出历史局限性。比如，以往对经典著作的解读视角较旧，对马克思主义理解不够全面；解读的经典著作范围较小，视野有限；解读所依据的文献不足，深度不够等。进入新世纪以来，特别是自2004年中央实施马克思主义理论研究和建设工程以来，马克思主义经典著作的教学、研究以及普及工作不断加强，这就迫切要求对经典著作重新进行解读。

同时，这些年我国学界有关经典著作的翻译和研究成果不断推出，为更好地解读经典著作提供了可能。改革开放以来，特别是进入新世纪以来，随着我国社会主义现代化建设以及人类文明的深入推进，我们对马克思主义的理解以及对经典著作的研究不断深化，解读视角发生重大转变，对马克思主义的理解更加全面。例如，以往由于受革命实践的影响，我们较多地从社会主义"革命"视角去解读，而较少从社会主义"建设"视角去解读，因此，较多地注重研究其中的阶级斗争、无产阶级革命和无产阶级专政等理论，而较少研究社会和谐发展、人的全面发展等思想。革命胜利后，仍然沿袭了这种解读模式。这就造成了对马克思主义理解的片面性。实际上，马克思主义经典著作中有丰富的新社会建设思想，恰恰是这些长期被忽视的思想对我们今天的社会主义建设实践来说更有意义。近些年来，我国学者自觉地从"建设"视角研究经典著作基本观点，取得了一系列可喜成就。又如，过去对经典著作的解读主要限于对若干重要经典著作的解读，如对《共产党宣言》等五六部名著有较为详细的解读，对其他著作的解读不多。即使有收文较多的导读性读本，但常常由于篇幅所限，也只能对这些著作进行简要介绍，不可能对每一部著作展开研究。近些年来，这种情况在逐步发生变化。研究经典著作的专题成果越来越多。再如，近年来新的经典著作编译成果和相关研究成果不断推出，大大拓宽了人们对经典著作基本观点的理解。加之这些年我国学界一大批优秀的中青年学者成长起来，他们的外语水平较高，知识储备较多，研究方法较新等，对经典著作的研究和理解也更有新意。这些都为更好地解读经典著作提供了新的时代条件。

为了继承前人研究的成果，弥补以往研究的不足，总结这些年我国学界编译、研究经典著作的成果和经验，比较全面系统地解读和阐释经典著作的基本观点，中央编译局专门成立了"马克思主义经典著作及其重大理论问题研究"课题组，并对该项研究提供了基金资助。课题组不仅在局内组织力量进行研究，而且向社会公开招标，争取到社会力量的支持，一批有造诣的中青年专家参与到课题研究中来。经过课题组同仁两年多努力，已经形成一批研究成果，并将继续补充、完善并陆续推出。这套"马克思主义经典著作研究读本"丛书就是这些成果的集中体现。

本丛书力求体现如下特点，这也是丛书编著工作所力求遵循的原则：第一，体现全面性和系统性。本丛书不仅对经典作家的名著进行解读，也对其他重要著作进行解读，还要对经典作家的一些重要思想，如马克思的人类学思想、列宁的新经济政策理论等，进行专题梳理和解读。不仅从"革命"视角，而且从"建设"视角，全面、系统地梳理经典作家的思想观点。力求使这套丛书成为收文最全面、解读最系统、最能够反映经典作家著作全貌的学术成果。第二，突出文献性和考证性。每一研究读本的写作，力求充分反映国内外有关研究成果，特别是要充分反映我国新时期在经典著作翻译和研究方面所发现的新文献、取得的新成果。在此基础上，要对经典著作形成的历史背景、国内外传播、原著重要思想观点及其流变，以及后人对这些观点的理解等，进行考证研究。如果说过去的解读主要是"注"的话，那么，这套读本则要进一步体现"疏"的特点。通过这种"注疏"性考据研究，不仅使读者知其然，也知其所以然。这样，也能够为学界进一步研究提供尽可能丰富的文献资料。第三，力求权威性和准确性。一方面，研究读本所依据的经典著作文本力求具有权威性和准确性。主要依据中央编译局所编译的最新译本，如《马克思恩格斯全集》第二版、《马克思恩格斯文集》、《列宁全集》第二版、《列宁专题文集》等。对还没有新译文的文本，可以采用旧译文。同时，适当参照外文版本，进行比较研究。另一方面，所依据的其他文献资料，也力求具有权威性和准确性。要选择国内外在该研究领域最具权威性的专家学者的最具代表性的观点和最有影响力的文章。

基于上述考虑，本丛书采取大致统一的研究和写作框架。除导论外，各个读本均有五个部分组成。一是历史考证部分，其中包括写作背景、国内外主要版本和传播考证等；二是研究状况部分，包括对国内外已有的研究情况进行梳理；三是当代解读部分，包括对经典著作的内容简介，对已有研究观点的疏正，对重要理论观点及其当代意义的阐述；四是原著选编部分，根据经典著作的不同情况，或采取全选的形式，或采取节选的形式，均采用中央编译局的最新译本，个别读本同时选编原著的旧文本，以方便比较研读；五是附录部分，包括3到5篇关于本著作的国内外有一定权威性的研究文章，以及进一步研究需要参考和阅读的文献资料。

需要说明的是，对于经典著作的研究，往往会有仁者见仁、智者见智的情况。所以，尽管我们在组织编写工作中努力体现上述原则，但这些读本的观点不一定都具有代表性，更不可能与每一位读者的观点完全一致。加之作者研究角度不同，水平各异，每一读本的结构、篇章、内容、观点都不尽相同，其权威性程度也不尽一致。其中很可能有疏漏和错误之处，谨请读者批评指正。

该丛书在编写和出版过程中，得到了各个方面的大力支持。中央编译局对此项工作高度重视，始终给予鼎力支持。国家出版基金将该丛书列入2012年资助项目。中央编译出版社为该丛书申报国家出版基金项目并最终立项，以及为丛书出版做了大量工作。本丛书中收入的译著和文章的译者、作者和出版者同意我们使用相关的著作版权。该项目顾问委员会的专家对丛书的编写工作给予热情指导，编委会成员和课题组同仁为丛书的编写付出了辛勤劳动。在此一并致以衷心的谢意！

《马克思主义经典著作研究读本》

编辑委员会

2013年6月16日

目 录

导 论 ……………………………………………………………………… 1

第一部分　历史考证 …………………………………………………… 9

第一章　《反杜林论》的创作背景及写作过程 ………………………… 11
一　《反杜林论》的写作缘起与历史语境 ………………………… 11
二　《反杜林论》的写作和发表 …………………………………… 17

第二章　《反杜林论》版本流传考略 …………………………………… 22
一　《反杜林论》在俄国及其他国家的出版与传播 …………… 22
二　《反杜林论》在中国的翻译和传播 ………………………… 29

第二部分　研究状况 …………………………………………………… 39

第三章　国外学者对《反杜林论》的解读 ……………………………… 41
一　德国社会民主党理论家对《反杜林论》的评价 …………… 41
二　苏联马克思主义学者对《反杜林论》的解读 ……………… 45
三　西方马克思学家对《反杜林论》的诘难 …………………… 51

第四章　《反杜林论》在中国的研究状况 ……………………………… 57
一　改革开放前《反杜林论》在国内的普及 …………………… 57
二　改革开放以来《反杜林论》在国内的研究状况 …………… 58
三　国内学者批驳西方马克思学家对《反杜林论》的诘难 …… 62

第三部分　当代解读 ·············· 67
第五章　《反杜林论》的主要内容 ·············· 69
一　杜林唯心主义哲学与马克思主义哲学 ·············· 70
二　杜林庸俗政治经济学与马克思主义政治经济学 ·············· 78
三　杜林小资产阶级社会主义学说与科学社会主义学说 ·············· 85
第六章　《反杜林论》的理论阐释 ·············· 91
一　《反杜林论》与社会主义的"科学"规定 ·············· 91
二　"恩格斯的政治遗嘱"及其百年论争 ·············· 96
三　社会主义实现道路的共时性与晚年恩格斯政治辩证法的要义 ·············· 103

第四部分　经典著作选编 ·············· 109
弗里德里希·恩格斯　反杜林论 ·············· 111
三个版本的序言 ·············· 111
引　论 ·············· 121
第一编　哲　　学 ·············· 131
第二编　政治经济学 ·············· 206
第三编　社会主义 ·············· 239

第五部分　附　　录 ·············· 255
附录Ⅰ　研究文献精选 ·············· 257
一　〔东德〕H. 乌布利希、I. 维尔善：《〈反杜林论〉的产生过程和历史作用（1876—1895）》（节选） ·············· 257
二　〔苏〕维·维戈德斯基：《马克思主义经济学遗产中的〈反杜林论〉》 ·············· 269
三　〔苏〕泰·伊·奥伊则尔曼：《恩格斯与辩证唯物主义的批判者们》 ·············· 283
四　〔美〕诺曼·莱文：《辩证法内部对话》（节选） ·············· 303
五　〔德〕冈特·克劳泽：《卡尔·马克思和弗里德里希·

恩格斯视野中的欧根·杜林》……………………………… 311
附录Ⅱ　延伸阅读书目 ………………………………………… 331
　一　中文文献资料 …………………………………………… 331
　二　外文文献资料 …………………………………………… 334
后　记 …………………………………………………………… 336

导　论

　　写于1876年的《反杜林论》是全部马克思主义著述中最重要的文献之一，就其对后来马克思主义传播和发展以及对工人运动革命实践的影响来说，其价值仅次于《共产党宣言》。130多年来，国际学界对该文本做出多种评价，形成了该文本理解史上多彩斑斓的理论图景。总体而言，苏联学者和西方左翼理论家对《反杜林论》的理论价值与现实意义作出高度肯定，并运用晚年恩格斯的理论审视现实问题，在此基础上作进一步发挥；西方马克思主义理论家和马克思学家则质疑《反杜林论》的理论水准及有效性，并在马克思恩格斯差异论的语境中矮化了恩格斯哲学的学术价值。反思这两种理解路径，可见其中存在不同视角和不同理路的限度，而我们应有符合历史语境和时代精神的理论视野。

一　理解《反杜林论》应有的理论视野

　　审视这两种观点和风格差异显著的论述，有两个问题需要首先澄清：什么是恩格斯写作《反杜林论》的目的？《反杜林论》的话语表达具有怎样的马克思主义考量？毋庸置疑，《反杜林论》是学术性的论战文本，恩格斯批评杜林的目的在于确认工人运动应有的实践策略，因而实际上在为以工人为主体的读者写作，必然要考虑到话语的通俗明快，这种表达与纯粹哲学论述无论从思维理路还是从语言上都不可同日而语。德国社会民主党理论家和苏联学者意识到恩格斯的初衷，感受到恩格斯著述的实际效力，他们对《反杜林论》所持的肯定态度和捍卫立场是十分明晰的；而西方马克思学家则从学术角度细致辨识马克思与恩格斯论述理路的细微差别，进而指责恩格斯哲学的通俗化实则为缺乏哲学深度的表现，这些指责有些是以黑格尔哲学与马克思和恩格斯的关系为中介展开的，看似不乏道理。

实际上，合理理解《反杜林论》的理论主题，需要体会恩格斯论述该文本的历史语境和理论难度。同时，应从思想史角度把握恩格斯诸多论述的思想资源，领悟恩格斯通俗表述蕴含的理论深意。《反杜林论》出版迄今130余年来，社会状况、时代条件、科技发展以及人们的思维方式和价值观念均发生了深刻的变化，用恩格斯的一些历史性论述来解决新时期的实际问题未必是合理之举，但恩格斯解析问题的历史唯物主义方法及其开启的哲学运思理路具有持久的启示意义，仍然是我们时代应有的思维方式。

深入领会恩格斯构建的综合思维科学结构有助于丰富和发展我们时代的思维方式。如果抛却对科学和哲学关系的教条化拼接，从理解17世纪以来的科学对人类思维的影响的角度考虑，我们应当看到恩格斯力图创建一种广义的人文社会科学。这种人文社会科学以历史唯物主义为哲学基础，以政治经济学批判为着力点，以科学共产主义为思想旨归，从而形成以"唯物主义改造"的"关于社会的科学"，他将这种更新人类精神的宏愿融入政治实践的现实运用之中。深长思之，我们确乎意识到改变人们的生活境遇乃至历史命运，不仅需要哲学思维，也需要社会科学的广泛研究，整合"哲学科学和历史科学"的努力因而十分重要，① 这个努力是在《路德维希·费尔巴哈和德国古典哲学的终结》中得到表达的，但真正的理论展开是在《反杜林论》中实现的。

晚年恩格斯的论述在今天看来具有一定的限度，这种因历史和时代局限造成的论述的有限性乃是恩格斯十分清楚的，这种评价也符合历史唯物主义，但我们不能忽视其中深刻的理论思维和哲学方法对构建时代精神的价值。因而，在当今时代，我们对《反杜林论》的学术价值应

---

① 参见臧峰宇：《何谓"哲学科学"——兼及〈德意志意识形态〉和〈费尔巴哈论〉中的"历史科学"概念》，载《江海学刊》2012年第5期。

当有充分的认识。通常看来，恩格斯这部名著在国际共产主义运动中起到了重要作用，不仅是最为重要的马克思主义普及读物，而且"造就了第二国际一批最有影响的领袖人物，如倍倍尔、伯恩施坦、考茨基、普列汉诺夫、阿克雪里罗得和拉布里奥拉。这本书的影响所及并不限于党的领导人和理论家。……该书不仅在讲德语的国家和地区的社会民主党内被广为研读，而且在传统上反对马克思和恩格斯的主张的地区，尤其在法国，也为了解马克思主义铺平了道路"①。《反杜林论》发表10多年后，恩格斯在写作《路德维希·费尔巴哈和德国古典哲学的终结》时高兴地看到，"马克思的世界观远在德国和欧洲境界以外，在世界的一切文明语言中都找到了拥护者。"② 而其对苏联马克思主义哲学的影响更是其他马克思主义文本无法取代的，在作为马克思主义政治理论读本的传播过程中，《反杜林论》的价值没有被低估的理由。

毋庸置疑，恩格斯在驳斥杜林的过程中表达的历史唯物主义观念彰显了马克思主义哲学的实践功能。恩格斯希望工人了解政治经济学批判和科学社会主义基本原理，能够运用历史唯物主义解析实际问题，而这需要对思想史作精炼的梳理并作出新哲学选择才能实现。他将德国工人运动视为德国古典哲学的继承者，认为德国无产阶级"完全能够胜任他们所肩负的临时领导的任务。无论个别领袖犯了什么错误（错误很多，而且又是各种各样的），群众仍然坚决地、毫不动摇地朝着正确的方向前进。他们的坚毅精神、组织性和纪律性同德国历次资产阶级运动表现得十分突出的软弱无力、犹豫不决、逢迎和胆怯，形成了特别鲜明的对照"③。其原因不仅在于德国工人具有政治觉悟，还在于他们拥有可观的理论素养，而《反杜林论》对提高工人的政治觉悟和理论素养所起的作用毋庸置疑。"这部著作引导当时党内许多不甚了解马克思主义伟

---

① 加里斯·琼斯：《恩格斯和马克思主义的起源》，见中国人民大学科学研究处编：《恩格斯和马克思主义——纪念恩格斯逝世90周年专辑（1978.1—1984.6）》，北京：中国人民大学书报资料社1985年版，第88页。
② 《马克思恩格斯文集》第4卷，北京：人民出版社2009年版，第265页。
③ 《马克思恩格斯全集》第19卷，北京：人民出版社1963年版，第139页。

大思想的人提高了认识,并对后来的发展起了决定性作用。那时,人们的视野多么开阔!尽管恩格斯在自然和历史中自由驰骋,可是各个细节与汇成一个具有统一思想的宏伟整体的联系是多么紧密!"① 忽略这种历史语境,单向度地批判恩格斯的唯物辩证法与马克思思想的细微差别,无疑缺乏理论阐释应有的历史视野。

二 《反杜林论》的学术价值与时代精神

恩格斯在阐释唯物辩证法的过程中表达的观点体现了马克思主义哲学持久的学术生命力。西方马克思学家对恩格斯唯物辩证法的指责不能成为否定恩格斯相关论述的合理理由。身处工业化、城市化进程中的恩格斯意识到19世纪的自然科学获得了可观的成就,为哲学家概括时代精神提供了客观基础,恩格斯沿用启蒙运动以来的思想家强调科学观念的思路,试图为研究哲学社会科学和人类经济生产生活提供新的可能,这种尝试可能走得有些远,但毕竟提出超越传统哲学的改变世界的方案。我们也不应忽略马克思对《反杜林论》的肯定:"真正有科学知识的人,都能够从恩格斯的正面阐述中汲取许多东西。"② 至于批评恩格斯的晚年论述成为苏联教科书的重要来源,以至于要为教条化的苏联哲学承担责任,既存在对恩格斯理论责任的过度批评,又忽略了教科书对东方国家所起到的科学启蒙价值。批评恩格斯固然简单,超越恩格斯则具有不可忽视的理论难度,仅在《反杜林论》中我们就会发现,剥离黑格尔和恩格斯的思想关系绝非易事。而他对哲学应当何为的阐释开启了应用哲学的视域,称为以现代思维方式体现的马克思主义哲学在场的明证。

一部文本的历史价值和现实作用往往体现了作者对其所处时代和社会的理论贡献,这种贡献当然有多种评价标准,因为"文本以理论的方

---

① 参见曼·克利姆:《恩格斯文献传记》,中央编译局译,长沙:湖南人民出版社1985年版,第476页。
② 《马克思恩格斯全集》第34卷,北京:人民出版社1972年版,第242页。

式所回应的社会历史问题,后者至关重要地影响着文本的形式"①。马克思学家仅从纯粹学术角度作过度解读,显然有以偏概全之嫌,这种研究思路本身的问题从最初就已经危害到其坚守的研究的科学性;而苏联马克思主义理论家和一些西方左翼学者对《反杜林论》政治价值的单向度强调,也使人们未能更好地理解恩格斯这部文献的学术内涵。其实,对《反杜林论》中的哲学规定、历史科学、平等观念、正义原则、社会主义的实现道路等很多思想还有进一步探赜深思的必要。从中不仅可以发现恩格斯创造性的发挥,而且可以看到自18世纪启蒙运动以来的思想变迁的影子。简单地认为恩格斯缺乏哲学素养,没有读懂黑格尔和马克思,显然是缺乏足够根据的断言。

从这个角度来看,《反杜林论》的国外研究呈现出两种分歧极大的解读结论,两种解读实则都存在评价的限度。以德国社会民主党理论家和苏联学者为代表的前者强调《反杜林论》的政治价值和理论意义,却未能进一步深化和发展恩格斯的相关论述,因而在一定程度上存在着教条化的缺陷;以西方马克思学家为代表的后者则强调《反杜林论》中的观点与马克思思想的差异,这里既有微观解读的学术发现,也因缺乏对恩格斯理论的历史语境的充分考察而作出过度解读,这种做法或是不自觉而为之,或是反映冷战思维的研究策略。因而,需要对这两种研究作综合评述,并结合时代条件重释《反杜林论》,丰富和发展晚年恩格斯的论述,生发经典表述的时代活力,进而把握我们时代应有的思维方式。

合理理解恩格斯的思想,不能停留在一些断言乃至权宜之计的解释上,应结合时代精神作进一步研究。《反杜林论》不仅涵盖丰富的唯物辩证法思想,而且在恩格斯看来,它和《路德维希·费尔巴哈和德国古典哲学的终结》"对历史唯物主义作了就我所知是目前最为详尽的阐述",历史唯物主义的"大多数问题都已经在《反杜林论》第一编第九

---

① 胡大平:《回到恩格斯:文本、理论和解读政治学》,南京:江苏人民出版社2011年版,第6页。

至第十一章、第二编第二至四章和第三编第一章或导言里，后来又在《费尔巴哈》一书最后一章里谈到了"。① 我们需要对晚年恩格斯论述的"历史科学"给予足够的重视，应当认识到它与"哲学科学"的关系，从而深思如何建构和发展"关于社会的科学"。恩格斯确实认为唯物史观是唯物辩证法在历史领域的运用，但对如何运用作出了深入阐述，对此应穿越恩格斯对杜林思想的诸多批判而抵达他对马克思主义哲学的概要论证。

恩格斯在审视和驳斥杜林的理论逻辑时呈现自己的理路，难免"追随"他的批判对象而运思，他在解构杜林谬论的过程中建构马克思主义哲学、政治经济学和科学社会主义理论。其中很多道理已随着马克思主义哲学原理宣传与普及而为人们广泛熟知，而对道德、平等、宗教、分工和辩证法的深入思考则需要我们在符合时代精神的语境中作全新解读，同时我们需要理解马克思批判资本逻辑的深意，合理理解"暴力"及其在历史上发挥的作用，从而超越空想社会主义，而使社会主义成为"科学"。当然，这是一个需要实践探索的历史过程，19世纪晚期以来，国际社会主义运动的实践为此提供了正反两方面经验。为此，我们需要进一步丰富和发展恩格斯阐发的马克思主义哲学和科学社会主义理论，使对社会主义的科学认识更为深刻。

三　解读《反杜林论》的思路与方法

解读《反杜林论》，应体现马克思主义经典文本研究的历史经验，同时体现对以往研究成就的学术评价和基本判断。毋庸置疑，在新的时代条件下研究《反杜林论》，应辩证汲取传统马克思主义研究与马克思学研究的优势，在尽可能准确合理理解《反杜林论》的学术价值与其现实功能的同时，避免将学术政治化的解读方式，同时避免剥离文本的现实语境而做纯粹考据基础上的大胆猜想。我们深知，审慎的文本研究

---

① 《马克思恩格斯文集》第10卷，北京：人民出版社2009年版，第670页。

和版本考据都是科学研究的必需，但这只是进一步研究的前提，得出符合实际的结论还需要结合现实而做认真地分析和研究。因而，逻辑与历史相一致的方法对文本解读而言仍是有效的历史唯物主义研究方法。

运用逻辑与历史相一致的方法，需要我们在从事历史文本研究的过程中注意对现实问题的研究，从社会现象中发现问题。纷繁复杂的社会现象需要我们注重跨学科研究，这种研究首先是马克思主义理论内部的跨学科研究，即促进马克思主义哲学、政治经济学和科学社会主义理论以及其他马克思主义理论的综合研究，这也是体现《反杜林论》学术特色的应有之义。恩格斯对杜林的批判提醒我们，应以多学科的理论视野综合审视哲学问题，而在作为纯粹哲学的逻辑学和辩证法之外，哲学已经融入全部社会生活领域并体现思想的力量，仅将哲学囿于纯粹思想一隅，无益于哲学自身的发展，也无益于哲学关注的现实问题的解决。研究《反杜林论》，无疑应运用恩格斯为我们提示的这种思路和方法。

与此同时，面对恩格斯丰富的理论著述，还需要有针对性地作互文解读。互文解读是文本研究的重要方法，它使我们全方位多角度地审视文本的内在逻辑，从而更深入地把握文本的历史语境。① 为此，不仅要分析《反杜林论》各组成部分及其与《社会主义从空想到科学的发展》、《反杜林论》准备材料之间的思想关联，还要研究《反杜林论》与《路德维希·费尔巴哈和德国古典哲学的终结》、《自然辩证法》、《卡·马克思〈1848年至1850年的法兰西阶级斗争〉一书导言》、晚年恩格斯书信等文本之间的思想关联。正是在这些文本群中，恩格斯的思想得到丰富地展开。从中我们看到，恩格斯试图以简洁明快的语言表述马克思主义哲学乃至马克思主义理论的内在逻辑，在扬弃传统形而上学以及马克思恩格斯所处时代的形而上学家和意识形态家的陈旧叙述的过程中开启"新唯物主义"的理论视域，使之在消除资本逻辑的国际社会主义运动的过程中对象化、现实化。

---

① 参见臧峰宇、姚颖：《"理解马克思"与"理解马克思主义"——兼论列宁哲学的当代意义》，载《理论学刊》2011年第4期。

基于上述考虑，笔者尝试考证《反杜林论》的创作背景及写作过程，研究其版本流传简史，分析国内外学者的既往研究成果，借鉴多学科的研究方法，解读《反杜林论》的理论结构、思想主旨和时代精神。这项研究当然还只是初步的，很多思路和论域还需要在今后进一步展开。希望本书所述恩格斯的理论创见、围绕《反杜林论》等恩格斯文本展开的论争以及通过分析所得的结论能为我们进一步理解马克思主义哲学的理论实质及其历史走向，形成马克思主义哲学中国化、时代化、大众化的有效思路，具有一定的理论参考价值。

第一部分　历史考证

第一章 《反杜林论》的创作背景及写作过程

《反杜林论》是马克思主义传播和理解史上的经典名篇,"这部著作引导当时党内许多不甚了解马克思主义伟大思想的人提高了认识,并对后来的发展起了决定性作用。"① 尽管恩格斯对自然科学和历史科学的论述涉及多种研究领域,但由各个细节凝聚成的思想整体体现了马克思主义理论的主要组成部分。分辨和理解 130 余年来国际学界的解读与评价,需要回到恩格斯写作该文本的历史语境,在理解恩格斯创作和发表该文本的过程中把握该文本的思想要义。

一 《反杜林论》的写作缘起与历史语境

19 世纪 70 年代,欧洲主要资本主义国家的生产力迅猛发展,科学和技术空前繁荣,资本主义开始由自由竞争向垄断帝国主义阶段过渡,国际工人运动也进入了"集结"力量,"为迎接未来战斗"做准备的阶段。经历了 1848 年欧洲革命和 1871 年巴黎公社铸炼的马克思主义已经在国际工人运动中居于主导地位,成为"德国社会民主党"的理论基础。"德国社会民主党"是在 1875—1876 年由以马克思主义为指导的"德国社会民主工党"和以拉萨尔思想为根据的"全德工人联合会"合并而成的,它的建立结束了有组织的德国工人运动长期分裂的局面,使

---

① 参见曼·克利姆:《恩格斯文献传记》,中央编译局译,长沙:湖南人民出版社 1985 年版,第 476 页。

得广大工人、知识分子和小资产阶级等进步阶层都积极向其靠拢。但负面影响在于，在合并过程中没有及时地、有针对性地同拉萨尔派作斗争，造成了党内思想的混乱，产生了各种以折衷主义为核心的庸俗社会主义理论，其中欧根·杜林的理论是最典型的代表，"它可以毫无愧色地同 1845 年的老的'真正的社会主义'相媲美。"①

欧根·卡尔·杜林

欧根·卡尔·杜林（Eugen Karl Dühring 1833—1921 年），社会主义理论家，1863—1877 年任柏林大学兼课讲师，讲授哲学、国民经济学和社会主义课程。当马克思的巨著《资本论》第 1 卷在 1867 年 9 月问世时，杜林在当年 12 月出版的《现代知识补充材料》杂志第 3 卷第 3 期上发表了题为《马克思的〈资本论〉。政治经济学批判》的评论文章，批判《资本论》中的价值理论和辩证法思想。这篇文章虽然引起了马克思和恩格斯的注意，但此时的杜林在德国工人运动中影响不大。马克思和恩格斯主要是在 1868 年 1—3 月的通信中断断续续地分析和驳斥了杜林的一些错误观点。列宁指出，这"好像是预示了恩格斯（同马克思一起）在 9 年以后所写的有名的《反杜林论》一书的内容"②。

杜林曾一度想要投靠俾斯麦政府，但未能如愿，便开始"拥护"社会主义。1871—1875 年，他连续出版了《国民经济学和社会主义批判史》（1871 年初版，1874 年第 2 版）、《国民经济学和社会经济学教程。兼论财政政策的基本问题》（1873 年）和《哲学教程——严密科学的世界观和人生观》（最后一册在 1875 年 2 月问世）等著作，他在这些书中以"社会主义改革家"的身份提出了自己的社会主义理论和改造社会的详尽计划，创造了一套包罗万象的社会主义体系。在哲学方

---

① 《马克思恩格斯全集》第 34 卷，北京：人民出版社 1972 年版，第 51 页。
② 《列宁全集》第 14 卷，北京：人民出版社 1988 年版，第 375 页。

面，他宣扬以庸俗唯物主义为基础的折衷主义；在经济学方面，他倡导资产阶级庸俗政治经济学，歪曲剩余价值学说，把暴力当做一切经济现象的终极原因；在社会主义理论方面，他鼓吹资产阶级改良主义，建议在不改变资本主义生产方式的条件下实行"劳动平等"和"分配平等"。这种全面而"完善"的体系符合19世纪德国思想界、学术界乃至工人阶级的理论兴趣，连"最不起眼的哲学博士，甚至大学生，动辄就要创造一个完整的'体系'"。① 杜林的理论自然成为鱼龙混杂的各种"体系"中的翘楚。与德国思想界狂热追求"体系"的创立相反，马克思和恩格斯始终对此持否定态度，而着意于马克思主义的科学方法论的创立。但这种做法极大地限制了他们著作的通俗性和系统性，使得既有认知水平较低的工人阶级难以读懂和接受。当然，《共产党宣言》因其简单易懂的语言而在世界工人运动中影响颇广，但写作于1848年的"《宣言》本身仅仅包含一些概括性的论断，这些论断……已不能满足运动（社会主义运动——编者注）目前所达到的水平的要求了"②。

爱德华·伯恩施坦

此外，杜林还在其著作或演说中以激进主义的姿态和言词抨击当时的某些社会问题，有时还称赞巴黎公社的革命者。他不仅被誉为"民主斗士"，而且在德国社会主义工人党中的影响巨大，逐步成为德国社会民主党的一面理论"旗帜"。爱·伯恩施坦几次登门拜访，成为杜林的热烈拥护者，他曾回忆说："杜林在他论述社会主义的著作中对于马克思与拉萨尔的辛辣的批评，并没有削弱我们对他的信仰。一位果断的科学家挺身而出做社会主义的见证人，而且力求用比马克思的著作易懂得

---

① 《马克思恩格斯文集》第9卷，北京：人民出版社2009年版，第38页。
② 伯恩施坦：《一个社会主义者的发展过程》，见中央编译局国际共运史研究室编：《研究〈反杜林论〉的参考史料》，北京：生活·读书·新知三联书店1980年版，第2页。

多的语言与形式来叙述社会主义,——和这件事实比起来,我们认为,他同《资本论》作者之间的理论分歧是不重要的。"① 而奥·倍倍尔也一度受杜林学说的影响。1874年3月,倍倍尔看了伯恩施坦推荐的杜林的《国民经济学和社会经济学教程》后,立即在社会民主工党中央机关报《人民国家报》上以"一个新的'共产党人'"为标题匿名发表了两篇关于杜林的文章,认为杜林的"基本观点是出色的,我们完全赞同。因此,我们毫不犹豫地宣布:继马克思的《资本论》之后,杜林的最新著作属于经济学领域最近出现的优秀著作之列"②。为此,马克思和恩格斯曾向该报编辑威·李卜克内西提出了强烈质疑,并警告德国社会民主党的领导人要提防杜林对社会民主党的影响和危害,并对其著作表示坚决否定。

威廉·李卜克内西

威廉·李卜克内西等党的领导人后来逐渐认识到杜林理论危害的严重性,1875年2月1日,李卜克内西第一次致信恩格斯,希望他能批判杜林,消除不良的影响,"你是否愿意写篇文章(严厉地)清算杜林?他在他的国民经济学批判史第二版中重复了他对马克思充满忌妒的全部愚蠢谰言。我在圣诞节前曾听了此人的一次讲课:狂妄自大,咬牙切齿地忌妒马克思,无非是这类货色。他在我们许多人当中(特别是在柏林)影响很深,必须**彻底**收拾他。"③ 直至同年11月,李卜克内西接连四次致信恩格斯,请求他尽快彻底地对杜林思想进行批

---

① 伯恩施坦:《一个社会主义者的发展过程》,见中央编译局国际共运史研究室编:《研究〈反杜林论〉的参考史料》,北京:生活·读书·新知三联书店1980年版,第2页。
② 倍倍尔:《一个新的"共产党人"》,见中央编译局国际共运史研究室编:《研究〈反杜林论〉的参考史料》,北京:生活·读书·新知三联书店1980年版,第41页。
③ 《威·李卜克内西致弗·恩格斯》(1875年2月1日),见中央编译局国际共运史研究室编:《研究〈反杜林论〉的参考史料》,北京:生活·读书·新知三联书店1980年版,第129—130页。

判。当时，恩格斯正抓紧时间写作《自然辩证法》，这部著作对于论证和发展科学社会主义理论具有重要意义，一旦开始批判杜林，这项工作就会被打断。由于"德国社会党正在迅速成为一股力量。但是，要使它成为一股力量，首先必须使这个刚刚赢得的统一不受危害。可是，杜林博士却公然准备在他周围建立一个宗派，作为未来的独立政党的核心。因此，不管我们是否愿意，我们必须应战，把斗争进行到底。"① 1876年5月底，恩格斯决心暂时停下对自然辩证法的研究工作，"着手来啃这一个酸果。这是一只一上口就不得不把它啃完的果子；它不仅很酸，而且很大。"②

1876年5月24日，恩格斯致信马克思，表示要彻底批判杜林和杜林主义。马克思在次日回信，表示坚决支持这个想法，"我的意见是这样的：'我们对待这些先生的态度'只能通过对杜林的彻底批判表现出来。……多年来，我们把这看做是次要的工作，没有接受下来。……只是在他多次寄来各种无知之徒的信件，使我们注意到那些平庸思想在党内传播的危险性的时候，我们才感到这件事情的重要性。"③ 5月28日，恩格斯再次致信马克思，决定了他批判的计划并幽默地说："你可以躺在暖和的床上，研究具体的俄国土地关系和一般的地租，没有什么事情打搅你。我却不得不坐硬板凳，喝冷酒，突然又把一切都搁下来去收拾无聊的杜林。但是，既然我已卷入一场没完没了的论战，那也只好这样了；否则我是得不到安宁的。此外，友人莫斯特对杜林的《哲学教程》的吹捧已明确地给我指出，应当从哪里进攻和怎样进攻。这本书一定要仔细读一读，因为它在许多关键问题上更明显地暴露了《经济学》中所提出的论断的弱点和基础。我将立即订购这本书。实际上，该书根本没有谈到真正的哲学——形式逻辑、辩证法、形而上学等等，它倒论述了一般的科学理论，在这里，自然、历史、社会、国家、法等等都是从某种所谓的内部联系方面加以探讨的。该书还有

---

① 《马克思恩格斯文集》第3卷，北京：人民出版社2009年版，第499页。
② 《马克思恩格斯文集》第9卷，北京：人民出版社2009年版，第7页。
③ 《马克思恩格斯全集》第34卷，北京：人民出版社1972年版，第15页。

一整章描写未来社会或所谓'自由'社会,其中从经济方面说得极少,却为未来的初等学校和中等学校拟定好了教学计划。所以,这本书暴露出的平庸性比他的经济著作更直截了当,把这两本书放在一起看,就能同时从这一方面来揭露这个家伙。对于批判这位贵人的历史观(认为杜林之前的东西全都没有价值),这本书还有一个好处,这就是可以从里面引证他自己的说的尖刻话。无论如何,他现在已经落到我的手里。"恩格斯接着说,写作"开始时我将纯粹就事论事地、看起来很认真地对待这些胡说,随着对他的荒谬性和平庸性这两个方面的揭露越来越深入,批判就变得越来越尖锐,最后给他一顿密如冰雹的打击。"①

  恩格斯集中了全面精力,作批判杜林的准备工作:他订购杜林的书籍,搜集杜林的文章,阅读了许多相关著作和资料,认真研究、摘录和分析,写出了大量批判杜林的准备材料②。三个月后,1876年8月25日,恩格斯从兰兹格特海边写信给马克思说:"从今天算起,过一个星期,我们将返回伦敦,那时我立即着手批判这个家伙。"③ 此后直到1878年6月,恩格斯用了近两年的时间写作《反杜林论》,并陆续发表在德国社会民主党中央机关报《前进报》上。

---

  ① 《马克思恩格斯文集》第10卷,北京:人民出版社2009年版,第414—415页。
  ② 《反杜林论》的准备材料包括两部分。第一部分是幅面大小不一的稿纸(共计35页),包括杜林著作的摘录和恩格斯的札记,其中有一部分已经勾掉,因为已用在《反杜林论》正文中。第二部分是幅面较大的稿纸(共计17页手稿),每页分两栏:左边大多是杜林《国民经济学和社会经济学教程》(第2版)一书摘录,右边是恩格斯的批语;个别地方因为已用在《反杜林论》中,所以用直线勾掉了。此外,可以列入《反杜林论》准备材料的还有:关于奴隶制的札记、沙·傅立叶《经济的和协作的新世界》一书摘要和作为《反杜林论》中《引论》草稿的关于现代社会主义的札记。这三个札记都收在《自然辩证法》第一束材料中。构成《反杜林论》准备材料第一部分的札记大概写于1876年,第二部分则写于1877年。这些准备材料第一次部分发表于《马克思恩格斯文库》第2卷(1927年美因河畔法兰克福版);全文发表于《马克思恩格斯全集》历史考证版第1版(MEGA¹)《〈欧根·杜林先生在科学中实行的变革〉和〈自然辩证法〉》专卷(1935年莫斯科—列宁格勒版),以及《马克思恩格斯全集》历史考证版第2版(MEGA²)第1部分第27卷(1988年柏林版)。参见《马克思恩格斯文集》第9卷,北京:人民出版社2009年版,第592—593页注133。
  ③ 《马克思恩格斯文集》第10卷,北京:人民出版社2009年版,第418页。

二 《反杜林论》的写作和发表

恩格斯历时近两年时间完成的《反杜林论》在《前进报》陆续发表之后,很快以单行本的形式出版,这些版本在该文本早期传播过程中起到重要作用。

1. 《反杜林论》在《前进报》上的发表

1877年初,恩格斯完成了《反杜林论》包括引论在内的第一编《欧根·杜林先生在哲学中实行的变革》。从1月3日起,该编以一组论文的形式陆续发表在《前进报》上,立即得到党内外高度热议,其中既有赞扬之声,也有反对者的阻挠。例如,1月9日,弗里德里希·列斯纳就写信给恩格斯称赞道:"我刚

"啃酸果"——写作《反杜林论》
(木刻)许钦松作

刚在《前进报》上读到了您去年写的杰出的作品《欧根·杜林先生在哲学中实行的变革》的开始部分,我必须说,这个新年不可能有比这更好和更切实的东西来开始了。"① 反对者主要是杜林的追随者,他们力图阻止恩格斯这部著作在《前进报》上发表,主要做法是:在发表方式上,让《前进报》编辑部把这篇文章安排在次要的版面上,并且每次只登载很少的一段;在发表时间上,原定恩格斯的批判文章每周三次连续发表,后来,在德国国会选举期间,为了能让《前进报》有较多的篇幅刊登选举活动的宣传材料,改成每周发表两次。事实上,迫于杜林追随者的压力,即使是这样的协议也没有得到很好的实施,文章的发

---

① 参见俞长彬、钱学敏:《马克思恩格斯反对杜林主义斗争史略》,载《马克思恩格斯研究》1996年第16辑,第73页。

表时辍时续,从1877年4月29日到5月11日,恩格斯文章的刊载甚至中断了。恩格斯虽然提出抗议,但收效甚微。从5月13日起,再次停载。

在1877年5月29日的德国社会主义工人党哥达代表大会上,杜林的追随者约·莫斯特提案:"代表大会声明,恩格斯最近几个月以来所发表的反对杜林的批判文章,丝毫不能引起《前进报》大多数读者的兴趣,甚至还引起了极大的愤慨,这类文章今后不应在中央机关报上发表。"① 尽管事实并非如此,但这项提案得到了杜林追随者的附和。作为《前进报》编辑,李卜克内西则坚决支持恩格斯,他表示,继马克思的《资本论》问世之后,这些反对杜林的论文是来自党内的意义最重大的著作。从党的利益来看,这一著作是必需的。事情关系到保卫党的科学原理。恩格斯做到了这一点,为此我们应当感谢他。倍倍尔不得不以恩格斯批判杜林的文章篇幅过长为由,提出一个折衷的提案,"停止在《前进报》正刊上刊登恩格斯反对杜林的论文,而以小册子形式加以发表。"② 最后,代表大会通过了经李卜克内西修改的倍倍尔的提案:在《前进报》学术附刊或在科学《评论》[《未来》(*Zukunft*)杂志]上或者以小册子形式发表这样的文章。③ 这项决议直到7月27日才正式被执行。

大致在1877年6—12月,恩格斯完成了《反杜林论》第二编《欧根·杜林先生在政治经济学中实行的变革》的写作。事实上,该编第一章的第一部分写于1877年3月初以前;第二部分写于8月初以前。1877年7—12月,第二编陆续发表在《前进报》学术附刊上。第三编《欧根·杜林先生在社会主义中实行的变革》大体写于1878年上半年,发表于1878年5—7月的《前进报》附刊。

值得说明的是,在恩格斯写作《反杜林论》期间,马克思给予他极大的支持和诚恳的帮助。从恩格斯下决心批判杜林,设计批判计划时

---

① 《马克思恩格斯全集》第34卷,北京:人民出版社1972年版,第498—499页注92。
② 同上。
③ 参见同上。

起，马克思始终和他紧密合作。在具体写作过程中，马克思在写作《资本论》异常紧张的情况下，还抽出一些时间阅读、分析杜林的著作，及时同恩格斯交换意见。他会提醒恩格斯注意和熟悉杜林在著作中所使用的方法；还为恩格斯搜集、推荐和寄送相关书籍材料；甚至亲自参加写作。马克思曾对杜林的《国民经济学批判史》一书第2版的前三章作了详尽的批判，恩格斯认为这已经非常充分了，"只是由于外部的原因"，"不得不很遗憾地把它稍加缩短"，① 以"《批判史》论述"为题作为第二编的第十章。最后，在《反杜林论》付印前，恩格斯按照和马克思多年合作的习惯，把全部原稿念给马克思听，得到了马克思的赞同。恩格斯曾在《反杜林论》第2版序言中指出："在各种专业上互相帮助，这早就成了我们的习惯"，"本书所阐述的世界观，绝大部分是由马克思所确立和阐发的，而只有极小的部分是属于我的，所以，我的这种阐述不可能在他不了解的情况下进行，这在我们相互之间是不言而喻的。"②

2. 恩格斯在世时《反杜林论》出版的三个版本

1877年7月，恩格斯这部著作的第一编以"欧根·杜林先生在科学中实行的变革。一、哲学"为题在莱比锡出版了单行本。1878年7月，第二、三编以"欧根·杜林先生在科学中实行的变革。二、政治经济学·社会主义"为题也在莱比锡出版了单行本。同年7月8日前后，《反杜林论》全书在莱比锡汇集成书出版了第1版，由恩格斯署名并撰写了序言，书名为"欧根·杜林先生在科学中实行的变革。哲学·政治经济学·社会主义"。这个书名套用了杜林于1865年在慕尼黑出版的《凯里在国民经济学说和社会科学中实行的变革》一书的书名，并以此对其进行讽刺。此后出版的第2版和第3版均以"欧根·杜林先生在科学中实行的变革"为名，未加副标题——哲学·政治经济学·社会主义。恩格斯在1879年11月14日给奥·倍倍尔的信中把这部书称做

---

① 《马克思恩格斯文集》第9卷，北京：人民出版社2009年版，第11页。
② 同上。

《反杜林论》。1895 年，列宁在他的《弗里德里希·恩格斯》一文中，沿用了《反杜林论》书名。① 后来，《反杜林论》就成为这部著作的正式书名，而原书名则作为副标题载入史册。

《反杜林论》第 1 版出版后不久，1878 年 10 月，俾斯麦政府开始实施"反社会党人非常法"，该书被禁止发行。这一时期，德国社会民主党被置于非法地位，马克思和恩格斯的著作，以及宣传社会主义的书籍和报刊均遭到查禁。恩格斯在第 2 版序言中曾写道："在反社会党人法颁布之后，这部著作和几乎所有当时正在流行的我的其他著作一样，立即在德意志帝国遭到查禁。"② 可是，这项法律实行的后果却适得其反。1880 年，恩格斯应法国共产主义者拉法格的要求，将《反杜林论》中的三章——引论的第一章和第三编的第一、二章——合成一册独立的著作，以"空想社会主义和科学社会主义"为书名在巴黎出版，即人们现在所熟知的《社会主义从空想到科学的发展》，马克思曾把这本小册子称为"科学社会主义的入门"。这本小册子的德文版仅在 1883 年就印行了 3 版，共 10000 册。更出乎恩格斯意料的是，还是在"反社会党人非常法"实施期间的 1886 年，《反杜林论》出版了第 2 版，印数达 2300 册。正如恩格斯所说，人们"一定会明白这种措施带来的效果：被禁的书籍两倍、三倍地畅销，这暴露了柏林的大人先生们的无能，他们颁布了禁令，却不能执行。事实上，由于帝国政府的帮忙，我的若干短篇著作发行了比我自身努力所能达到的更多的新版"③。

---

① 中国第一个《反杜林论》全译本的译者吴亮平曾在 1955 年对《反杜林论》的译本作了第二次校订。这次校订是根据 1950 的俄文本，同时参照德文原本和 1954 年莫斯科的英文本校译的。1956 年 2 月，该校译本由人民出版社出版，书后还附有译者的"校译后记"。在"校译后记"中，吴亮平也对书名问题作出解释："关于本书书名，有的同志曾经建议按照德文原本那样，把'杜林先生在科学中所实行的改革'作为正标题，而把'反杜林论'作为副标题。可是因为在列宁著作的引文中通用'反杜林论'这一书名，所以我们还是照俄文版和英文版把它作为正标题，而在扉页上则以'欧根·杜林先生在科学上所实行的改革'作为副标题。"参见恩格斯：《反杜林论》，吴黎平（即吴亮平——编者注）译，北京：人民出版社 1956 年版，第 345 页。

② 《马克思恩格斯文集》第 9 卷，北京：人民出版社 2009 年版，第 10 页。

③ 同上。

恩格斯没有对1886年在苏黎世出版的《反杜林论》第2版作重大改动，主要是因为恩格斯的时间和精力都放在整理和出版《资本论》第2、3卷上了，他只是对第三编的第二章做了一些改动，这一章不包含和杜林的论战。恩格斯在专门为这一版写的序言中，根据他为《自然辩证法》收集的材料，重新批判性地审查了他在《反杜林论》第1版中对一系列自然科学的理论问题的提法。①

1894年，《反杜林论》第3版由狄茨出版社在斯图加特出版。这一版基本上是翻印以前的1886年苏黎世版本，只是对第二编第十章马克思写的关于政治经济学史的部分做了一些修改，恢复了当时被压缩的部分，省略了和杜林有关的一些地方，使《反杜林论》中的正面叙述马克思主义的部分显得特别突出。②

概言之，《反杜林论》这部为了批判杜林而"不得不"跟着杜林"到处跑"的著作，使马克思主义世界观第一次以"完整的体系"呈现在世人面前，这种呈现让这部著作在出版后产生了极为广泛的影响和很好的效果。它让广大工人和德国社会工人党的领导人都理解了艰深的马克思思想："消极的批判成了积极的批判；论战转变成对马克思和我所主张的辩证方法和共产主义世界观的比较连贯的阐述，而这一阐述包括了相当多的领域。"③ 因而，我们需要理解恩格斯将马克思著述通俗化的用意，领会18世纪以来哲学思想变迁特别是马克思的哲学变革对恩格斯的影响，在否定杜林的理论话语中思考恩格斯建构马克思主义哲学的实质，在领悟历史唯物主义新世界观的过程中把握该文本的时代精神。

---

① 参见列·阿·列文：《马克思恩格斯著作的发表和出版》，北京：生活·读书·新知三联书店1976年版，第102页。
② 同上书。
③ 《马克思恩格斯文集》第9卷，北京：人民出版社2009年版，第8页。

第二章　《反杜林论》版本流传考略

恩格斯在《反杜林论》中对杜林的批判以及反对杜林主义的斗争，捍卫和发展了马克思主义，不仅使德国社会民主党摆脱了杜林主义的影响，确立了正确的思想理论基础，而且有力地推动了国际工人运动，促进了马克思主义在世界各国的迅速传播和发展。《反杜林论》一书在世界各国广泛的传播，甚至出乎恩格斯的意料，1884年4月11日，获悉《反杜林论》在德国及其他国家，特别是在俄国产生了巨大影响后，恩格斯写信给伯恩施坦说："对于随书寄来的《杜林》，我费了一点脑筋，后来认为是误寄给我的，也就放心地搁在一边了。我根本没有想到，这是暗示要出第二版。使我很高兴的是，事情果然如此，尤其是现在各方面都告诉我，这本东西产生了完全出乎我意料的影响，特别是在俄国。可见，尽管同不足道的对手进行论战不可避免具有枯燥的性质，但是我们百科全书式地概述了我们在哲学、自然科学和历史问题上的观点，还是起了作用。"① 130余年来，《反杜林论》以多种语言出版各种版本，这些版本的传播在很大程度上反映了不同时代人们理解《反杜林论》的历史经验。

一　《反杜林论》在俄国及其他国家的出版与传播

众所周知，马克思恩格斯十分重视俄国的革命运动，并与俄国革命

---

① 梁家珍编：《恩格斯与伯恩施坦通信集（1879—1895年）》，北京：人民出版社1982年版，第326页。

第一部分　历史考证

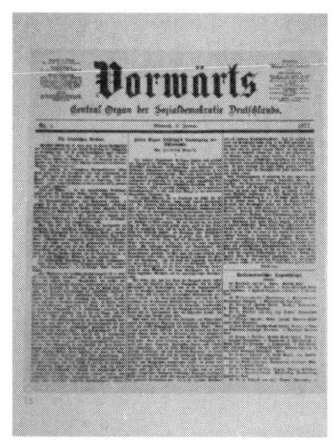

1877年1月3日《欧根·杜林先生在哲学中实行的变革》
（即《反杜林论》第一编）开始在《前进报》发表

家有着密切的联系。1878年7月16日，《反杜林论》刚刚出版一个星期，恩格斯就写信给B. H. 斯米尔诺夫说，前一天已经寄给了他一本"反对杜林的著作"，并请斯米尔诺夫告知拉甫罗夫（Лавров）和洛帕廷（Лопатин）的地址，恩格斯想把这本书也邮寄给他们。① 最后，恩格斯从施米特那里得知了拉甫罗夫的地址，并于8月10日写信给他："希望您已收到我昨天给您寄去的一本我的反对杜林的小册子。如果我有您现在的地址的话，我早就会把它寄出的。"② 几天后，拉甫罗夫回信说："我刚刚收到您的令人愉快的信和您关于杜林的著作，我早就想看它了，并且已经在《前进报》上读了一半……"③ 那时，杜林主义在俄国知识界，特别是在革命青年中间有很大的影响，传播十分广泛，被俄国的小资产阶级作家当做理论武器。如果恩格斯的《反杜林论》能在俄国翻译和传播，揭露杜林理论的庸俗社会主义的内核，对于促进俄国革命的发展和引导俄国进步青年的思想具有十分重要的意义。④ 因

---

① 《马克思恩格斯全集》第34卷，北京：人民出版社1972年版，第310页。
② 同上书，第314页。
③ К. Маркс, Ф. Энгельс и революционная Россия, М.: Политиздат, 1967, стр. 348 – 349.
④ В. Шульгин, «Анти – Дюринг» в России 70 – х годов, Звенья, Ⅷ, М., 1950.

此，当拉甫罗夫读过《反杜林论》后，他就写信给俄国的革命家，让他们关注这本书："请注意恩格斯刚刚出版的一本关于杜林的小册子；这是一个非常严厉的批判，但包含了许多关于一般性问题的理论。"①

与马克思主义奠基人有密切联系的另一位俄国革命家 M. 柯瓦列夫斯基（М. Ковалевский）从马克思那里得到一本《反杜林论》，他很快就将这本书转交给了 Н. И. 季别尔（Н. И. Зибер）。1879 年，季别尔在柯瓦列夫斯基主编的《批判评论》杂志第 15 期上发表了对《反杜林论》的评论，文章大部分是摘要。同年，《语言》杂志第 11 期也刊登了季别尔以"辩证法在科学中的应用"为题的评论性文章。这篇文章节译了《反杜林论》第

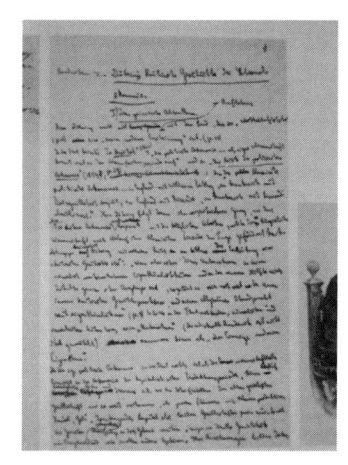

恩格斯为写作《反杜林论》作的笔记

一编和第二编前三章。季别尔发表的这两篇评论使得当时的俄国读者获得了解马克思主义理论中最核心的基本原理——唯物主义辩证法的可能，因此，季别尔也被评价为"《反杜林论》的第一个普及者、评论者和翻译者"②。1894 年，《反杜林论》第 3 版在斯图加特出版。同一年，沙皇俄国书报审查机关却颁布法令禁止它在俄国出版和传播。禁止的原因在于，恩格斯在其著作中"证明了由于现代资本主义生产方式所造成的不正常的社会经济生活，而导致的社会主义革命的必然性"。因此，《反杜林论》是一本"社会主义教义问答手册"，是民主党人进行宣传的"危险武器"。③ 尽管如此，19 世纪 80—90 年代，《反杜林论》的部分章节还是在俄国被半公开或秘密地发表过几次，并成为"首批俄国马

---

① А. И. Володин，《Анти - Дюринг》Ф. Энгельса и общественная мысль России 19 века，М.：Издательство《Мысль》，1978，стр. 92.

② 同上书，第 136 页。

③ 同上书，第 196—197 页。

克思主义者的思想武器"①。

19世纪80年代初,曾有一本缩略版的《反杜林论》译本在莫斯科的"翻译者和出版者协会"出版。②1884年,"劳动解放社"出版了由В.查苏利奇翻译的小册子《社会主义从空想到科学的发展》,《反杜林论》中的"暴力论"一章也被作为附录收录其中。列宁高度评价了这个译本,认为查苏利奇这个工作是第一次尝试用俄语翻译《反杜林论》的理论财富。19世纪90年代初,莫斯科马克思主义小组成员翻译了一系列《反杜林论》的片段,并发表在杂志上。③彼得堡、喀山、莫斯科、萨马拉等许多城市的地下小组都学习和研究恩格斯这部著作,将其中的思想广泛地运用在理论斗争中。值得提及的是,1889年至1893年,列宁在萨马拉生活时期阅读了《反杜林论》,并撰写了关于这部著作的内容概要,但这份概要没能保存下来。④

1904年,《反杜林论》俄译本在彼得堡В.雅科温科出版社(Издание В. Яковенко)出版,印数为2450册。该书的书名为《哲学、政治经济学、社会主义(杜林在科学中实行的变革)》,没有署译者的名字,实际上,它是由孟什维克马尔托夫(Л. Мартов,策杰尔包姆)根据德文第3版翻译的。7月24日,已经印好的但之前没有被审查的译著被送入彼得堡书报审查委员会。审查官索科洛夫很快就查明,这是一本更改了标题,在1894年禁止在俄国翻译出版的恩格斯著作。为了不承担这部书未经审查就被出版的责任,审查官向彼得堡委员会提交了一份审查意见。在意见中指出,马克思和恩格斯的思想和观念对于现代俄罗斯有教养的社会已经"不是什么新鲜事物了","马克思主义,特别是

---

① А. И. Володин,《Анти – Дюринг》Ф. Энгельса и общественная мысль России 19 века, М.:Издательство《Мысль》,1978,стр. 184.
② О. Калекина, Издание марксистской литературы в России конца 19 в. М.:Госполитиздат,1957,стр. 89.
③ Л. А. Левин, Библиография произведений К. Маркса и Ф. Энгельса, М.:Госкультпросветиздат,1948,стр. 131.
④ Ю. П. Шарапов, Ленин как читатель, М.:Издательство политической литературы,1983,стр. 39.

所谓的'正统的'马克思主义,即马克思和恩格斯,已经失去了诱惑人的新鲜性,并分化为新的流派",审查官由此得出结论,必须把马克思主义的"理论方面"和它的"可能有特别危害的实际结果"区分开。审查官确信,至于现代资本主义制度的理论批判,它早就成为永久的新闻现象和文学现象,不仅仅只有马克思主义的观点进行这种批判。此外,恩格斯与杜林的论战经常依据《资本论》,后者被允许在刊物上发表。而且审查官还认为,杜林"也是一位更具革命性的社会主义者,因为他在资本主义制度的基础上看到粗陋的暴政"。因此,他没有找到把这部书归入"法令"第 149 条关于审查和出版的条款的根据(按照这一条款,内政部长有权向部长委员会提出禁止这部译著),在他看来,这只是一本未经批准擅自出版的图书。当然,审查官也发现了个别不能"通过"的地方和页码,其中涉及审查官在报告中提到的作者对基督教和基督教道德观的"猛烈抨击",以及对人类社会主义未来的宣传。审查官认为,只有删除这些地方(标出的近 50 页),才可以使之在俄国面世。①

除了索科洛夫的报告,审查委员会又"从自己的角度发现了问题:第一,在纯粹科学辩论的幌子下,恩格斯的书带有为社会主义政党的利益服务,并为消除其由杜林理论所引起的内部分裂的实际目的。第二,这本书简短但非常明确地向读者大众阐述了马克思学说的主要原理,以及关于在社会主义初期现存的社会制度必然变更的道理。"考虑到"传播这部出版物可能产生特别的危害",审查委员会决定它适用于"法令"第 140 条关于审查和出版的条款。批准 B. 雅科温科出版社出版这部书的删节版。1904 年 10 月,《反杜林论》俄文节译本出版。② 列宁熟悉这个译本。1907 年 2 月,列宁在《卡·马克思致路·库格曼书信集俄译本序言》中指出,"这本书有策杰尔包姆的俄译本,可惜这个译本

---

① А. И. Володин,《Анти - Дюринг》Ф. Энгельса и общественная мысль России 19 века, М.：Издательство《Мысль》, 1978, стр. 198.

② 同上书,第 198 页。

翻译得很糟，不仅有许多遗漏，而且有不少错误"。① 1907 年，B. 雅科温科出版社出版了完整译本的《反杜林论》，标题改为《反杜林论（欧根·杜林先生在哲学中实行的变革）》。

十月革命胜利后，列宁领导的俄共（布）中央十分重视对马克思主义经典文献的收集、整理、翻译和出版，并专门成立马列主义研究院负责此项工作。《反杜林论》属于马克思恩格斯较为大部头的著作，直至1945 年第二次世界大战后，马列主义研究院才出版了比较科学和准确的译本，这一版本共印行了 10 万册。在这个译本中，全部译文都根据 1894 年出版的《反杜林论》德文第 3 版校订和修改；"政治经济学"部分中马克思撰写的第十章也根据保存在马列主义研究院里的手稿复印件校订；被列宁在其著作中引证过的地方，全部采用列宁的译文，正文也都采用列宁的术语。在这个译本的附录中还刊载了《反杜林论》的准备材料以及与该书相关的作品，其中包括第一次用俄文发表的恩格斯的《步兵战术及其物质基础》。1948 年，该版本再版发行。到 1960 年前，苏联曾用 18 种文字出了 63 种版本的《反杜林论》，总发行量达 2461000 册。②

如前所述，尽管《反杜林论》在俄国产生了广泛的影响，但是，对于一部 40 余万字的大部头论战性著作来说，一方面，"多数人懒得读像《资本论》那样厚的书"③，另一方面，把它翻译成其他文字也极为不易。因此，1880 年在法国出版的，根据从《反杜林论》一书中摘录出的三章整理而成的小册子《空想社会主义和科学社会主义》④ 很受世界各国人民的欢迎。这部小册子用平铺直叙的方式阐明了科学社会主义的基本理论，用浅显易懂的语言平实地说明了唯物史观和剩余价值学说的创立使社会主义从空想变为科学的发展过程。正是"这本书在许多优秀的法国人的头脑中引起了真正的革命"⑤。而《反杜林论》第一个不

---

① 《列宁全集》第 14 卷，北京：人民出版社 1988 年版，第 375 页。
② 高清海主编：《马克思主义哲学名著评介》，长春：吉林大学出版社 1989 年版，第 248 页。
③ 《马克思恩格斯全集》第 35 卷，北京：人民出版社 1971 年版，第 394 页。
④ 1883 年德文版书名改为《社会主义从空想到科学的发展》。
⑤ 《马克思恩格斯全集》第 35 卷，北京：人民出版社 1971 年版，第 343 页。

完整的法文单行本于 1901 年问世，由保尔·拉法格和劳拉·拉法格翻译，巴黎"拉克"出版社出版。完整版则于 1911 年由贾尔和布里埃出版社出版。此外，1956 年出版的法文版《马克思恩格斯全集》也收录了《反杜林论》。

《反杜林论》英文版封面

《反杜林论》曾多次被译成英文出版，除了在莫斯科出版的《反杜林论》英文版外，在英美也出版过不少版本的《反杜林论》。例如，美国于 1907 年在芝加哥首先出版了一部由 A. 刘易斯翻译的《反杜林论》。直到 1934 年，《反杜林论》的全译本才在纽约面世。1936 年，英国劳伦斯和威沙特（Lawrence & Wishart）出版社在伦敦出版了该书，1975 年再版。此外，《马克思恩格斯全集》英文版和《马克思恩格斯读本》等文集几乎均收录这部名著。

值得提及的是，1935 年，《马克思恩格斯全集》历史考证版（MEGA^1）出版了《〈欧根·杜林先生在科学中实行的变革〉和〈自然辩证法〉》专卷（1935 年莫斯科—列宁格勒版）。除收录恩格斯在世时出版过的三个版次《反杜林论》全文外，还发表了恩格斯《〈反杜林论〉的准备材料》和《步兵战术及其物质基础。1700—1870 年》①。1988 年，《马克思恩格斯全集》历史考证版第 2 版（MEGA^2）第 1 部分第 27 卷发表恩格斯在世时出版过

---

① 《步兵战术及其物质基础。1700—1870 年》一文原是《反杜林论》第二编第三章的 5 页手稿，后来恩格斯以较短的文字取而代之，这几页手稿则加上了这个标题。该文写于 1877 年 1 月初到 8 月中旬之间，因为恩格斯在 1 月初已写完了第一编，而《前进报》在 8 月中旬刊登了《反杜林论》第二编第三章。论文第一次发表在《马克思恩格斯全集》历史考证版刊出《〈欧根·杜林先生在科学中实行的变革〉和〈自然辩证法〉》专卷（1935 年莫斯科—列宁格勒版）。参见《马克思恩格斯文集》第 9 卷，北京：人民出版社 2009 年版，第 594—595 页注 147。

的三个版次《反杜林论》的全文，同时收录的还有恩格斯《〈反杜林论〉的准备材料》，1880年由《反杜林论》改编成的小册子《空想社会主义和科学社会主义》及其1883年德文版《社会主义从空想到科学的发展》。

此外，《反杜林论》还曾在波兰、罗马尼亚、阿尔巴尼亚、南斯拉夫、民主德国、朝鲜和其他一些国家被多次翻译出版。

二 《反杜林论》在中国的翻译和传播

百余年来，《反杜林论》在中国得到广泛传播，几代中国读者阅读的该书中译本包括：吴亮平译本、中央编译局译本等。下面详述之：

1. 吴亮平译《反杜林论》及其重要版本

《反杜林论》被介绍到中国是在五四运动以后。1920年前后，各地共产主义小组相继成立，马克思和恩格斯的著作得到较为广泛的传播。当时，《新青年》、《国民》、《每周评论》、《建设》等进步刊物相继发表介绍马克思主义的文章和马克思主义经典著作的译文。1920年12月，《建设》杂志3卷1号刊载了一篇题为《科学的社会主义与唯物史观》的译文，即是《反杜林论》第三编"社会主义编"的一部分。这篇译文是《反杜林论》一书中最早和我国读者见面的内容。而《反杜林论》第一个中译本在10年后才问世，译者是吴亮平。

吴亮平（1908—1986），浙江奉化人。他在15岁时考取了上海大夏大学经济系，被誉为江南神童。1925年，吴亮平由恽代英介绍加入中国共产主义青年团。同年，与张闻天、王稼祥、乌兰夫、左权、伍修权、朱瑞、赵一曼等共赴莫斯科中山大学学习，1927年由张闻天等5人介绍加入中国共产党。最初，吴亮平翻译了《社会主义从空想到科学的发展》，从此与《反杜林论》结下不解之缘，产生了要把这部著作完全翻译出版的愿望。随后，吴亮平与张闻天一起合译了马克思的《法兰西内战》、列宁的《社会民主党在民主革命中的两个策略》、《国家与革

《反杜林论》译者吴亮平

命》等马克思主义经典著作。正是在参与翻译大量马克思主义经典著作的基础上,他收集了关于《反杜林论》的资料,为翻译这一大部头著作做准备。

1929年秋,吴亮平从莫斯科回到上海,在宣传部工作。1930年5月,由于受到王明的打击,吴亮平被撤职,但他宣传马克思主义的决心没有改变。经地下党员张庆孚介绍,白天他在一所大学代课,维持生计;晚上进行支部规定的革命活动,夜里从事《反杜林论》的翻译。1930年的上海被白色恐怖所笼罩,要秘密翻译一部27万字的理论高深的鸿篇巨著,谈何容易!吴亮平遇到的困难是常人难以想象的。时值炎热的盛夏,酷暑难熬,他埋头于简陋的亭子间,挥汗译著。一方面,他时刻提防国民党特务的跟踪盯梢,饮食起居没有规律;另一方面,为了力求译文的准确,吴亮平根据德文原本,参照俄文和日文两种译本进行翻译。在这样的情况下,废寝忘食的吴亮平仅用了3个月的时间就译完了《反杜林论》这部"马克思主义的百科全书"。随后交给了上海江南书店出版。

1930年11月，江南书店出版了吴亮平翻译的《反杜林论》第一个全译本。该书32开横排本，分平装和精装两种。米黄色封面，上端用粗黑体美术字横题书名：反杜林论。下端署有"上海"、"江南书店印行"等字样。扉页赤字红边，正文横排，共601页。正文前还有写于1930年10月26日的"译者序言"。

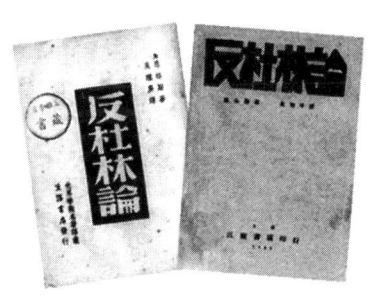

《反杜林论》吴亮平译本

《反杜林论》中译本出版不久，吴亮平就被国民党特务逮捕，关押在上海提篮桥监狱。他在监狱中坚贞不屈，团结同牢难友，同敌人进行了不屈不挠的斗争，把敌人的监牢变成了秘密宣传马列主义的特殊学校。吴亮平曾说，《反杜林论》幸好他译得快，不然，就有夭折的危险。如同19世纪德国的俾斯麦实行"反社会党人非常法"，没有能够禁止《反杜林论》在德国和欧洲的传播一样，《反杜林论》中译本一经出版，就在中国扎根并得到广泛传播。

吴亮平翻译的《反杜林论》"在三年中间，曾经销行了四五版"①，主要的版本有：1931年8月，江南书店再版吴亮平译本；1932年7月，上海笔耕堂重印，改竖排平装本，译者署名"吴理屏"；1937年，上海生活书店重印，竖排平装本，译者署名"吴理屏"，书前有张仲实翻译的V. 波斯纳（V. Posner）的《〈反杜林论〉出版六十周年纪念》一文，这对当时的读者了解《反杜林论》一书很有帮助；1938年3月，《反杜林论》又被上海生活书店重印一次，以应当时读者的迫切需要；1939年5月，重庆生活书店重印，封面印有"世界名著译丛之三"字样，书前也收录了张仲实翻译的《〈反杜林论〉出版六十周年纪

---

① 《〈反杜林论〉中译本出版十年小序》，见恩格斯：《反杜林论》，吴黎平译，北京：生活·读书·新知三联书店1951年版，第35页。

念》一文和"译者序言"。

1932年,吴亮平被营救出狱。他辗转到中央苏区,从事经济工作。当时,毛泽东非常重视马克思主义著作的翻译和研究,想方设法从各处收集,其中就收集到了吴亮平翻译的《反杜林论》。毛泽东得到这部著作后爱不释手,并多次同吴亮平探讨《反杜林论》中的理论问题,用马克思主义基本理论深入探讨当时中国革命的实际问题。此外,毛泽东不仅注重书的内容,而且还注意译文是否优美。例如哲学篇第十一节末尾处,吴亮平用了"太过沉溺于杯中"一句话,毛泽东看了说:"这样好,有味。"他还认为"吴黎平"这个署名很好。①

1937年,吴亮平跟随红军经过长征来到延安,继续从事中宣部的工作。1939年,在毛泽东的鼓励下,他花费半年时间,将《反杜林论》的译文根据苏联马克思列宁主义研究院1938年修订的俄译本、德文原本和英文本重新审校一遍,更正了许多初译时由于地下工作条件恶劣而导致的译文错误。此时,延安已经建立了印刷厂,这个校订本就在1940年8月由解放社出版。全书为竖排32开本,用的是粗糙的通廉纸。书前有译者根据尤琴的文章编译的《〈反杜林论〉内容大要》,以及吴亮平于1940年7月7日写的《〈反杜林论〉中译本出版十年小序》,其中简述了《反杜林论》中译本的10年沧桑,并对该书的内容作了简明的提要勾玄。文中有注释。1978年,吴亮平在《〈反杜林论〉中译本的五十年》一文中写道:"《反杜林论》的1940年校订本,对我说来始终具有很大的纪念意义。因为它是我在毛泽东同志的亲自鼓励督促下完成的。假如说,1930年我第一次翻译《反杜林论》时,主要还是出于对马列著作和革命理论的朴素感情(当时我才二十二岁),那么到了这时,我在毛泽东同志教育下,对搞好《反杜林论》这本名著的译本的认识是比较提高了一些。"②

---

① 参见吴亮平:《〈反杜林论〉中译本的五十年》,载《马恩列斯研究资料汇编》(第一集下),中国社会科学院马列所编辑出版部(内部刊物)。

② 吴亮平:《〈反杜林论〉中译本的五十年》,载《马恩列斯研究资料汇编》(第一集下),中国社会科学院马列所编辑出版部(内部刊物)。

直到20世纪80年代，吴亮平翻译的1940年版《反杜林论》还多次被重印，可见他的译本对于《反杜林论》在中国的传播具有重要作用。这些重印的版本是：1947年1月，上海生活书店重印，32开竖排平装本；1949年12月，北京生活·读书·新知三联书店重印，注明初版，32开竖排平装本，封面印有"马列主义理论丛书"字样；1950年11月，生活·读书·新知三联书店重印，注明第2版，大32开，横排平装本，封面印有"马列主义理论丛书"字样；1951年5月，生活·读书·新知三联书店重印，注明上海第4版，大32开，横排平装本，封面印有"马列主义理论丛书"字样，书后附勘误表；1951年6月，生活·读书·新知三联书店重印，注明第3版，大32开，横排平装本，封面印有"马列主义理论丛书"字样，书后附勘误表。

1954年，吴亮平在北京对《反杜林论》的译本作了第二次校订。这次校订是根据1950的俄文本，同时参照德文原本和1954年莫斯科的英文本校译的。校译工作早在1951年就开始了，直到1955年12月才全部完成。他重新翻译了《反杜林论》前14章。1956年2月，该校译本由人民出版社出版，注明新一版，大32开，横排平装本。书中有著者注、译者注、俄文版编者注，书后有吴亮平写于1955年12月12日的"校译后记"。这一版本到1965年3月共印制了14次之多。1963年9月还出版了16开大字本。

1973年3月，周恩来总理在一次干部会上谈到，他同毛主席在一次谈话中提到了吴亮平。毛主席讲，吴亮平30年代翻译了《反杜林论》，把马克思主义引入中国，他是第一代马克思主义理论翻译者。后来在陕北为我和斯诺谈话作翻译，把中国共产党和中国革命情况介绍到全世界。大禹治水是用疏导的办法，有进有出，吴亮平在翻译上这一进一出，意义很大，其功不下于大禹治水。[①] 此后，毛泽东对吴亮平"其功不在禹下"的评论被广为传播，这促成吴亮平再次较为

---

① 参见雍桂良等：《吴亮平传》，北京：中央文献出版社2009年版，第162页。

仔细地校对《反杜林论》。1974年,吴亮平再次对译文根据德文版作了"名词上文字上的校订"后,由人民出版社出版了第2版。这个版本为大32开,横排平装本,书中有著者注、译者注、俄文版编者注,还增加了恩格斯《社会主义从空想到科学的发展》英文版导言。书后附吴亮平写于1973年11月的"校译后记"。该版共印制15次。1980年8月,生活·读书·新知三联书店出版了吴亮平对《反杜林论》的第四次校译本,书后附有吴亮平写于1978年11月的"校译后记"。

2. 《反杜林论》中译文的其他版本

新中国成立前,除了吴亮平翻译的《反杜林论》中文全译本之外,还有很多学者翻译了该书的中文摘译文或部分内容。① 尽管这些译本均不完整,但是对马克思主义基本原理和方法论在中国的传播也起到了不可忽视的历史作用。了解这些译文或译本的内容和版次,有助于思考马克思主义在中国的传播进程。这些译文或译本主要有:

(1) 叶作丹摘译《反杜林论》哲学编第七节"自然哲学。有机界"中"达尔文学说部分"②,标题为"达尔文学说之基础的要素",载于1930年6月出版的《马克思学体系》第三册第39—41页。

(2) 钱铁如译《反杜林格论——哲学·经济学·社会主义·批判》(即《反杜林论》),1930年12月上海昆仑书店出版,该译本分为上下册,但现在只见上册,包括三版序言、绪论和哲学编。全书共228页,32开,竖排平装本。正文前有"译者的话"(写于1930年8月30日),书中有译者注。这个译本后来没有再版过。

(3) 杜畏之摘译《反杜林论》第二版序言和"概论"部分第1—6自然段,标题为"反杜林论别序"、"现代自然科学中之辩证法",收录于1932年8月出版的《自然辩证法》第159—168、557—560页。

---

① 参见北京图书馆马列著作研究室编:《马克思恩格斯著作中译文综录》,北京:书目文献出版社1983年版,第108—110页。

② 摘译部分参见《马克思恩格斯全集》第20卷,北京:人民出版社1971年版,第74—75页。

（4）程始仁摘译《反杜林论》"概论"部分，标题为"唯物辩证法与马克思主义"，著者译为"昂格思"。载于 1930 年 4 月上海亚东图书馆出版的《辩证法经典》第 135—158 页。

（5）周建人摘译《反杜林论》第一编第 3、6、10、11、12、13 节，第二编第 2、4 节，第三编第 2、5 节的部分章节和段落，标题为"杜林君在科学中的革命"。载于 1948 年 8 月出版的《新哲学手册》第 24—84 页。

（6）梁武译《新哲学典范》和《新经济学典范》，1949 年 10 月上海文源出版社出版，《新哲学典范》包括：《反杜林论》第 1 版序言，引论第 2 节"杜林先生许下了什么诺言"和第一编哲学编。全书共 127 页，32 开，竖排平装本。《新经济学典范》包括：《反杜林论》的第二编政治经济学编，书前有写于 1949 年 7 月的"编者序"。全书共 134 页，32 开，竖排平装本。

（7）郑易里摘译《〈反杜林论〉的准备材料》第二编第二章和第三编第一章，标题分别为"奴隶制度"和"傅利叶"，载于 1950 年 9 月版《自然辩证法》第 374—375、375—376 页。

3. 中央编译局编译《反杜林论》各版本

作为中国马克思主义经典著作编译和研究的权威机构，中央编译局在 1970 年 12 月编译并出版了《反杜林论》单行本。该文本正文根据《马克思恩格斯全集》德文版第 20 卷翻译，书后附《社会主义从空想到科学的发展》英文版导言，其正文根据 1958 年英文版《马克思恩格斯文选》（两卷集）翻译，同时参考了德文本和俄译本。书后还附有注释 230 条。后来这个译本被收录 1971 年 3 月出版的《马克思恩格斯全集》第 20 卷。1972 年，这个译本又被收录《马克思恩格斯选集》第 3 卷。

1995 年，中央编译局编译出版《马克思恩格斯选集》中文第 2 版，其中第 3 卷收录了根据德文本重新校改的《反杜林论》。1999 年，《反杜林论》单行本的第 2 版出版。这个版本主要采用《马克思恩格斯选集》第 2 版第 3 卷中《反杜林论》的译文，同时也根据德文本再次校改过。为了方便研究者对《反杜林论》的深入研读，这版单行本还收录了《〈反杜林论〉的准备材料》和《马克思和恩格斯关于杜林和〈反杜林论〉的书信摘选》。2009 年，中央编译局编译出版的《马克思恩格斯文集》第 9 卷收录《反杜林论》译文，其正文主要根据《马克思恩格斯全集》历史考证版（MEGA^2）和《马克思恩格斯全集》德文版作了新的审核和修订。在这里还收录了《〈反杜林论〉的准备材料》，恩格斯的《步兵战术及其物质基础。1700—1870 年》，以及恩格斯在《社会主义从空想到科学的发展》中对《反杜林论》正文所作的补充和修改。2012 年，中央编译局编译出版《马克思恩格斯选集》中文第 3 版，在第 3 卷中再次收录《反杜林论》，其译文同《马克思恩格斯文集》的译文。在 2014 年出版的《马克思恩格斯全集》中文第 2 版第 26 卷中，《反杜林论》经过与原文再次核校和修改被收录其中。值得提及的是，在这卷中除了在《反杜林论》正文后附了《〈反杜林论〉的准备材料》和《步兵战术及其物质基础。1700—1870 年》两篇相关材料外，首次附上了马克思为《反杜林论》政治经济学部分撰写的两篇材料，即《评杜林〈国民经济学批判史〉》和《经济表及若干批注》，恩格斯正是根据这两篇材料写成第二编第十章《〈批判史〉论述》①。

此外，民族出版社根据中央编译局翻译的《反杜林论》中译本出版了蒙文版（1972 年 12 月）、藏文版（1973 年 8 月）、维吾尔文版（1972 年 7 月、1978 年 6 月两版）、朝鲜文版（1972 年 10 月）、哈萨克文版（1975 年 10 月）等民族文字译本。新疆人民出版社于 1977 年 3 月出版托忒蒙古文版。②

《反杜林论》各个版本的中译本使恩格斯撰写的这部马克思主义经典著作在中国得到了广泛的传播，在一定程度上反映了中国先进知识分

---

① 在《反杜林论》德文第三版序言中，恩格斯几乎全文都在解释这件事情。（参见《马克思恩格斯文集》第 9 卷，北京：人民出版社 2009 年版，第 17—18 页）
② 参见北京图书馆马列著作研究室编：《马克思恩格斯著作中译文综录》，北京：书目文献出版社 1983 年版，第 111 页。

子和马克思主义理论家翻译、研究和传播马克思主义的历程，也在一定程度上反映了中国读者接受、理解和思考马克思主义理论的历程。回顾这一历程，可以帮助我们从文献传播的视角理解中国马克思主义理论发展的学术背景，这对我们进一步促进马克思主义中国化、时代化和大众化无疑具有不可忽视的借鉴意义。

第二部分　研究状况

第三章　国外学者对《反杜林论》的解读

在百余年的马克思主义理解史和传播史中,《反杜林论》因首次系统呈现马克思主义理论体系而在国际工人运动中产生巨大影响,使马克思主义观点成为工人阶级的自觉意识。正像恩格斯在1894年说的那样,"我感到十分满意的是,自从第二版以来,本书所主张的观点已经深入科学界和工人阶级的公众意识,而且是在世界上一切文明国家里。"① 但是,这部文本在东西方马克思学的解读中,却存在很大差异。捍卫正统马克思传统的人认为历史唯物主义和恩格斯对辩证法的概括在权威性上不相上下,二者是不可分割的。与此相反,在西方批评家看来,恩格斯与实证主义、进化论等都有联系,好像恩格斯所采取的立场基本不同于马克思的立场。② 将这种差异展现出来,无疑会进一步增强我们对《反杜林论》这部著作的认识和理解,但也应注意正确评估恩格斯的理论,不被错误思维迷惑。

一　德国社会民主党理论家对《反杜林论》的评价

《反杜林论》的发表与出版及时地纠正了在德国工人阶级政党中存在的机会主义倾向,克服了党内出现的思想混乱和理论上的动摇,使刚刚合并而成的德国社会民主党达成思想共识。马克思曾说,这部著作在

---

① 《马克思恩格斯文集》第9卷,北京:人民出版社2009年版,第18页。
② 参见加里斯·琼斯:《恩格斯和马克思主义的起源》,中国人民大学科学研究处编:《恩格斯和马克思主义——纪念恩格斯逝世90周年专辑(1978.1—1984.6)》,北京:中国人民大学书报资料社1985年版,第88页。

德国社会民主党人中获得了巨大的成功,"真正有科学知识的人,都能够从恩格斯的正面阐述中汲取许多东西。"① 通过对杜林哲学的批判,恩格斯系统地论述了马克思主义理论,在其中形成的三个组成部分——哲学、政治经济学和科学社会主义成为后人理解马克思主义最直观和便捷的方式。由于《反杜林论》的政治价值和理论意义的卓著,德国社会民主党理论家和苏联学者对其作出多种肯定评价。

正如威廉·李卜克内西在1877年的一次演说中所说,像《反杜林论》"这种文章肯定是长的,而且必须是长的,因为这是在全面反击杜林在大部头著作中所进行的进攻,并对他的整个体系从哲学、自然科学和经济方面加以批驳。在这方面,恩格斯做得很出色。……自从马克思的《资本论》问世以来,这些收拾杜林的文章是党内涌现出来的最重要的科学著作。从党的利益来说,这部著作也是必要的,因为杜林攻击拉萨尔和马克思——我们党的科学基础首先应当归功于这两个人——就是攻击党本身最核心的本质。这是一个关系到维护我们立足基础的问题。恩格斯这样做,我们应当感谢他。"② 《反杜林论》在1877—1878年的德国工人阶级中间广为传播,成为理论教育的最好的读本,坚定了德国工人运动的前进方向,恩格斯在1878年的一篇文章中说,1877年,德国无产阶级"完全能够胜任他们所肩负的临时领导的任务。无论个别领袖犯了什么错误(错误很多,而且又是各种各样的),群众仍然坚决地、毫不动摇地朝着正确的方向前进。他们的坚毅精神、组织性和纪律性同德国历次资产阶级运动表现得十分突出的软弱无力、犹豫不决、逢迎和胆怯,形成了特别鲜明的对照"③。

通过对杜林哲学的批判,恩格斯对马克思主义基本理论作了系统的论述,在该文本中客观形成的马克思主义理论体系的三个组成部分,即哲学、政治经济学和科学社会主义无疑成为后来人们理解和掌握马克思

---

① 《马克思恩格斯全集》第34卷,北京:人民出版社1972年版,第242页。
② 参见曼·克利姆:《恩格斯文献传记》,中央编译局译,长沙:湖南人民出版社1985年版,第475页。
③ 《马克思恩格斯全集》第19卷,北京:人民出版社1963年版,第139页。

主义最直观和便捷的方式。"70年代下半期的年轻人,至今还记得当时受压制的党的选举中取得的那次令人自豪的胜利,也还铭记恩格斯的那本不胫而走的书。这部著作引导当时党内许多不甚了解马克思主义伟大思想的人提高了认识,并对后来的发展起了决定性作用。那时,人们的视野多么开阔!尽管恩格斯在自然和历史中自由驰骋,可是各个细节与汇成一个具有统一思想的宏伟整体的联

《反杜林论》单行本第一版扉页

系是多么紧密!"① 虽然,恩格斯一再在序言中解释,由于"杜林先生的'体系'涉及非常广泛的理论领域",这使他"不得不"跟着杜林到处跑,并以自己的见解去反驳他的见解,②"这本书的目的并不是以另一个体系去同杜林先生的'体系'相对立"。③ 但是,"没想到这是一件幸事。清算杜林这项十分明确的工作,使社会主义得到一本第一流的教科书,它通过连贯的通俗的论述,列举各个科学领域中的例子,第一次阐明了现代科学社会主义理论的基本思想,尽管社会主义者自那时以后对杜林的兴趣已经降到'绝对冰点'但丝毫无损于这部著作的价值。"④

伯恩施坦积极评价了《反杜林论》的理论价值,"在《共产党宣言》中概括地提出来的东西,尤其是作为论点提出来的东西,在这里得到了发挥,有些地方是由于迄今获得的认识、由于马克思在《资本论》中所确定的论点而得到了纠正,有些地方是通过演绎的论述方法而得到了进一步阐述,在目前出版的《资本论》第一卷中,那些与其说是教

---

① 参见曼·克利姆:《恩格斯文献传记》,中央编译局译,长沙:湖南人民出版社1985年版,第476页。
② 《马克思恩格斯文集》第9卷,北京:人民出版社2009年版,第11页。
③ 同上书,第8页。
④ 爱·伯恩施坦:《弗里德里希·恩格斯的〈反杜林论〉》,载1894—1895年《新时代》第1卷第172页。参见曼·克利姆:《恩格斯文献传记》,中央编译局译,长沙:湖南人民出版社1985年版,第477页。

义式的表述不如说是根据发展的前因后果所作的表述，在这里也通过正面的论述作了解释，此外，还阐明了一些既不属于《宣言》也不属于《资本论》所应阐述的问题，然而对这些问题的理解，对于正确领会现代社会主义的理论原理有着重要的意义。该书第一编《哲学》中所论及的问题就是例证。因此，恩格斯的这本书填补了社会主义文献的一大空白。今天，许多书籍都是根据这本书或通过这本书而产生出来的，我们整个报刊都受了它的影响，说它填补了一大空白，及时解决了由于杜林而造成的分歧，这不过是一个大概的估计。这是谁也不会提出异议的。另一方面，我们已经指出，杜林在这段空白期间，对党暂时还是有影响的。"①《反杜林论》之所以在德国工人阶级中间广为传播，成为理论教育的最好读本，从中可见一斑。

由于较为全面地呈现了马克思主义理论的大致轮廓，不乏理论家将《反杜林论》视为马克思主义的诞生地。例如，卡尔·考茨基认为这部著作为完整理解马克思主义提供了最有效的途径，是其他马克思主义著作不可替代的："如果要我判定恩格斯的《反杜林论》对我的影响，那么对于理解马克思主义来说，没有别的书能比得上这部著作的作用了。诚然，马克思的《资本论》是很了不起的。但是，我们只是通过《反杜林论》才正确地阅读和学习《资本论》的"②。考茨基甚至认为，马克思主义流派的建立是从这本书开始的。"《欧根·杜林先生在科学中实行的变革》（1878年）彻底清算了杜林，其意义远远超过了[70年代的]那些小文章，产生这本书的背景早已被人遗忘，它的论战部分的针对性也已消失，但是对马克思主义来说却是意义重大的。这本书第一次详细而透彻地从各个方面阐明了马克思主义的特点，特别是它的辩证唯物主义及其唯物史观，剖析了当时流行的折衷主义的社会主义。当时

---

① 爱·伯恩施坦：《弗里德里希·恩格斯的〈反杜林论〉》，载1894—1895年《新时代》第1卷第172页。参见曼·克利姆：《恩格斯文献传记》，中央编译局译，长沙：湖南人民出版社1985年版，第477页。

② 参见H. 乌尔利希、I. 维尔善：《〈反杜林论〉的产生过程和历史作用（1876—1895）》，载《哲学译丛》1979年第4期。

我们都很尊敬马克思和恩格斯,也推崇《共产党宣言》和《资本论》。但是,在恩格斯的《反杜林论》出版以后,我们才开始比较深入地探究了马克思主义的思维方式,开始系统地按马克思主义来思考和工作了。从那时起才开始出现了一个马克思主义的学派。"① 尽管恩格斯是在《路德维希·费尔巴哈和德国古典哲学的终结》中为"马克思主义"命名的,但是这个学派的基本理论和主要观点其实在《反杜林论》中已经得到较为充分的阐述。

二 苏联马克思主义学者对《反杜林论》的解读

苏联马克思主义学者对《反杜林论》的解读主要源起于列宁对这部著作的重视和理解。列宁充分肯定了恩格斯在《反杜林论》中对马克思主义理论体系清晰而完整的阐释,以及对马克思主义哲学基本观点的阐述,"马克思和恩格斯最坚决地捍卫了哲学唯物主义,并且多次说明,一切离开这个基础的倾向都是极端错误的。在恩格斯的著作《路德维希·费尔巴哈和德国古典哲学的终结》和《反杜林论》里最明确最详尽地阐述了他们的观点,这两部著作同《共产党宣言》一样,都是每个觉悟工人必读的书籍。"② 列宁还多次指出,《反杜林论》全书是马克思和恩格斯共同合作的结晶,其中阐明的观点完全是马克思和恩格斯共同的观点,而且马克思还亲自参与了一章的写作:"弗·恩格斯在《反杜林论》一书(见该书,马克思看过该书的手稿)中完全以马克思的这个唯物主义哲学为依据,并阐述了这个哲学"③。"1876 年马克思参加恩格斯《反杜林论》一书的写作,看过全书的手稿并写了论述政治经济学史的整个一章。"④ 列宁认为,马克思

---

① 卡·考茨基:《弗里德里希·恩格斯》,载《斗争》(维也纳)1925 年第 281 页。转引自曼·克利姆:《恩格斯文献传记》,中央编译局译,长沙:湖南人民出版社 1985 年版,第 477 页。
② 《列宁专题文集(论马克思主义)》,北京:人民出版社 2009 年版,第 67 页。
③ 同上书,第 8 页。
④ 同上书,第 43 页。

和恩格斯在思想上始终是一致的，只是两人在分工上存在不同，"但是要找到对这个问题的回答是不难的。马克思一再把自己的世界观叫做辩证唯物主义，恩格斯的《反杜林论》（马克思读过全部手稿）阐述的也正是这个世界观。就是瓦连廷诺夫先生们也能从这里想到：约·狄慈根的混乱只能在于他背离对辩证法的彻底应用，背离彻底的唯物主义，特别是背离《反杜林论》。"① 因此，作为论战性的著作，《反杜林论》"是一部内容十分丰富、十分有益的书"，"马克思致力于分析资本主义经济的复杂现象。恩格斯则在笔调明快、往往是论战性的著作中，根据马克思的唯物主义历史观和经济理论，阐明最一般的科学问题，以及过去和现在的各种现象。反对杜林的论战性著作（它分析了哲学、自然科学和社会科学中最重大的问题）从恩格斯的这些著名中，我们举出下面几种：……"② 列宁多次以《反杜林论》为主要思想来源，继承和发展马克思主义，1913 年他吸收了这部著作的核心思想，撰写了《马克思主义的三个来源和三个组成部分》，从根本上确立了马克思主义三个组成部分在科学社会主义学说中的核心地位。

列宁时常力图运用《反杜林论》的观点分析具体问题，例如，他在《国家与革命》中对国家"自行消亡"理论进行了详细考察，列宁认为，一些"现代社会党"的社会主义思想引用恩格斯的"国家是'自行消亡'"观点，"削剪"和"解释"马克思主义，这"无异是把马克思主义变成机会主义"，③ 是对马克思主义"最粗暴的"歪曲。"因为这样来'解释'，就只会留下一个模糊的观念，似乎变化就是缓慢

列宁《国家与革命》中文版封面

---

① 《列宁全集》第 18 卷，北京：人民出版社 1990 年版，第 258 页。
② 同上书，第 57—58 页。
③ 同上书，第 190 页。

的、平稳的、逐渐的,似乎没有飞跃和风暴,没有革命。"① 列宁认为,恩格斯说的无产阶级在取得国家政权的同时"也消灭了作为国家的国家",实际上指的是,资产阶级国家必须用也只能用革命的手段"消灭",只有无产阶级国家或半国家才可以"自行消亡"。无产阶级国家的政治形式是最完全的民主,因此,国家的"自行消亡"就是民主的"自行停止"和"自行消亡"。恩格斯这个著名原理的提出,除了反对无政府主义者外,最主要的是反对机会主义者,而这一点完全被人们忽略了。恩格斯在《反杜林论》中说道:"国家不是'被废除'的,它是自行消亡的。应当以此来衡量'自由的人民国家'这个用语,这个用语在鼓动的意义上暂时有存在的理由,但归根到底是没有科学根据的;同时也应当以此来衡量所谓无政府主义者提出的在一天之内废除国家的要求。"② 列宁对这段话作了详细的解读,他指出,"自由的人民国家"是19世纪70年代德国社会民主党人的要求和口号。由于当时用这个口号来暗示民主共和国,恩格斯也就同意"暂时"为这个没有任何政治内容的口号"辩护"。但是,这个口号粉饰了资产阶级民主,因此是机会主义的。

Γ. C. 乌里曼同样强调《反杜林论》在德国工人运动乃至世界工人运动中所起的作用,他指出:"这部著作是在国际工人运动这样一个历史时期写成的:在所有最主要的国家中业已形成了工人阶级的政党,并极端尖锐地提出了关于制定彻底的无产阶级纲领的问题、关于无产阶级政党的革命政策和教育社会主义战士的问题。"③《反杜林论》为工人阶级及其政党提供了新的斗争形式和革命战略,为合并和改组后的德国社会民主党奠定了理论基础,使该党的理论水平逐渐趋于成熟。Γ. C. 乌里曼认为,"暴力论"是德国社会民主党从《反杜林论》中吸收到了重要的斗争手段:"德国社会民主党从这部著作中得出这样的结论:暴力

---

① 《列宁专题文集(论马克思主义)》,北京:人民出版社2009年版,第190页。
② 《马克思恩格斯文集》第9卷,北京:人民出版社2009年版,第297页。
③ Γ. C. 乌里曼:《论恩格斯的经典著作〈反杜林论〉的创作史》,载《新建设》1953年第8期。

在历史上不仅起着反动的作用，而且也起着革命的作用；暴力是一种工具，无产阶级用这种工具给自己铺筑道路，并打碎那僵化了的政治形式"①，而这种工具对苏俄革命的意义是毋庸置疑的。

从 20 世纪 70 年代开始，在苏联出现研究恩格斯哲学思想及其历史贡献的热潮，苏联哲学界对《反杜林论》、《自然辩证法》、《路德维希·费尔巴哈和德国古典哲学的终结》等恩格斯重要著作的研究成果丰硕。这主要是由于：其一，苏共二十大以来，社会思潮的新情况和新变化要求对马克思主义理论有新的认识和新的研究，特别是第三次科技革命给世界带来了翻天覆地的重大变革，这要求苏联马克思主义哲学界对哲学与自然科学、唯物主义方法论、科学技术的作用和影响等问题给予科学的回答，对恩格斯的著作，尤其是《反杜林论》和《自然辩证法》的研究成为苏联学术界研究的重心；其二，苏联学术界把西方马克思学家制造关于马克思和恩格斯对立的观点的争论看做是两种意识形态的斗争，要驳斥西方马克思主义者的言论首先就要对恩格斯思想进行全面深刻的研究；其三，1970 年，苏联共产党和理论界开展的关于纪念恩格斯诞辰 150 周年的活动，以及 1978 年举行的《反杜林论》出版 100 周年纪念活动，将苏联学术界对恩格斯的研究推向高潮。②

因此，20 世纪 70 年代，苏联关于《反杜林论》研究的专著和论文层出不穷，这里主要介绍三个有代表性的文本。

首先，由 Л. Ф. 伊利切夫主持撰写的《恩格斯的〈反杜林论〉与现时代》一书，这是当时较有学术价值的研究《反杜林论》的专著。该书分为三大部分十一章，每章都由在该领域具有权威地位的学者撰写。第一部分主要是研究"恩格斯反对杜林主义和其他一些小资产阶级流派的斗争"，其主旨是以古喻今，说明恩格斯反对杜林主义和其他各种虚

---

① Г. С. 乌里曼：《论恩格斯的经典著作〈反杜林论〉的创作史》，载《新建设》1953 年第 8 期。

② 参见朱传棨：《恩格斯哲学思想研究论稿》，北京：人民出版社 2012 年版，第 435—437 页。

假社会主义的斗争在"当代仍是争取现实的社会主义和共产主义、反对反共主义意识形态和阴谋的斗争的一个组成部分"。① 在 Т. И. 奥伊则尔曼所写的第二章"恩格斯与辩证唯物主义的最新颠覆者"中，对西方马克思学者在解释马克思主义哲学时表现出的两种基本倾向进行了分析。一种倾向是关于作为哲学家的"青年马克思"的讨论，另一种倾向是对马克思主义否定的旧哲学的虚无主义解释。奥伊则尔曼指出，这两种倾向看起来是对立的，但就其思想实质来说是一致的。② 该书的第二部分主要考察了唯物辩证法问题，揭示了《反杜林论》的方法论和逻辑对当代科学和哲学的意义。在 Б. М. 凯德洛夫所著的第三章《马克思主义哲学与自然科学的理论问题》中，分析了辩证法的要素及其问题的相互联系，提出要把这个联系作为重要原则、规律和范畴的完整体系，以便将其运用到理论研究和共产主义建设的过程中。А. А. 索罗金所作的第四章《作为逻辑学的唯物辩证法的若干一般问题》、纳尔斯基所作的第五章《作为认识论的唯物辩证法》和 В. А. 列克托尔斯基所作的第六章《作为认识方法的辩证法问题》等章节主要揭示了作为科学认识的逻辑和方法论的辩证法，分析了辩证法与认识论的辩证关系。该书的第三部分主要考察了《反杜林论》的历史哲学问题，其中鲍格丹诺夫和捷洛卡罗夫在第十一章中着重阐述了列宁对《反杜林论》中的哲学思想和社会政治思想的发展，得出"列宁在自己的著作中依据恩格斯在《反杜林论》中所形成的辩证唯物主义体系的全部基本原理，并进一步发展这些原理以适应新的时代条件"。③

其次，苏共马列主义研究院高级研究员维·维戈茨基的论文《马克思主义经济学遗产中的〈反杜林论〉》。维戈茨基认为，恩格斯的哲学—政治经济学—科学社会主义的结构不仅是为了批判杜林而"不能"跟着杜林展开论述的结果，而且"马克思主义在各个阶段上的发展，过

---

① 《Анти - Дюринг》Ф. Энгельса и современность, М.：Издательство《Мысль》，1978，стр. 32.
② 同上书，第 33 页。
③ 同上书，第 299 页。

去和现在都保持着哲学、政治经济学和科学社会主义的不可分离的统一。但是在19世纪40年代，亦即在马克思主义的最初发展阶段，这种统一曾是十分明显的，后来由于马克思和恩格斯的科学研究不可避免地分得更细而变得比较隐晦了。"① 从政治经济学角度来说，这种统一性就表现在辩证唯物主义历史观是马克思主义政治经济学的方法论，也就是它的哲学基础，而政治经济学是对科学共产主义理论的论证。应当指出的是，《反杜林论》将这种统一性以具体化的形式表现了出来："首先，把唯物主义辩证法具体化，把它作为政治经济学的方法加以阐释；其次，把经济学理论本身具体化，把由它得出的那些结论表述出来，而这结论的总和就是对科学共产主义理论的经济学上的论证。"② 因此，维·维戈茨基认为，《反杜林论》实际上是马克思主义的三个组成部分在30年间发展的总结。

最后，巴加图利亚在《理论家恩格斯》一书中的相关论述，他持有与维·维戈德斯基相同的观点，在该书第三章《唯物主义历史观制定中恩格斯的作用》中，他将《反杜林论》的内容分为三个部分，其一，《反杜林论》是对马克思主义理论成果的总结和概括。他指出，《反杜林论》是"马克思主义的百科全书"，"既然这部书是30年来马克思主义发展的独特结晶，在这里存在着一些只是重复过去的成果的部分。例如，关于理想与现实相一致的主张、工业革命的历史意义与大工业、国家的规定与资本主义国家、作为'生产链条中社会关系最初形式的'家庭的规定、阶级暂时存在的历史必然性的论述、无产阶级革命不可避免的论述，以及这样的论题'如果不是每一个人都得到解放，社会也不能得到解放'，——事实上，这个论题重复了《共产党宣言》著名的论点'每个人的自由发展是一切人自由发展的条件'。"③ 其二，《反杜林

---

① 维·维戈茨基：《马克思主义经济学遗产中的〈反杜林论〉》，载《经济学译丛》1979年第4期。
② 同上。
③ Ни-т марксизма-ленинизма при ЦК КПСС, *Энгельс Теоретик*, М.：Политиздат，1970，стр. 200.

论》是对马克思主义理论的深化和发展。"在这部书中还存在另外一个系列,这些内容早些时候就在恩格斯的著作中存在了,但在这里,在《反杜林论》中得到了进一步的研究、深化,获得了实际发展或成为经典表述。属于这一类别的,例如,规定了作为关于包括人类社会在内的一般发展规律的科学的辩证法;揭示了人类社会历史中基本辩证规律的作用——质量互变规律、否定之否定规律;发展了像永恒的真理、平等、道德、政治经济学对象等这样一些历史主义原理;批判了暴力理论,揭示了军事的物质基础。"① 其三,在《反杜林论》中形成的马克思主义理论新见,主要是关于阶级形成问题的观点。巴加图利亚指出,恩格斯说明了形成这个过程的两条路径:"(1)原始公社内部分工,代表共同利益的特殊人员的分离,独立社会职能对社会的独立化上升为对社会的统治;(2)当生产已经发展到这样一种程度,人的劳动力所能生产的东西超过了单纯维持劳动力所需要的数量,战俘就转用于奴隶制了。"②

三 西方马克思学家对《反杜林论》的诘难

20世纪20年代以来,在西方马克思学家中出现了力图用黑格尔主义或人道主义重释马克思主义的倾向,此举使马克思的思想面貌变得复杂多样,出现了青年马克思和老年马克思的对立,马克思与恩格斯之间的关系也变得扑朔迷离。这些论述与德国社会民主党理论家和苏联学者的肯定性评价存在着明显的差别,《反杜林论》成为西方马克思学家质疑和诘难马克思主义理论体系乃至恩格斯哲学学养的关键文本,从如下三个维度可见其主要理路。

首先,西方马克思学家质疑恩格斯在《反杜林论》中对辩证法的理解。这种质疑始于卢卡奇在1923年出版的《历史和阶级意识》

---

① Ни-т марксизма-ленинизма при ЦК КПСС, *Энгельс Теоретик*, М.: Политиздат, 1970, стр. 200.

② 同上书,第205页。

中对自然辩证法的否定:"恩格斯在《反杜林论》中的论述对于后来理论的作用具有决定性的影响。……他认为,辩证法是由一个规定转变为另一个规定的连续不断的过程,是矛盾的不断扬弃,不断相互转换,因此片面的和僵化的因果关系必定为相互作用所取代。但是他对最根本的相互作用,即历史过程中的主体和客体之间的辩证关系连提都没有提到,更不要说把它置于与它相称的方法论的中心地位了。然而没有这一因素,辩证方法就不再是革命的方法,不管如何想(终归是妄想)保持'流动的'概念。"① 由此,卢卡奇认为,恩格斯把辩证法扩展和应用到自然界是对辩证法的误解,因为自然界本身不存在主体和客体的相互作用,因此,自然界中也不存在辩证法。

尽管卢卡奇在晚年改变了自己的观点,他意识到自己"仅仅将马克思主义看做是一种关于社会的理论、社会的哲学,因而忽视或者否认它同时也是一种关于自然的理论",这"都是冲击了马克思主义的本体论的根基"。但他此前的观点对后世的影响是无法抹去的。例如,马尔库塞将苏联马克思主义辩证法归结为对恩格斯自然辩证法的继承,他认为,"黑格尔和马克思都没有把辩证法发展为一种一般的方法论图式。这种图式的第一步,是恩格斯在他的《自然辩证法》(他在世时没有出版)中走出的","辩证法的概念在恩格斯的《自然辩证法》中,与经济、社会历史著作中的辩证法概念确切的具体性相比较,表现为单纯的类比、象征和附加于内容之上的特点——特别显得空泛或平庸,这不是偶然的。而在苏联马克思主义对辩证法的讲解中,《自然辩证法》却已经成为经常被引证的权威资料。"② 萨特则指出,自然辩证法是恩格斯强加给自然界的。他认为,辩证法是主观的,而不是客观的;是属于人的,而不是属于自然界的;只有历史的辩证法,而没有自然的辩证法,

---

① 卢卡奇:《历史与阶级意识》,杜章智、任立、燕宏远译,北京:商务印书馆1992年版,第50页。
② 赫伯特·马尔库塞:《苏联的马克思主义——一种批判的分析》,张翼星、万俊人译,北京:中国人民大学出版社2012年版,第79、82页。

恩格斯的错误就在于把历史的辩证法推广到自然界,使辩证法变成了抽象的教条和死板的公式。①

其次,西方马克思学家以《反杜林论》为重要文本依据,得出马克思和恩格斯对立的结论。特雷尔·卡弗在《马克思与恩格斯:学术思想关系》中用大量篇幅分析《反杜林论》中马克思与恩格斯的思想差别。恩格斯尽管力图广泛呈现马克思的观点,但是"恩格斯是否准确地做到了这一点"则需要分析。他从恩格斯分别写于马克思逝世前后的两篇序言着手,认为第一版序言是写作《反杜林论》时真实情况的反映,而第二版序言中关于这部著作是两个人合著的一些说明没有任何证据可以证明。他说:"恩格斯与马克思实际的相互交往的记录,支持恩格斯在1878年第一版序言中所说的经历,其真实性显然要胜过《反杜林论》是一部合著的说明,而这些更加详尽的说明是恩格斯在马克思逝世后提供的。"② 至于在第二版序言中恩格斯声称的"在付印之前","曾把全部原稿念给他听"的事情③,卡弗指出:"没有任何马克思和恩格斯的通信,也没有任何著作,甚至其他任何证据来证明这件事。也没有任何解释,阐明为何马克思要听别人大声朗读这部著作。"④ 而恩格斯在《反杜林论》中关于他和马克思共同世界观的阐发,卡弗认为这只是恩格斯有意形成或强加给读者的一种印象,没有通信可以证明马克思完全赞同,"这里不但没有马克思本人认同恩格斯著作的迹象,而且也没有把它看做是他们共同的'世界观'的某些方面的迹象。马克思明显对恩格斯的计划提供过帮助,同时又明显是在任何意义上忽略去说明这是他们的共同研究。"⑤ 接下来,卡弗发挥了他的想象力,揣测如果马克思并不认可《反杜林论》中的重要内容,

---

① 参见乐燕平:《〈反杜林论〉与西方马克思学》,载《社会科学辑刊》1991年第1期。
② 特雷尔·卡弗:《马克思与恩格斯:学术思想关系》,姜海波、王贵贤等译,北京:中国人民大学出版社2008年版,第114页。
③ 《马克思恩格斯文集》第9卷,北京:人民出版社2009年版,第11页。
④ 特雷尔·卡弗:《马克思与恩格斯:学术思想关系》,姜海波、王贵贤等译,北京:中国人民大学出版社2008年版,第115页。
⑤ 同上书,第115—118页。

却没有表态的原因:"这似乎可以想象马克思对这本书的整体内容不够重视,或者马克思感到这本书比较肤浅。也许考虑到他们持久的友谊,考虑到他们社会主义者领导人的角色,以及恩格斯给他提供经济援助的益处,马克思保持了沉默并且对恩格斯的工作不加干涉。"① 此外,卡弗还从马克思和恩格斯对待辩证法、辩证唯物主义和自然科学的观念和态度等方面证明马克思和恩格斯在学术关系上并不只是存在分工与合作那么简单。

悉尼·胡克也认为,"马克思本人从未谈到过一种自然辩证法,虽然他十分知道在物理和化学的基本单位中,量的渐变产生出质变。然而,恩格斯在其《反杜林论》和死后发表的手稿《自然辩证法》中,却公开地把辩证法扩展到自然现象。然而,他的辩证法定义却说明他是不知道作为同物理学的'变化'概念和生物学的'发展'概念相对立的辩证法的特殊特征的。"② 也就是说,马克思和恩格斯在对辩证法的理解上存在着不可忽视的思想差别。卡弗等学者的观点不乏影响力,但也有西方学者对此表示怀疑,例如美国恩格斯学家亨利认为,"《资本论》主要是马克思的著作,《反杜林论》主要是恩格斯的著作。但可以肯定地说,马克思和恩格斯之间存在着密切的学术伙伴关系。马克思不是一个轻易容忍与自己观点稍有不同的人。对照反复发生的马克思与以前的朋友如鲍威尔、魏特林、维利希、蒲鲁东、卢格和巴枯宁等人从关系密切到最后决裂的例子,马克思与恩格斯保持如此长久的和谐关系本身就表明了他们在学术上是根本一致的。"③

再次,西方马克思学学者批判《反杜林论》把马克思主义系统化、体系化实质是教条化、政治化马克思主义的最好范本。持这种观点的西方学者主要是诺曼·莱文,他在《辩证法内部对话》中指出,"《反杜

---

① 特雷尔·卡弗:《马克思与恩格斯:学术思想关系》,姜海波、王贵贤等译,北京:中国人民大学出版社2008年版,第118—120页。
② 悉尼·胡克:《对卡尔·马克思的理解》,徐崇温译,重庆:重庆出版社1989年版,第330—331页。
③ 鲁克俭:《国外马克思学研究的热点问题》,北京:中央编译出版社2006年版,第61页。

林论》与列宁的《什么是'人民之友'?》、《唯物主义和经验批判主义》有惊人的相似之处。列宁的这两本小册子都是作为半政治性的文章写的,是他解释并捍卫马克思主义,反对理论上的敌人的努力。……《反杜林论》也起到了与这两本小册子相同的作用,因为它摒弃了欧根·杜林的新唯心主义理论,并加强了年轻的德国社会民主党的团结,反对了内部分裂;它是'一部战斗的著作'。"① 莱文认为,恩格斯在《反杜林论》中规定了一系列"基本前提",以此反驳杜林的观点,但正是这些"基本前提"使得马克思的观点教条化了,他的继承者们也在这些"基本前提"下进行论证,"恩格斯在《反杜林论》中确立的立场把经典的教义变成了公式,马克思主义就是用这个公式来保护自己,反对形形色色的资产阶级唯心主义的"。②

最后,西方马克思学家批判《反杜林论》存在"人学空场",把恩格斯对唯物史观的阐述概括为技术—经济决定论或知识反映论。诺曼·莱文在《悲剧性的骗局:马克思同恩格斯的对立》中提出,恩格斯的历史主体是自然界、技术力量或者经济力量,他的历史思辨是没有人类实践概念的历史思辨。恩格斯的历史观是同他的自然观相适应的。他把历史看做是按照存在于人之外的规律发展的东西。……恩格斯的心目中的生产力总是像机器、货币、牲口、人口这样的有具体形态的物质的东西,从来不把社会发展的原因归结为人类相互关系的复杂组合。③ 因而,恩格斯在《反杜林论》中阐述的唯物史观实乃技术和经济决定论,即按技术变革的思路理解社会变革。著名马克思传记作家麦克莱伦则认为,"《反杜林论》代表了马克思主义思想的倒退。他试图提出一种唯物主义—形而上学的世界观,这与马克思在《巴黎手稿》和《政治经济学批判大纲》中更丰富的对辩证法的书写是有差别的。恩格斯给我们是一种粗俗的唯物主义,它严重地受到19世纪后期科学主义的影响。它彻底消解了所有黑格尔的影响,并基于一种非常简单的知识

---

① 诺曼·莱文:《辩证法内部对话》,昆明:云南人民出版社1997年版,第28—29页。
② 同上书,第30页。
③ 参见叶卫平:《西方"马克思学"研究》,北京:北京出版社1995年版,第126页。

的反映论。"① 还有西方学者是这样解释的:"随着《资本论》为人们众所周知,恩格斯试图纠正当时的马克思主义者对纯经济因素在社会和政治生活中的决定作用的过分热情。然而,恩格斯自己的著作却经常在强调经济的最终决定作用,只是勉强地承认政治、法律、意识形态同经济之间的有限的相互作用。"② 莱文还认为,在《反杜林论》中,恩格斯对共产主义社会的理解与马克思将其视为人向自身的复归不同,恩格斯没有涉及人类学的人道主义,只考虑劳动和生产能力方面的问题,认为共产主义社会是生产资料的生产达到高度水平的产物,是技术发展到一定水平时的结果。③ 这种与马克思不同的对共产主义社会的理解根源于恩格斯和马克思对自由与必然的认识也不尽相同:恩格斯把必然定义为不受意识控制的规律,自由是指人对外部力量的控制和主宰。而马克思把自由看做是人类按其本性的规律进行活动的能力。恩格斯的共产主义指的是人类可以自如地控制自然规律和经济规律,而马克思谈的是人与社会、人与自然的完全融合。④ 显然,这些观点表达了强烈的批判意旨。

在理解西方马克思学对《反杜林论》解读时,有两个问题需要我们进一步思考:第一,什么是恩格斯创作《反杜林论》的历史使命?恩格斯绝不是为纯粹的学术研究而论战,而是面向工人阶级革命运动的实践,马克思的写作也面临同样的使命;第二,《反杜林论》体现了马克思主义话语的地位和作用,恩格斯旨在完成已逝的马克思未完成的工作,以通俗的理论促进马克思主义的传播。

---

① 大卫·麦克莱伦、臧峰宇:《马克思政治哲学与英国马克思主义传统》,载《北京行政学院学报》2014年第1期。
② 参见叶卫平:《西方"马克思学"研究》,北京:北京出版社1995年版,第130页。
③ 同上书,第131页。
④ 同上书,第133页。

第四章 《反杜林论》在中国的研究状况

作为较早被翻译成中文的大部头马克思主义经典著作,《反杜林论》在马克思主义中国化发展史上起着十分重要的作用。在革命年代,毛泽东视《反杜林论》为学习马列主义的珍本,不仅反复阅读和研究,还结合中国文化发展了马克思主义辩证法的相关原理,为马克思主义哲学中国化奠定了重要基础。新中国成立后,《反杜林论》成为普及和宣传马克思主义理论体系的重要著作。改革开放后,随着"全国《反杜林论》研究会"的成立,一度形成研究《反杜林论》的热潮,这对于系统掌握马克思主义理论,深入研究马克思主义基本原理和方法论具有重要的现实意义。国内学者关于西方马克思学家对《反杜林论》诘难的回应和批判,反映了《反杜林论》研究以及马克思恩格斯研究的理论水平和思想深度。

一 改革开放前《反杜林论》在国内的普及

早在革命战争年代,《反杜林论》就是中国学者研究马克思主义理论的重要著作。1937年7—8月,毛泽东在写作《实践论》和《矛盾论》时,参阅了恩格斯的《反杜林论》。他在《矛盾论》中还引用了《反杜林论》的两段话。[①] 1938年1月,毛泽东在与梁漱溟的交往中,发现梁漱溟比较看重中国的特殊性,忽略了中国社会与西方社会的共性,为此特别提示他读《反杜林论》:我对你说一句要紧的话,恩格斯

---

① 在《矛盾论》第一编第12节的《辩证法,量与质》中,有长达400余字的引文。

写了一本书,叫《反杜林论》,吴亮平早已翻译出版了,你要读读《反杜林论》。1940年初,延安还专门成立了"《反杜林论》读书会",经常参加活动的有徐特立、艾思奇、何思敬、于光远等。在解放区,由《反杜林论》引论的第一章和第三编的第一、二章汇编而成的《社会主义从空想到科学的发展》一书被列为"干部学习丛书",1949年又被规定为"干部必读书"。

新中国成立后,国内学术界对《反杜林论》的介绍和传播较为广泛,据不完全统计,从新中国成立后至1966年,相关文章和著作共有25篇(部)①;1970—1978年,相关文章和著作达到116篇(部)②。这段时期的研究特点在于:一是介绍性、辅导性、参考阅读类和学习体会类的文章和著作数量较多。作为干部和工人的必读书目,《反杜林论》体系明晰、通俗易懂,但篇幅过长,其中引用了很多杜林的原文,这对广大读者会造成一定的学习困难。因此,全国许多大学、图书馆、干部培训学院等都自己编写《反杜林论》学习辅导材料、参考资料、介绍提要、注释与解释等小册子出版,这对于普及《反杜林论》和掌握马克思主义理论起到了重要的作用。二是充分发挥论战性著作的意识形态批判性和革命性,以这部经典著作作为批判资产阶级的强大思想武器。这一特点在20世纪70年代中前期的关于《反杜林论》的论著中表现的尤为明显,具有非常鲜明的时代特征。

二 改革开放以来《反杜林论》在国内的研究状况

改革开放以来,随着中国哲学社会科学研究不断发展,马克思主义研究也进入空前的繁荣期。《反杜林论》成为学习和研究马克思主义基本理论的重要著作。20世纪80—90年代,在全国形成了研究《反杜林论》的热潮。在1980年、1981年和1982年,全国各地《反杜林论》

---

① 参见中央编译局图书馆编:《研究马克思恩格斯著作和生平论著目录》,北京:书目文献出版社1983年版,第19—21页。

② 同上书,第47—64页。

的教学和科研人员先后在山东大学、陕西师范大学、黑龙江大学召开了三次《反杜林论》哲学问题讨论会。在这几次会议上参加讨论的人数众多，讨论的内容广泛，研究成果丰硕，研究气氛活跃。在第三次讨论会上，还成立了"全国《反杜林论》研究会"①。此后，又先后在四川大学、厦门大学、郑州（中国恩格斯思想研究会、郑州铝厂、北方工业大学和哈尔滨师范学院主办）、牡丹江师范学院、江西庐山、湖南张家界等地连续召开了两次"全国《反杜林论》学术研讨会"、三次"唯物史观、科学社会主义与改革学术研讨会"和一次"全国马克思恩格斯唯物史观与邓小平建设有中国特色社会主义理论学术研究会"。② 在近10年的会议讨论中，主要探讨了《反杜林论》中关于杜林哲学体系的性质问题、恩格斯和杜林哲学论战的实质问题、形而上学的历史作用问题、时间和空间问题、真理问题、道德问题、唯物辩证法问题、唯物史观及其方法论问题、历史发展的"合力论"问题、社会革命与社会改革问题、科学社会主义理论问题、《反杜林论》与科学技术的新发展问题、《反杜林论》的教学改革问题。③ 通过这些讨论，不仅加深了国内学者对《反杜林论》的理解和认识，而且加深了学者们对马克思主义理论体系和基本原理的理解和掌握。

20世纪90年代以来，学界继续深入研究《反杜林论》，研究内容更加细致，研究成果也更加丰富。对于《反杜林论》在马克思主义发展史中的地位和意义的问题，大部分国内学者坚持认为《反杜林论》是"马克思主义产生以来第一部集中论述马克思主义理论三个组成部分的著作，同时也是系统阐明三个组成部分作为一个整体而存在、发展的

---

① "全国《反杜林论》研究会"成立时，常务机构设在黑龙江大学哲学系。1988年，该研究会更名为"中国恩格斯思想研究会"，常务机构改设在北京大学哲学系。
② 参见马云鹏:《〈反杜林论〉研究与当代改革开放》，北京：北京出版社1993年版，第264—265页。
③ 参见马云鹏、陈贵言:《全国〈反杜林论〉学术研究概观》，载《西北师大学报》1989年第4期；纪众云:《全国〈反杜林论〉哲学问题讨论综述》，载《吉林大学社会科学学报》1984年第2期；《全国〈反杜林论〉第五次学术讨论会在厦门大学召开》，载《厦门大学学报》1988年第3期。

第一部著作"①。在此观点的基础上,国内学界有些新思考。有学者指出,《反杜林论》在马克思主义哲学发展史上占有十分重要的地位,它为马克思主义哲学理论的系统化、体系化奠定了基础。② 有学者认为,从马克思恩格斯建立马克思主义学说的发展史和研究方法来看,《1844年经济学哲学手稿》是对三个组成部分作整体综合研究的胚胎性的成果;《哲学的贫困》是对三个组成部分作整体综合研究的第一部成熟性的马克思主义著作;《资本论》是这种研究的第一个至高点;而恩格斯的《反杜林论》不仅对三个组成部分作了整体的综合研究和论述,而且从理论形式、逻辑构架上予以显著地标示出来,以更有力地击溃杜林"向马克思进攻的三路论证大军"。③ 也有学者认为,《反杜林论》是"马克思主义科学观"诞生的标志。在其中,恩格斯论证了马克思主义科学观及科学总体结构观的理论前提,论述了马克思主义科学观的基本内容、核心理念和基本特点。④ 还有学者认为,与其说《反杜林论》试图建构一个体系,不如说《反杜林论》是恩格斯借由对杜林的批判实现系统阐明无产阶级世界观科学性质的文献,应在历史和逻辑上阐明其方法,论述马克思和恩格斯的理论与既往世界观的联系与区别。⑤

此外,在研究《反杜林论》中的具体理论的过程中,国内学者除了继续对唯物主义历史观、道德观、真理观、自由观、平等观等做进一步研究和探讨⑥之外,近年来还拓展了《反杜林论》研究的新视野。

---

① 参见黄楠森等主编:《马克思主义哲学史》第3卷,北京:北京出版社1991年版,第190页。
② 参见朱传启、曹玉文、马云鹏、曹林:《马克思恩格斯哲学思想比较研究》,郑州:河南人民出版社1995年版,第202页。
③ 参见朱传启:《对"百科全书式"的科学巨著〈反杜林论〉的新研究》,载《武汉大学学报》1996年第3期。
④ 参见许志峰:《马克思主义科学观诞生的标志——〈反杜林论〉——纪念〈欧根·杜林先生在科学中实行的变革〉出版130周年》,载《东北师范大学学报》2009年第3期。
⑤ 参见胡大平:《回到恩格斯:文本、理论和解读政治学》,南京:江苏人民出版社2011年版,第269—288页。
⑥ 具体内容可参见徐茂华、吴兴德:《改革开放以来〈反杜林论〉研究综述》,载《重庆理工大学学报》2010年第11期。

例如，有的学者从伦理学角度来看《反杜林论》的重要地位，认为《反杜林论》集中体现了马克思主义伦理思想的丰富内涵。恩格斯在批判杜林的过程中，对道德的起源、本质、发展演变规律、阶级性、民族性、时代性以及关于平等、正义、善恶、自由与必然等诸多道德范畴都有所涉猎和阐发。这在马克思和恩格斯的诸多经典文献中是有代表性的。因此，将《反杜林论》看成是马克思主义伦理学的"教科书"也是不为过的。① 有的学者通过比较马克思、恩格斯和列宁在不同文献不同时期对唯物主义的理解，指出马克思、恩格斯和列宁分别用实践唯物主义、现代唯物主义和辩证唯物主义来称谓马克思主义的新唯物主义哲学，显示了经典作家对马克思主义哲学精神实质或侧重点的理解不同。马克思主义哲学是由哲学观、自然观和历史观三个部分组成，其哲学观是实践唯物主义，《反杜林论》和与之相一致的《唯物主义与经验批判主义》表达的不是马克思的哲学观，而是在实践唯物主义这个哲学观指导、制约下的自然观。马克思的自然观不研究人与自然的关系，因为这已在哲学观中解决，只研究哲学观中的世界组成部分之一的自然界的基本性质和客观规律。围绕《反杜林论》以及马克思和恩格斯关系之间的争论，根本原因是将作为马克思的自然观的《反杜林论》提升为马克思的哲学观。② 有的学者通过梳理恩格斯在《反杜林论》关于宗教的本质、根源、消亡以及无产阶级政党对待宗教的策略等基本观点提出，从表面上看，马克思和恩格斯对宗教问题所持的态度是矛盾的：一方面主张"彻底"的无神论；另一方面又要求"宽容"宗教即不直接向宗教宣战。实际上这是因为他们从唯物主义得出的直接和必然结论，马克思主义主张同宗教作斗争，但更主要的是要善于斗争。马克思主义对待宗教的策略是：既宣传彻底的无神论思想，以唯物主义观点教育无产阶级，但也反对任何对宗教

---

① 参见李培超：《〈反杜林论〉的伦理思想探析》，载《吉首大学学报》2010 年第 11 期。

② 参见朱宝信：《从实践唯物主义看〈反杜林论〉和〈唯物主义与经验批判主义〉》，载《河北师范大学学报》1994 年第 2 期。

的过激做法。①

三　国内学者批驳西方马克思学家对《反杜林论》的诘难

国内学界在研究《反杜林论》的过程中，一直十分关注西方马克思学界对《反杜林论》的批判，注意考察西方马克思学家的各种说法和主张的区别和联系，在批评与反批评、批判与反批判中促进对《反杜林论》的深入研究。

关于西方马克思学对自然辩证法的质疑，国内学者从多个角度予以反驳。叶卫平指出，西方学者否认自然界存在辩证法运动的规律，也不同意社会历史具有自己固有的运动规律，那么人类是靠什么达到认识世界和改造世界的目的呢？如果说是靠实践，就首先必须承认客观世界具有不以人们的意志为转移的运动规律，人类的实践是在自觉驾驭自然规律的前提下完成人与自然的完全融合。这一观点也反映了马克思的看法。马克思把在资本主义社会中盲目发生作用、不受人类驾驭的经济规律比喻为自然规律。② 在《资本论》第1卷中，马克思说过："如果说劳动的变换现在只是作为不可克服的自然规律并且带着自然规律在任何地方遇到障碍时都有的那种盲目破坏作用而为自己开辟道路，那么，大工业又通过它的灾难本身使下面这一点成为生死攸关的问题：承认劳动的变换，从而承认工人尽可能多方面的发展是社会生产的普遍规律，并且使各种关系适应于这个规律的正常实现。"③ 乐燕平指出，把辩证法运用于自然界，是《反杜林论》对马克思主义的贡献。承认辩证法是自然、社会和思维发展的普遍规律，是马克思和恩格斯的共同思想。通过马克思和恩格斯之间的往来信件，可以

---

① 参见张鑫:《恩格斯宗教观及其当代意义思考》,载《前沿》2006年第3期。
② 参见叶卫平:《西方"马克思学"研究》,北京:北京出版社1995年版,第133—134页。
③ 《马克思恩格斯文集》第5卷,北京:人民出版社2009年版,第561页。

清楚地看出在对待自然辩证法的问题上马克思支持恩格斯的研究，并同意他的观点。① 马克思在 1860 年 12 月 19 日写给恩格斯的信中表示了对刚刚出版不久的达尔文的《物种起源》一书的极大关注，说它"为我们的观点提供了自然史的基础"②。后来，在 1864 年 7 月 4 日给恩格斯的信中又说，"我总是踏着你的脚印走。所以最近我可能要认真研究解剖学和生理学"③。他在 1867 年 6 月 22 日给恩格斯的信中也说，我在《资本论》中"引证了黑格尔所发现的单纯量变转化为质变的规律，并把它看做在历史上和自然科学上都同样有效的规律"④。

关于西方马克思学界提出的"马克思恩格斯对立论"，不乏国内学者给予批判。黄楠森指出，《反杜林论》哲学编是恩格斯哲学思想的系统表述，也可以说是马克思主义哲学的代表作，马克思与这本书的关系很能说明马克思对恩格斯的全部哲学思想的态度。马克思曾把《反杜林论》寄给摩·考夫曼，并说："这本书对于正确理解德国社会主义是很重要的。"⑤ 马克思还说："不仅普通工人和像莫斯特本人那样的、自以为在很短时期内就能知道一切并学会评论一切的曾经是工人的人，而且真正有科学知识的人，都能够从恩格斯的正面阐述中汲取许多东西。"⑥ 马克思在《社会主义从空想到科学的发展》法文版序言中指出，恩格斯的《欧根·杜林先生在科学中实行的变革》是"对杜林先生关于科学、特别是关于社会主义的所谓新理论的驳斥。这些论文已经集印成书并且在德国社会党人中获得了巨大的成功"⑦。如果马克思和恩格斯在哲学观点上有原则性的分歧，马克思会高度评价这本书吗？能说他们在哲学观点上是对立的吗？⑧ 乐燕平从坚持唯物主义一元论的角度出发，

---

① 参见乐燕平：《〈反杜林论〉与西方马克思学》，载《社会科学辑刊》1991 年第 1 期。
② 《马克思恩格斯全集》第 30 卷，北京：人民出版社 1974 年版，第 131 页。
③ 同上书，第 410 页。
④ 《马克思恩格斯文集》第 10 卷，北京：人民出版社 2009 年版，第 264 页。
⑤ 《马克思恩格斯全集》第 34 卷，北京：人民出版社 1972 年版，第 322 页。
⑥ 同上书，第 242 页。
⑦ 《马克思恩格斯全集》第 19 卷，北京：人民出版社 1963 年版，第 263 页。
⑧ 参见朱传启、曹玉文、马云鹏、曹林：《马克思恩格斯哲学思想比较研究》，郑州：河南人民出版社 1995 年版，第 7 页。

批评马克思和恩格斯"对立论"。他指出，恩格斯在《反杜林论》中坚持把物质世界作为哲学出发点的唯物主义一元论，强调物质世界是唯一现实的世界。可是，西方"马克思学"者却认为恩格斯这个观点与马克思的观点背道而驰。例如，英国学者麦克莱伦指出："恩格斯经常使用'物质'这一概念，而马克思的著作中则完全没有这种用法。"① 其实，西方马克思学者制造的这个马克思和恩格斯之间的对立是毫无根据的，在哲学出发点的问题上，马克思和恩格斯的观点是完全一致的。他们都认为，哲学的出发点应当是物质世界，而不是什么抽象的人或什么与人性一致的理性原则。②

关于西方马克思学家对《反杜林论》见物不见人的指责，国内学界普遍认为是对恩格斯思想乃至马克思主义的曲解。朱传启、曹玉文、马云鹏、曹林在《马克思恩格斯哲学思想比较研究》一书中指出，恩格斯在《自然辩证法》中明确说过："我们不要过分陶醉于我们人类对自然界的胜利。对于每一次这样的胜利，自然界都对我们进行报复。每一次胜利，起初确实取得了我们预期的结果，但是往后和再往后却发生完全不同的、出乎预料的影响，常常把最初的结果又消除了。"③ 在这里说明了科学技术并非拥有对自然的决定权，强调了人与自然界的关系是相互制约、相互协调的关系，根本不存在诺曼·莱文所谓的"人与自然分离开来"的问题。④ 针对诺曼·莱文把恩格斯的唯物史观曲解为技术决定论和经济决定论，叶卫平引证了恩格斯1890年9月在给柏林大学学生约·布洛赫的信中专门谈到的这种误解："青年们有时过分看重经济方面，这有一部分是马克思和我应当负责的。我们在反驳我们的论敌时，常常不得不强调被他们否认的主要原则，并且不是始终都有时间、地点和机会来给其他参与相互作用的因素以应有的重视。但是，只

---

① 麦克莱伦：《马克思以后的马克思主义》，林春、徐贤珍等译，北京：东方出版社1986年版，第13页。
② 参见乐燕平：《〈反杜林论〉与西方马克思学》，载《社会科学辑刊》1991年第1期。
③ 《马克思恩格斯文集》第9卷，北京：人民出版社2009年版，第559页。
④ 参见朱传启、曹玉文、马云鹏、曹林：《马克思恩格斯哲学思想比较研究》，郑州：河南人民出版社1995年版，第374页。

要问题—关系到描述某个历史时期,即关系到实际的应用,那情况就不同了,这里就不容许有任何错误了。"① 叶卫平指出,如果说,当时那些初涉马克思主义领域的青年人的误解是可以原谅的话,那么后来那些专门研究马克思恩格斯著作的西方马克思学学者的误解就不再是一种可以原谅的误解了。至于《反杜林论》中指出的未来共产主义社会的实现必须以生产力的高度发展为前提。这并不是什么"见物不见人",因为人是生产力中最活跃的因素。实现共产主义必须以生产力的高度发展为前提,也是马克思一贯强调的思想。《资本论》预测未来自由人联合体的基本特征时,高度发达的生产力是这些基本特征中的一个;《哥达纲领批判》论及共产主义社会的高级阶段时,也指出生产力的高度增长和集体财富的一切源泉都充分地涌流是其实现的必不可少的前提条件之一。②

---

① 《马克思恩格斯文集》第10卷,北京:人民出版社2009年版,第593页。
② 参见叶卫平:《西方"马克思学"研究》,北京:北京出版社1995年版,第125、132页。

第三部分　当代解读

第五章 《反杜林论》的主要内容

从基本结构上看，《反杜林论》主要由三个版本的序言、引论、哲学编、政治经济学编和社会主义编组成。全书约27.3万字。三个版本的序言是恩格斯分别为1878年于莱比锡、1885年于苏黎世、1894年于斯图加特三次出版该著作时所写的序言。第一版序言主要说明了撰写《反杜林论》的原因和方法；第二版序言主要说明《反杜林论》的传播情况、再版原因、修改和增补情况以及创立辩证唯物主义自然观的意义；第三版序言主要说明增补和删节第二编第十章"《批判史》论述"的理由。

在引论中，围绕社会主义这个核心概念，恩格斯首先评述了社会主义理论产生的社会历史条件，他指出，"现代社会主义，就其内容来说，首先是对现代社会中普遍存在的有财产者和无财产者之间、资产者和雇佣工人之间的阶级对立以及生产中普遍存在的无政府状态这两个方面进行考察的结果。"[①] 其次，恩格斯简要回顾了马克思以前的各种社会主义流派的观点和表现，指出只有把社会主义置于现实的基础上，才能使社会主义变为科学。接下来，恩格斯还阐明了唯物史观和唯物辩证法的形成过程以及唯物史观和唯心史观、辩证法和形而上学的根本区别。最后，恩格斯指出，马克思创立的唯物史观和剩余价值论使社会主义从空想变为科学，而《反杜林论》就是对"这门科学的一切细节和联系作进一步的探讨"[②]。在引论第二部分《杜林先生许下了什么诺言》中，

---

① 《马克思恩格斯文集》第9卷，北京：人民出版社2009年版，第19页。
② 同上书，第30页。

恩格斯通过列举杜林对德国古典哲学家莱布尼茨和黑格尔，空想社会主义思想先驱傅立叶和欧文，以及拉萨尔和马克思的谩骂和攻击，说明杜林的狂妄自大："这样，他就把自己说成是当代和'可以预见的'未来的唯一真正的哲学家。谁同他不一致，谁就违背真理。"①

随后，恩格斯"追随"杜林的《哲学教程》、《国民经济学和社会经济学教程》、《国民经济学和社会主义批判史》三部著作，通过批判杜林在哲学、政治经济学和社会主义理论方面的种种谬论，完整地阐述了马克思主义基本原理。

一　杜林唯心主义哲学与马克思主义哲学

驳斥已形成一定社会影响的理论与深入阐述自己的理论新见近乎一样重要，也存在近乎一样的理论难度，恩格斯在批判杜林的过程中面对的正是这种理论境遇。"新的社会主义理论是以某种新哲学体系的最终实际成果的形式出现的。因此，必须联系这个体系来研究这一理论，同时研究这一体系本身"②。杜林的庸俗社会主义观点是建立在唯心主义哲学体系基础上的，恩格斯首先批判杜林的哲学基础，指出其唯心主义世界观的实质，同时阐明马克思主义哲学基本观点，对唯物史观作出丰富论述，将对杜林的"消极的批判"转变成"积极的批判"，将论战转变成对马克思和恩格斯主张的"辩证方法和共产主义世界观的比较连贯的阐述"③。这对统一德国社会民主党及工人阶级的思想具有重要意义。

1. 马克思主义世界观在于世界的物质统一性和运动的普遍性相结合

通过对杜林"原则在先"的先验主义的批判，恩格斯科学地阐明了思维和存在的关系，揭示了唯物主义世界观与唯心主义世界观的本质区别。恩格斯指出，杜林把从人类思维中构想出来的先验原则作为先于

---

① 《马克思恩格斯文集》第9卷，北京：人民出版社2009年版，第31页。
② 同上书，第8页。
③ 同上书，第11页。

物质世界的存在,再将这些原则应用于自然界和人类,决定自然和社会的这种做法是唯心主义的,"它把事物完全头足倒置了","唯一的唯物主义的观点"认为,"原则不是研究的出发点,而是它的最终结果;这些原则不是被应用于自然界和人类历史,而是从它们中抽象出来的;不是自然界和人类去适应原则,而是原则只有在符合自然界和历史的情况下才是正确的。"① 恩格斯指出,杜林从"原则在先"的观点出发,将自己的哲学体系分成世界模式论、关于自然原则的学说和关于人的学说三个部分,实际上是抄袭黑格尔的体系。"我们可以把黑格尔的《全书》以及它的全部热昏的胡话同杜林先生的最后的终极的真理对照一下。在杜林先生那里首先是一般的世界模式论,这在黑格尔那里称为逻辑学。其次,他们两人把这些模式或者说逻辑范畴应用于自然界,就是自然哲学;而最后,把它们应用于人类,就是黑格尔叫做精神哲学的东西。"② 杜林仿造黑格尔建立的所谓"体系",是想对世界的各种联系作"恰当的、毫无遗漏的""思想映象"和陈述,试图解决人类认识和科学上的所有问题。恩格斯认为,这种"封闭了一切科学走向未来的道路"的做法是不可能实现的"荒唐的想法",因为在马克思主义看来,"世界体系的每一个思想映象,总是在客观上受到历史状况的限制,在主观上受到得出该思想映象的人的肉体状况和精神状况的限制",③ 在这样的条件下,建立对世界认识的"高大全"的"体系"是一个根本不可能完成的任务。最后,恩格斯以纯数学为例,指出杜林唯心主义先验论的错误。纯数学看起来是思维推理的产物,实际上,"数学是从人的需要中产生的,如丈量土地和测量容积,计算时间和制造器械。但是,正像在其他一切思维领域中一样,从现实世界抽象出来的规律,在一定的发展阶段上就和现实世界脱离,并且作为某种独立的东西,作为世界必须遵循的外来的规律而同现实世界相对立。"④ 由此

---

① 《马克思恩格斯文集》第9卷,北京:人民出版社2009年版,第38页。
② 同上书,第38页。
③ 同上书,第40页。
④ 同上书,第41页。

可见，杜林所谓"可以从数学公理中推导出全部纯数学，然后把它应用于世界，同样，他以为，他可以先从头脑中制造出存在的基本形式、一切知识的简单的成分、哲学的公理，再从它们中推导出全部哲学或世界模式论，并把自己的这一宪法钦定赐给自然界和人类世界"的看法是多么的荒谬。

通过对杜林的"世界统一性在于抽象的存在"命题的批判，恩格斯指出"世界的真正的统一性在于它的物质性"。恩格斯指出，杜林借助"我们的统一思想"，把存在的唯一性变成它的统一性，"我们一旦把我们的仿佛框子一样的统一思想围绕着存在扩展开来，唯一的存在就在思想中变成统一的存在，变成思想统一体"。① 接下来，杜林从先验主义立场出发，用对存在的抽象思考，从思维的统一性中引导出世界的统一性。而杜林对存在的论证也是走中世纪经院哲学的老路，运用"证明上帝存在的本体论论证法"，即"杜林先生正是这样论证的：当我们思考着存在的时候，我们是把它作为一个概念来思考的。综合在一个概念中的东西是统一的。因此，如果存在不是统一的，那么它就不符合它本身的概念。所以它一定是统一的"②。在对杜林的诡辩进行批判后，恩格斯指出："当我们说到存在，并且仅仅说到存在的时候，统一性只能在于：我们所说的一切对象都是存在的、实有的。"③ 因此，马克思主义认为，"世界的真正的统一性在于它的物质性，而这种物质性不是由魔术师的三两句话所证明的，而是由哲学和自然科学的长期的和持续的发展所证明的。"④

通过对杜林形而上学时空观的批判，恩格斯论证了有限性和无限性的辩证关系，以及时间和空间是运动着的物质的存在形式。杜林指出，根据数在数列中的积累，可以认为，存在没有矛盾的无限性，从这个看法出发，可以得出时间是有开端的、空间是有限的结论。恩格斯指出：

---

① 《马克思恩格斯文集》第9卷，北京：人民出版社2009年版，第45页。
② 同上书，第46页。
③ 同上书，第47页。
④ 同上书，第47页。

"时间上的永恒性、空间上的无限性,本来就是,而且按照简单的词义也是:**没有一个方向是有终点的**,不论是向前或向后,向上或向下,向左或向右。"① 杜林永远做不到没有矛盾地思考现实的无限性,因为无限性本身存在矛盾,它纯粹是由有限组成的,这就是一个矛盾"正**因为无限性是矛盾,所以它是无限的、在时间上和空间上无止境地展开的过程。如果矛盾消除了,那无限性就终结了。黑格尔已经完全正确地看到了这一点**","一切存在的基本形式是空间和时间"。② 杜林把运动归结为机械力,认为机械力是物质的一种状态,在什么都不发生的原始状态中,物质及其状态即机械力是统一的。恩格斯指出,这种"自身等同的状态既不是静态的,也不是动态的,既不处在平衡中,也不处在运动中。可是我们仍然不知道,在那种状态下,机械力在什么地方,我们如果没有外来的推动,就是说没有上帝,怎样才能从绝对的不动转到运动"③。在这里,恩格斯提出了运动和物质之间的联系,这种联系"对于先前的一切唯物主义者来说也是不清楚的"。这就是"**运动是物质的存在方式。无论何时何地,都没有也不可能有没有运动的物质**"④。因此,任何静止、任何平衡都只是相对的,都是相对于特定的运动形式来说才有意义。

2. 真理的辩证法及马克思主义辩证法

在认识论问题上,通过对杜林关于"最后的终极的真理、思维的至上性、认识的绝对可靠性等等的所有这些华丽的词句"的批判,恩格斯首先阐明了认识运动的辩证法:"思维的至上性是在一系列非常不至上地思维着的人中实现的;拥有无条件的真理权的认识是在一系列相对的谬误中实现的;二者都只有通过人类生活的无限延续才能完全实现。"也就是说,"人的思维是至上的,同样又是不至上的,它的认识能力是无限的,同样又是有限的。按它的本性、使命、可能和历史的终极目的

---

① 《马克思恩格斯文集》第9卷,北京:人民出版社2009年版,第53页。
② 同上书,第55、56页。
③ 同上书,第63页。
④ 同上书,第64页。

来说,是至上的和无限的;按它的个别实现情况和每次的现实来说,又是不至上的和有限的。"① 因此,认识在本质上是相对的,恩格斯说:"它只限于了解只存在于一定时代和一定民族中的、而且按其本性来说是暂时的一定社会形式和国家形式的联系和结果",所谓掌握了"终极的真理"的人,要么是"不会有什么收获",要么是"一些陈词滥调和老生常谈"。② 接下来,恩格斯以波义耳定律为例,证明了相对真理和绝对真理的辩证关系。波义耳定律表明,在温度不变的情况下,气体的体积和它所受的压力成反比。但是这只是在一定范围内有效,当压力接近液化开始的那一点时,该定律就失效了。恩格斯指出,"真理和谬误,正如一切在两极对立中运动的逻辑范畴一样,只是在非常有限的领域内才具有绝对的意义",但是,"如果我们企图在这一领域之外把这种对立当做绝对有效的东西来应用,那我们就会完全遭到失败;对立的两极都向自己的对立面转化,真理变成谬误,谬误变成真理。"③

在辩证法问题上,通过批判杜林对矛盾客观性的否定、对质量互变规律和对否定之否定规律的歪曲,恩格斯全面阐释了唯物辩证法的实质。杜林在《哲学教程》中关于辩证法所说的一切就是"矛盾的排除"。他说:"矛盾的东西是一个范畴,这个范畴只能归属于思想组合,而不能归属于现实。在事物中没有任何矛盾,或者换句话说,设定为真实的矛盾本身是背理的顶点……"④ 恩格斯一针见血地指出了杜林错误思想的根源:"当我们把事物看做是静止而没有生命的、各自独立、彼此并列或先后相继的时候,我们在事物中确实碰不到任何矛盾。……如果限于这样的考察范围,我们用通常的形而上学的思维方式也就行了。但是一当我们从事物的运动、变化、生命和彼此相互作用方面去考察事物时,情形就完全不同了。在这里我们立刻陷入了矛盾。"⑤ 在揭示了

---

① 《马克思恩格斯文集》第 9 卷,北京:人民出版社 2009 年版,第 91、92 页。
② 同上书,第 94 页。
③ 同上书,第 96 页。
④ 同上书,第 125 页。
⑤ 同上书,第 126 页。

隐藏在杜林思想深处的形而上学思维之后，恩格斯指出，矛盾的客观性和普遍性在于："有一种客观地存在于事物和过程本身中的矛盾，而且这是一种实际的力量。"①

为进一步证明唯物辩证法的科学性，恩格斯用大量的自然界和人类社会中的简明例子，阐明了质量互变规律和否定之否定规律。杜林把马克思的辩证法和黑格尔的辩证法错误地等同起来，并认为马克思在《资本论》中的矛盾分析主要"引证黑格尔关于量转变为质这一混乱的模糊观念"而"显得多么滑稽"。②恩格斯指出，量的积累必然引起质的变化，质变后进而会形成新的量变，这是已是被自然科学证明了的客观规律，"我们还可以从自然界和人类社会中举出几百个这样的事实来证明这一规律。例如，马克思《资本论》的整个第四篇——《相对剩余价值的生产》，就在协作，分工和工场手工业，机器和大工业的领域内，谈到无数关于量变改变事物的质和质变同样也改变事物的量的情况，因此，这些情况，用杜林先生非常痛恨的字眼来说，就是量转化为质，质转化为量。"③

接下来，恩格斯用整整一章的篇幅来阐述否定之否定规律。杜林认为，"马克思不依靠黑格尔的否定的否定，就无法证明社会革命的必然性，证明建立土地公有制和劳动所创造的生产资料的公有制的必然性"，马克思"根据从宗教中抄袭来的这种荒唐类比创造自己的社会主义理论时，得出这样的结论：在未来的社会里，一种既是个人的又是社会的所有制，即黑格尔的被扬弃的矛盾的更高的统一，将占统治地位"④。恩格斯指出，马克思从未提过什么所有制的更高的统一，这是杜林"为了完全真理的利益而把他一手炮制的东西硬加给马克思"⑤。由于杜林"对辩证法的本性根本不了解"，导致"这个可怕的否定的否定使得杜

---

① 《马克思恩格斯文集》第9卷，北京：人民出版社2009年版，第127页。
② 同上书，第49页。
③ 同上书，第133页。
④ 同上书，第137页。
⑤ 同上书，第139页。

林先生的生活充满烦恼",但实际上,否定之否定"是一个非常简单的、每日每地都在发生的过程,一旦清除了旧唯心主义哲学盖在它上面而且由杜林先生一类无可救药的形而上学者为了自身的利益继续盖在它上面的神秘破烂,它是任何一个小孩都能够理解的"①。恩格斯以大麦粒的生长、蝴蝶的繁殖、岩层的更迭、代数值的运算、唯物主义世界观的发展历程、卢梭的平等学说等一系列事例,证明否定之否定"是自然界、历史和思维的一个极其普遍的、因而极其广泛地起作用的、重要的发展规律;这一规律,正如我们已经看到的,在动物界和植物界中,在地质学、数学、历史和哲学中起着作用"②。最后,恩格斯对唯物辩证法作出了一个经典的定义:"辩证法不过是关于自然界、人类社会和思维的运动和发展的普遍规律的科学。"③

3. 道德观、平等观、自由和必然

在道德观方面,恩格斯指出,杜林借口"道德世界也有凌驾于历史和民族差别之上的不变的原则","想把任何道德教条当做永恒的、终极的、从此不变的伦理规律强加给我们"。④ 但是,正如人们所看到的,"善恶观念从一个民族到另一个民族、从一个时代到另一个时代变更得这样厉害,以致它们常常是互相直接矛盾的。"⑤ 这是因为"人们自觉地或不自觉地,归根到底总是从他们阶级地位所依据的实际关系中——从他们进行生产和交换的经济关系中,获得自己的伦理观念。"因此,马克思主义伦理观断定:"一切以往的道德论归根到底都是当时的社会经济状况的产物。而社会直到现在是在阶级对立中运动的,所以道德始终是阶级的道德;它或者为统治阶级的统治和利益辩护,或者当被压迫阶级变得足够强大时,代表被压迫者对这个统治的反抗和他们的未来利益。没有人怀疑,在这里,在道德方面也和人

---

① 《马克思恩格斯文集》第 9 卷,北京:人民出版社 2009 年版,第 143 页。
② 同上书,第 148 页。
③ 同上书,第 149 页。
④ 同上书,第 99 页。
⑤ 同上书,第 98 页。

类认识的所有其他部门一样，总的说是有过进步的。但是我们还没有越出阶级的道德。"①

在平等观问题上，杜林从他一以贯之的先验主义方法出发，即"把每一类认识对象分解成它们的所谓最简单的要素，把同样简单的所谓不言而喻的公理应用于这些要素，然后再进一步运用这样得出的结论"②，独创了"两个人"的模式，"两个人的意志，就其本身而言，是彼此完全平等的，而且一方不能一开始就向另一方提出任何肯定的要求。"③这就是道德的基本公理。恩格斯全面地批判了杜林对平等观的浅薄而拙劣的论述后，阐明了马克思主义平等观的一些基本原理。他指出，平等是个历史的产物，从"相对平等的原始观念中得出国家和社会中的平等权利的结论，要使这个结论甚至能够成为某种自然而然的、不言而喻的东西，必然要经过而且确实已经经过几千年。"因此，"平等的观念，无论以资产阶级的形式出现，还是以无产阶级的形式出现，本身都是一种历史的产物，这一观念的形成，需要一定的历史条件，而这种历史条件本身又以长期的以往的历史为前提。所以，这样的平等观念说它是什么都行，就不能说它是永恒的真理。"④ 恩格斯进一步指出，"无产阶级平等要求的实际内容都是**消灭阶级**的要求。"因为"平等应当不仅仅是表面的，不仅仅在国家的领域中实行，它还应当是实际的，还应当在社会的、经济的领域中实行"⑤。

在自由与必然的问题上，杜林是自相矛盾的。一方面，他把自由理解为"认识和冲动、知性和非知性之间的平均值"；另一方面，自由"只不过是按照先天的和后天的知性对自觉动机的感受。……总是以不可回避的自然规律性起着作用"。⑥ 恩格斯指出，杜林关于自由的第二个定义实际上是对黑格尔观念的极端庸俗化。黑格尔第一个正确地论述

---

① 《马克思恩格斯文集》第 9 卷，北京：人民出版社 2009 年版，第 99 页。
② 同上书，第 101 页。
③ 同上书，第 102 页。
④ 同上书，第 109、113 页。
⑤ 同上书，第 113、112 页。
⑥ 同上书，第 119 页。

了自由和必然之间的关系。首先，自由是对必然的认识。"自由不在于幻想中摆脱自然规律而独立，而在于认识这些规律，从而能够有计划地使自然规律为一定的目的服务。"① 对于意志自由也是这样，"人对一定问题的判断**越是自由**，这个判断的内容所具有的**必然性**就越大"。其次，自由必然是历史发展的产物。"最初的、从动物界分离出来的人，在一切本质方面是和动物本身一样不自由的；但是文化上的每一个进步，都是迈向自由的一步。"②

二 杜林庸俗政治经济学与马克思主义政治经济学

在政治经济学编中，恩格斯以马克思政治经济学批判的成就为依据，以历史唯物主义为基础，批判了杜林的庸俗经济学和抽象的唯心主义暴力论，阐明了马克思主义政治经济学研究的对象和方法、暴力在历史中的作用以及马克思劳动价值论和剩余价值理论的时代价值。

1. 政治经济学的基本内涵和研究对象

在政治经济学编的开篇，恩格斯直接指出"广义的政治经济学"的内涵："是研究人类社会中支配物质生活资料的生产和交换的规律的科学。"③ 由于不同时期、不同国家的生产和交换的情况不同，政治经济学不可能是永恒不变的，它"本质上是一门**历史的**科学。它所涉及的是历史性的即经常变化的材料；它首先研究生产和交换的每个个别发展阶段的特殊规律，而且只有在完成这种研究以后，它才能确立为数不多的、适用于生产一般和交换一般的、完全普遍的规律"④。随着一定社会的生产和交换的方式和方法的产生，也产生了产品分配方式方法。随着分配差别的出现，也出现了阶级差别。剥削者与被剥削者，统治阶级和被统治阶级的分化导致国家和暴力的产生。恩格斯指出，分配不仅仅

---

① 《马克思恩格斯文集》第9卷，北京：人民出版社2009年版，第120页。
② 同上书，第120页。
③ 同上书，第153页。
④ 同上书，第153页。

是生产和交换的产物,它也影响着生产和交换。"每一种新的生产方式或交换形式,在一开始的时候都不仅受到旧的形式以及与之相适应的政治设施的阻碍,而且也受到旧的分配方式的阻碍。新的生产方式和交换形式必须经过长期的斗争才能取得和自己相适应的分配。"① 当一种生产方式处于没落阶段,它的分配方式会被认为是非正义的,但是,道德和法的批判并不能解决任何问题,"相反地,经济科学的任务在于:证明现在开始显露出来的社会弊病是现存生产方式的必然结果,同时也是这一生产方式快要瓦解的征兆,并且从正在瓦解的经济运动形式内部发现未来的、能够消除这些弊病的、新的生产组织和交换组织的因素。"② 恩格斯指出,"到现在为止,我们所掌握的有关经济科学的东西,几乎只限于资本主义生产方式的发生和发展",这是狭义的政治经济学,广义的政治经济学尚在创造,需要对资本主义生产方式和不发达国家的生产方式进行比较和研究,只有马克思进行过这种研究和比较,"所以,到现在为止在资产阶级以前的理论经济学方面所确立的一切,我们也差不多完全应当归功于他的研究。"③

古典政治经济学是狭义的政治经济学,当时的经济学家并不把他们所发现的生产和交换的规律视为历史的规定,而认为是"永恒的自然规律;它们是从人的本性中引申出来的"。杜林继承了古典经济学家的错误,"同样也会把经济学归结为各种最后的终极的真理、永恒的自然规律、同义反复的毫无内容的公理",再把他自己的经济学"从后门偷运进来",并"把它交给他那赫赫有名的两个男人去作最后的解决"。④ 在杜林的经济学中,"首先把生产和交换合而为一,统称为生产,然后使分配同生产并列,把它当做同第一个过程毫不相干的、完全外在的第二个过程。"然后运用他那"两个人的思维模式","通过某种形式互相商定他们各自的份额"。杜林指出,"为了十分严格地阐明某些最重要的

---

① 《马克思恩格斯文集》第 9 卷,北京:人民出版社 2009 年版,第 155 页。
② 同上书,第 156 页。
③ 同上书,第 156、157 页。
④ 同上书,第 158 页。

分配关系，并且从胚胎状态上、从其逻辑必然性上去研究这些关系的规律，除了这种简单的二元论，的确不需要更多的东西……"① 这样，分配形式的差别和产生别的原因在杜林那里就变得十分简单，要么是两个人在平等的基础上共同行动，要么就是一方以暴力压迫另一方，"作为奴隶或单纯的工具去从事经济的劳务"。于是，杜林"就把全部分配理论从经济学的领域搬到道德和法的领域中"，完全按照杜林所认为的道德的和正义的方式来安排。②

2. 关于"暴力"的历史唯物主义阐释

暴力论是杜林庸俗经济学说的基础。杜林用所谓的"政治原因"——暴力来解释一切"经济现象"，包括阶级的产生、分配不公的原因，以及私有制的起源。杜林宣称："政治关系的形式是历史上基础性的东西，而经济的依存不过是一种结果或特殊情形，因而总是次等的事实。……本原的东西必须从直接的政治暴力中去寻找，而不是从间接的经济力量中去寻找。"③ 杜林把暴力视为绝对的恶，并将资本主义所有制称为"基于暴力的所有制"，认为只要消灭了暴力，就能消除社会的不平等。恩格斯用历史发展的事实驳斥了杜林这种"全部关系弄颠倒了"的荒谬观念。恩格斯指出："私有财产在历史上的出现，决不是掠夺和暴力的结果。"④ 早在古代自然形成的公社中，私有财产就已经存在。当劳动产品转化为商品，古代公社制度就被瓦解，并对私有制的普遍化起了极为重要的作用。"马克思在《资本论》中再清楚不过地证明（杜林先生小心翼翼地对此甚至一字不提），商品生产达到一定的发展程度，就转变为资本主义的生产"⑤。"全部过程都由纯经济的原因来说明，而根本不需要用掠夺、暴力、国家或任何政治干预来说明。'基于暴力的所有制'，原来也不过是用来掩饰对真实的事物进程毫不了解的

---

① 《马克思恩格斯文集》第9卷，北京：人民出版社2009年版，第160、161页。
② 同上书，第167、163页。
③ 同上书，第165页。
④ 同上书，第169页。
⑤ 同上书，第170页。

一句大话。"①

接下来,恩格斯通过分析实现暴力的前提和途径,继续揭露杜林"万能暴力论"的荒谬。恩格斯指出:"暴力的胜利是以武器的生产为基础的,而武器的生产又是以整个生产为基础,因而是以'经济力量',以'经济状况',以可供暴力支配的**物质**手段为基础的。"② 在这里,恩格斯详细分析了现代战争和军队对经济的依赖关系,"军队的全部组织和作战方式以及与之有关的胜负,取决于物质的即经济的条件:取决于人和武器这两种材料,也就是取决于居民的质和量以及技术。""在任何地方和任何时候,都是经济条件和经济上的权力手段帮助'暴力'取得胜利,没有它们,暴力就不成其为暴力。谁要是想依据杜林的原则从相反的观点来改革军事,那么他除了挨揍是不会有别的结果的。"③ 因此,恩格斯指出,暴力的"本原的东西"就是经济力量,是支配大工业这一权力手段。消灭阶级的途径在于,"只有通过大工业所达到的生产力的极大提高,才有可能把劳动无例外地分配给一切社会成员,使一切人都有足够的自由时间来参加社会的公共事务——理论的和实际的公共事务。因此,只是在现在,任何统治阶级和剥削阶级才成为多余的,而且成为社会发展的障碍;也只是在现在,统治阶级和剥削阶级,无论拥有多少'直接的暴力',都将被无情地消灭。"④

最后,恩格斯针对杜林对暴力的完全否定,提出必须肯定暴力在历史上的作用。虽然杜林把暴力当做一切经济现象的终极原因和最后说明,但是,他把暴力看做是"绝对的坏事","他的全部叙述只是哀诉这一暴力行为怎样作为原罪玷污了到现在为止的全部历史"。⑤ 对此,恩格斯区分了革命暴力和反革命暴力,指出暴力在社会发展中朝两个方向起作用:"或者按照它合乎规律的经济发展的精神和方向发生作用,

---

① 《马克思恩格斯文集》第9卷,北京:人民出版社2009年版,第171页。
② 同上书,第173页。
③ 同上书,第178、179页。
④ 同上书,第189页。
⑤ 同上书,第191页。

在这种情况下,它和经济发展之间没有任何冲突,经济发展加快速度。或者它违反经济发展而发生作用,在这种情况下,除去少数例外,它照例总是在经济发展的压力下陷于崩溃。"① 恩格斯对革命暴力的历史作用作了高度评价,他指出:"暴力在历史中还起着另一种作用,革命的作用;暴力,用马克思的话说,是每一个孕育着新社会的旧社会的助产婆;它是社会运动借以为自己开辟道路并摧毁僵化的垂死的政治形式的工具"。②

3. 马克思劳动价值论与剩余价值论

在价值问题上,杜林把价值和价格混为一谈,他指出,"价值是经济物品和经济服务在交往中所具有的意义",这相当于"价格或其他任何一种等价物名称,如工资"。③ 对此,恩格斯一针见血地指出:"换句话说:价值就是价格。或者,为了对杜林先生不做任何不公平的事情,并尽量用他自己的话来复述他的定义的荒谬,倒不如说:价值是各种价格。……可见他自己认定,同一价值有极其不同的价格,因而也会有同样多的不同的价值。"④ 杜林向人们提供了"五种价值":"来自自然界的生产价值,或人的劣根性所创造的分配价值,其特点在于它是按照并非自身所包含的力的花费来计量的,或第三,由劳动时间计量的价值,或第四,由再生产费用计量的价值,或最后,由工资计量的价值。"⑤ 恩格斯对这所谓的"五种价值"作出了逐一的批判,特别是"分配价值"。恩格斯指出,杜林"有名的分配价值只不过是假象",这种"由劳动的、创造价值的阶级所生产,但被垄断者阶级所占有的价值额"的问题早就被马克思的剩余价值理论所解决。"分配价值,通过社会地位而强加的商品加价,借助于利剑而逼出来的税,又都是虚无;商品的价值是完全由人力的花费决定的,正如通常所说的,是由体现在它们里面

---

① 《马克思恩格斯文集》第 9 卷,北京:人民出版社 2009 年版,第 190 页。
② 同上书,第 191 页。
③ 同上书,第 194 页。
④ 同上书,第 195 页。
⑤ 同上书,第 204 页。

的劳动决定的。"这就是马克思在李嘉图研究的基础上所指出的:"商品的价值是由体现在商品中的社会必要的、一般人的劳动决定的,而劳动又由劳动时间的长短来计量。劳动是一切价值的尺度,但是它本身是没有价值的。"①

恩格斯以上述马克思的价值定义和构成为基础,进一步阐述了简单劳动与复合劳动的关系,批判了杜林的"等价学说"。恩格斯引用了马克思关于简单劳动和复杂劳动关系的说法,人的劳动"是每个没有任何专长的普通人的机体平均具有的简单劳动力的耗费。……比较复杂的劳动只是自乘的或不如说多倍的简单劳动,因此,少量的复杂劳动等于多量的简单劳动。经验证明,这种简化是经常进行的。一个商品可能是最复杂的劳动的产品,但是它的价值使它与简单劳动的产品相等,因而本身只表示一定量的简单劳动。各种劳动化为当做它们的计量单位的简单劳动的不同比例,是在生产者背后由社会过程决定的,因而在他们看来,似乎是由习惯确定的"②。但是,杜林无法理解马克思的观点,他认为:"从一开始就应该认为每个人的劳动时间都是完全相等的,一切劳动时间毫无例外地和在原则上都是完全等价的,而且不必先得出一种平均的东西。"③恩格斯把杜林的观点归结为"激进的平等社会主义",而所谓的"等价学说"就是认为"劳动时间"、"劳动本身"都有一种价值。事实上,"劳动是一切价值的创造者。只有劳动才赋予已发现的自然产物以一种经济学意义上的价值。价值本身只不过是对象化在某个物品中的、社会必要的人类劳动的表现。所以劳动**不能**有任何价值。谈论劳动的价值并且想确定这种价值,这等于谈论价值的价值"。④

针对杜林对马克思剩余价值理论的攻击和歪曲,恩格斯根据《资本论》的观点对杜林做出有力的批驳。首先,杜林歪曲地理解马克思的资本概念,他认为,"关于资本,马克思先生首先不是使用流行的经济学

---

① 《马克思恩格斯文集》第9卷,北京:人民出版社2009年版,第197、199页。
② 《马克思恩格斯全集》第23卷,北京:人民出版社1972年版,第57—58页。
③ 《马克思恩格斯文集》第9卷,北京:人民出版社2009年版,第207页。
④ 同上书,第208页。

概念，即资本是已经生产出来的生产资料"，而是说"资本是由货币产生的"。① 在杜林看来，"'形成一般劳动力成果中的份额'、即造成任何形式的剩余劳动的任何数量的生产资料都解释为资本。"恩格斯指出，杜林这种可笑的观念"只是流行于庸俗经济学中"，并充满着"荒谬的观念、混乱、冒充深刻的逻辑真理的轻率见解和基础的薄弱"。马克思对资本已经作过经典表述："在马克思关于商品流通过程赖以进行的各种经济形式的分析中，货币是作为最后的形式而产生的。'商品流通的这个最后产物是资本的最初的表现形式。'"它"出现在市场上——商品市场、劳动市场或货币市场上，经过一定的过程，这个货币就转化为资本"。② 在货币转化为资本的过程中会获得剩余价值，马克思对剩余价值产生过程的发现揭露了现代资本主义生产方式以及以它为基础的占有方式的机制，揭示了整个现代社会制度的核心。其次，杜林歪曲马克思的剩余价值"无非就是人们通常所说的资本赢利或利润的东西"，他自己却"无法说明利润的形成。他只能简单地发布命令，说资本赢利是暴力的产物"③。对此，恩格斯指出，马克思一有机会就提醒读者注意"决不要把他所说的剩余价值同利润或资本赢利相混淆，后者只是剩余价值的一种派生形式，甚至常常只是剩余价值的一小部分"④。那么，"剩余价值是怎样转化成它的派生形式——利润、利息、商业赢利、地租等等的呢？""在马克思看来，资本主义生产的内在规律在资本的外部运动中作为竞争的强制规律发生作用，并且以这种形式成为单个资本家意识中的动机；所以，只有了解了资本的内在本性，才能对竞争进行科学的分析"⑤。但是，杜林不能理解竞争的意义，对利润、地租、工资等只能用"暴力"来说明。恩格斯对此作了分析，"我们已经看到，第一，这样援引暴力是一种腐朽的遁词，是把问题从经济领域转移到政

---

① 《马克思恩格斯文集》第9卷，北京：人民出版社2009年版，第210页。
② 同上书，第217—219页。
③ 同上书，第225页。
④ 同上书，第221页。
⑤ 同上书，第222页。

治领域，这种转移不能解释任何一件经济事实；第二，这种援引使暴力本身的形成没有得到说明"。事实上，杜林是"按照自己的方式直接抄袭《资本论》"，在这里，恩格斯详细指出了杜林是如何把马克思的"领地引到自己家里保护起来"，"从而也就以独特的方式暴露了他执拗地（因为在两个版本中都这样重复）、歪曲地断定马克思把剩余价值仅仅理解为利润或资本赢利的动机"。①

三 杜林小资产阶级社会主义学说与科学社会主义学说

在社会主义编中，恩格斯揭露了杜林以所谓的"新的共同社会结构"为方案的虚假社会主义，系统地阐述科学社会主义产生的历史、实现条件和基本特征，科学地论证了无产阶级的历史使命和资本主义为共产主义取代的历史必然性。

1. 空想社会主义产生条件和历史局限

杜林出于对历史上的空想社会主义的"真正惊人的无知"，对其以"轻蔑的态度"一概加以否定。恩格斯一针见血地指出，杜林把 19 世纪三大空想社会主义者称为"社会炼金术士"，企图"从他的孕育着'最后真理'的理性中，构想出一个新的社会制度的'标准'体系，而不是根据现有的历史地发展起来的材料，不是作为这些材料的必然结果来阐述这个体系"。② 恩格斯对圣西门、傅立叶和欧文的空想社会主义学说逐一

《空想社会主义和科学社会议》
1880 年法文扉页

---

① 《马克思恩格斯文集》第 9 卷，北京：人民出版社 2009 年版，第 226、229 页。
② 同上书，第 282 页。

进行了科学的分析和评价，同时指出，之所以空想社会主义者的观点不成熟，因为这是"同不成熟的资本主义生产状况、不成熟的阶级状况相适应的"①。在这样的历史条件下，空想社会主义者们"不得不从头脑中构想出新社会的要素，因为这些要素在旧社会本身中还没有普遍地明显地表现出来；他们只能求助于理性来构想自己的新建筑的基本特征，因为他们还不能求助于同时代的历史"②。

因此，空想社会主义的局限就在于，"解决社会问题的办法还隐藏在不发达的经济关系中，所以只有从头脑中产生出来。"消除社会所表现出来的弊病只能用"思维着的理性"来"发明一套新的更完善的社会制度"，通过宣传、"典型示范"和"从外面强加于社会"等方式来实现。"这种新的社会制度是一开始就注定要成为空想的，它越是制定得详尽周密，就越是要陷入纯粹的幻想。"③ 弄清了这一点，就更能说明杜林"一本正经地挑剔"空想社会主义者的观点是多么的可笑和无知。恩格斯指出，事实上，杜林也"只不过是空想社会主义者的模仿者，最新的空想主义者"。在"大工业已经把潜伏在资本主义生产方式中的矛盾发展为明显的对立"，人们也已经了解这种历史的条件的情况下，杜林"不是根据现有的历史地发展起来的材料，而是从自己至上的脑袋中硬造出一种新的空想的社会制度"，这显然是妄想实现炼金术的神话——"发现哲人之石"。④

2. 社会主义社会的实现路径和基本特征

在批判了杜林对空想社会主义者的无知谩骂之后，恩格斯对科学社会主义的理论进行了全面的阐释。

首先，他指出，科学社会主义的哲学基础是唯物主义历史观。唯物史观的基本原理表明，"一切社会变迁和政治变革的终极原因，不应当

---

① 《马克思恩格斯文集》第9卷，北京：人民出版社2009年版，第274页。
② 同上书，第282页。
③ 同上书，第274页。
④ 同上书，第283页。"哲人之石"，炼金术中的神秘物质，能将普通物质转化为贵重金属，也被称做"点金石"。

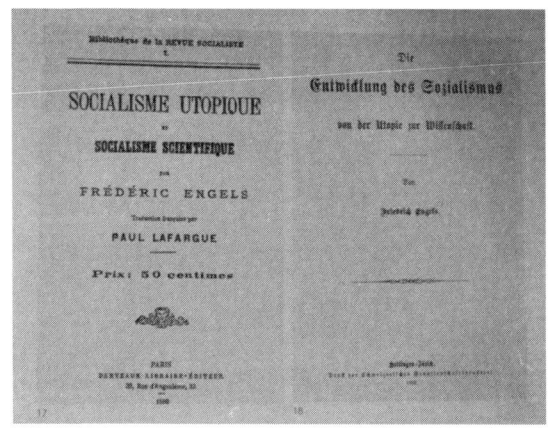

《社会主义从空想到科学的发展》1883 年德文第 1 版扉页

到人们的头脑中,到人们对永恒的真理和正义的日益增进的认识中去寻找,而应当到生产方式和交换方式的变更中去寻找;不应当到有关时代的**哲学**中去寻找,而应当到有关时代的**经济**中去寻找。"① 实现社会主义的科学道路不能从先验原则出发,而要在社会生产生活的实际进程中寻找答案。

其次,恩格斯通过对资本主义制度产生和发展过程的透彻分析,科学地阐述了实现社会主义的历史条件和现实路径。他指出,资本主义制度和资本主义生产方式从其产生的第一天起,就"已经包含着现代的一切冲突的萌芽",随着这一制度和生产方式的发展,它的社会基本矛盾——"社会化生产和资本主义占有的不相容性,也必然越加鲜明地表现出来。"② 资本主义社会的基本矛盾派生出两个明显的表现,即无产阶级和资产阶级的对立,个别工厂中的生产组织性和整个社会中生产的无政府状态之间的对立。资本主义生产方式在它生而具有的矛盾的这两种表现形式中运动着,形成了周期性的"恶性循环",即经济危机。从 1825 年到 1877 年,已经爆发了六次经济危机,"差不多每隔十年就要出轨一次","在危机中,社会化生产和资本主义占有之间的矛盾剧烈

---

① 《马克思恩格斯文集》第 9 卷,北京:人民出版社 2009 年版,第 284 页。
② 同上书,第 287 页。

地爆发出来。商品流通暂时停顿下来；流通手段即货币成为流通的障碍；商品生产和商品流通的一切规律都颠倒过来了。经济的冲突达到了顶点：生产方式起来反对交换方式，生产力起来反对已经被它超过的生产方式。"① 这深刻地表明了"一方面，资本主义生产方式暴露出它没有能力继续驾驭这种生产力。另一方面，这种生产力本身以日益增长的威力要求消除这种矛盾，要求摆脱它作为资本的那种属性，要求在事实上承认它作为社会生产力的那种性质"②。恩格斯进一步指出，这种"强大的生产力"像自然力一样，当我们没有认识和考虑到它的时候，起着盲目的、强制的和破坏的作用；但是，一旦我们认识了它，了解了它的活动形式，那么就可以利用它。那么，"当人们按照今天的生产力终于被认识了的本性来对待这种生产力的时候，社会的生产无政府状态就让位于按照社会总体和每个成员的需要对生产进行的社会的有计划的调节。"这就是社会主义代替资本主义的客观必然性。

最后，恩格斯科学地分析了社会主义制度的基本特征：第一，"无产阶级将取得国家政权，并且首先把生产资料变为国家财产。但是这样一来，它就消灭了作为无产阶级的自身，消灭了一切阶级差别和阶级对立，也消灭了作为国家的国家。"第二，"社会占有了生产资料，商品生产就将被消除，而产品对生产者的统治也将随之消除。社会生产内部的无政府状态将为有计划的自觉的组织所代替。"但是，前提是"这种占有只有在实现它的物质条件已经具备的时候，才能成为可能，才能成为历史的必然性。"第三，"通过社会化生产，不仅可能保证一切社会成员有富足的和一天比一天充裕的物质生活，而且还可能保证他们的体力和智力获得充分的自由的发展和运用"。"于是，人在一定意义上才最终地脱离了动物界，从动物的生存条件进入真正人的生存条件。"也就是说，从那时起，人们不再受自然规律的支配，而是完全自觉地创造自己的历史，从而达到从必然王国到自由王国的飞跃。③

---

① 《马克思恩格斯文集》第9卷，北京：人民出版社2009年版，第293页。
② 同上书，第294页。
③ 同上书，第297、300、298、299、300页。

3. 马克思主义分工理论和宗教观

恩格斯通过对杜林的"共同社会结构"模式、经济、国家、宗教、教育、家庭等错误观点的批判，全面地揭露了杜林的"特殊普鲁士的社会主义"是虚假社会主义的实质，同时科学地阐明了马克思主义分工理论和马克思主义宗教观等若干原则，进一步为未来社会描绘蓝图。下面分而述之：

（1）马克思主义分工理论。杜林的社会主义根本不是历史发展的必然产物，而是"社会的自然体系"，是植根于"普遍公平原则"之中的"最后的终极的真理"。它是由"经济公社的联邦"组成的，"经济公社"被杜林认为是"具有人类历史意义的广泛的模式"，是"人们的共同体，这些人由支配一个区域的土地和一批生产企业的公共权利相互联合起来，共同活动，共同分配收入"。① 在恩格斯看来，这个所谓的"经济公社"不过完全依照从前的样式进行的，只是用"公社代替了资本家而已"。恩格斯指出，"到目前为止的一切生产的基本形式是分工，一方面是社会内部的分工，另一方面是每一单个生产机构内部的分工。"② 由于分工的存在，"劳动被分割，人也被分割了。为了训练某种单一的活动，其他一切肉体的和精神的能力都成了牺牲品。"分工不仅奴役了劳动者，剥削阶级"也都因分工而被自己用来从事活动的工具所奴役；精神空虚的资产者为他自己的资本和利润欲所奴役……一切'有教养的等级'都为各式各样的地方局限性和片面性所奴役，为他们自己的肉体上和精神上的短视所奴役，为他们的由于接受专门教育和终身从事一个专业而造成的畸形发展所奴役"③。因此，必须彻底变革旧的生产方式，特别是必须消灭旧的分工。但是，这已经不再是什么幻想，因为现代大工业的发展即社会化大生产为分工的消灭提供了物质条件和社会基础。代替旧的分工的"应该是这样的生产组织：在这样的组织中，一方面，任何个人都不能把自己在生产劳动这个人类生存的必要条件中

---

① 《马克思恩格斯文集》第9卷，北京：人民出版社2009年版，第304页。
② 同上书，第306页。
③ 同上书，第309页。

所应承担的部分推给别人；另一方面，生产劳动给每一个人提供全面发展和表现自己的全部能力即体能和智能的机会，这样，生产劳动就不再是奴役人的手段，而成了解放人的手段，因此，生产劳动就从一种负担变成一种快乐。"①

（2）马克思主义宗教观。杜林在他的《哲学教程》一书中对未来的国家制度作出了详细的规定。其中宗教是被完全禁止的，"在自由的社会里，不可能有任何膜拜；因为每个社会成员都克服了幼稚的原始的想象"。杜林所理解的"共同社会体系"，依靠主观的强制就能消灭宗教："必须除去宗教魔术的一切道具"。② 恩格斯对此进行有力的批驳。首先，他为宗教下了科学的定义："一切宗教都不过是支配着人们日常生活的外部力量在人们头脑中的幻想的反映，在这种反映中，人间的力量采取了超人间的力量的形式。"③ 其次，恩格斯考察了宗教产生和发展的历史，从而指出宗教的实质是人们处在异己的自然力量和社会力量的支配之下而形成的感情形式。因此，只要宗教反映活动的事实基础继续存在，宗教就同它一起存在。只有"当社会通过占有和有计划地使用全部生产资料而使自己和一切社会成员摆脱奴役状态的时候"，"在宗教中反映出来的最后的异己力量才会消失，因而宗教反映本身也就随着消失"。④

综上可见，《反杜林论》反映了恩格斯建构马克思主义的综合设想，其中体现的马克思主义哲学、政治经济学和科学社会主义的内涵具有持久的影响力。在该书出版130多年后的今天，书中很多观点难免带有历史的痕迹，但其强调实践先于原则的历史唯物主义基本原理和方法论仍有重要的启示意义。因而，合理理解恩格斯阐释马克思主义理论的努力，同时避免教条化地沿袭某些历史性叙述的时代限度，较之以偏概全地否定和质疑历史唯物主义的表述细节，无疑更有价值。

---

① 《马克思恩格斯文集》第9卷，北京：人民出版社2009年版，第310页。
② 同上书，第333页。
③ 同上书，第333页。
④ 同上书，第334页。

第六章 《反杜林论》的理论阐释

作为哲学术语的"社会主义"是在19世纪30年代初被广泛使用的①,但社会主义思想的产生却可追溯至遥远的古代社会,这些关于未来社会的纯粹理念构想在19世纪初空想社会主义思想家的著述中达至顶峰。马克思重视这些思想家的理论遗产,同时指出他们的思想缺乏现实的承载者,并在实践层面指出实现并超越这些理想的可能路径。晚年恩格斯在《反杜林论》中确认了社会主义的现代形态,并阐释了作为"科学"的社会主义是否可能与何以可能,而他在《卡·马克思〈1848年至1850年的法兰西阶级斗争〉一书导言》中对社会主义实现路径的论述则引来多种争论。坚持革命,还是选择议会道路?是这场争论的关键。其实,在坚持政治原则的前提下灵活运用政治实践策略,是实现社会主义的进程中应有的政治辩证法。读懂晚年恩格斯的政治辩证法,应首先理解他对现代社会主义的"科学"规定,了解他批判欧根·杜林"新的社会主义理论"的哲学理路。

一 《反杜林论》与社会主义的"科学"规定

早年失明的欧根·杜林在柏林大学担任私人讲师期间提出了"新的社会主义理论"和"新哲学体系",以"革新科学"的姿态出场的他因称赞马拉、巴贝夫和巴黎公社而获得不少工人追随者,被视为"社会主

---

① 参见加布里埃尔·杰维尔:《"社会主义"和"社会主义者"的词源考证》,承中译,载《国际共运史研究》1987年第1期。

义的行家兼改革家"。由于杜林的观点富含对马克思的批判且有将社会主义庸俗化的危险,李卜克内西致信马克思,谈及回应杜林的必要,而马克思认为批判杜林的意义"过于次要"。他和恩格斯都没打算分散宝贵的时间来面对这个"蹩脚的大学讲师"。直至杜林指责一个"粗野、迟钝的犹太人理论家"的《资本论》"一无是处",恩格斯才下决心暂时中断《自然辩证法》的写作,批判杜林"价廉质劣"的"伪科学",从思想上治疗一些因迷信这种伪科学而染上"幼稚病"的人们。应该说,恩格斯对这项工作驾轻就熟,但这并不意味着这项工作简单易行。由于杜林的学说内容繁杂,而恩格斯也想借此机会批评相关的社会思潮,所以批判的篇幅就不免成为理论加长版,尽管这个版本的结构是对应批判内容本身的,但各部分之间的联系超越了批判的内容,构成缜密的内在逻辑。

这篇题为《欧根·杜林先生在哲学中实行的变革》的长文从哲学、政治经济学和社会主义三个方面批判杜林理论体系,影响甚广,不仅多次再版,而且其中的引论第三章和第三编的第一、二章由拉法格编排成小册子出版了,此后依据该文本的意大利文版、波兰文版、德文版、俄文版、丹麦文版等先后出版,这部几乎拥有人类各种语言的文本名为《社会主义从空想到科学的发展》,实际上是《反杜林论》的一部分。此外,《反杜林论》的草稿和准备材料也被保存下来,可借此进一步了解恩格斯思路的展开过程。马克思赞同恩格斯的写作①,并实际上参与撰写了一小部分内容,他在为《社会主义从空想到科学的发展》法文版撰写的序言中指出:"弗里德里希·恩格斯是当代社会主义最杰出的代表人物之一。……他为《前进报》撰写并讽刺地题为《欧根·杜林先生在科学中实行的变革》的最近的一组论文,是对欧根·杜林先生关于一般科学,特别是关于社会主义的所谓新理论

---

① 1875年5月25日,马克思就此致信恩格斯说:"'我们对待这些先生的态度'只能通过对杜林的彻底批判表现出来。他显然在崇拜他的那些崇拜他的那些舞文弄墨的不学无术的钻营之徒中间进行了煽动,以便阻挠这种批判"。参见《马克思恩格斯全集》第34卷,北京:人民出版社1972年版,第15页。

的回答。这些论文已经集印成书并且在德国社会主义者中间获得了巨大的成功。"①。可以说,《反杜林论》不仅是一篇哲学经典文献,而且是论述社会主义的思想力作,其中关于社会主义的"科学"规定具有强劲的实践力量。

恩格斯在《反杜林论》开篇即指出,"现代社会主义,就其内容来说,首先是对现代社会中普遍存在的有财产者和无财产者之间、资产者和雇佣工人之间的阶级对立以及生产中普遍存在的无政府状态这两个方面进行考察的结果。但是,就其理论形式来说,它起初表现为18世纪法国伟大的启蒙学者们所提出的各种原则的进一步的、据称更彻底的发展",而在该段的草稿中还有这句话——"它的最初代表摩莱里和马布利也是属于启蒙学者之列的",因而"在当时已经有了直接的共产主义理论"。恩格斯赞赏这些法国启蒙学者,因为在他们反权威的头脑中,"思维着的知性成了衡量一切的唯一尺度。"② 但恩格斯深知,按照这些启蒙学者的理念建立的资产阶级社会在当时存在着很多严重的甚至是棘手的问题,他坚信"科学"的现代社会主义必然超越资产阶级社会,而这种超越必须建立在现实的基础上。

从哲学层面看,科学社会主义具有国际性格,而辩证法是实现这种国际性格的关键。恩格斯在为1883年德文版《社会主义从空想到科学的发展》写的序言中加了一个注,其中写道:"科学社会主义的产生,一方面必须有德国的辩证法,同样也必须有英国和法国的发达的经济关系和政治关系。……只有在英国和法国所产生的经济和政治状况受到德国辩证法的批判以后,才能产生真正的结果。"③ 这种辩证法并非折衷主义,而以生成的方式面对人类社会的未来走向,正如他在1890年8月致奥托·伯尼克的信中所指出的:"所谓'社会主义社会'不是一种一成不变的东西,而应当和任何其他社会制度一样,把它看成是经常变

---

① 《马克思恩格斯文集》第3卷,北京:人民出版社2009年版,第491、493页。
② 参见《马克思恩格斯文集》第9卷,北京:人民出版社2009年版,第19—20页。
③ 《马克思恩格斯选集》第3卷,北京:人民出版社1995年版,第691页。

化和改革的社会。"① 他后来还曾在《德国农民战争》第 2 版序言的"补充"中说："社会主义自从成为科学以来，就要求人们把它当做科学来对待，就是说，要求人们去研究它。"② 这种研究是在实践中展开的，在批判杜林的过程中，恩格斯形成了"对马克思和我所主张的辩证方法和共产主义世界观的比较连贯的阐述"③。

杜林的影响是通过出版《自然的辩证法》（1865）、《国民经济学和社会主义批判史》（1872）和《哲学教程》（1875）这三部著作体现出来的，这些著作的优点在于其叙述方式适应工人的认知水平。伯恩施坦正是从这个角度肯定杜林的价值，"杜林在他论述社会主义的著作中对于马克思与拉萨尔的辛辣的批评，并没有削弱我们对他的信仰。一位果断的科学家挺身而出做社会主义的见证人，而从力求用比马克思的著作易懂得多的语言与形式来叙述社会主义，——和这件事实比起来，我们认为，他同《资本论》的作者之间的理论分歧是不重要的。"④ 恩格斯显然不这样，他看到这种分歧背后的危机：这不是纯粹哲学理论的分歧，而涉及德国社会民主党以杜林体系取代马克思理论形象的可能，进而关系到共产主义运动的走向。他分别从哲学、政治经济学和社会主义角度对杜林的学说做出全景式的批判⑤，其意义绝非仅限于恢复了马克思的名誉，更在于确认了马克思的学派。正如考茨基所言，"在恩格斯的《反杜林论》出版以后，我们才开始比较深入地探究了马克思主义的思维方式，开始系统地按马克思主义来思考和工作了。从那时起才开

---

① 《马克思恩格斯文集》第 10 卷，北京：人民出版社 2009 年版，第 588 页。
② 《马克思恩格斯文集》第 2 卷，北京：人民出版社 2009 年版，第 219 页。
③ 《马克思恩格斯文集》第 9 卷，北京：人民出版社 2009 年版，第 11 页。
④ 中央编译局国际共运史研究室编：《研究〈反杜林论〉的参考史料》，北京：生活·读书·新知三联书店 1980 年版，第 2 页。
⑤ 值得提及的是，尼采后来指出欧根·杜林的理论动机，"今天，平庸者和败类招摇过市，几乎心安理得，毫不尴尬，并且以伟人改革家自居。譬如，欧根·杜林这样的人，实际上他是个随机应变而又消息灵通的学者。不过，他一张嘴就道出了他那渺小的灵魂，他会被狭隘嫉妒之心碾成粉末的。他泄露了，驱使他的不是强有力的、热情奔放的、慈善为怀的精神——而是野心！"（参见弗里德里希·尼采：《权力意志——重估一切价值的尝试》，张念东、凌素心译，北京：商务印书馆 1991 年版，第 161 页。）

始出现了一个马克思主义的学派。"①

因而,关于社会主义的论述首先是一个实践命题,通过研究社会主义思想史以及19世纪欧洲共产主义运动,恩格斯确认了杜林理论的旧形而上学特征,他认为杜林的一般世界模式论、关于自然原则的学说和关于人的学说缺乏现实性。以这种缺乏现实性的哲学作为社会主义的思想基础,只能是一厢情愿的无用之举。他对杜林哲学的批判以扬弃哲学的方式展开,并指出实现社会主义的途径要到政治经济学中去寻找,历史唯物主义和《资本论》的主要观点以简约的方式构成社会主义的理论基础。由于这些论述"实际构成了后来科学社会主义体系建构的标准","《反杜林论》以及与其所论哲学相关的'自然辩证法'计划、由其第三篇独立出来的《发展》构成全部'恩格斯问题'的中心,产生了极大的争论"②。换言之,对"恩格斯问题"的争论固然是一个经典的文本学问题,但其中也蕴含着很多现实要素。

恩格斯在《反杜林论》中的哲学阐释和政治经济学论述当然重要,但这两个步骤实则论述科学社会主义的理论铺垫,这大概也就是拉法格将其简写为《社会主义从空想到科学的发展》的原因之一。而关于社会主义应该怎样的问题,恩格斯与马克思的看法相同,那是一个只能描述远景的未来社会。所以,当意大利记者G.卡内帕在1894年1月3日请恩格斯为即将在日内瓦创刊的《新纪元》发表题词,表明"新纪元"是不同于但丁所说的"一些人统治,另一些人受苦难"的旧纪元的时候,恩格斯在回信中说,"我打算从马克思的著作中给您找出一则您所期望的题词。我认为,马克思是当代唯一能够和那位伟大的佛罗伦萨人相提并论的社会主义者。但是,除了《共产主义宣言》中的下面这句话(《社会评论》杂志社出版的意大利文版第35页),我再也找不出合适的了:'代替那存在着阶级和阶级对立的资产阶级旧社会的,将

---

① 参见曼·克利姆:《恩格斯文献传记》,中央编译局译,长沙:湖南人民出版社1986年版,第477页。
② 胡大平:《回到恩格斯:文本、理论和解读政治学》,南京:江苏人民出版社2011年版,第269页。

是这样一个联合体,在那里,每个人的自由发展是一切人的自由发展的条件.'"① 其实,共产主义的产生基于对资本主义的实践批判,认识二者的关系需要具有辩证的眼界。

正如美国学者奥尔曼在《辩证法的舞蹈》中讲述的"两座城市的故事",资本主义和社会主义可谓现代社会的"双城记",任何终结社会主义的观点都是缺乏辩证思维的体现。马克思对未来社会的冀望基于对资本主义的强烈不满,实则体现了批判和超越当下的哲学精神。晚年恩格斯使这种精神具有更多的实际因素。正如他在《论住宅问题》中所指出的,"实际的社会主义则是对资本主义生产方式各个方面的一种正确的认识。"② 由于缺乏对资本主义的正确认识,杜林的"新的社会主义理论"实际上仍然是旧的形而上学的杂碎汤,而这种实际的思维使辩证法进入实践领域,在坚持原则的同时灵活运用策略,是共产主义运动应有的政治智慧。但是,这种论述引起不少争论,我们可以在略览国际学界对恩格斯的《卡·马克思〈1848年至1850年的法兰西阶级斗争〉一书导言》的解读中把握这些争论的焦点。

二 "恩格斯的政治遗嘱"及其百年论争

《卡·马克思〈1848年至1850年的法兰西阶级斗争〉一书导言》是恩格斯毕生撰写的最后一篇政论。恩格斯写作这篇文章的起因是,《前进报》经理理查·费舍来信说,《前进报》出版社拟将马克思1850年在《新莱茵报。政治经济评论》上发表的几篇论1848—1849年法国事件的文章结集出版。为了让读者更好地了解马克思写作这组文章的历史背景和现实意义,恩格斯在1895年2月14日至3月6日撰写了一篇导言,并为这组文章起名为"1848年至1850年的法兰西阶级斗争"。由于这篇导言不乏激烈的言辞,德国社会民主党请费舍致信恩格斯,要

---

① 《马克思恩格斯文集》第10卷,北京:人民出版社2009年版,第666页。
② 《马克思恩格斯文集》第3卷,北京:人民出版社2009年版,第333页。

第三部分　当代解读

马克思《1848年至1850年的法兰西阶级斗争》中文版封面

他删除这些论述。这个意见让恩格斯反感："我还必须考虑到，阅读我的著作的还有外国人——法国人、英国人、瑞士人、奥地利人、意大利人等，我决不能在他们面前这样糟蹋自己的名誉。"① 同时，他指出，"我不能容忍你们立誓忠于绝对守法，任何情况下都守法，甚至在那些已被其制定者违犯的法律面前也要守法"，"我认为，如果你们宣扬绝对放弃暴力行为，是决捞不到一点好处的。"当然，出于多种考虑，除了几处之外，恩格斯基本上接受了他们"提出的修改意见"，"就这样，我决不会再多走一步"。②

可是，当这篇政论尚未发表时，1895年3月30日的《前进报》发表了该报主编威廉·李卜克内西撰写的社论《目前革命应怎样进行》，他未经恩格斯同意就摘录了这篇文章的几段话，恩格斯对这种断章取义的做法感到愤慨。他在4月2日写给考茨基的信中说："今天我惊讶地发现，今天我发现，《前进报》事先不通知我就发表了我

---

① 参见《马克思恩格斯文集》第10卷，北京：人民出版社2009年版，第686页。
② 同上书，第686—687页。

的《导言》的摘录,在这篇经过修饰整理的摘录中,我成了一个温顺和平、无论如何都要守法的人。我特别希望《导言》现在能全文发表在《新时代》上,以消除这个可耻印象。"① 后来,这篇政论在当年4月出版的《新时代》第13卷第2册第27、28期连载,这个文本比《前进报》的摘引当然丰富得多,但仍然不是全文。尽管如此,这个文本还是清楚地表明恩格斯的主要观点。被删掉的主要是关于未来无产阶级与资产阶级的武装斗争的若干尖锐政治观点,考茨基将这些内容说成是该书的"结尾",这个"结尾"直到1930年才在梁赞诺夫主编的该书单行本中面世。

恩格斯逝世后,伯恩施坦和考茨基先后将这篇文章称为"恩格斯的政治遗嘱",其实这篇"遗嘱"中的主要思想在《1891年社会民主党纲领草案批判》、《给〈萨克森工人报〉编辑部的回复》、《给〈社会民主党人报〉读者的告别信》、《〈英国工人阶级状况〉德文第二版序言》、《德国1890年的选举》、《德国的社会主义》等文本中得到了类似的阐释。即应审时度势,利用普选权和合法手段展开斗争。由于武器技术的发展,街垒战和简单突袭的革命时代已经远去,尽管发生"流血牺牲"的武装起义的可能性还是存在的,但为了取得革命最后的胜利,须做好必要的准备。包括争取多数农业工人即军队的多数支持社会主义,积极争取选票数的增长,重视议会斗争的舞台。概言之,积极利用合法手段并不等于放弃革命的权利。② 由于这些观点与暴力革命是历史的火车头等经典论述颇有不同,很快就引起各种争议③,而教条主义者和修正主义者的观点恰是恩格斯要避免的两个极端。

通常认为,伯恩施坦是修正主义的鼻祖,而晚年恩格斯的有关论述被他视为"修正"具有合理性的缘由。这些论述散见于多个文本,而

---

① 《马克思恩格斯文集》第10卷,北京:人民出版社2009年版,第699页。
② 参见殷叙彝:《这是恩格斯的政治遗嘱吗?——恩格斯〈卡·马克思《1848年至1850年的法兰西阶级斗争》一书导言〉发表的前前后后》,载《红旗文稿》2008年第14期。
③ 百年来,国际马克思主义理论界围绕这篇文章发生了8次重大争论。参见高放:《恩格斯"政治遗嘱"百年八次争议》,载《当代世界与社会主义》2010年第5期。

《卡·马克思〈1848年至1850年的法兰西阶级斗争〉一书导言》最有代表性。根据时代条件的变化,恩格斯坦率地指出,"历史表明我们也曾经错了,暴露出我们当时的看法只是一个幻想。历史走得更远:它不仅打破了我们当时的错误看法,并且还完全改变了无产阶级进行斗争的条件。1848年的斗争方法,今天在一切方面都已经过时了"①。而这时德国社会民主党开展议会斗争,使工人获得直接的物质利益。"人们发现,在资产阶级用来组织其统治的国家机构中,也有一些东西是工人阶级能够用来对这些机构本身作斗争的",这就是议会制和普选制——"无产阶级的一种崭新的斗争方式"、"最锐利的武器中的一件武器"。可以说,恩格斯这句话有充分的根据,一方面,在武器日益发达的时代,工人在巷战中几乎没有取得胜利的可能;另一方面,德国、法国、比利时、意大利、瑞士、奥地利、丹麦甚至保加利亚和罗马尼亚的社会主义者都已成功进入议会,"普选权"已"由历来是欺骗的手段变为解放的手段"。②何去何从?值得深思。③

这种与时俱进的观念体现了历史唯物主义的基本方法。此前恩格斯和马克思一直坚持认为暴力革命是无产阶级革命的唯一途径,当时代条件变化之后,适时变换政治策略,恰是实现根本政治目的的捷径。这时离马克思逝世已10多年了,"我们现在就已经能指望拥有225万选民。如果这样继续下去,我们在本世纪末就能夺得社会中间阶层的大部分,

---

① 《马克思恩格斯文集》第4卷,北京:人民出版社2009年版,第538页。
② 参见同上书,第545页。
③ 值得提及的是,马克思确定了恩格斯政治辩证法的基调,他在1872年5月8日于阿姆斯特丹发表的演讲中指出,"我们知道,必须考虑到各国的制度、风俗和传统;我们也不否认,有些国家,像美国、英国,——如果我对你们的制度有更好的了解,也许还可以加上荷兰,——工人可能用和平手段达到自己的目的。但是,即使如此,我们也必须承认,在大陆上的大多数国家中,暴力应当是我们革命的杠杆;为了最终地建立劳动的统治,总有一天正是必须采取暴力。"参见《马克思恩格斯全集》第18卷,北京:人民出版社1964年版,第179页。恩格斯在《资本论》英文版序言中指出,马克思在研究中"得出这样的结论:至少在欧洲,英国是唯一可以完全通过和平的和合法的手段来实现不可避免的社会革命的国家。当然,他从来没有忘记附上一句话:他并不指望英国的统治阶级会不经过'维护奴隶制的叛乱'而屈服于这种和平的和合法的革命"。参见《马克思恩格斯文集》第5卷,北京:人民出版社2009年版,第35页。

小资产阶级和小农,发展成为国内的起决定作用的力量,其他一切势力不管愿意与否,都得向它低头。"① 这时在有宪政和民主传统的国家,工人参与议会选举,"在人民代议机关把一切权力集中在自己手里、只要取得大多数人民的支持就能够按照宪法随意办事的国家里,旧社会有可能和平长入新社会,比如在法国和美国那样的民主共和国。"② 基于此,恩格斯得出这样的结论:"世界历史的讽刺把一切都颠倒了过来。我们是'革命者'、'颠覆者',但是我们用合法手段却比用不合法手段和用颠覆的办法获得的成就多得多。那些自称为秩序党的党派,却在它们自己所造成的合法状态下走向崩溃。"③ 当无产阶级避免在现代战争中作无谓的牺牲,具有通过合法的和平的方式获得胜利的可能性的时候,恩格斯乐见其成。

类似的看法在恩格斯暮年的其他文本中也很常见,比如他在1893年10月18日和21日致信倍倍尔,"比利时—奥地利的选举胜利证明,我们是效力很大的酵母,足以使已经开始的发酵过程彻底完成。"④ 又如在《英国工人阶级状况》德文第二版"序言"中指出,"工人们从令人信服的实例中看到:只要他们提出要求,并且明白自己要求的是什么,他们在英国就成为一种决定性的力量;1892年的选举已经在这方面开了一个头。其余的事情,大陆上的工人运动是会去关心的;那些在议会和市镇参议会中已经有那么多代表的德国人和法国人,将以自己的进一步的成绩来鼓舞英国人的奋斗精神。……到那时,英国的工人政党将会完善地组织起来,足以很快地结束那两个轮流执政并以这种方式使资产阶级统治永存的旧政党的跷跷板游戏。"⑤ 尽管晚年恩格斯这些观点显得过于乐观,却也不乏远见。

这些观点引发的争论是激烈而持久的,为了讨论代议制和普选权等

---

① 参见《马克思恩格斯文集》第4卷,北京:人民出版社2009年版,第551页。
② 同上书,第414页。
③ 同上书,第552页。
④ 《马克思恩格斯全集》第39卷,北京:人民出版社1974年版,第154页。
⑤ 《马克思恩格斯文集》第1卷,北京:人民出版社2009年版,第380页。

经典社会主义理论中没有的内容,第二国际于 1893 年 8 月在苏黎世召开第三次大会。恩格斯参加了这次会议,这是他唯一一次参加第二国际的会议,并为会议发表了闭幕词,肯定了社会主义探索中遇到的新现象。其实,这种态度并非表明恩格斯陷入了"修正主义"的泥潭,而表明他对社会主义实现途径的重审。别忘了他在《反杜林论》中对科学社会主义任务的规定:"完成这一解放世界的事业,是现代无产阶级的历史使命。深入考察这一事业的历史条件以及这一事业的性质本身,从而使负有使命完成这一事业的今天受压迫的阶级认识到自己的行动的条件和性质,这就是无产阶级运动的理论表现即科学社会主义的任务。"① 不研究时代条件的变化,不认识行动的条件和性质,教条式地理解社会主义有害无益。有一个历史细节或许可以帮助我们读懂晚年恩格斯:他在遗嘱中将一千英镑赠给倍倍尔和辛格尔,希望他们"或他们的继承人应作为在他们或他们的继承人确切肯定合适的时间和地点选举他们或他认为合适的人选进入德意志帝国国会时的经费"②。

当然,如果因为这些论述和行为,误以为恩格斯的思想立场发生了重大偏移,那就实在是缺乏辩证思维了。从他 1892 年对意大利学者乔万尼·博维奥的驳斥中就可以清楚地看到他的政治原则:"我没有说过'社会党将取得多数,然后就将取得政权'。相反,我强调过,十有八九的前景是,统治者早在这个时候到来以前,就会使用暴力来对付我们了;而这将使我们从议会斗争的舞台转到革命的舞台"③。他还曾明确地指出,"为了眼前暂时的利益而忘记根本大计,只图一时的成就而不顾后果,为了运动的现在而牺牲运动的未来,这种做法可能也是出于'真诚的'动机。但这是机会主义,始终是机会主义,而且'真诚的'机会主义也许比其他一切机会主义更危险。"④ 争取"普选权",积极参与议会选举,是一个策略而不是原则。更何况,"这个策略仅仅是针对今天的德

---

① 《马克思恩格斯文集》第 3 卷,北京:人民出版社 2009 年版,第 566 页。
② 《马克思恩格斯全集》第 39 卷,北京:人民出版社 1974 年版,第 483 页。
③ 《马克思恩格斯文集》第 4 卷,北京:人民出版社 2009 年版,第 443 页。
④ 同上书,第 414 页。

国，而且还有重要的附带条件。对法国、比利时、意大利、奥地利来说，这个策略就不能整个采用。就是对德国，明天它也可能就不适用了。"① 似乎不必指出更多的例证，我们再对照恩格斯1891年为《法兰西内战》单行本撰写的导言，就可以看到他所坚持的基本政治原则。

晚年恩格斯在这篇导言中简要梳理了法国大革命以来的欧洲无产阶级革命特别是巴黎公社的历史，并指出"马克思派"对无产阶级政治组织前途的看法。② 恩格斯不仅高度肯定了巴黎公社的旗帜是世界共和国的旗帜，而且指出尽管工人对共和国的意义缺乏足够的理解，但他们所进行的阶级斗争推动了历史的脚步。他还在这篇导言中批判美国政权脱离了社会，两党轮流剥削工人的利益，同时提醒人们注意，"这样的例子不但在世袭君主国内可以看到，而且在民主共和国内也同样可以看到。"③ 而类似的观点在《卡·马克思〈1848年至1850年的法兰西阶级斗争〉一书导言》中也可以看到，恩格斯所谓"法国在1789年以来的全部欧洲历史中起了主导作用……我们关于1848年2月在巴黎所宣布的'社会'革命即无产阶级革命的性质和步骤的观念，带有回忆1789—1830年榜样的浓厚色彩"④，并非论述议会合理性的铺垫，而是对政治原则的强调。理解晚年恩格斯关于议会制的观点，不能忽略上述阐释。

伯恩施坦显然忽略或者不愿意强调上述阐释，他认为恩格斯"只说了社会主义是从什么起源的，它表现为什么，但并没有说明他实际上是什么……把社会主义作为体系来加以说明的解释现在在恩格斯或马克思的任何著作中事实上是找不着的。……不是方案，不是图样，而是以今天的社会主义生产方式为基础的一种运动，这就是他们所说的社会主义"⑤。由于《卡·马克思〈1848年至1850年的法兰西阶级斗争〉一书导言》的手稿保存在他的手里，考茨基要他公布"结尾"部分，但伯

---

① 《马克思恩格斯文集》第10卷，北京：人民出版社2009年版，第700页。
② 参见《马克思恩格斯选集》第3卷，北京：人民出版社1995年版，第11页。
③ 《马克思恩格斯文集》第3卷，北京：人民出版社2009年版，第110页。
④ 《马克思恩格斯文集》第4卷，北京：人民出版社2009年版，第537页。
⑤ 殷叙彝编：《伯恩施坦文选》，北京：人民出版社2008年版，第453页。

恩施坦借口手稿不在他手上而拒绝了,并指出不必再强调"革命权",那是"一种给假花浇水的做法"。① 关于这个问题,卢森堡明确指出,"把资产阶级议会制度的鸡窝当做负有完成伟大历史意义的革命变革使命的机关"是荒谬的,恩格斯这篇文章"论述的不是最后夺取政权的问题,而是当前日常斗争的问题","恩格斯对被统治的无产阶级而不是对胜利的无产阶级作了指示"。② 这个看法应该接近恩格斯的原意,但并非所有人的理解能力都能达到这个水平。第二国际内部争论升级的直接结果是:"恩格斯逝世后,由于缺乏主心骨,德国社会民主党由策略上的分歧很快上升到原则上的争论,形成正统派和修正派的对峙,并最终分裂。"③ 为此,我们需要深入解读晚年恩格斯对社会主义原则和策略的论述,从历史唯物主义角度理解晚年恩格斯的政治辩证法。

三 社会主义实现道路的共时性与晚年恩格斯政治辩证法的要义

马克思继承了黑格尔学派的思想精要,以实践的历史视野构建了一种政治的辩证法,从而开启了理解政治问题的全新视域。"作为一种基于历史事实的新的原创性的思想模式,马克思主义辩证法所强调的是善与恶的融合,以及对幸福和不幸的历史状态的瞬时把握。"④ 从这个角度看,对资本主义的批判乃是马克思主义在场的明证。晚年恩格斯多次强调并灵活运用辩证法审视变迁中的现实社会,他关注的重大命题是:如何"实现大多数人本身的真正利益"?⑤ 这涉及社会革命道路的选择问题。为了更好地实现大多数人的利益,革命道路的选择需要具有政治辩证法的理论底蕴。在这个意义上,是否读懂晚年恩格斯政治辩证法的要义,是理解国

---

① 殷叙彝编:《伯恩施坦文选》,北京:人民出版社2008年版,第373页。
② 《卢森堡文选》上卷,北京:人民出版社1984年版,第135页。
③ 胡大平:《回到恩格斯:文本、理论和解读政治学》,南京:江苏人民出版社2011年版,第317页。
④ F. Jameson, *Valences of the Dialectic*, London: Verso Books, 2010, p. 551.
⑤ 参见《马克思恩格斯文集》第4卷,北京:人民出版社2009年版,第540页。

际马克思主义理论界围绕晚年恩格斯社会主义理论展开多次争论的关键。

在恩格斯看来,以往的革命有一个共同特征:少数人的革命在多数人参与下成功了,而多数人获胜后并不知道选择哪条道路,因而造成了革命后社会发展的不持续性。革命是人类获得个性自由与全面发展的手段,但并非人类生活的目的,后革命时代的社会建设与人类发展乃是更重要的主题。正如他在1893年5月11日对法国《费加罗报》记者发表谈话时指出,"我们没有最终目标。我们是不断发展论者,我们不打算把什么最终规律强加给人类。关于未来社会组织方面的详细情况的预定看法吗?您在我们这里连它们的影子也找不到。当我们把生产资料转交到整个社会的手里时,我们就会心满意足了。"① 如何将生产资料转交到整个社会的手里呢?社会革命是一种直接的可能性,而非唯一的可能性。通过议会斗争同样可以实现多数人的利益,其与社会革命在实现人类幸福的道路上具有共时性,偏执其一都是缺乏辩证思维的结果。

晚年恩格斯这个理路是在历史中形成的。他曾批评英国社会主义失去了无产阶级本质,"不仅变成非常体面的东西,而且已经穿上了燕尾服"②,俨然融入资产阶级的生活世界了。但当"最近几十年"资本主义暂时摆脱了危机,垄断和资本输出成为常态,1866年和1870年的革命扫除了最严重的政治障碍,以往"潜在着的世界市场""充分发展起来"③,体现新教伦理的"资本主义精神"越来越具有"普世"的特征,恩格斯意识到,"欧洲大陆经济发展的状况还远没有成熟到可以铲除资本主义生产的程度。"④ 在欧洲民主制的国家,无产阶级政党通过议会斗争的方式实现大多数人的利益,恰是一种开创性的选择;而同样不能忘记的是,"革命权是唯一的真正'历史权利'——是所有现代国家无一例外都以它为基础建立起来的唯一权利。"⑤ 无产阶级具有革命

---

① 《马克思恩格斯文集》第4卷,北京:人民出版社2009年版,第561页。
② 《马克思恩格斯文集》第1卷,北京:人民出版社2009年版,第378页。
③ 参见《马克思恩格斯全集》第21卷,北京:人民出版社年1965版,第378—379页。
④ 《马克思恩格斯文集》第4卷,北京:人民出版社2009年版,第540页。
⑤ 同上书,第551页。

的历史权利,同时也应审时度势,在民主制国家积累议会斗争的丰富经验,以多种方式将生产资料转交给社会,实现大多数人的根本利益。

需要注意的是,晚年恩格斯强调的议会道路并不具有普适性,比如在社会发展滞后的俄国,推翻沙皇的社会革命是必要的选择。这在他1891年10月、1892年3月、1892年9月以及1893年2月致俄国民粹派思想家丹尼尔逊的信中可以看得非常清楚。其中的核心问题是:经济基础薄弱的东方国家如何跨越资本主义的卡夫丁峡谷走向社会主义。马克思恩格斯都认为,只要有条件,俄国以独特的方式走上社会主义道路是可能的。但马克思更多地看到农村公社的积极因素、内在的生命力及其超越资本主义的可能性;恩格斯则更多地看到农村公社的消极方面、内在的缺陷及其跨越资本主义的困难,他更强调先进的物质技术和发达的社会关系是不可或缺的两个条件。而社会革命乃是俄国解放之必需。在恩格斯看来,"要想保全这个残存的公社,就必须首先推翻沙皇专制制度,必须在俄国进行革命。俄国的革命不仅会把这个民族的大部分即农民从构成他们的'天地'、他们的'世界'的农村的隔绝状态中解脱出来,不仅会把农民引上一个大舞台,使他们通过这个大舞台认识外部世界,同时也认识自己,了解自己的处境和摆脱目前贫困的方法;俄国革命还会给西方的工人运动以新的推动,为它创造新的更好的斗争条件,从而加速现代工业无产阶级的胜利;没有这种胜利,目前的俄国无论是在公社的基础上还是在资本主义的基础上,都不可能达到社会主义的改造。"[①] 一言以蔽之,在英美等民主制已经形成的国家,应通过议会道路争取大多数人的利益,而与此同时,"欧洲一切有思想、有远见和有观察力的人们的眼光现在都集中到了彼得堡","俄国是本世纪的法国。新的社会改造的革命首倡权理所当然地和合情合理地属于俄国。"[②]

从议会斗争的角度看,恩格斯的思想遗产在欧洲得到实现。在他逝世57年后,英国共产党在第22次代表大会上通过的新党纲明确指出:

---

① 《马克思恩格斯文集》第4卷,北京:人民出版社2009年版,第466页。
② 参见《马克思恩格斯全集》第21卷,北京:人民出版社1965年版,第540页。

"英国人民能够把资本主义民主变为人民民主,把英国争取民主的历史斗争的一种产物——议会转变为一个代表绝大多数英国人民意志的民主机构。英国人民的前途就是在一个真正代表人民的议会的基础上建立人民政府。"① 后来,摩尔多瓦、塞浦路斯和尼泊尔等国共产主义政党在议会斗争中获胜执政,也许是对晚年恩格斯的一个告慰。而从革命的角度看,在恩格斯逝世59年后,英共在翻译《毛泽东选集》时致信中共中央,希望将《战争和战略问题》中的这段话——"革命的中心任务和最高形式是武装夺取政权,是战争解决问题。这个马克思列宁主义的革命原则是普遍地对的,不论在中国和外国,一概都是对的"——删去。中共中央复信表明不同意这种做法,"因为毛泽东同志在该文件中所说到的原则,是马列主义的普遍真理,并不因为国际形势的变化,而须要作出修正"。② 又过了两年,毛泽东在同越共总书记长征和印尼共产党总书记艾地谈话时说,他不同意波立特同志的意见,"恩格斯生前曾经说过,在特定的条件下,英国和美国也可以和平进到社会主义。但到20世纪,到帝国主义时代,美国和英国都成为帝国主义国家,情况就不同了。"③ 概言之,无论是选择议会斗争还是社会革命,都是因时因地制宜的考虑,而革命观念对东方国家的影响,在20世纪的人类文明史中留下了浓重的一笔。

种种事实证明,晚年恩格斯是一个灵活运用政治辩证法的宽和的智者,在他身上很难看到教条主义的痕迹。晚年恩格斯家中经常高朋满座,他可以用多种语言和来自不同国家的朋友对话。"凡是想要参加他的社交晚会的人,必须在社会主义运动中作出过良好成绩,或者是有些才华。而这个人作为社会主义者,并非必须是马克思主义者。"④ 关键不是出自何种学派,问题在于改变社会! 应当认识到,政治生活是公民

---

① 参见《共产党的党纲与党章》,北京:中国人民大学出版社1958年版,第107页。
② 参见《毛泽东文集》第7卷,北京:人民出版社1999年版,第18页。
③ 参见同上书,第16页。
④ 爱·伯恩施坦:《第二次英国之行》,见《回忆恩格斯》,北京:人民出版社2005年版,第97页。

自由参与的公共事务，人们需要在政治商谈和论辩中达成共识，"从辩证法的本原、功能及其终极使命来讲，辩证法都是一个政治哲学的概念。"① 也正是从政治哲学的角度，我们可以充分理解到晚年恩格斯阐释实现社会主义道路的共时性蕴含的思想深意，他用发展的眼光看待世界，以政治辩证法阐释唯物主义历史观，相关论述对世界社会主义运动具有重要的指导意义。

概言之，超越教条主义的革命思维，从实际出发，探寻社会主义的实现道路，充分利用欧洲民主制国家的议会斗争，实现大多数人的利益，同时在发展滞后的国家进行社会革命，这些思路几乎就是20世纪世界左翼政治走向的预言。这种辩证考量突显了现代社会主义的"科学"规定，反映了晚年恩格斯政治辩证法的实践特质，凸显了以辩证的视野和科学的方法解决现实政治问题的必要性和可能性。如今，实现社会主义的这两种思路仍然在世界左翼政治话语中并存，我们仍然没有离开晚年恩格斯的思想地平线。当我们对"什么是社会主义"有了深刻的理解之后，主要的问题就在于"如何建设社会主义"，即如何确认社会主义的道路选择，如何使社会主义从空想到科学，从理论到实践，从历史到现实。在这个意义上，晚年恩格斯的《反杜林论》和《卡·马克思〈1848年至1850年的法兰西阶级斗争〉一书导言》从两重维度彰显政治辩证法的要义，具有深远的启示价值。

---

① 参见王庆丰：《在什么意义上辩证法是一个政治哲学的概念》，载《天津社会科学》2008年第3期。

第四部分　经典著作选编

弗里德里希·恩格斯

反杜林论

(欧根·杜林先生在科学中实行的变革)(节选)

三个版本的序言

一

这部著作决不是什么"内心冲动"的结果。恰恰相反。

三年前,当杜林先生突然以社会主义的行家兼改革家身份向当代挑战的时候,我在德国的友人再三向我请求,要我在当时的社会民主党中央机关报《人民国家报》上对这一新的社会主义理论进行评析。他们认为,为了不在如此年轻的、不久前才最终统一起来的党内造成派别分裂和混乱局面的新的可能,这样做是完全必要的。他们比我能更好地判断德国的情况,所以我理应相信他们。此外,还可以看到,这个新改宗者受到了一部分社会主义出版物的热忱欢迎,诚然,这种热忱只是对杜林先生的善良愿望所作的表示,但同时也使人看出这一部分党的出版物的善良愿望:它们正是估计到杜林的善良愿望,才不加考虑地接受了杜林的学说。还有些人已经打算以通俗的形式在工人中散布这种学说。最后,杜林先生及其小宗派采用各种大吹大擂和阴谋的手法,迫使《人民国家报》对这种如此野心勃勃的新学说明确表态。

虽然如此,我还是过了一年才下决心放下其他工作,着手来啃这一个酸果。这是一只一上口就不得不把它啃完的果子;它不仅很酸,而且很大。这种新的社会主义理论是以某种新哲学体系的最终实际成果的形式出现的。因此,必须联系这个体系来研究这一理论,同时研究这一体系本身;必须跟着杜林先生进入一个广阔的领域,在这个领域中,他谈到了所有可能涉及的东西,而且还不止这些东西。这样就产生了一系列的论文,它们从1877年初开始陆续发表在《人民国家报》的续刊——莱比锡的《前进报》上,现汇集成书,献给读者。

由此可见,对象本身的性质迫使批判不得不详尽,这样的详尽是同这一对象的学术内容即同杜林著作的学术内容极不相称的。但是,批判之所以这样详尽,还可以归因于另外两种情况。一方面,这样做使我在这本书所涉及的很不相同的领域中,有可能正面阐发我对这些在现时具有较为普遍的科学意义或实践意义的争论问题的见解。这在每一章里都可以看到,尽管这本书的目的并不是以另一个体系去同杜林先生的"体系"相对立,可是希望读者不要忽略我所提出的各种见解之间的内在联系。我现在已有充分的证据,表明我在这方面的工作不是完全没有成效的。

另一方面,"创造体系的"杜林先生在当代德国并不是个别的现象。近来,天体演化学、一般自然哲学、政治学、经济学等等的体系如雨后春笋出现在德国。最不起眼的哲学博士,甚至大学生,动辄就要创造一个完整的"体系"。正如在现代国家里假定每一个公民对于他所要表决的一切问题都具有判断能力一样,正如在经济学中假定每一个消费者对于他要买来供日用的所有商品都是真正的内行一样,现今在科学上据说也要作这样的假定。所谓科学自由[①],就是人们可以著书立说来谈论自己从未学过的各种东西,而且标榜这是唯一的严格科学的方法。杜林先生正是这种放肆的伪科学的最典型的代表之一,这种伪科学现在在德国到处流行,并把一切淹没在它的高超的胡说的喧嚷声中。诗歌、哲学、政治学、经济学、历史编纂学中有这种高超的胡说;讲台和论坛上

---

① 恩格斯在这里借用了鲁·微耳和的《现代国家中的科学自由》这一书名中的说法。——编者注

有这种高超的胡说；到处都有这种高超的胡说；这种高超的胡说妄想出人头地并成为深刻思想，以别于其他民族的粗浅平庸的胡说；这种高超的胡说是德国智力工业最具特色和最大量的产品，它们价廉质劣，完全和德国其他的制品一样，只可惜它们没有和这些制品一起在费城陈列出来。甚至德国的社会主义，特别是自从有了杜林先生的范例以后，近来也十分热衷于高超的胡说，造就出以"科学"自炫但对这种科学又"确实什么也没有学到"的各色人物。这是一种幼稚病，它表明德国大学生开始向社会民主主义转变，而这种幼稚病是和这一转变分不开的，可是我们的工人因有非常健康的本性，一定会克服这种幼稚病。

如果在那些我最多只能以涉猎者的资格发表看法的领域里我不得不跟着杜林先生走，那么这不是我的过错。在这种情况下，我大多只是限于举出确切的、无可争辩的事实去反驳我的论敌的错误的或歪曲的论断。在法学上以及在自然科学的某些问题上，我就是这样做的。在其他情况下，涉及的是理论自然科学的一般观点，就是说，是这样一个领域，在那里，专业自然科学家也不得不越出他的专业的范围，而涉及邻近的领域——在那里，他像微耳和先生所承认的，也和我们任何人一样只是一个"半通"。在这里，人们对于表达上的些许不确切之处和笨拙之处会相互谅解，我希望也能够得到这样的谅解。

当我写完这篇序言的时候，我见到了一则由杜林先生草拟的书商的广告：杜林先生的一本新的"权威"著作《合理的物理和化学的新的基本定律》已经出版。我深知自己在物理和化学方面的知识不够，可是我总相信，对于我的杜林先生我是很知底的。所以，甚至没有看到上述著作，就可以预言，杜林先生在这本书中提出的物理和化学的定律，在其谬误或陈腐的程度上，尽可以同他以前发现的并在我的这本书中考察过的经济学、世界模式论等等的规律相媲美；而杜林先生所设计的低温计或低温测量仪，既不是用来测量高温，也不是用来测量低温，而唯一地只是用来测量杜林先生的狂妄无知。

1878 年 6 月 11 日于伦敦

二

本书要出新版,是出乎我意料的。本书所批判的对象现在几乎已被遗忘了;这部著作不仅在1877年至1878年间分篇登载于莱比锡的《前进报》上,以飨成千上万的读者,而且还汇编成单行本大量发行。我在几年前对杜林先生的评论,现在怎么还能使人发生兴趣呢?

这首先是下述情况造成的:在反社会党人法颁布之后,这部著作和几乎所有当时正在流行的我的其他著作一样,立即在德意志帝国遭到查禁。谁只要不是死抱住神圣同盟各国的传统的官僚偏见不放,谁就一定会明白这种措施带来的效果:被禁的书籍两倍、三倍地畅销,这暴露了柏林的大人先生们的无能,他们颁布了禁令,却不能执行。事实上,由于帝国政府的帮忙,我的若干短篇著作发行了比我自身努力所能达到的更多的新版;我没有时间对正文作适当的修订,而大部分只好干脆任其照旧版翻印。

不过还有另一种情况。本书所批判的杜林先生的"体系"涉及非常广泛的理论领域,这使我不能不跟着他到处跑,并以自己的见解去反驳他的见解。因此消极的批判成了积极的批判;论战转变成对马克思和我所主张的辩证方法和共产主义世界观的比较连贯的阐述,而这一阐述包括了相当多的领域。我们的这一世界观,首先在马克思的《哲学的贫困》和《共产主义宣言》① 中问世,经过足足20年的潜伏阶段,到《资本论》出版以后,就越来越迅速地为日益广泛的各界人士所接受。现在,它已远远越出欧洲的范围,在一切有无产者和无畏的科学理论家的国家里,都受到了重视和拥护。因此,看来有这样的读者,他们对于这一问题的兴趣极大,他们由于对论战中所作的正面阐述感兴趣,因而愿意了解现在在许多方面已经失去对象的同杜林观点的论战。

顺便指出:本书所阐述的世界观,绝大部分是由马克思确立和阐发的,而只有极小的部分是属于我的,所以,我的这种阐述不可能在他不

---

① 即《共产党宣言》。——编者注

了解的情况下进行，这在我们相互之间是不言而喻的。在付印之前，我曾把全部原稿念给他听，而且经济学那一编的第十章（《〈批判史〉论述》）就是马克思写的，只是由于外部的原因，我才不得不很遗憾地把它稍加缩短。在各种专业上互相帮助，这早就成了我们的习惯。

现在的新版，除了一章，其余都按第一版翻印，未作修改。一方面，我没有时间作彻底的修订，尽管我很想修改某些叙述。我担负着编印马克思遗稿的责任，这比其他一切事情都远为重要。此外，我的良心也不允许我作任何修改。本书是一部论战性的著作，我觉得，既然我的对手不能作什么修改，那我这方也理应不作什么修改。我只能要求有反驳杜林先生的答辩的权利。可是杜林先生针对我的论战所写的东西，我没有看过，而且如无特殊的必要，我也不想去看；我在理论上对他的清算已告结束。况且，杜林先生后来遭到柏林大学的卑劣的、不公正的对待，我对他更应当遵守文字论战的道义准则。当然，这所大学为了这件事受到了谴责。一所大学既然可以在人所共知的情况下剥夺杜林先生的教学自由，那么如果有人要在同样的人所共知的情况下把施韦宁格先生硬塞给它，它也就不应当感到惊讶了。

只有一章，我允许自己作些解释性的增补，这就是第三编第二章《理论》。这里所涉及的仅仅是我所主张的观点的一个核心问题的表述，如果我力求写得通俗些，增补得连贯些，我的论敌是不会抱怨的。而且，这里还有外部的原因。我为我的朋友拉法格把本书的三章（《引论》的第一章及第三编的第一、二两章）编成独立的小册子，以便译成法文出版；在法文版成为意大利文版和波兰文版所依据的文本之后，以《社会主义从空想到科学的发展》为名的德文版也刊行了。这本小册子在短短的几个月内就发行了三版，接着俄文的、丹麦文的译本也出现了。在所有这些版本中，只对上述的一章作了增补。不过，如果我在刊行原本的新版时，拘守原文，而不顾它后来的已经成为国际性的版本，那么这就是一种迂腐行为了。

此外，我还想作修改的，主要有两点。第一，关于人类原始史，直到1877年，摩尔根才给我们提供了理解这一历史的钥匙。① 而在这之后，由于我有机会在自己的《家庭、私有制和国家的起源》(1884年苏黎世版)一书中对这期间我所能获得的材料作了加工，所以这里只要指出这部较晚的著作就够了。

第二，关于理论自然科学的那部分，这里叙述得极其笨拙，有些地方现在本来可以表达得更清楚些，更明确些。既然我认为自己没有权利对这部分进行修订，所以我理应在这里作自我批评。

马克思和我，可以说是唯一把自觉的辩证法从德国唯心主义哲学中拯救出来并运用于唯物主义的自然观和历史观的人。可是要确立辩证的同时又是唯物主义的自然观，需要具备数学和自然科学的知识。马克思是精通数学的，可是对于自然科学，我们只能作零星的、时停时续的、片断的研究。因此，当我退出商界并移居伦敦，从而有时间进行研究的时候，我尽可能地使自己在数学和自然科学方面来一次彻底的——像李比希所说的——"脱毛"，八年当中，我把大部分时间用在这上面。当我不得不去探讨杜林先生的所谓自然哲学时，我正处在这一脱毛过程的中间。所以，如果我有时在这方面找不到确切的术语，如果我在理论自然科学的领域中总的说来表现得相当笨拙，那么这是十分自然的。可是另一方面，我意识到当时自己还做不到确有把握，这使我谨慎起来；没有人能指出我真正违反了当时人所共知的事实，或者不正确地叙述了当时公认的理论。在这方面，只有一位未被承认的大数学家写信给马克思，抱怨我诋毁了 $\sqrt{-1}$ 的声誉。

不言而喻，我对数学和自然科学作这种概括性的叙述，是要在细节上也使自己确信那种对我来说在总的方面已没有任何怀疑的东西，这就是：在自然界里，正是那些在历史上支配着似乎是偶然事变的辩证运动规律，也在无数错综复杂的变化中发生作用；这些规律也同样地贯串于人类思维的发展史中，它们逐渐被思维着的人所意识到。这些规律最初

---

① 见路·亨·摩尔根《古代社会，或人类从蒙昧时代经过野蛮时代到文明时代的发展过程的研究》1877年伦敦版。——编者注

是由黑格尔全面地、不过是以神秘的形式阐发的,而剥去它们的神秘形式,并使人们清楚地意识到它们的全部的单纯性和普遍有效性,这是我们的期求之一。显然,旧的自然哲学,无论它包含多少真正好的东西和多少可以结果实的萌芽①,是不能满足我们的需要的。正如本书比较详细地阐明的那样,旧的自然哲学,特别是在黑格尔的形式中,具有这样的缺陷:它不承认自然界有时间上的发展,不承认"先后",只承认"并列"。这种观点,一方面是由黑格尔体系本身造成的,这个体系认为只是"精神"才有历史的不断发展,另一方面,也是由当时自然科学的总的状况造成的。所以在这方面,黑格尔远远落后于康德,康德的星云说已经宣布了太阳系的起源,而他关于潮汐延缓地球自转的发现也已经宣布了太阳系的毁灭。最后,对我来说,事情不在于把辩证法规律硬塞进自然界,而在于从自然界中找出这些规律并从自然界出发加以阐发。

不过,要从相互联系上,而且在每个单独的领域中这样做,却是一项艰巨的工作。不仅所要掌握的这个领域几乎是无穷无尽的,而且就是在这整个的领域内,自然科学本身也正处在急剧的变革过程中,以致那

---

① 同卡尔·福格特之流的愚蠢的庸人一起去攻击旧的自然哲学,比评价它的历史意义要容易得多。旧的自然哲学包含许多谬见和空想,可是并不比当时经验自然科学家的非哲学理论包含得多,至于它还包含许多有见识的和合理的东西,那么自从进化论传播之后这已开始为人们所了解。例如,海克尔完全有理由承认特雷维腊努斯和奥肯的功绩。奥肯在他的原浆说和原胞说中,作为生物学的公设提出的那种东西,后来真的被发现是原生质和细胞。如果特别谈到黑格尔,那么,他在许多方面远远超出他同时代的经验科学家,这些人硬把某一种力——重力、浮力、电接触力等等加在所有不能解释的现象上,以为这样就把这些现象都解释了,如果这行不通,就搬出某种未知的要素如光素、热素、电素等等。这些臆想出来的要素,现在可以说基本上已经被排除了,可是,黑格尔所反对的那种玩弄力的把戏还在可笑地要弄着,例如1869年亥姆霍兹在因斯布鲁克的演说中(亥姆霍兹《通俗讲演集》1871年版第2卷第190页)。同18世纪法国人传下来的把牛顿神化(英国使他满载荣誉与财富)这种做法相反,黑格尔指出:开普勒(德国让他饿死)是现代天体力学的真正奠基者;牛顿的万有引力定律已经包含在开普勒的所有三个定律中,在第三定律中甚至明确地表达出来了。黑格尔在其《自然哲学》第270节和附释中(《黑格尔全集》1842年版第7卷第98、113—115页),以几个简单的公式所证明的东西,作为现代数学力学的成果重新出现在古斯塔夫·基尔霍夫的书里(基尔霍夫《数学物理学讲演录》1877年莱比锡第2版第10页),而且采用了和黑格尔首先阐发的那个简单的数学模型实质上相同的模型。自然哲学家与自觉的辩证的自然科学的关系,就像空想主义者与现代共产主义的关系一样。

些即使把全部空闲时间用来干这件事的人，也很难跟踪不失。可是自从卡尔·马克思去世之后，更紧迫的义务占去了我全部的时间，所以我不得不中断我的工作。目前我只好满足于本书所作的概述，等将来有机会再把所获得的成果汇集发表，或许同马克思所遗留下来的极其重要的数学手稿一齐发表。

可是，理论自然科学的进步也许会使我的劳动绝大部分或者全部成为多余的。因为单是把大量积累的、纯经验的发现加以系统化的必要性，就会迫使理论自然科学发生革命，这场革命必然使最顽固的经验主义者也日益意识到自然过程的辩证性质。旧的固定不变的对立，严格的不可逾越的分界线正在日益消失。自从最后的"真正"气体也被液化以来，自从证实了物体可以被置于一种难以分辨是液态还是气态的状态以来，聚集状态就丧失了它以前的绝对性质的最后残余。根据气体动力学的原理，在纯气体中，单个气体分子的运动速度的乘方，在同温时和分子量成反比，这样，热也直接进入本身直接可以计量的运动形式的系列。十年前，新发现的、伟大的运动基本规律还仅仅被概括为能量**守恒**定律，仅仅被概括为运动既不能消灭也不能创造这种表述，就是说，仅仅从量的方面加以概括，而现在，这种狭隘的、消极的表述则日益被那种关于能的**转化**的积极的表述所代替，在这里过程的质的内容第一次获得了它应有的地位，对世界之外的造物主的最后记忆也消除了。当运动（所谓能）从动能（所谓机械力）转化为电、热、位能等等，以及发生相反转化时，运动的量是不变的，这一点现在已无须再当做什么新的东西来宣扬了。这种认识，是今后对转化过程本身进行更为丰富多彩的研究的既得的基础，而转化过程是一个伟大的基本过程，对自然的全部认识都综合于对这个过程的认识。自从用进化论观点从事生物学研究以来，有机界领域内固定不变的分类界线——消失了；几乎无法分类的中间环节日益增多，更精确的研究把有机体从这一纲归到另一纲，过去几乎成为信条的那些区别标志，丧失了它们的绝对效力；我们现在知道有卵生的哺乳动物，而且，如果消息确实的话，还有用四肢行走的鸟。早在许多年以前，由于细胞的发现，微耳和不得不把动物个体的统一体分解成细胞国家的联邦——这种看法与其说是自然科学的和辩证法的,不如说是进步党的——,而现在,循环于高等动物体内的阿米巴状的白血球的发现,则使关于动物的(因而也是人的)个体性的概念变得复杂多了。可是,正是那些过去被认为是不可调和的和不能化解的两极对立,正是那些强制规定的分界线和纲的区别,使现代的理论自然科学带上狭隘的形而上学的性质。这些对立和区别,虽然存在于自然界中,可是只具有相对意义,相反,它们那些想象的固定性和绝对意义,只不过是由我们的反思带进自然界的——这种认识构成辩证自然观的核心。积累起来的自然科学的事实迫使人们达到上述认识;如果人们领会了辩证思维规律,进而去领会这些事实的辩证性质,就可以比较容易地达到这种认识。无论如何,自然科学现在已经发展得再也不能回避辩证综合了。可是,如果自然科学不忘记,作为它的经验的总结的结论都是一些概念,而运用这些概念的艺术不是天生的,也不是和普通的日常意识一起得来的,而是要求有真实的思维,这样的思维也有同经验自然研究一样长的经验历史——如果自然科学不忘记这些,那么,它就会使自己比较容易地经历这个过程。正是由于自然科学正在学会掌握 2500 年来哲学发展的成果,它才一方面可以摆脱任何单独的、处在它之外和凌驾于它之上的自然哲学,另一方面也可以摆脱它本身的、从英国经验主义沿袭下来的、狭隘的思维方法。

1885 年 9 月 23 日于伦敦

三

这一新版,除了几处无足轻重的文字上的修改,都是照前一版翻印的。只有一章,即第二编第十章《〈批判史〉论述》,我作了重要的增补,理由如下。

正如第二版序言已经提到的,这一章所有重要的部分都是马克思写的。在原定作为报刊文章的初稿上,我不得不把马克思的手稿大加删节,而恰恰在删掉的部分里,他对经济学史的独立的阐述比起对杜林主张的批判要重要得多。这些阐述恰恰又是手稿当中甚至直到现在还具有重大意义和长远意义的部分。我认为，自己有责任把马克思说明配第、诺思、洛克、休谟等人在古典经济学产生过程中所应占的地位的那些部分，尽可能完全地并逐字逐句地发表出来；而他对魁奈的《经济表》所作的解释就更是如此了，这个表对整个现代经济学来说，仍然是不可解的斯芬克斯之谜。相反，凡是专门涉及杜林先生著作的地方，只要不影响上下文的联系，我都把它删掉了。

最后，我感到十分满意的是，自从第二版以来，本书所主张的观点已经深入科学界和工人阶级的公众意识，而且是在世界上一切文明国家里。

弗·恩格斯
1894年5月23日于伦敦

引　论

一　概论

现代社会主义，就其内容来说，首先是对现代社会中普遍存在的有财产者和无财产者之间、资产者和雇佣工人之间的阶级对立以及生产中普遍存在的无政府状态这两个方面进行考察的结果。但是，就其理论形式来说，它起初表现为18世纪法国伟大的启蒙学者们所提出的各种原则的进一步的、据称是更彻底的发展。① 同任何新的学说一样，它必须首先从已有的思想材料出发，虽然它的根子深深扎在经济的事实中。

在法国为行将到来的革命启发过人们头脑的那些伟大人物，本身都是非常革命的。他们不承认任何外界的权威，不管这种权威是什么样的。宗教、自然观、社会、国家制度，一切都受到了最无情的批判；一切都必须在理性的法庭面前为自己的存在作辩护或者放弃存在的权利。思维着的知性成了衡量一切的唯一尺度。那时，如黑格尔所说的，是世界用头立地的时代。最初，这句话的意思是：人的头脑以及通过头脑的思维发现的原理，要求成为人类的一切活动和社会结合的基础；后来这句话又有了更广泛的含义：同这些原理相矛盾的现实，实际上都被上下颠倒了。以往的一切社会形式和国家形式、一切传统观念，都被当做不合理性的东西扔到垃圾堆里去了；到现在为止，世界所遵循的只是一些成见；过去的一切只值得怜悯和鄙视。只是现在阳光才照射出来。从今以后，迷信、非正义、特权和压迫，必将为永恒的真理、永恒的正义、基于自然的平等和不可剥夺的人权所取代。

现在我们知道，这个理性的王国不过是资产阶级的理想化的王国；

---

① 在《引论》的草稿中，这一段是这样写的："**现代社会主义**，虽然实质上是由于对现存社会中有财产者和无财产者之间、工人和剥削者之间的阶级对立进行考察而产生的，但是，就其理论形式来说，起初却表现为18世纪法国伟大的启蒙学者们所提出的各种原则的更彻底的、进一步的发展，因为它的最初代表摩莱里和马布利也是属于启蒙学者之列的。"——编者注

永恒的正义在资产阶级的司法中得到实现；平等归结为法律面前的资产阶级的平等；被宣布为最主要的人权之一的是资产阶级的所有权；而理性的国家、卢梭的社会契约在实践中表现为，而且也只能表现为资产阶级的民主共和国。18世纪伟大的思想家们，也同他们的一切先驱者一样，没有能够超出他们自己的时代使他们受到的限制。

但是，除了封建贵族和资产阶级之间的对立，还存在着剥削者和被剥削者、游手好闲的富人和从事劳动的穷人之间的普遍的对立。正是由于这种情形，资产阶级的代表才能标榜自己不是某一特殊的阶级的代表，而是整个受苦人类的代表。不仅如此，资产阶级从它产生的时候起就背负着自己的对立物：资本家没有雇佣工人就不能存在，随着中世纪的行会师傅发展成为现代的资产者，行会帮工和行会外的短工便相应地发展成为无产者。虽然总的说来，资产阶级在同贵族斗争时有理由认为自己同时代表当时的各个劳动阶级的利益，但是在每一个大的资产阶级运动中，都爆发过作为现代无产阶级的发展程度不同的先驱者的那个阶级的独立运动。例如，德国宗教改革和农民战争时期的托马斯·闵采尔派，英国大革命时期的平等派，法国大革命时期的巴贝夫。伴随着一个还没有成熟的阶级的这些革命暴动，产生了相应的理论表现；在16世纪和17世纪有理想社会制度的空想的描写，而在18世纪已经有了直接共产主义的理论（摩莱里和马布利）。平等的要求已经不再限于政治权利方面，它也应当扩大到个人的社会地位方面；不仅应当消灭阶级特权，而且应当消灭阶级差别本身。禁欲主义的、斯巴达式的共产主义，是这种新学说的第一个表现形式。后来出现了三个伟大的空想主义者：圣西门、傅立叶和欧文。在圣西门那里，除无产阶级的倾向外，资产阶级的倾向还有一定的影响。欧文在资本主义生产最发达的国家里，在这种生产所造成的种种对立的影响下，直接从法国唯物主义出发，系统地阐述了他的消除阶级差别的方案。

所有这三个人有一个共同点：他们都不是作为当时已经历史地产生的无产阶级的利益的代表出现的。他们和启蒙学者一样，并不是想解放某一个阶级，而是想解放全人类。他们和启蒙学者一样，想建立理性和永恒正义的王国；但是他们的王国和启蒙学者的王国是有天壤之别的。按照这些启蒙学者的原则建立起来的资产阶级世界也是不合理性的和非正义的，所以也应该像封建制度和一切更早的社会制度一样被抛到垃圾堆里去。真正的理性和正义至今还没有统治世界，这只是因为它们没有被人们正确地认识。所缺少的只是个别的天才人物，现在这种人物已经出现而且已经认识了真理；至于天才人物是在现在出现，真理正是在现在被认识到，这并不是从历史发展的联系中必然产生的、不可避免的事情，而纯粹是一种侥幸的偶然现象。这种天才人物在500年前也同样可能诞生，这样他就能使人类免去500年的迷误、斗争和痛苦。

　　这种见解本质上是英国和法国的一切社会主义者以及包括魏特林在内的第一批德国社会主义者的见解。对所有这些人来说，社会主义是绝对真理、理性和正义的表现，只要它被发现了，它就能用自己的力量征服世界；因为绝对真理是不依赖于时间、空间和人类的历史发展的，所以，它在什么时候和什么地方被发现，那纯粹是偶然的事情。同时，绝对真理、理性和正义在每个学派的创始人那里又是各不相同的；而因为在每个学派的创始人那里，绝对真理、理性和正义的独特形式又是由他们的主观知性、他们的生活条件、他们的知识水平和思维训练水平所决定的，所以，解决各种绝对真理的这种冲突的办法就只能是它们互相磨损。由此只能得出一种折中的不伦不类的社会主义，这种社会主义实际上直到今天还统治着法国和英国大多数社会主义工人的头脑，它是由各学派创始人的比较温和的批判性言论、经济学原理和关于未来社会的观念组成的色调极为复杂的混合物，这种混合物的各个组成部分，在辩论的激流中越是磨去其锋利的棱角，就像溪流中的卵石一样，这种混合物就越容易构成。为了使社会主义变为科学，就必须首先把它置于现实的基础之上。

　　在此期间，同18世纪的法国哲学并列和继它之后，近代德国哲学产生了，并且在黑格尔那里完成了。它的最大的功绩，就是恢复了辩证法这一最高的思维形式。古希腊的哲学家都是天生的自发的辩证论者，他们中最博学的人物亚里士多德就已经研究了辩证思维的最主要的形式①。而近代哲学虽然也有辩证法的卓越代表（例如笛卡儿和斯宾诺莎），但是特别由于英国的影响却日益陷入所谓形而上学的思维方式；18世纪的法国人也几乎全都为这种思维方式所支配，至少在他们的专门哲学著作中是如此。可是，在本来意义的哲学之外，他们同样也能够写出辩证法的杰作；我们只要提一下狄德罗的《拉摩的侄子》和卢梭的《论人间不平等的起源》就够了。——在这里，我们就简略地谈谈这两种思维方法的实质；我们回头还要更详细地谈这个问题。

当我们通过思维来考察自然界或人类历史或我们自己的精神活动的时候，首先呈现在我们眼前的，是一幅由种种联系和相互作用无穷无尽地交织起来的画面，其中没有任何东西是不动的和不变的，而是一切都在运动、变化、生成和消逝。这种原始的、素朴的、但实质上正确的世界观是古希腊哲学的世界观，而且是由赫拉克利特最先明白地表述出来的：一切都存在而又不存在，因为一切都在**流动**，都在不断地变化，不断地生成和消逝。但是，这种观点虽然正确地把握了现象的总画面的一般性质，却不足以说明构成这幅总画面的各个细节；而我们要是不知道这些细节，就看不清总画面。为了认识这些细节，我们不得不把它们从自然的或历史的联系中抽出来，从它们的特性、它们的特殊的原因和结果等等方面来分别加以研究。这首先是自然科学和历史研究的任务；而这些研究部门，由于十分明显的原因，在古典时代的希腊人那里只占有从属的地位，因为他们首先必须搜集材料。精确的自然研究只是在亚历山大里亚时期的希腊人那里才开始，而后来在中世纪由阿拉伯人继续发展下去；可是，真正的自然科学只是从15世纪下半叶才开始，从这时起它就获得了日益迅速的进展。把自然界分解为各个部分，把各种自然过程和自然对象分成一定的门类，对有机体的内部按其多种多样的解剖形态进行研究，这是最近400年来在认识自然界方面获得巨大进展的基本条件。但是，这种做法也给我们留下了一种习惯：把各种自然物和自

---

① 在《引论》的草稿中，这句话是这样写的："古希腊的哲学家都是天生的自发的辩证论者，亚里士多德，古代世界的黑格尔，就已经研究了辩证思维的最主要的形式。"——编者注

然过程孤立起来,撇开宏大的总的联系去进行考察,因此,就不是从运动的状态,而是从静止的状态去考察;不是把它们看做本质上变化的东西,而是看做固定不变的东西;不是从活的状态,而是从死的状态去考察。这种考察方式被培根和洛克从自然科学中移植到哲学中以后,就造成了最近几个世纪所特有的局限性,即形而上学的思维方式。

在形而上学者看来,事物及其在思想上的反映即概念,是孤立的、应当逐个地和分别地加以考察的、固定的、僵硬的、一成不变的研究对象。他们在绝对不相容的对立中思维;"是就是,他们的说法是:不是就不是;除此以外,都是鬼话。"① 在他们看来,一个事物要么存在,要么就不存在;同样,一个事物不能同时是自身又是别的东西。正和负是绝对互相排斥的;原因和结果也同样是处于僵硬的相互对立中。初看起来,这种思维方式对我们来说似乎是极为可信的,因为它是合乎所谓常识的。然而,常识在日常应用的范围内虽然是极可尊敬的东西,但它一跨入广阔的研究领域,就会碰到极为惊人的变故。形而上学的考察方式,虽然在相当广泛的、各依对象性质而大小不同的领域中是合理的,甚至必要的,可是它每一次迟早都要达到一个界限,一超过这个界限,它就会变成片面的、狭隘的、抽象的,并且陷入无法解决的矛盾,因为它看到一个一个的事物,忘记它们互相间的联系;看到它们的存在,忘记它们的生成和消逝;看到它们的静止,忘记它们的运动;因为它只见树木,不见森林。例如,在日常生活中,我们知道并且可以肯定地说,某一动物存在还是不存在;但是,在进行较精确的研究时,我们就发现,这有时是极其复杂的事情。这一点法学家们知道得很清楚,他们为了判定在子宫内杀死胎儿是否算为谋杀,曾绞尽脑汁去寻找一条合理的界限,结果总是徒劳。同样,要确定死亡的那一时刻也是不可能的,因为生理学证明,死亡并不是突然的、一瞬间的事情,而是一个很长的过程。同样,任何一个有机体,在每一瞬间都既是它本身,又不是它本身;在每一瞬间,它消化着外界供给的物质,并排泄出其他物质;在每

---

① 参看《新约全书·马太福音》第5章第37节。——编者注

一瞬间，它的机体中都有细胞在死亡，也有新的细胞在形成；经过或长或短的一段时间，这个机体的物质便完全更新了，由其他物质的原子代替了，所以，每个有机体永远是它本身，同时又是别的东西。在进行较精确的考察时，我们也发现，某种对立的两极，例如正和负，既是彼此对立的，又是彼此不可分离的，而且不管它们如何对立，它们总是互相渗透的；同样，原因和结果这两个概念，只有应用于个别场合时才有其本来的意义；可是，只要我们把这种个别的场合放到它同宇宙的总联系中来考察，这两个概念就交汇起来，融合在普遍相互作用的看法中，而在这种相互作用中，原因和结果经常交换位置；在此时或此地是结果，在彼时或彼地就成了原因，反之亦然。

所有这些过程和思维方法都是形而上学思维的框子所容纳不下的。相反，对辩证法来说，上述过程正好证明它的方法是正确的，因为辩证法在考察事物及其在观念上的反映时，本质上是从它们的联系、它们的联结、它们的运动、它们的产生和消逝方面去考察的。自然界是检验辩证法的试金石，而且我们必须说，现代自然科学为这种检验提供了极其丰富的、与日俱增的材料，并从而证明了，自然界的一切归根到底是辩证地而不是形而上学地发生的。可是，由于学会辩证地思维的自然科学家到现在还屈指可数，所以，现在理论自然科学中普遍存在的并使教师和学生、作者和读者同样感到绝望的那种无限混乱的状态，完全可以从已经发现的成果和传统的思维方式之间的这个冲突中得到说明。

因此，要精确地描绘宇宙、宇宙的发展和人类的发展，以及这种发展在人们头脑中的反映，就只有用辩证的方法，只有不断地注意生成和消逝之间、前进的变化和后退的变化之间的普遍相互作用才能做到。近代德国哲学一开始就是以这种精神进行活动的。康德一开始他的学术生涯，就把牛顿的稳定的太阳系和太阳系经过有名的第一推动后的永恒存在变成了历史的过程，即太阳和一切行星由旋转的星云团产生的过程。同时，他已经作出了这样的结论：太阳系的产生也预示着它将来的不可避免的灭亡。过了半个世纪，他的观点由拉普拉斯从数学上作出了证明；又过了半个世纪，分光镜证明了，在宇宙空间存在着凝聚程度不同的炽热的气团。

这种近代德国哲学在黑格尔的体系中完成了,在这个体系中,黑格尔第一次——这是他的伟大功绩——把整个自然的、历史的和精神的世界描写为一个过程,即把它描写为处在不断的运动、变化、转变和发展中,并企图揭示这种运动和发展的内在联系①。从这个观点来看,人类的历史已经不再是乱七八糟的、统统应当被这时已经成熟了的哲学理性的法庭所唾弃并最好尽快被人遗忘的毫无意义的暴力行为,而是人类本身的发展过程,而思维的任务现在就是要透过一切迷乱现象探索这一过程的逐步发展的阶段,并且透过一切表面的偶然性揭示这一过程的内在规律性。

黑格尔没有解决这个任务,这在这里没有多大关系。他的划时代的功绩是提出了这个任务。这不是任何个人所能解决的任务。虽然黑格尔和圣西门一样是当时最博学的人物,但是他毕竟受到了限制,首先是他自己的必然有限的知识的限制,其次是他那个时代的在广度和深度方面都同样有限的知识和见解的限制。但是,除此以外还有第三种限制。黑格尔是唯心主义者,就是说,在他看来,他头脑中的思想不是现实的事物和过程的或多或少抽象的反映,相反,在他看来,事物及其发展只是在世界出现以前已经在某个地方存在着的"观念"的现实化的反映。这样,一切都被头足倒置了,世界的现实联系完全被颠倒了。所以,不论黑格尔如何正确地和天才地把握了一些个别的联系,但由于上述原因,就是在细节上也有许多东西不能不是牵强的、造作的、虚构的,一句话,被歪曲的。黑格尔的体系作为体系来说,是一次巨大的流产,但也是这类流产中的最后一次。就是说,它还包含着一个无法解决的内在矛盾:一方面,它以历史的观点作为基本前提,即把人类的历史看做一

---

① 在《引论》的草稿中,对黑格尔哲学作了如下的描述:"就哲学被看做是凌驾于其他一切科学之上的特殊科学来说,黑格尔体系是哲学的最后的最完善的形式。全部哲学都随着这个体系没落了。但是留下的是辩证的思维方式以及关于自然的、历史的和精神的世界是一个无止境地运动着和转变着的、处在不断的生成和消逝过程中的世界的观点。现在不再向哲学,而是向**一切**科学提出这样的要求:在自己的特殊领域内揭示这个不断的转变过程的运动规律。而这就是黑格尔哲学留给它的继承者的遗产。"——编者注

个发展过程,这个过程按其本性来说在认识上是不能由于所谓绝对真理的发现而结束的;但是另一方面,它又硬说它自己就是这种绝对真理的化身。关于自然和历史的无所不包的、最终完成的认识体系,是同辩证思维的基本规律相矛盾的;但是,这样说决不排除,相反倒包含下面一点,即对整个外部世界的有系统的认识是可以一代一代地取得巨大进展的。

一旦了解到以往的德国唯心主义是完全荒谬的,那就必然导致唯物主义,但是要注意,并不是导致18世纪的纯粹形而上学的、完全机械的唯物主义。同那种以天真的革命精神简单地抛弃以往的**全部**历史的做法相反,现代唯物主义把历史看做人类的发展过程,而它的任务就在于发现这个过程的运动规律。无论在18世纪的法国人那里,还是在黑格尔那里,占统治地位的自然观都认为,自然界是一个沿着狭小的圆圈循环运动的、永远不变的整体,牛顿所说的永恒的天体和林耐所说的不变的有机物种也包含在其中。同这种自然观相反,现代唯物主义概括了自然科学的新近的进步,从这些进步来看,自然界同样也有自己的时间上的历史,天体和在适宜条件下生存在天体上的有机物种都是有生有灭的;至于循环,即使能够存在,其规模也要大得无比。在这两种情况下,现代唯物主义本质上都是辩证的,而且不再需要任何凌驾于其他科学之上的哲学了。一旦对每一门科学都提出要求,要它们弄清它们自己在事物以及关于事物的知识的总联系中的地位,关于总联系的任何特殊科学就是多余的了。于是,在以往的全部哲学中仍然独立存在的,就只有关于思维及其规律的学说——形式逻辑和辩证法。其他一切都归到关于自然和历史的实证科学中去了。

但是,自然观的这种变革只能随着研究工作提供相应的实证的认识材料而实现,而在这期间一些在历史观上引起决定性转变的历史事实却老早就发生了。1831年在里昂发生了第一次工人起义;在1838-1842年,第一次全国性的工人运动,即英国宪章派的运动,达到了高潮。无产阶级和资产阶级之间的阶级斗争一方面随着大工业的发展,另一方面随着资产阶级新近取得的政治统治的发展,在欧洲最先进的国家的历史中升到了重要地位。事实日益令人信服地证明，资产阶级经济学关于资本和劳动的利益一致、关于自由竞争必将带来普遍和谐和人民的普遍福利的学说完全是撒谎。① 所有这些事实都再也不能置之不理了，同样，作为这些事实的理论表现（虽然是极不完备的表现）的法国和英国的社会主义也不能再置之不理了。但是，旧的、还没有被排除掉的唯心主义历史观不知道任何基于物质利益的阶级斗争，而且根本不知道任何物质利益；生产和一切经济关系，在它那里只是被当做"文化史"的从属因素顺便提一下。

新的事实迫使人们对以往的全部历史作一番新的研究，结果发现：以往的**全部**历史，都是阶级斗争的历史；这些互相斗争的社会阶级在任何时候都是生产关系和交换关系的产物，一句话，都是自己时代的经济关系的产物；因而每一时代的社会经济结构形成现实基础，每一个**历史**时期的由法的设施和政治设施以及宗教的、哲学的和其他的观念形式所构成的全部上层建筑，归根到底都应由这个基础来说明。这样一来，唯心主义从它的最后的避难所即历史观中被驱逐出去了，一种唯物主义的历史观被提出来了，用人们的存在说明他们的意识，而不是像以往那样用人们的意识说明他们的存在这样一条道路已经找到了。

可是，以往的社会主义同这种唯物主义历史观是不相容的，正如法国唯物主义的自然观同辩证法和近代自然科学不相容一样。以往的社会主义固然批判了现存的资本主义生产方式及其后果，但是，它不能说明这个生产方式，因而也就不能对付这个生产方式；它只能简单地把它当做坏东西抛弃掉。但是，问题在于：一方面应当说明资本主义生产方式的历史联系和它在一定历史时期存在的必然性，从而说明它灭亡的必然性；另一方面应当揭露这种生产方式的一直还隐蔽着的内在性质，因为

---

① 在《引论》的草稿中，接着有下面一段话：1834年的里昂起义也"在法国，宣告了无产阶级反对资产阶级的斗争。英国和法国的社会主义理论获得了历史价值，并且也必然在德国引起反响和评论，虽然在德国，生产还只是刚刚开始摆脱小规模的经营。因此，现在与其说在德国还不如说在德国人中间形成的理论的社会主义，其全部材料都不得不是进口的……"——编者注

以往的批判主要是针对有害的后果，而不是针对事物的进程本身。这已经由于**剩余价值**的发现而完成了。已经证明，无偿劳动的占有是资本主义生产方式和通过这种生产方式对工人进行的剥削的基本形式；即使资本家按照劳动力作为商品在商品市场上所具有的全部价值来购买他的工人的劳动力，他从这种劳动力榨取的价值仍然比他对这种劳动力的支付要多；这种剩余价值归根到底构成了有产阶级手中日益增加的资本量由以积累起来的价值量。这样就说明了资本主义生产和资本生产的过程。

这两个伟大的发现——唯物主义历史观和通过剩余价值揭开资本主义生产的秘密，都应当归功于**马克思**。由于这两个发现，社会主义变成了科学，现在首先要做的是对这门科学的一切细节和联系作进一步的探讨。

当欧根·杜林先生大叫大嚷地跳上舞台，宣布他在哲学、政治经济学和社会主义中已实行了全面的变革的时候，理论上的社会主义和已经死去的哲学方面的情形大体上就是这样。

现在我们来看看，杜林先生对我们许下了什么诺言，他又是怎样履行他的诺言的。

第一编 哲 学

一 分类。先验主义

按照杜林先生的说法，哲学是对世界和生活的意识的最高形式的阐发，在更广的意义上说，还包括一切知识和意愿的原则。无论在哪里，只要某一系列的认识或冲动，或者某一类存在形式为人的意识所考察，这些形式的原则就应当是哲学的对象。这些原则是简单的或迄今被设想为简单的成分，这些成分可以构成各种各样的知识和意愿。同物体的化学组成一样，事物的一般状态也可以还原为基本形式和基本元素。这些终极的成分或原则，一旦被发现，就不仅对于直接知道和接触到的东西，而且对于我们不知道和接触不到的世界也都有意义。因此，哲学原则就成了科学要成为对自然界和人类生活进行解释的统一体系所需要的最后补充。除了一切存在的基本形式，哲学只有两个真正的研究对象，即自然界和人类世界。这样，在我们的材料整理上就自然而然地分成了三部分，这就是：一般的世界模式论，关于自然原则的学说，以及最后关于人的学说。在这个序列中，同时也包含某种内在的逻辑次序，因为适用于一切存在的那些形式的原则走在前面，而运用这些原则的对象性领域则按其从属次序跟在后面。

杜林先生就是这样说的，而且这里几乎完全是逐字逐句地引述的。

可见，他所谓的**原则**，就是从**思维**而不是从外部世界得来的那些形式的原则，这些原则应当被运用于自然界和人类，因而自然界和人类都应当适应这些原则。但是，思维从什么地方获得这些原则呢？从自身中吗？不，因为杜林先生自己说：纯粹观念的领域只限于逻辑模式和数学形式（而且我们将会看到，后者是错误的）。逻辑模式只能同**思维**形式有关系；但是这里所谈的只是**存在**的形式，外部世界的形式，思维永远不能从自身中，而只能从外部世界中汲取和引出这些形式。这样一来，全部关系都颠倒了：原则不是研究的出发点，而是它的最终结果；这些原则不是被应用于自然界和人类历史，而是从它们中抽象出来的；不是自然界和人类去适应原则，而是原则只有在符合自然界和历史的情况下才是正确的。这是对事物的唯一唯物主义的观点，而杜林先生的相反的观点是唯心主义的，它把事物完全头足倒置了，从思想中，从世界形成之前就久远地存在于某个地方的模式、方案或范畴中，来构造现实世界，这完全像**一个叫做黑格尔的人**的做法。

确实是这样。我们可以把黑格尔的《全书》以及它的全部热昏的胡话同杜林先生的最后的终极的真理对照一下。在杜林先生那里首先是一般的世界模式论，这在黑格尔那里称为**逻辑学**。其次，他们两人把这些模式或者说逻辑范畴应用于自然界，就是自然哲学；而最后，把它们应用于人类，就是黑格尔叫做精神哲学的东西。这样，杜林这套序列的"内在的逻辑次序"就"自然而然地"引导我们回到了黑格尔的《全书》，它如此忠实地抄袭《全书》，竟使黑格尔学派的永世流浪的犹太人柏林的米希勒教授感激涕零。

如果完全自然主义地把"意识"、"思维"当做某种现成的东西，做一开始就和存在、自然界相对立的东西，那么结果总是如此。如果这样，那么意识和自然，思维和存在，思维规律和自然规律如此密切地相适应，就非常奇怪了。可是，如果进一步问：究竟什么是思维和意识，它们是从哪里来的，那么就会发现，它们都是人脑的产物，而人本身是自然界的产物，是在自己所处的环境中并且和这个环境一起发展起来的；这里不言而喻，归根到底也是自然界产物的人脑的产物，并不同自然界的其他联系相矛盾，而是相适应的。

但是，杜林先生不允许自己这样简单地对待问题。他不仅以人类的名义来思维——这本身已经是件相当了不起的事情——，而且以一切天体上的有意识的和能思维的生物的名义来思维。

> 其实，"如果想通过'人的'这个修饰语来排除或者哪怕只是怀疑意识和知识的基本形式的至上的意义和它们的无条件的真理权，那么这就贬低了这些基本形式"。

因此，为了使人们不致怀疑其他某个天体上二乘二等于五，杜林先生就不能把思维称做人的思维，因而只好使思维脱离唯一的真实的基础,即脱离人和自然界,而在我们看来思维是在这个基础上产生的;于是杜林先生就绝望地陷入使他以"模仿者"黑格尔的模仿者的面目出现的那种意识形态里。附带说一下,我们还要更加频繁地在其他天体上欢迎杜林先生。

不言而喻,在这样的意识形态的基础上是不可能建立任何唯物主义学说的。我们以后会看到,杜林先生不得不一再把有意识的行动方式,即直截了当地叫做上帝的东西,硬塞给自然界。

此外,我们的现实哲学家把全部现实的基础从现实世界搬到思想世界,还有另一种动机。关于这种一般世界模式论、关于这种存在的形式原则的科学,正是杜林先生的哲学的基础。如果世界模式论不是从头脑中,而仅仅是**通过**头脑从现实世界中得来的,如果存在的原则是从实际存在的事物中得来的,那么为此我们所需要的就不是哲学,而是关于世界和世界中所发生的事情的实证知识;由此产生的也不是哲学,而是实证科学。但是这样一来,杜林先生的整部著作就是徒劳无益的东西了。

其次,既然这样的哲学已不再需要,那么任何体系,甚至哲学的自然体系也就不再需要了。关于自然界所有过程都处在一种系统联系中的认识,推动科学到处从个别部分和整体上去证明这种系统联系。但是,对这种联系作恰当的、毫无遗漏的、科学的陈述,对我们所处的世界体系形成精确的思想映象,这无论对我们还是对所有时代来说都是不可能的。如果在人类发展的某一时期,这种包括世界各种联系——无论是物质的联系还是精神的和历史的联系——的最终完成的体系建立起来了,那么,人的认识的领域就从此完结,而且从社会按照那个体系来安排的时候起,未来的历史的进一步发展就中断了,——这是荒唐的想法,是纯粹的胡说。这样人们就碰到一个矛盾:一方面,要毫无遗漏地从所有的联系中去认识世界体系;另一方面,无论是从人们的本性或世界体系的本性来说,这个任务是永远不能完全解决的。但是,这个矛盾不仅存在于世界和人这两个因素的本性中,而且还是所有智力进步的主要杠杆,它在人类的无限的前进发展中一天天不断得到解决,这正像某些数学课题在无穷级数或连分数中得到解答一样。事实上,世界体系的每一个思想映象，总是在客观上受到历史状况的限制，在主观上受到得出该思想映象的人的肉体状况和精神状况的限制。可是杜林先生一开始就宣布，他的思维方式是排除受主观主义限制的世界观的任何趋向的。我们在前面已经看到，杜林先生是无所不在的——在一切可能的天体上。现在我们又看到，他是无所不知的。他解决了科学的最终课题，从而封闭了一切科学走向未来的道路。

杜林先生认为，和存在的基本形式一样，全部纯数学也可以先验地，即不利用外部世界给我们提供的经验而从头脑中构思出来。

> 在纯数学中，知性所处理的是"它自己的自由创造物和想象物"；数和形的概念"对纯数学来说是足够的并且是由它自己创造的对象"，所以纯数学具有"不依赖于特殊经验和世界现实内容的意义"。

纯数学具有不依赖于任何个人的**特殊**经验的意义，这当然是正确的，而且这也适用于各门科学的所有已经确定的事实，甚至适用于所有的事实。磁有两极；水由氢和氧化合而成；黑格尔死了，而杜林先生还活着；——这些事实都不依赖于我的或其他个人的经验，甚至也不依赖于杜林先生的经验，如果他酣然入睡的话。但是在纯数学中知性决不是只处理自己的创造物和想象物。数和形的概念不是从其他任何地方，而是从现实世界中得来的。人们用来学习计数即做第一次算术运算的十个指头，可以是任何别的东西，但总不是知性的自由创造物。为了计数，不仅要有可以计数的对象，而且还要有一种在考察对象时撇开它们的数以外的其他一切特性的能力，而这种能力是长期的以经验为依据的历史发展的结果。和数的概念一样，形的概念也完全是从外部世界得来的，而不是在头脑中由纯思维产生出来的。必须先存在具有一定形状的物体，把这些形状加以比较，然后才能构成形的概念。纯数学是以现实世界的空间形式和数量关系，也就是说，以非常现实的材料为对象的。这种材料以极度抽象的形式出现，这只能在表面上掩盖它起源于外部世界。但是，为了对这些形式和关系能够从它们的纯粹状态来进行研究，必须使它们完全脱离自己的内容，把内容作为无关重要的东西放在一边；这样就得到没有长宽高的点，没有厚度和宽度的线，a 和 b 与 x 和 y，常数和变数；只是在最后才得到知性自身的自由创造物和想象物，即虚数。甚至数学上各种数量的表面上的相互导出，也并不证明它们的先验的来源，而只是证明它们的合理的联系。矩形绕自己的一边旋转而得到圆柱形，在产生这样的观念以前，一定先研究了一些现实的矩形和圆柱形，即使它们在形状上还很不完全。和其他各门科学一样，数学是从人的**需要**中产生的，如丈量土地和测量容积，计算时间和制造器械。但是，正像在其他一切思维领域中一样，从现实世界抽象出来的规律，在一定的发展阶段上就和现实世界脱离，并且作为某种独立的东西，作为世界必须遵循的外来的规律而同现实世界相对立。社会和国家方面的情形是这样，纯数学也正是这样，它在以后**被应用**于世界，虽然它是从这个世界得出来的，并且只表现世界的构成形式的一部分——正是**仅仅因为这样**，它才是可以应用的。

但是杜林先生以为，他不需要任何经验的填加料，就可以从那些"按照纯粹逻辑的观点既不可能也不需要论证"的数学公理中推导出全部纯数学，然后把它应用于世界，同样，他以为，他可以先从头脑中制造出存在的基本形式、一切知识的简单的成分、哲学的公理，再从它们中推导出全部哲学或世界模式论，并把自己的这一宪法钦定赐给自然界和人类世界。可惜，自然界根本不是由 1850 年曼托伊费尔的普鲁士人组成的，而人类世界也只有极其微小的一部分才是由他们组成的。

数学公理是数学不得不从逻辑学那里借用的极其贫乏的思想内容的表现。它们可以归结为以下两条：

1. 整体大于部分。这个命题纯粹是同义反复，因为部分这一从数量上来把握的观念一开始就和整体这个观念以一定的方式相联系，就是说，"部分"直接表示：数量上的"整体"是由若干数量上的"部分"组成的。这个所谓的公理明确地肯定了这一点，但我们没有因此前进一步。这一同义反复甚至在一定程度上还可以这样来**证明**：整体是由若干部分组成的东西；部分是若干合在一起才构成整体的东西；因此部分小于整体——在这里重复的空洞更强烈地显示了内容的空洞。

2. 如果两个数量等于第三个数量，那么它们彼此相等。正像黑格尔已经证明过的，这个命题是逻辑可以担保其正确性的那种推论①，因此它已经得到证明了，虽然是在纯数学之外得到证明的。其他关于相等和不相等的公理只是这个推论的合乎逻辑的扩展。

不论在数学中还是在别的领域中，这样贫乏的命题都是无济于事的。为了继续前进，我们必须引入真实的关系，来自现实物体的关系和空间形式。线、面、角、多角形、立方体、球体等等观念都是从现实中得来的，只有陷入幼稚意识形态的人，才会相信数学家的话：第一条线是由点在空间的运动产生的，第一个面是由线的运动产生的，第一个立体是由面的运动产生的，如此等等。这种说法甚至也遭到语言的反驳。一个具有三维的数学图形叫做立体，corpus solidum，就是说在拉丁文中这个词甚至是指可以触摸到的物体，所以这个名称决不是从知性的自由想象中得来的，而是从确凿的现实中得来的。

但是，所有这些冗长的论述有什么用呢？杜林先生在第 42 页和第 43 页②上热烈地歌颂纯数学对经验世界的独立性、它的先验性以及它对知性特有的自由创造物和想象物的研究，以后他又在第 63 页上说：

"这就是说，人们容易忽视，那些数学的要素〈数、数量、时间、空间和几何运动〉只是在形式上是观念的……所以绝对的数量无论它们属于哪一类，都是某种完全经验的东西。"……但是，"数学的模式能够作一种虽是脱离经验的、但仍然是充分的描述"，

这种说法或多或少可以适用于**任何的抽象**，但是决不能证明后者不是从现实中抽象出来的。在世界模式论中，纯数学产生于纯思维，而在自然哲学中，纯数学是某种完全经验的东西，是来自外部世界、然后又脱离外部世界的东西。我们应该相信哪一种说法呢？

---

① 见黑格尔《哲学全书纲要》第 1 部（即《小逻辑》）第 188 节；并见《逻辑学》第 3 编第 1 部分第 3 章推论第四式和第 3 部分第 2 章关于定理这一节。——编者注

② 本编中提到的欧·杜林著作的页码均为《哲学教程》的页码。——编者注

二　世界模式论

"包罗万象的存在是唯一的。由于它是自满自足的,因而没有任何东西同它并列或在它上面。如果给它加上第二个存在,那就使它成为不是它本来那样的东西,即成为一个包容更广的整体的一部分或组成部分。当我们把自己的仿佛框子一样的统一思想扩展开来时,任何必须进入这个思想统一体的东西都不能在自身中保持两重性。但是任何东西也不能脱离这个思想统一体……一切思维的本质就在于把意识的要素联合为一个统一体……不可分割的世界概念正是通过这种综合的统一点产生的,而宇宙,就像这个词本身所表明的,被认为是万物在其中联合为一个统一体的东西。"

杜林先生就是这样说的。数学方法:

"任何问题都应当从简单的基本形式上,按照公理来解决,正如对待简单的……数学原则一样。"——

这一方法在这里首先被使用。

"包罗万象的存在是唯一的。"如果同义反复,即在**谓语**中简单地重复主语中已经说过的东西,也算是公理的话,那么我们在这里就有了一个最纯粹的公理。杜林先生在主语中告诉我们,存在包罗万象,而他在谓语中则大胆地断定:因此没有任何东西是在这一存在之外的。多么了不起的"创造体系的思想"!

真是在创造体系。我们往下读还不到六行,杜林先生就借助我们的统一思想,把存在的**唯一性**变成它的**统一性**了。因为一切思维的本质都在于把事物综合为一个统一体,所以,存在一旦被思考,就**被思考**为统一的东西,**世界概念**就成为不可分割的;又因为**被思考的**存在、世界概念是统一的,所以现实的存在、现实的世界也是不可分割的统一体。这样,

"只要精神一学会从存在的同种的普遍性中去把握存在,彼岸性就再没有任何位置了。"

这是一次使奥斯特利茨和耶拿、克尼格雷茨和色当黯然失色的征战。在我们动员第一个公理后还不到一页，只用三言两语，就已经把所有彼岸的东西，上帝、天使军、天堂、地狱和涤罪所，连同灵魂不死，都废弃、排除、消灭了。

我们是怎样从存在的唯一性转到它的统一性的呢？全靠我们对它的想象。我们一旦把我们的仿佛框子一样的统一思想围绕着存在扩展开来，唯一的存在就在思想中变成统一的存在，变成思想统一体；因为**一切思维的本质就在于把意识的要素联合为一个统一体**。

最后这句话是完全错误的。第一，思维既把相互联系的要素联合为一个统一体，同样也把意识的对象分解为它们的要素。没有分析就没有综合。第二，思维，如果它不做蠢事的话，只能把这样一些意识的要素综合为一个统一体，在这些意识的要素中或者在它们的现实原型中，这个统一体**以前**就已经**存在**了。如果我把鞋刷子综合在哺乳动物的统一体中，那它决不会因此就长出乳腺来。可见，存在的统一性，或者说把存在理解为一个统一体的根据，正是需要加以证明的；当杜林先生向我们保证，他认为存在是统一的而不是什么两重性的东西的时候，他无非是向我们发表他的无足轻重的意见罢了。

如果我们要原原本本地叙述他的思想过程，那么它就是：我从存在开始。因此我思考着存在。关于存在的思想是统一的。但是思维和存在必须互相协调，互相适应，"互相一致"。因此，在现实中存在也是统一的。因此，任何"彼岸性"都是不存在的。但是，如果杜林先生这样不加掩饰地说出来，而不用上述那些极端玄妙的话来款待我们，那么他的意识形态就昭然若揭了。企图以思维和存在的同一性去证明任何思维产物的现实性，这正是一个叫做黑格尔的人所说的最荒唐的热昏的胡话之一。

即使杜林先生的全部论证都是对的，他也没有从唯灵论者那里赢得一寸阵地。唯灵论者简短地回答他说：我们也认为世界**是**单一的；只有从我们的特殊世俗的、原罪的观点来看，才有此岸和彼岸之分；全部存在就其本身说来，就是说，在上帝那里，是统一的。他们将陪着杜林先生到他所喜爱的其他天体上去，指给他看一个或几个天体，那里没有原罪，所以那里也没有此岸和彼岸的对立，世界的统一性是信仰的要求。

在这个问题上最可笑的是，杜林先生为了用存在的概念去证明上帝不存在，却运用了证明上帝存在的本体论论证法。这种论证法说：当我们思考着上帝时，我们是把他作为一切完美性的总和来思考的。但是，归入一切完美性的总和的，首先是存在，因为不存在的东西必然是不完美的。因此我们必须把存在算在上帝的完美性之内。因此上帝一定存在。——杜林先生正是这样论证的：当我们思考着存在的时候，我们是把它作为一个概念来思考的。综合在一个概念中的东西是统一的。因此，如果存在不是统一的，那么它就不符合它本身的概念。所以它一定是统一的。所以上帝是不存在的，如此等等。

当我们说到**存在**，并且**仅仅**说到存在的时候，统一性只能在于：我们所说的一切对象**都是存在的**、实有的。它们被综合在这种存在的统一性中，而不在任何别的统一性中；说它们**都是存在的**这个一般性论断，不仅不能赋予它们其他共同的或非共同的特性，而且暂时排除了对所有这些特性的考虑。因为只要我们离开存在是所有这些事物的共同点这一简单的基本事实，哪怕离开一毫米，这些事物的**差别**就开始出现在我们眼前。至于这些差别是否在于一些是白的，另一些是黑的，一些是有生命的，另一些是无生命的，一些是所谓此岸的，另一些是所谓彼岸的，那我们是不能根据把单纯的存在同样地加给一切事物这一点来作出判断的。

世界的统一性并不在于它的存在，尽管世界的存在是它的统一性的前提，因为世界必须先**存在**，然后才能是**统一的**。在我们的视野的范围之外，存在甚至完全是一个悬而未决的问题。世界的真正的统一性在于它的物质性，而这种物质性不是由魔术师的三两句话所证明的，而是由哲学和自然科学的长期的和持续的发展所证明的。

继续往下看。杜林先生对我们谈到的**存在**

"不是那种纯粹的存在，即自身等同的、应当没有任何特殊规定性的而且实际上仅仅是思想虚无或无思想之对应物的存在"。

但是我们很快就看到,杜林先生的世界的确是从这样一种存在开始的,这种存在没有任何内在的差别、任何运动和变化,所以事实上只是思想虚无的对应物,所以是真正的虚无。只是从这样的**存在-虚无**,才发展出现在的分化了的、变化多端的、表现为一种发展、一种**生成**的世界状态;我们只有在懂得了这一点以后,才能够甚至在这种永恒的变化下

"把握自身等同的无所不包的存在的概念"。

这样,我们现在就有了较高阶段上的存在的概念,在这里,存在的概念既有不变,又有变,既有存在,又有生成。达到这点以后,我们就发现:

"类和种,统而言之,一般和特殊,是最简单的区别方法,没有这种方法,就不能理解事物的状态"。

但是这些都是区别**质**的方法;看过这些以后,我们再往下看:

"和类相对立的,是量的概念,这个量是同种的,其中再没有种的区别";

这就是说,我们从**质**转到**量**,而量总是"**可测度的**"。

现在让我们把这个"一般有效模式的**透彻分析**"以及它的"真正批判的观点"同一个叫做黑格尔的人的粗制品、混乱的东西和热昏的胡话比较一下。我们看到,黑格尔的逻辑学是从**存在**开始的——像杜林先生一样;这种存在表现为一种**虚无**——也和杜林先生一样;从这种"存在-虚无"过渡到**生成**,生成的结果就是定在,即存在的较高的较充实的形式——完全和杜林先生一样。定在导致**质**,质导致**量**——完全和杜林先生一样。为了不遗漏任何要点,杜林先生利用另外一个机会对我们说:

"人们不管一切量的渐进性,而只是通过质的飞跃从无感觉的领域进入感觉的领域,关于这种飞跃,我们……可以断言,它和同一特性的单纯的渐进有无限的差别。"

这完全是黑格尔的度量关系的关节线,在这里纯粹量的增多或减少在一定的关节点上引起**质的飞跃**,例如,把水加热或冷却,沸点和冰点就是这种关节点,在这种关节点上——在标准压力下——完成了进入新的聚集状态的飞跃,就是说,在这里量就转变为质。

我们的研究也力图穷根究底,并且发现杜林的根底深厚的基本模式的根子原来是一个叫做黑格尔的人的"热昏的胡话",即黑格尔《逻辑学》的第一部分存在论的范畴,照搬纯系老黑格尔的"序列",而且对这种抄袭几乎不想作任何掩饰!

但是杜林先生并不满足于从被他百般辱骂的先驱那里剽窃完整的存在模式论,他自己在举出了上述从量到质的飞跃式转变的例子以后,竟泰然自若地谈起了马克思:

"例如,〈马克思〉引证黑格尔关于量转变为质这一混乱的模糊观念,这岂不显得多么滑稽!"

混乱的模糊观念!究竟是谁在这里转变了,究竟是谁在这里显得滑稽,杜林先生?

可见,所有这些漂亮的小玩意,不仅不是根据规定"按照公理来解决"的,而且是干脆从外面,即从黑格尔的逻辑学中搬来的。此外,整章中连内在联系的表面现象都没有,因为没有把这种内在联系也从黑格尔那里抄来,结果,一切都成为关于空间和时间、不变和变的毫无内容的玄想。

黑格尔从存在进到本质,进到辩证法。在这里他研究反思的规定,它们的内在的**对立**和矛盾,例如正和负,然后就进到**因果性**或原因和结果的关系,并以**必然性**作结束。杜林先生也没有什么不同。黑格尔叫做本质论的东西,杜林先生把它译成:存在的逻辑特性。但是这些特性首先在于"力的对抗",在于**对立**。至于矛盾,杜林先生是根本否认的;关于这个问题,我们以后再回头来谈。然后,他就转到**因果性**,并从因果性转到**必然性**。所以,如果杜林先生这样来谈自己:

"我们不是从笼子里谈哲学",

那么大概他是说：他是在笼子里谈哲学，就是说，是在黑格尔的范畴模式论的笼子里谈哲学。

三　自然哲学。时间和空间

现在我们来谈**自然哲学**。在这里杜林先生又有种种理由对自己的先驱表示不满。

> 自然哲学"堕落到这种地步，它竟变成了混乱的、以无知为基础的伪诗词"，并且"陷入一个叫做谢林的人和诸如此类以绝对物的祭司自炫并迷惑公众的伙伴们的卖弄风骚的哲学清谈"。疲倦把我们从这些"怪物"那里援救出来，可是直到现在，它只给"动摇性"让出了位置；"至于谈到广大的公众，大家知道，在他们看来，比较大的江湖骗子的退隐，往往只是给比较小的、却比较世故的后继者提供一个机会，去用别的招牌重新端出前者的货色"。自然科学家自己对于"在囊括世界的观念的王国中漫游"不太"感兴趣"，所以在理论领域中带有纯属"漫不经心的轻率性"。

这里亟待援救，幸亏有杜林先生在。

为了正确估价以下关于世界在时间上有发展而在空间上有界限的启示，我们不得不重新回来研究"世界模式论"的几个地方。

又和黑格尔一样（《全书》第93节），存在被赋予无限性——黑格尔称之为**恶**无限性①，然后对这种无限性进行研究。

> "可以没有矛盾地加以思考的无限性的最明显的形式，是数在数列中的无限积累……正如我们可以在每一个数后面加上另一个个位数而永远不会使进一步计数的可能性穷尽一样，存在的每一个状态也都有另一个状态与之联接，而无限性就在于这些状态的层出不穷。因此，这种被确切地加以思考的无限性也只有一个具有唯一方向的唯一基本形式。因为，对我们的思维来说，设想这些状态向着相反的方向积累，虽无关紧要，但这种向后倒退的无限性正好只是轻率

---

① 见黑格尔《哲学全书纲要》第1部（即《小逻辑》）第94节。——编者注

地想象出来的东西。既然这种无限性真的要朝反方向走，那么它在它的每一个状态中，都得有一个无限数列留在自己后面。但是这样就会出现可以计数的无限数列这种不可允许的矛盾，所以假定无限性还有第二个方向，显然是荒唐的。"

从对无限性的这种看法中得出的第一个结论是，世界上的因果链条应当在某个时候有个开端：

"已经彼此连接起来的原因的无限数，是不可思议的，因为它假定数不尽的数是可以计数的"。

这样就证明有**终极原因**。

第二个结论是

"定数律：任何由独立物组成的现实的类的相同物的积累，只有作为一定的数的构成，才是可思议的"。不仅天体的现有数目在每一瞬间必然是本来就确定的，而且一切存在于世界上的、物质的最小独立部分的总数，也必然是这样。后一种必然性是说明为什么任何化合物没有原子都是不可思议的真正理由。一切现实的可分性总是具有而且必然具有有限的规定性，不然就会出现可以计数的数不尽的数这个矛盾。根据同样的理由，不仅迄今为止地球环绕太阳运行的次数必然是确定的——即使还说不出来，而且一切周期性的自然过程都必然有某个开端，而自然界相继发生的一切分化、一切多样性，都必然渊源于某种自身等同的状态。这种状态可以从来就没有矛盾地存在着，可是，如果时间本身是由各个现实的部分组成的，而不是仅仅由我们的知性借助观念上对种种可能性的安排来任意划分的，那么上述观念就被排除了。至于现实的自身有区别的时间内容，那情形就不一样了；在时间中实际地充满各种可以区分的事实这一点以及这一领域内的各种存在形式，正是由于自身的差别性，才是可以计数的。如果我们设想这样一种状态，其中没有什么变化，并且由于它的自身等同性而根本没有前后相继的差别，那么比较特殊的时间概念也就变成比较一般的存在观念。空洞持续性的积累究竟是什么意思，根本不可思议。

杜林先生就是这样说的，而且他因这些发现的重要性而自鸣得意。起初，他希望这些发现"至少不被看做微不足道的真理"；可是后来我们看到：

"大家回想一下我们用来促使无限性概念及其批判具有空前影响的那些极其简单的说法……由于现代的尖锐化和深化而变得如此简单的普遍时空观念的因素。"

我们促使！现代的深化和尖锐化！我们是谁，我们的现代是什么时候？谁使之深化和尖锐化？

"论题：世界在时间上是有开端的，在空间上也是有界限的。——证明：假定世界在时间上没有开端，那么在任何一个既定的瞬间之前有一种永恒经历过了，因而彼此相继的事物状态的无限序列便在世界上流逝。但是，序列的无限性正好在于它永远不能由连续的综合来完成。因此，无限的、已经流逝的世界序列是不可能的，可见世界的开端是世界存在的必要条件。这是需要证明的第一点。——关于第二点，我们再假定相反的情形：世界是一个由同时存在的事物所构成的无限的既定的整体。对于不在任何直觉的某种界限内提供的量的大小，我们只有通过各个部分的综合这种方式才可以设想，而对于这种量的总和，我们只有通过完成的综合或通过单位自身的重复相加才可以设想。由此可见，为了把充满一切空间的世界设想为一个整体，必须把无限世界的各个部分的连续综合看做已经完成的，就是说，在对所有同时存在的事物逐一计数时，无限的时间必须被看做已经终止了的，但这是不可能的。由此可见，现实事物的无限聚集不能被看做一个既定的整体，因而也不能被看做同时提供出来的东西。所以，世界就其在空间的广延来说，不是无限的，而是有自己的界限的。这是〈需要证明的〉第二点。"

这些命题是逐字逐句从一本很著名的书上抄下来的，这本书在1781年第一次出版，书名是《纯粹理性批判》，伊曼努尔·康德著。这些命题每一个人都可以在这部著作的第一部第二编第二卷第二章第二节《纯粹理性的第一个二律背反》中读到。看来，杜林先生的光荣只在于他给康德所表述的思想安上了一个**名称**——定数律，在于发现有一个时候世界虽然已经存在，但是还没有时间。至于说到其余的一切，即在杜林先生的分析中还有些意思的一切，那就表明"我们"就是伊曼努尔·康德，而"现代"只有95年。的确"极其简单"！好个"空前影响"！

可是康德根本没有说上述命题已经通过他的证明最终确立了。相反，在同页的对照栏内，他提出并证明了相反的命题：世界在时间上没有开端，在空间上没有终点；康德正是在第一个命题像第二个命题一样可以得到证明这一点上，看出了二律背反，即不能解决的矛盾。"一个叫做康德的人"在这里发现了不能解决的困难，才智比较平庸的人对此或许会感到有些困惑。我们这位勇敢的、"完全独特的结论和观点"的炮制者却不是这样：他孜孜不倦地从康德的二律背反中抄下对他有用的东西，而把其余的东西抛在一边。

问题本身解决得非常简单。时间上的永恒性、空间上的无限性，本来就是，而且按照简单的词义也是：**没有一个**方向是有终点的，不论是向前或向后，向上或向下，向左或向右。这种无限性和无限序列的无限性完全不同，因为后一种无限性起初总是从一，从序列的第一项开始的。这种序列观念不能应用于我们的对象，这在我们把它应用于空间的时候就立刻显示出来了。无限序列一移到空间，就是从某一点起按一定方向延伸到无限的线。这样，空间的无限性是不是就被表达出来了，即使表达得很不贴切。恰恰相反，为了得出空间的维的概念，只需要从一点上按三个相反的方向延伸出六条线，这样一来，我们就会得到空间的六维。康德很懂得这一点，所以他只是间接地、转弯抹角地把他的数列移到世界的空间性上来。杜林先生却相反，他强迫我们接受空间的六维，随后又对那位不愿以通常的空间的三维为满足的高斯的数学神秘主义表示难以言喻的愤慨。

向两个方向延伸的无限的线或无限的单位序列在运用于时间的时候，具有某种比喻的意义。但是，如果我们把时间想象为一种从一数起的序列或从某一点延伸出去的线，那么，我们就是事先说时间是有开端的，我们把我们正好要证明的东西当做前提。我们赋予时间的无限性一种单向的、半截的性质；可是单向的、半截的无限性也是自身中的矛盾，即"没有矛盾地加以思考的无限性"的直接对立物。为了避免这一矛盾，我们只能假定，我们在对序列进行计数时所由开始的一、我们在量度线时所由出发的点，是序列中的任何一个——线上的任何一个点，至于我们把一或点放在哪里，这对线或序列来说是无所谓的。

但是"可以计数的无限数列"的矛盾呢？只要杜林先生向我们施展出绝招，**数出这种无限数列**，我们就能够更详细地来研究这个矛盾。等他完成了从 $-\infty$ （负无限）到 0 的计算时，再来见我们吧。可是显然，不论他从哪里开始计数，总有一个无限序列留在他后面，同这个序列一起的还有他应当解决的课题。就让他把自己的无限序列 $1+2+3+4\cdots\cdots$ 倒过来，并且试试从无限的终点再数到一；显而易见，这是一个完全不懂事理的人的尝试。不仅如此。如果杜林先生断言，已经流逝的时间的无限序列已经数出来了，那么他就是断言，时间是有开端的；因为，否则他就根本不能开始"计数"。因此，他又把他应当证明的东西当做前提塞进来了。因此，可以计数的无限序列的观念，换句话说，杜林的囊括世界的定数律，是一个形容语的矛盾［contradictio in adjecto］①，它本身就包含着矛盾，而且是**荒唐的**矛盾。

很清楚，有终点而无开端的无限性和有开端而无终点的无限性，都同样是无限的。杜林先生只要有一点点辩证的洞察力就一定会知道，开端和终点正像北极和南极一样必然是互相联系的，如果略去终点，开端就正好成为终点，即序列所具有的**一个**终点，反过来也是一样。如果没有数学上运用无限序列的习惯，全部错觉都不可能有了。因为在数学上，为了达到不确定的、无限的东西，必须从确定的、有限的东西出发，所以一切数学的序列，正的或负的，都必须从一开始，否则就无从计算。但是，数学家的观念上的需要，对现实世界来说决不是强制性法律。

此外，杜林先生永远做不到没有矛盾地思考现实的无限性。无限性是一个矛盾，而且充满矛盾。无限纯粹是由有限组成的，这已经是矛盾，可是情况就是这样。物质世界的有限性所引起的矛盾，并不比它的

---

① 指"圆形的方"、"木制的铁"这类荒唐说法。——编者注

无限性所引起的矛盾少，正像我们已经看到的，任何消除这些矛盾的尝试都会引起新的更糟糕的矛盾。正**因为**无限性是矛盾，所以它是无限的、在时间上和空间上无止境地展开的过程。如果矛盾消除了，那无限性就终结了。黑格尔已经完全正确地看到了这一点，所以他以应有的轻蔑态度来对待那些对这种矛盾苦思冥想的先生们。

我们再往下看。这样，时间有了开端。可是**在这个开端之前**是什么呢？是处在自身等同的、不变的状态中的世界。由于在这种状态中没有任何相继发生的变化，所以比较特殊的时间概念也变成比较一般的**存在**观念。第一，什么概念在杜林先生的脑子里变化着，这和我们毫不相干。这里所说的，不是**时间概念**，而是杜林先生决不可能这样轻易地摆脱掉的**现实的**时间。第二，无论时间概念怎样可以变为比较一般的存在观念，我们并没有因此前进一步。因为一切存在的基本形式是空间和时间，时间以外的存在像空间以外的存在一样，是非常荒诞的事情。黑格尔的"非时间上过去的存在"和晚期谢林的"不可追溯的存在"，同这种时间以外的存在相比还是合理的观念。因此，杜林先生非常谨慎地行事：实在说，这也许是时间，但这是实质上不能称为时间的那种时间，因为这种时间本身不是由各个现实的部分组成，而仅仅是由我们的知性任意划分的，只有在时间中实际地充满各种可以区分的事实这一点才是可以计数的，而空洞持续性的积累究竟是什么意思，根本不可思议。这种积累究竟是什么意思，在这里完全无关紧要。问题是：处于这里所假定的状态中的世界是否持续下去，是否经历时间的持续？我们早已知道，量度这种毫无内容的持续性将一无所得，就像在虚无缥缈的空间中毫无目的和目标地量度也将一无所得一样；正因为这种做法很无聊，黑格尔才把这种无限性称为**恶无限性**。按照杜林先生的说法，时间仅仅通过变化才存在，不是变化存在于时间之中并通过时间而存在。正因为时间是和变化不同的，是离开变化而独立的，所以可以用变化来量度时间，因为在量度的时候总是需要一种与所量度的东西不同的东西。而且，不发生任何显著变化的时间，远非**不是**时间；确切地说，它是**纯粹的**、不受任何外来的混入物所影响的时间，因而是真正的时间，**作为时**

间的时间。事实上，如果我们要把握完全纯粹的、排除一切外来的不相干的混入物的时间概念，那么，我们就不得不把所有在时间上同时或相继发生的各种事变当做与此无关的东西放在一旁，从而设想一种其中没有发生任何事情的时间。因此，我们这样做才不让时间概念沉没在一般的存在观念中，而是由此才得到纯粹的时间概念。

可是，所有这些矛盾和不可能性，同提出自身等同的世界原始状态的杜林先生所陷入的混乱比较起来，还是纯粹的儿戏。如果世界曾经处于一种绝对不发生任何变化的状态，那么，它怎么能从这一状态转到变化呢？绝对没有变化的、而且从来就处于这种状态的东西，不能靠它自己走出这种状态而转入运动和变化的状态。因此，必须有一个从外部、从世界之外来的第一推动，它使世界运动起来。可是大家知道，"第一推动"只是代表上帝的另一种说法。杜林先生在自己的世界模式论中佯称已经干干净净地扫除了上帝和彼岸世界，在这里他自己又把二者加以尖锐化和深化，重新带进自然哲学。

接着，杜林先生说：

"在数量属于存在的不变要素的地方，这种数量在它的规定性上保持不变。这适用于……物质和机械力。"

附带说一下，第一句话是杜林先生的公理式和同义反复式的大话的宝贵例子：在数量不变的地方，数量保持原样。因此，机械力的量既已存在于世界上，就永远保持原样。就算这是对的，在哲学上，大约早在300年前笛卡儿已经知道这一点并且说出来了；而在自然科学中，力的守恒学说20年来到处都在流传；杜林先生把这种学说局限于**机械力**，丝毫没有加以改进——这些事实我们都撇开不谈。但是，当世界处在不变的状态的时候机械力在哪里呢？对这个问题，杜林先生执拗地拒绝向我们作任何回答。

杜林先生，自身永远保持等同的机械力那时在什么地方呢？它推动了什么呢？回答：

"宇宙的原始状态，或者更明白地说，没有变化的、本身不包含变化的任何时间上积累的物质存在的原始状态，是一个只有认为自我摧残生殖力是绝顶聪明的行为的人才会予以否认的问题。"

因此：或者是你们不加考虑地接受我的没有变化的原始状态，或者是我，有生殖力的欧根·杜林，宣布你们是精神上的阉人。这的确可以吓唬一些人。我们已经看到关于杜林先生的生殖力的若干范例，我们可以同意暂时不答复这一文雅的谩骂，并且再问一次：但是，杜林先生，如果你乐意的话，机械力会变得怎样呢？

杜林先生立刻窘住了。

他吞吞吐吐地说，事实上，"那种原始边际状态的绝对同一，本身并不提供任何转变本原。可是我们记得，实质上，我们所熟悉的存在链条上的任何最小的新环节都有同样的情形。所以谁要想在当前的主要场合指出困难，他就应当留意，不要在不太显眼的场合放过它们。此外，还有可能插入循序渐进的中间状态，从而插入连续性的桥，以便向后倒退，直到变化过程消失。的确，纯粹从概念上讲，这种连续性无助于摆脱主要思想，可是对于我们，它是一切规律性和任何已知的转变的基本形式，因此，我们有权把它用做上述第一个平衡和它的破坏之间的中介。可是，如果我们按照现代力学中已经不引起特殊反对意见〈!〉的概念来想象所谓〈!〉不动的平衡，那么甚至根本不能说明物质怎么能够达到变化过程的。"可是除了物体力学，还有物体运动到最小粒子运动的转变，不过这个转变是怎样产生的，"对此我们直到现在还没有掌握任何一般的原则，而且，如果这些过程稍稍陷入黑暗中，那么，我们不应该因此而感到惊奇"。

这就是杜林先生所能说的一切。事实上，如果我们容忍他用这种实在可怜的拙劣的遁词和空话来搪塞，那么我们不仅应当把自我摧残生殖力看成绝顶聪明的行为，而且还应当把盲从看成绝顶聪明的行为。绝对同一自身不能进入变化，这是杜林先生承认的。也没有任何一种手段能够使绝对平衡自身转入运动。那么还有什么呢？有三个错误的拙劣的论调：

第一，证实我们所熟悉的存在链条上的任何最小的环节向后一个环节的转变是同样困难的。——杜林先生似乎把自己的读者看成吃奶的孩子。证实存在链条上的最小环节的各个转变和联系，正是自然科学的内容。如果在这方面有些地方还有障碍，那么谁也没有想到，甚至杜林先生也没有想到，对发生的运动要从虚无来说明，而人们总是只从以前的运动的转移、变化或传递来加以说明。而在这里像他所承认的，问题在于：让运动从不动中，也就是**从虚无中产生**。

第二，我们有"连续性的桥"。的确，纯粹从概念上讲，它无助于我们摆脱困难，可是我们有权把它**用做**不动和运动之间的中介。可惜，不动的连续性就是**不**运动；所以如何借助它来产生运动，这就比以前更神秘了。无论杜林先生把他的从运动的虚无到普遍运动的转变分成多少无限小的部分，无论他给这种转变以多长的持续时间，我们还是没有从原地前进万分之一毫米。没有造物主的行动，我们无论如何不能从虚无到某物，即使这个某物小得像数学上的微分一样。因此，连续性的桥甚至不是驴桥①，它只是供杜林先生通过的桥。

第三，在现代力学适用的范围内——按照杜林先生的意见，现代力学是形成思维的最重要的杠杆之一——它完全不能说明怎样从不动转到运动。可是力学的热理论告诉我们，物体运动在一定条件下转化为分子运动（虽然在这里运动也是从另一种运动中产生的，但决不是从不动中产生的）；杜林先生胆怯地暗示说，这或许可以在严格的静（平衡）和动（运动）之间架起一座桥。可是这些过程"稍稍陷入黑暗中"。杜林先生就让我们留在这样的黑暗中。

我们随着全部深化和尖锐化达到了这种地步：我们越来越深地陷入越来越尖锐的谬论，并且终于到达那必须到达的地方——"黑暗中"。但是这并没有太使杜林先生难为情。就在下一页，他厚颜无耻地断定，他已经

"能够直接根据物质和机械力的作用，赋予自身等同的不变状态的概念以真实

---

① "驴桥"的德文是"Eselsbrücke"，转义是供懒惰的学生抄袭用的题解书，考试时的"夹带"。——编者注

内容"。

这样的人还说别人是"江湖骗子"呢！

我们尽管在"黑暗中"走入迷途，不知所措，幸而还得到一种安慰，而且的确是令人振奋的安慰：

"其他天体的居民的数学，决不能以我们的公理以外的别的公理为依据！"

四 道德和法。永恒真理

杜林先生在整整 50 页内把陈词滥调和玄妙词句的杂拌，一句话，把纯粹的**无稽之谈**当做关于意识要素的根底深厚的科学提供给读者享受，我们决不想把这些东西的样品都陈列出来。我们只摘引这样一句话：

"谁要是只能通过语言来思维，那他就永远不懂得抽象的和纯正的思维是什么意思。"

这样说来，动物是最抽象的和最纯正的思维者，因为它们的思维从来不会被语言的强制性的干涉弄得模糊不清。的确，从杜林的思想和表达这些思想的语言中可以看出，这些思想是多么不适合于任何一种语言，而德语又是多么不适合于这些思想。

最后，第四编拯救了我们，这一编除了连篇累牍的糊涂话，至少有时还给我们提供一些有关**道德和法**的可以捉摸的东西。这一次，我们一开始就被请到别的天体上去旅行：

道德的要素必定"以协调一致的方式……重新出现于人以外的一切生物中，在这些生物中，能动的知性必须自觉地调整以本能形式表现出来的生命活动……不过对于这样的结论，我们是不怎么感兴趣的……但是除此以外，下面的想法始终是一种有益地扩展眼界的思想：我们设想，在其他天体上个体的和公共的生活必须遵循一种模式，这种模式……不能废弃或避开按知性行动的生物的一般的基本规章"。

如果说在这里例外地，不是在这一章的末尾，而是在开头就指出，杜林的真理也适用于其他一切可能的世界，那么这是有其充足理由的。如果先确定了杜林的道德观和正义观适用于一切**世界**，那就可以比较容易地把它们的适用性有益地扩展到一切**时代**。而这里谈的又不折不扣地是关于最后的终极的真理的问题。

道德的世界，"和一般知识的世界一样……有其恒久的原则和单纯的要素"，道德的原则凌驾于"历史之上和现今的民族特性的差别之上……在发展过程中构成比较完全的道德意识和所谓良心的那些特殊真理，只要它们的最终的基础都已经被认识，就可以要求具有同数学的认识和运用相似的适用性和有效范围。真正的真理是根本不变的……因此，把认识的正确性设想成是受时效范围间和现实变化影响的，那完全是愚蠢"。所以严格知识的可靠性和日常认识的充足性，不容许我们在深思熟虑的情况下对知识原则的绝对适用性表示失望。"长久的怀疑本身已经是一种病态的软弱状态，而且无非是极端紊乱的表现，这种紊乱有时企图在对自身虚无的系统化意识中装出某种镇定的外表。在伦理问题上，对一般原则的否定，是同风尚和准则在地理上和历史上的多样性牢固地联在一起的，而且一承认伦理上的邪恶和罪孽的不可避免的必然性，那就要否定起协调一致作用的道德本能的庄严意义和实际效用。这种似乎不是反对个别的伪学说而是反对人类达到自觉道德的能力本身的腐蚀性怀疑，最后就流为真正的虚无，甚至实质上流为比单纯虚无主义更坏的东西……它自炫能在它的已被推翻的伦理观念的一片混乱中很容易地起支配作用，并为无原则的随心所欲敞开一切门户。但是它大错特错了，因为，只要指出知性在谬误和真理中的不可避免的命运，就足以借助这个唯一的类比表明，自然规律可能有的缺陷并不需要排除正确的东西的实现。"

到目前为止我们静静地听了杜林先生关于最后的终极的真理、思维的至上性、认识的绝对可靠性等等所讲的这一切华丽的词句，因为这一问题只有在我们现在所到达的这一点上才能予以解决。在此以前，只需要研究现实哲学的个别论断在多大程度上具有"至上的意义"和"无条件的真理权"就够了；在这里，我们却遇到了这样一个问题：人的认识的产物究竟能否具有至上的意义和无条件的真理权，如果能有，那么是哪些产物。当我说**人的**认识的时候，我无意冒犯其他天体上的居民，我还没有认识他们的荣幸，我这样说只是因为动物也能够认识，虽然它们的认识决不是至上的。狗认为它的主人是它的上帝，尽管这个主人可能是最大的无赖。

人的思维是至上的吗？在我们回答"是"或"不是"以前，我们必须先研究一下：什么是人的思维。它是单个人的思维吗？不是。但是，它只是作为无数亿过去、现在和未来的人的个人思维而存在。如果我现在说，这种概括于我的观念中的所有这些人（包括未来的人）的思维是**至上的**，是能够认识现存世界的，只要人类足够长久地延续下去，只要在认识器官和认识对象中没有给这种认识规定界限，那么，我只是说了些相当陈腐而又相当无聊的空话。因为最可贵的结果就是使得我们对我们现在的认识极不信任，因为很可能我们还差不多处在人类历史的开端，而将来会纠正**我们的**错误的后代，大概比我们有可能经常以十分轻蔑的态度纠正其认识错误的前代要多得多。

杜林先生本人宣布下面这一点是一种必然性：意识，因而也包括思维和认识，都只能表现在一系列的个人中。我们能够说这些个人中的每一个人的思维具有至上性，这只是就这样一点而言的，即我们不知道有任何一种力量能够强制处在健康清醒状态的每一个人接受某种思想。但是，至于说到每一个人的思维所达到的认识的至上意义，那么我们大家都知道，它是根本谈不上的，而且根据到目前为止的一切经验看来，这些认识所包含的需要改善的东西，无例外地总是要比不需要改善的或正确的东西多得多。

换句话说，思维的至上性是在一系列非常不至上地思维着的人中实现的；拥有无条件的真理权的认识是在一系列相对的谬误中实现的；二者都只有通过人类生活的无限延续才能完全实现。

在这里，我们又遇到了在上面已经遇到过的矛盾①：一方面，人的思维的性质必然被看做是绝对的，另一方面，人的思维又是在完全有限

---

① 见《马克思恩格斯文集》第9卷第40页。——编者注

地思维着的个人中实现的。这个矛盾只有在无限的前进过程中，在至少对我们来说实际上是无止境的人类世代更迭中才能得到解决。从这个意义来说，人的思维是至上的，同样又是不至上的，它的认识能力是无限的，同样又是有限的。按它的本性、使命、可能和历史的终极目的来说，是至上的和无限的；按它的个别实现情况和每次的现实来说，又是不至上的和有限的。

永恒真理的情况也是一样。如果人类在某个时候达到了只运用永恒真理，只运用具有至上意义和无条件真理权的思维成果的地步，那么人类或许就到达了这样的一点，在那里，知识世界的无限性就现实和可能而言都穷尽了，从而就实现了数清无限数这一著名的奇迹。

然而，不正是存在着如此确凿的、以致在我们看来表示任何怀疑都等于发疯的那种真理吗？二乘二等于四，三角形三内角的和等于两个直角，巴黎在法国，人不吃饭就会饿死，等等，这些不都是这种真理吗？这不就是说，还是存在着**永恒**真理，最后的终极的真理吗？

确实是这样。我们可以按照早已知道的方法把整个认识领域分成三大部分。第一个部分包括所有研究非生物界的并且或多或少能用数学方法处理的科学，即数学、天文学、力学、物理学、化学。如果有人喜欢对极简单的事物使用大字眼，那么也可以说，这些科学的**某些**成果是永恒真理，是最后的终极的真理，所以这些科学也叫做**精密**科学。然而决不是一切成果都是如此。由于变数的应用以及它的可变性被推广于无限小和无限大，一向非常循规蹈矩的数学犯了原罪；它吃了智慧果，这为它开辟了获得最大成就但也造成谬误的道路。数学上的一切东西的绝对适用性、不可争辩的确证性的童贞状态一去不复返了；争论的王国出现了，而且我们到了这样一种地步：大多数人进行微分和积分，并不是由于他们懂得他们在做什么，而是出于单纯的信任，因为直到现在得出的结果总是正确的。天文学和力学方面的情况更糟，而在物理学和化学方面，人们就像处在蜂群之中那样处在种种假说之中。情况也根本不可能不是这样。我们在物理学中研究分子的运动，在化学中研究分子的原子构成，如果光波的干扰不是一种虚构，那我们绝对没有希望在某个时候亲眼看到这些有趣的东西。最后的终极的真理在这里随着时间的推移变得非常罕见了。

地质学的情况还要糟,地质学按其性质来说主要是研究那些不但我们没有经历过而且任何人都没有经历过的过程。所以要挖掘出最后的终极的真理在这里要费很大的力气,而所得是极少的。

第二类科学是研究活的有机体的科学。在这一领域中,展现出如此错综复杂的相互关系和因果联系,以致不仅每个已经解决的问题都引起无数的新问题,而且每一个问题也多半都只能一点一点地、通过一系列常常需要花几百年时间的研究才能得到解决;此外,对各种相互联系作系统理解的需要,总是一再迫使我们在最后的终极的真理的周围造起茂密的假说之林。为了正确地确定像哺乳动物的血液循环这样简单的事实,需要经历从盖仑到马尔比基之间的多么长的一系列中间阶段!我们关于血球的形成知道得多么少!比如说为了确定某种疾病的现象和致病的原因之间的合理联系,我们今天还缺乏多少中间环节!此外还常常有像细胞的发现这样的发现,这些发现迫使我们对生物学领域中以前已经确立的一切最后的终极的真理作全面的修正,并且把它们整堆地永远抛弃掉。因此,谁想在这里确立确实是真正的不变的真理,那么他就必须满足于一些陈词滥调,如所有的人必定要死,所有的雌性哺乳动物都有乳腺等等;他甚至不能说,高等动物是靠胃和肠而不是靠头脑消化的,因为集中于头脑的神经活动对于消化是必不可少的。

但是,在第三类科学中,即在按历史顺序和现今结果来研究人的生活条件、社会关系、法的形式和国家形式及其由哲学、宗教、艺术等等组成的观念上层建筑的历史科学中,永恒真理的情况还更糟。在有机界中,我们至少是研究这样一些依次相继的过程,这些过程,就我们直接观察的领域而言,正在非常广阔的范围内相当有规律地重复着。自亚里士多德以来,有机体的种总的说来没有变化。在社会历史中情况则相反,自从我们脱离人类的原始状态即所谓石器时代以来,情况的重复是例外而不是通例;即使在某个地方发生这样的重复,也决不是在完全同样的状况下发生的。在一切文明民族那里,原始土地公有制的出现和这种所有制解体的形式就是如此。因此，我们在人类历史领域中的科学比在生物学领域中的科学还要落后得多；不仅如此，如果一旦例外地能够认识到某一时代的社会存在形式和政治存在形式的内在联系，那么这照例是发生在这些形式已经半衰退和濒于瓦解的时候。因此，在这里认识在本质上是相对的，因为它只限于了解只存在于一定时代和一定民族中的、而且按其本性来说是暂时的一定社会形式和国家形式的联系和结果。因此，谁要在这里猎取最后的终极的真理，猎取真正的、根本不变的真理，那么他是不会有什么收获的，除非是一些陈词滥调和老生常谈，例如，人一般地说不劳动就不能生活，人直到现在总是分为统治者和被统治者，拿破仑死于1821年5月5日，如此等等。

但是，值得注意的是：正是在这一领域，我们最常遇到所谓永恒真理，最后的终极的真理等等。宣布二乘二等于四，鸟有喙，或诸如此类的东西为永恒真理的，只是这样的人，他企图从永恒真理的存在得出结论：在人类历史的领域内也存在着永恒真理、永恒道德、永恒正义等等，它们要求具有同数学的认识和应用相似的适用性和有效范围。这时，我们可以准确地预料，这位人类的朋友一有机会就向我们声明：一切以往的永恒真理的制造者或多或少都是蠢驴和骗子，全都陷入谬误，犯了错误；但是**他们**的谬误和**他们**的错误的存在是合乎自然规律的，并且证明真理和合乎实际的东西掌握在**他手里**；而他这个现在刚出现的预言家在提包里带着已经准备好的最后的终极的真理，永恒道德和永恒正义。这一切已经出现过成百上千次，如果现在还有人竟如此轻率地认为，别人做不到这一点，只有他才能做到，那就不能不令人感到奇怪了。但是在这里，我们至少还遇到了这样一位预言家，他在别人否认任何个人能提供最后的终极的真理的时候，照例总是表现出高度的义愤。这样的否认，甚至单纯的怀疑，都是软弱状态、极端紊乱、虚无、比单纯的虚无主义更坏的腐蚀性怀疑、一片混乱以及诸如此类的可爱的东西。像所有的预言家那样，他也没有作批判性的科学的研究和判断，而只是直接进行道义上的谴责。

我们本来在上面还可以举出研究人的思维规律的科学，即逻辑学和辩证法。但是在这方面,永恒真理的情况也不见得好些。杜林先生把本来意义的辩证法宣布为纯粹的无稽之谈,而已经写成的和现在还在写的关于逻辑学的许多书籍充分证明,在这里播下的最后的终极的真理也远比有些人所想的要稀少得多。

此外,我们根本不用担心我们现在所处的认识阶段和先前的一切阶段一样都不是最后的。这一阶段已经包括大量的认识材料,并且要求每一个想在任何专业内成为内行的人进行极深刻的专门研究。但是认识就其本性而言,或者对漫长的世代系列来说是相对的而且必然是逐步趋于完善的,或者就像在天体演化学、地质学和人类历史中一样,由于历史材料不足,甚至永远是有缺陷的和不完善的,而谁要以真正的、不变的、最后的终极的真理的标准来衡量认识,那么,他只是证明他自己的无知和荒谬,即使真正的动机并不像在这里那样是要求个人不犯错误。真理和谬误,正如一切在两极对立中运动的逻辑范畴一样,只是在非常有限的领域内才具有绝对的意义;这一点我们刚才已经看到了,即使是杜林先生,只要他稍微知道一点正是说明一切两极对立的不充分性的辩证法的初步知识,他也会知道的。只要我们在上面指出的狭窄的领域之外应用真理和谬误的对立,这种对立就变成相对的,因而对精确的科学的表达方式来说就是无用的;但是,如果我们企图在这一领域之外把这种对立当做绝对有效的东西来应用,那我们就会完全遭到失败;对立的两极都向自己的对立面转化,真理变成谬误,谬误变成真理。我们举著名的波义耳定律为例,根据这一定律,在温度不变的情况下,气体的体积和它所受的压力成反比。雷尼奥发现,这一定律不适合于某些情况。如果雷尼奥是一个现实哲学家,那么他就有义务宣布:波义耳定律是可变的,所以不是真正的真理,所以根本不是真理,所以是谬误。但是,如果他这样做,他就会造成一个比波义耳定律所包含的谬误更大得多的谬误;他的一小粒真理就会消失在谬误的沙丘中;这样他就会把他的本来正确的结论变为谬误,而与这一谬误相比,波义耳定律就连同附在它上面的少许谬误也可以说是真理了。但是雷尼奥是科学家,没有玩弄这样的儿戏,而是继续研究,并发现波义耳定律只是近似地正确,特别是对于可以因压力而液化的气体，当压力接近液化开始的那一点时，波义耳定律就失去了效力。所以波义耳定律只在一定的范围内才是正确的。但是在这个范围内，它是不是绝对地最终地正确的呢？没有一个物理学家会断定说是。他会说，这一定律在一定的压力和温度的范围内对一定的气体是有效的；而且即使在这种更加狭窄的范围内，他也不会排除这样的可能性，即通过未来的研究对它作更加严格的限制，或者改变它的表述方式①。可见，关于最后的终极的真理，例如在物理学上，情况就是这样。因此，真正科学的著作照例要避免使用像谬误和真理这种教条式的道德的说法，而这种说法我们在现实哲学这样的著作中到处可以碰到，这种著作想强迫我们把空空洞洞的信口胡说当做至上的思维的至上的结论来接受。

　　但是，天真的读者或许要问，杜林先生在什么地方清楚地说过，他的现实哲学的内容是最后的甚至是终极的真理呢？在什么地方？例如在我们在第二章部分地引证的对他自己的体系的颂歌中②（第13页），或者在上面引证的那段话里③，他说：道德的真理，只要它们的最终的基础都已经被认识，就可以要求具有同数学的认识相似的适用性。而且，杜林先生难道不是断定，从他的真正批判的观点出发，通过他的穷根究底的研究，就可以深入到这种最终的基础，基本的模式，因而就赋予道德的真理以最后的终极性吗？如果杜林先生既不是为自己也不是为他的时代提出这样的要求，如果他只是想说，在渺茫的未来的某个时候能够确立最后的终极的真理，因而，他想大致地、只是较为混乱地说些与"腐蚀性怀疑"和"极端紊乱"相同的东西，那么，这种喧嚣是为了什

---

① 自从我写了上面这几行以来，这些话看来已经得到证实。根据门捷列夫和博古斯基运用比较精密的仪器所进行的最新的研究，一切真正的气体都表现出压力和体积之间的可变关系；氢的膨胀系数在直到现在为止所应用的各种压力强度下都是正的（体积的缩小比压力的增大要慢）；对大气和其他研究过的气体来说，每一种气体都有一个压力零点，压力小于零点，此系数是正的，压力大于零点，此系数是负的。因此，到现在为止实际上还一直是可用的波义耳定律，需要一整系列特殊定律来作补充。（现在——1885年——我们也知道根本不存在任何"真正的"气体。所有的气体都可以变成液体状态。）

② 见《马克思恩格斯文集》第9卷第31—32页。——编者注
③ 见《马克思恩格斯文集》第9卷第90页。——编者注

么呢？这位先生想要做什么呢？①

如果说，在真理和谬误的问题上我们没有什么前进，那么在善和恶的问题上就更没有前进了。这一对立完全是在道德领域中，也就是在属于人类历史的领域中运动，在这里播下的最后的终极的真理恰恰是最稀少的。善恶观念从一个民族到另一个民族、从一个时代到另一个时代变更得这样厉害，以致它们常常是互相直接矛盾的。但是，如果有人反驳说，无论如何善不是恶，恶不是善；如果把善恶混淆起来，那么一切道德都将完结，而每个人都将可以为所欲为了。杜林先生的意见，只要除去一切隐晦玄妙的词句，就是这样的。但是问题毕竟不是这样简单地解决的。如果事情真的这样简单，那么关于善和恶就根本不会有争论了，每个人都会知道什么是善，什么是恶。但是今天的情形是怎样的呢？今天向我们宣扬的是什么样的道德呢？首先是由过去信教时代传下来的基督教的封建的道德，这种道德主要又分成天主教的和新教的道德，其中又不乏不同分支，从耶稣会 51 天主教的和正统新教的道德，直到松弛的启蒙的道德。和这些道德并列的，有现代资产阶级的道德，和资产阶级道德并列的，又有未来的无产阶级道德，所以仅仅在欧洲最先进国家中，过去、现在和将来就提供了三大类同时和并列地起作用的道德论。哪一种是合乎真理的呢？如果就绝对的终极性来说，哪一种也不是；但是，现在代表着现状的变革、代表着未来的那种道德，即无产阶级道德，肯定拥有最多的能够长久保持的因素。

但是，如果我们看到，现代社会的三个阶级即封建贵族、资产阶级和无产阶级都各有自己的特殊的道德，那么我们由此只能得出这样的结论：人们自觉地或不自觉地，归根到底总是从他们阶级地位所依据的实际关系中——从他们进行生产和交换的经济关系中，获得自己的伦理观念。

但是在上述三种道德论中还是有一些对所有这三者来说都是共同的东西——这不至少就是一成不变的道德的一部分吗？——这三种道德论

---

① 参看歌德《浮士德》第 1 部第 3 场（《书斋》）。——编者注

代表同一历史发展的三个不同阶段,所以有共同的历史背景,正因为这样,就必然有许多共同之处。不仅如此,对同样的或差不多同样的经济发展阶段来说,道德论必然是或多或少地互相一致的。从动产的私有制发展起来的时候起,在一切存在着这种私有制的社会里,道德戒律一定是共同的:切勿偷盗①。这个戒律是否因此而成为永恒的道德戒律呢?绝对不会。在偷盗动机已被消除的社会里,就是说在随着时间的推移顶多只有精神病患者才会偷盗的社会里,如果一个道德说教者想庄严地宣布一条永恒真理:切勿偷盗,那他将会遭到什么样的嘲笑啊!

因此,我们拒绝想把任何道德教条当做永恒的、终极的、从此不变的伦理规律强加给我们的一切无理要求,这种要求的借口是,道德世界也有凌驾于历史和民族差别之上的不变的原则。相反,我们断定,一切以往的道德论归根到底都是当时的社会经济状况的产物。而社会直到现在是在阶级对立中运动的,所以道德始终是阶级的道德;它或者为统治阶级的统治和利益辩护,或者当被压迫阶级变得足够强大时,代表被压迫者对这个统治的反抗和他们的未来利益。没有人怀疑,在这里,在道德方面也和人类认识的所有其他部门一样,总的说是有过进步的。但是我们还没有越出阶级的道德。只有在不仅消灭了阶级对立,而且在实际生活中也忘却了这种对立的社会发展阶段上,超越阶级对立和超越对这种对立的回忆的、真正人的道德才成为可能。现在可以去评价杜林先生的自我吹嘘了。他竟在旧的阶级社会中要求在社会革命的前夜把一种永恒的、不以时间和现实变化为转移的道德强加给未来的无阶级的社会!我们姑且假定他对这种未来社会的结构至少是有概略了解的,——这一点我们直到现在还不知道。

最后,还有一个"完全独特的"、但是并不因此不再是"穷根究底的"发现:

在恶的起源方面,"我们认为,在动物形态中存在着带着固有虚伪性的猫的

---

① 参看《旧约全书·出埃及记》第20章第15节和《旧约全书·申命记》第5章第19节。——编者注

类型,这一事实同人类中也存在着类似的性格形态的情形处于同一阶段……因此,恶不是什么神秘的东西,除非人们有兴趣在猫或所有食肉动物的存在中也嗅出神秘的东西来"。

恶就是猫。所以魔鬼没有犄角和马蹄,而有爪子和绿眼睛。当歌德使靡菲斯特斐勒司具有黑狗的形象①而不是黑猫的形象的时候,他犯了一个不可饶恕的错误。恶就是猫!这是不仅适用于一切世界,而且也适用于猫②的道德!

五 道德和法。平等

我们已经不止一次地领教了杜林先生的方法。他的方法就是:把每一类认识对象分解成它们的所谓最简单的要素,把同样简单的所谓不言而喻的公理应用于这些要素,然后再进一步运用这样得出的结论。社会生活领域内的问题也

"应当从单个的、简单的基本形式上,按照公理来解决,正如对待简单的……数学基本形式一样"。

这样,数学方法在历史、道德和法方面的应用,应当在这些领域内使所获结果的真理性也具有数学的确实性,使这些结果具有真正的不变的真理的性质。

这不过是过去有人爱用的意识形态的或者也称为先验主义的方法的另一种说法,这一方法是:不是从对象本身去认识某一对象的特性,而是从对象的概念中逻辑地推导出这些特性。首先,从对象构成对象的概念;然后颠倒过来,用对象的映象即概念去衡量对象。这时,不是概念应当和对象相适应,而是对象应当和概念相适应了。在杜林先生那里,他所能得到的最简单的要素,终极的抽象,执行着概念的职能,可是这

---

① 参看歌德《浮士德》第1部第2场和第3场(《城门之前》和《书斋》)。——编者注

② "适用于猫"的德文是"für die Katze",也有"毫无用处、徒劳无益"的意思。——编者注

丝毫没有改变事情的实质；这种最简单的要素，最多只带有纯粹概念的性质。所以现实哲学在这里也是纯粹的意识形态，它不是从现实本身推导出现实，而是从观念推导出现实。

当这样一位意识形态家不是从他周围的人们的现实社会关系中，而是从"社会"的概念或所谓最简单的要素中构造出道德和法的时候，可用于这种构造的材料是什么呢？显然有两种：第一，是在那些被当做基础的抽象中可能存在的现实内容的一点点残余，第二，是我们这位意识形态家从他自己的意识中再次带入的内容。而他在自己的意识中发现了什么呢？绝大部分是道德和法的观点，这些观点或多或少地是他所处的社会关系和政治关系的相应表现——肯定的或否定的，得到赞同的或遭到反对的；其次或许是从有关的文献上抄来的看法；最后，可能还有个人的狂想。我们的意识形态家可以随心所欲地耍花招，他从大门扔出去的历史现实，又从窗户进来了，而当他以为自己制定了适用于一切世界和一切时代的伦理学说和法的学说的时候，他实际上是为他那个时代的保守潮流或革命潮流制作了一幅因脱离现实基础而扭曲的、像在凹面镜上反映出来的头足倒置的画像。

于是杜林先生把社会分解为它的最简单的要素，而且在这里发现最简单的社会至少由**两个人**组成。杜林先生就按公理同这两个人打交道。而从这里很自然地得出一个道德的基本公理：

"两个人的意志，就其本身而言，是彼此完全平等的，而且一方不能一开始就向另一方提出任何肯定的要求。"因此，"道德上的正义的基本形式就被表述出来了"；同样，法律上的正义的基本形式也被表述出来了，因为"为了阐发法的基本概念，我们只要有两个人的十分简单的和基本的关系就够了"。

两个人或两个人的意志就其本身而言是彼此**完全**平等的——这不仅不是公理，而且甚至是过度的夸张。首先，两个人甚至就其本身而言，在性别上可能就是不平等的，这一简单的事实立刻使我们想到：社会的最简单的要素——如果我们暂且接受这样的童稚之见——不是两个男人，而是一个男人和一个女人，他们建立了**家庭**，即以生产为目的的社会结合的最简单的和最初的形式。但是这丝毫不合杜林先生的心意。因为，一方面，必须使这两个社会奠基者尽可能地平等。另一方面，甚至杜林先生也不能从原始家庭构造出男女之间在道德上和法上的平等地位。这样，二者必居其一：或者是杜林所说的通过自身繁衍而建立起整个社会的社会分子一开始就注定要灭亡，因为两个男人是永远不能生出小孩来的；或者是我们必须设想他们是两个家长。在这种情况下，十分简单的基本模式就转成自己的反面：它不是证明人的平等，而最多只是证明家长的平等，而且因为妇女是不被理睬的，所以还证明妇女的从属地位。

在这里我们不得不给读者一个不愉快的通知：读者在今后一段颇长的时间内摆脱不了这两个了不起的人物。这两个人在社会关系的领域中起着我们现在希望不再与之打交道的其他天体上的居民以前所起的类似作用。只要有经济、政治等等的问题需要解决，这两个人就飞快地出动，而且立刻"按照公理"来解决问题。这是我们那位现实哲学家的卓越的、创造性的、创造体系的发现！但遗憾的是，如果我们愿意尊重真理，那应当说这两个人不是杜林先生发现的。他们是整个18世纪所共有的。他们在1754年卢梭关于不平等的论著中已经出现——附带说一下，在那里，他们按照公理证明了和杜林的论断恰恰相反的东西。他们在从亚当·斯密到李嘉图的政治经济学家那里扮演着主要角色；可是在那里他们各操不同的行业——大多是猎人和渔夫，而且互相交换自己的产品，他们至少在这方面是不平等的。此外，在整个18世纪，他们主要充当单纯用做说明的例子，而杜林先生的独创性只是在于，他把这种举例说明的方法提升为一切社会科学的基本方法和一切历史形态的尺度。要把"关于事物和人的严格科学的观念"变得简单些，肯定是做不到的。

为了制定基本公理——两个人以及他们的意志是彼此完全平等的，他们之间没有一方能命令另一方，我们决不能用随便什么样的两个人。这两个人应当是这样的：他们摆脱了一切现实，摆脱了地球上发生的一切民族的、经济的、政治的和宗教的关系，摆脱了一切性别的和个人的特性，以致留在这两个人身上的除了人这个光秃秃的概念以外，再没有别的什么了，于是，他们当然是"完全平等"了。因此，他们成了这一位到处搜索和揭发"降神术"活动的杜林先生所召来的两个十足的幽灵。这两个幽灵自然必须做他们的召唤者要求做的一切，正因为如此，他们的一切鬼把戏对世界上的其他人来说是完全无关紧要的。

我们再稍微往下看看杜林先生的公理论。两个意志中一方不能向另一方提出任何肯定的要求。如果一方竟然这样做了，并以暴力来实现他的要求，那就产生了非正义的状态，而杜林先生就是按照这一基本模式来说明非正义、暴力、奴役，一句话，说明全部以往的应唾弃的历史的。可是卢梭早在上面提到的著作中，正是通过两个人，同样是按照公理证明了相反的东西，这就是：在 A 和 B 两个人之中，A 不能用暴力来奴役 B，只能用使 B 处于非有 A 不可的境地这一办法来奴役 B；这对于杜林先生来说的确是一个已经过分唯物主义的观点。因此，让我们以稍微不同的方式来说明这件事情。两个舟破落海的人，漂流到一个孤岛上，组成了社会。他们的意志在形式上是完全平等的，而这一点也是两个人都承认的。但是在素质上存在着巨大的不平等。A 果断而有毅力，B 优柔、懒惰和委靡不振；A 伶俐，B 愚笨。A 照例先是通过说服，以后就按照习惯，但始终是采取自愿的形式，把自己的意志强加给 B，这要经过很长时间吗？无论自愿的形式是受到维护，还是遭到践踏，奴役依旧是奴役。甘受奴役的现象在整个中世纪都存在，在德国直到三十年战争后还可以看到。普鲁士在 1806 年和 1807 年战败之后，废除了依附农制，同时还取消了仁慈的领主照顾贫病老弱的依附农的义务，当时农民曾向国王请愿，请求让他们继续处于受奴役的地位——否则在他们遭到不幸的时候谁来照顾他们呢？这样，两个人的模式既"适用"于不平等和奴役，也同样"适用"于平等和互助；而且因为我们害怕受到灭亡的惩罚而不得不承认他们是家长，所以在这里已经预先安排了世袭的奴役制。

但是，让我们暂时把这一切放在一旁。我们假定杜林先生的公理论说服了我们，而且我们热衷于两个意志的完全平等的权利、"一般人的主权"、"个人的主权"——真正壮丽的字眼,和这些字眼比起来,施蒂纳的拥有自己的所有物的"唯一者"相形见绌了,虽然他在这方面也可以要求有自己的一席之地。这样,现在我们所有人都**完全平等**和独立了。是所有人吗?不,的确不是所有人。

> 也存在着"可以允许的隶属关系",但是它们存在的"原因不应当到两个意志本身的活动中,而应当到第三领域中去寻找,例如对儿童来说,就应当到他们的自我规定的欠缺中去寻找"。

的确如此!隶属关系的原因不应当到两个意志本身的活动中去寻找!自然不应当,因为一个意志的活动恰恰是受到阻碍的!而应当到第三领域中去寻找!那么什么是这第三领域呢?这是一个受压制的意志即一个欠缺的意志的具体规定性!我们的现实哲学家同现实脱离得如此之远,以致在他看来,对意志这个抽象的、没有内容的用语来说,意志的真实的内容、特有的规定性,已经是"第三领域"了。但是,无论如何,我们必须认定,平等是有例外的。对于自我规定欠缺的意志来说,平等是无效的。**退却之一**。

其次,

> "在野兽和人混合在一个人身上的地方,人们可以以第二个具有完全的人性的人的名义提出问题:他的行为方式,是否应当像所谓只具有人性的人相互间所表现的那样呢……所以我们关于两个在道德上不平等的人——其中一个在某种意义上带有特有的兽性——的假定,就是依照这种区别而可能在人的集团之中和之间……出现的一切关系的典型的基本形式"。

请读者自己去看看紧跟在这些窘态百出的遁词之后的那些可怜的咒骂吧,在那些咒骂里,杜林先生像一个耶稣会会士那样耍花招,以便用决疑法确定具有人性的人可以多么严厉地对付具有兽性的人,多么严厉地运用不信任、计谋、严酷的甚至恐怖的以及欺骗的手段来对付后者,而且这样做还丝毫不违背不变的道德。

因此,如果两个人"在道德上不平等",那么平等也就完结了。但是这样一来就根本不值得费力去召唤两个完全平等的人，因为两个在道德上完全平等的人是根本没有的。——但是，不平等应当在于一个是具有人性的人，而另一个则带有一些兽性。而人来源于动物界这一事实已经决定人永远不能完全摆脱兽性，所以问题永远只能在于摆脱得多些或少些，在于兽性或人性的程度上的差异。把人分成截然不同的两类，分成具有人性的人和具有兽性的人，分成善人和恶人，绵羊和山羊，这样的分类，除现实哲学外，只有基督教才知道，基督教也一贯有自己的世界审判者来实行这种分类。但是在现实哲学中，世界审判者应当是谁呢？这个问题大概要照基督教的做法来处理，在那里，虔诚的羔羊对自己的世俗近邻山羊行使世界审判者的职权，而且成绩卓著。现实哲学家的教派一旦出现，在这方面一定不会比地上的虔信者逊色。然而，这对我们是无所谓的；使我们感兴趣的，是承认这样一点：由于人们之间的道德上的不平等，平等再一次化为乌有。**退却之二**。

再往下看：

"如果一个人按照真理和科学行动，而另一个人按照某种迷信或偏见行动，那么……照例一定要发生相互争执……一定程度的无能、粗暴或恶癖，在任何情况下总要引起冲突……暴力不仅仅是对付儿童和疯人的最后手段。人的整个自然集团和文明阶级的本性，能够使得对它们的由于本身荒谬而成为敌对性的愿望进行的压服，即促使这种愿望向共同联系手段的还原，成为不可避免的必要。异己的意志在这里也被认为是有平等权利的；但是由于它的危害活动和敌对活动的荒谬性，它就引起了恢复平衡的行动，如果它遭到暴力，那么它只是受到它自身的非正义的反作用而已。"

可见，不仅道德上的不平等，而且精神上的不平等也足以排除两个意志的"完全平等"，并树立这样一种道德，按照这种道德，各文明掠夺国对落后民族所干的一切可耻行径，直到俄国人在突厥斯坦的暴行，都可以认为是正当的。1873年夏天，当考夫曼将军下令进攻鞑靼部落的约穆德人，焚毁他们的帐篷，并且像在命令上所说的"按照真正高加索的习俗"屠杀他们的妇女和儿童时，他也断言：对约穆德人的由于本身荒谬而成为敌对性的愿望进行的压服,即促使这种愿望向共同联系手段的还原,已经成为不可避免的必要,而且他所采用的手段是最合乎目的的;谁想要达到目的,谁也就必然要采用这种手段。不过他还没有残酷到另外还去嘲弄约穆德人,说他屠杀他们是为了恢复平衡,他这样做正是承认他们的意志是有平等权利的。在这一冲突中,又是上帝的选民,所谓按照真理和科学行动的人,归根到底也就是现实哲学家,应该去决定什么是迷信、偏见、粗暴和恶癖,什么时候暴力和压服对于恢复平衡是必要的。因此,平等现在就是通过暴力恢复平衡;而第二个意志被第一个意志通过压服而认为是有平等权利的。**退却之三**,在这里,这次退却简直堕落为可耻的逃跑。

附带说一下,所谓异己的意志正是在通过暴力恢复平衡的行动中被认为是有平等权利的这句话,不过是对黑格尔学说的一种歪曲。按照黑格尔学说,刑罚是罪犯的权利:

> "刑罚被认为包含着罪犯本人的权利,在这里罪犯是被当做有理性者来尊重的。"(《法哲学》第100节附释)

我们可以就此结束。没有必要继续跟着杜林先生去一点一点地击破他如此按照公理建立起来的平等、一般人的主权等等;没有必要去观察他如何用两个男人来组成社会,而为了建立国家又使用第三个人,因为简单地说,没有这第三个人就不可能有多数的决议,而没有这样的决议,因而也就没有多数对少数的统治,也就不能有国家存在;没有必要去看他往后如何逐步转入建立他那共同社会的未来国家的那条较为平静的航路——我们将来总有一天有幸在那里拜访他。我们已经充分地看到:两个意志的完全平等,只是在这两个意志**什么愿望也没有**的时候才存在;一当它们不再是抽象的人的意志而转为现实的个人的意志,转为两个现实的人的意志的时候,平等就完结了;一方面是幼稚、疯狂、所谓的兽性、设想的迷信、硬说的偏见、假定的无能,另一方面是想象的人性、对真理和科学的洞察力;总之,两个意志以及与之相伴的智慧在质量上的任何区别,都是为那种可以一直上升到压服的不平等辩护的。

既然杜林先生这样从根本上破坏了他自己的平等大厦，那我们还要求什么呢？

虽然我们关于杜林先生对平等观念的浅薄而拙劣的论述已经谈完，但是我们对平等观念本身的论述没有因此结束，这一观念特别是通过卢梭起了一种理论的作用，在大革命中和大革命之后起了一种实际的政治的作用，而今天在差不多所有国家的社会主义运动中仍然起着巨大的鼓动作用。这一观念的科学内容的确立，也将确定它对无产阶级鼓动的价值。

一切人，作为人来说，都有某些共同点，在这些共同点所及的范围内，他们是平等的，这样的观念自然是非常古老的。但是现代的平等要求与此完全不同；这种平等要求更应当是从人的这种共同特性中，从人就他们是人而言的这种平等中引申出这样的要求：一切人，或至少是一个国家的一切公民，或一个社会的一切成员，都应当有平等的政治地位和社会地位。要从这种相对平等的原始观念中得出国家和社会中的平等权利的结论，要使这个结论甚至能够成为某种自然而然的、不言而喻的东西，必然要经过而且确实已经经过几千年。在最古老的自然形成的公社中，最多只谈得上公社成员之间的平等权利，妇女、奴隶和外地人自然不在此列。在希腊人和罗马人那里，人们的不平等的作用比任何平等要大得多。如果认为希腊人和野蛮人、自由民和奴隶、公民和被保护民、罗马的公民和罗马的臣民（该词是在广义上使用的），都可以要求平等的政治地位，那么这在古代人看来必定是发了疯。在罗马帝国时期，所有这些区别，除自由民和奴隶的区别外，都逐渐消失了；这样，至少对自由民来说产生了私人的平等，在这种平等的基础上罗马法发展起来了，它是我们所知道的以私有制为基础的法的最完备形式。但是只要自由民和奴隶之间的对立还存在，就谈不上从一般人的平等得出的法的结论，这一点我们不久前在北美合众国各蓄奴州里还可以看得到。

基督教只承认一切人的**一种**平等，即原罪的平等，这同它曾经作为奴隶和被压迫者的宗教的性质是完全适合的。此外，基督教至多还承认上帝的选民的平等，但是这种平等只是在开始时才被强调过。在新宗教的最初阶段同样可以发现财产共有的痕迹，这与其说是来源于真正的平等观念，不如说是来源于被迫害者的团结。僧侣和俗人对立的确立，很快就使这种基督教平等的萌芽也归于消失。——日耳曼人在西欧的横行，逐渐建立了空前复杂的社会的和政治的等级制度，从而在几个世纪内消除了一切平等观念，但是同时使西欧和中欧卷入了历史的运动，在那里第一次创造了一个牢固的文化区域，并在这个区域内第一次建立了一个由互相影响和互相防范的、主要是民族国家所组成的体系。这样就准备了一个基础，后来只是在这个基础上才有可能谈人的平等和人权的问题。

此外，在封建的中世纪的内部孕育了这样一个阶级，这个阶级在它进一步的发展中，注定成为现代平等要求的代表者，这就是资产阶级。资产阶级本身最初是一个封建等级，当15世纪末海上航路的伟大发现为它开辟了一个新的更加广阔的活动场所时，它使封建社会内部的主要靠手工进行的工业和产品交换发展到比较高的水平。欧洲以外的、以前只在意大利和黎凡特①之间进行的贸易，这时已经扩大到了美洲和印度，就重要性来说，很快就超过了欧洲各国之间的和每个国家内部的交换。美洲的黄金和白银在欧洲泛滥起来，它好似一种瓦解因素渗入封建社会的一切罅隙、裂缝和细孔。手工业生产不再能满足日益增长的需要；在最先进的国家的主要工业部门里，手工业生产为工场手工业代替了。

可是社会的政治结构决不是紧跟着社会经济生活条件的这种剧烈的变革立即发生相应的改变。当社会日益成为资产阶级社会的时候，国家制度仍然是封建的。大规模的贸易，特别是国际贸易，尤其是世界贸易，要求有自由的、在行动上不受限制的商品占有者，他们作为商品占有者是有平等权利的，他们根据对他们所有人来说都平等的、至少在当地是平等的权利进行交换。从手工业向工场手工业转变的前提是，有一定数量的自由工人（所谓自由，一方面是他们摆脱了行会的束缚，另一

---

① 地中海东岸诸国的旧称。——编者注

方面是他们失去了自己使用自己劳动力所必需的资料），他们可以和厂主订立契约出租他们的劳动力，因而作为缔约的一方是和厂主权利平等的。最后，一切人类劳动由于而且只是由于都是一般**人类**劳动而具有的等同性和同等意义①，在现代资产阶级经济学的价值规律中得到了自己的不自觉的，但最强烈的表现，根据这一规律，商品的价值是由其中所包含的社会必要劳动来计量的②。——但是，在经济关系要求自由和平等权利的地方，政治制度却每一步都以行会束缚和各种特权同它对抗。地方特权、差别关税以及各种各样的特别法令，不仅在贸易方面打击外国人或殖民地居民，而且还时常打击本国的各类国民；行会特权处处和时时都一再阻挡着工场手工业发展的道路。无论在哪里，道路都不是自由通行的，对资产阶级竞争者来说机会都不是平等的，而自由通行和机会平等是首要的和愈益迫切的要求。

社会的经济进步一旦把摆脱封建桎梏和通过消除封建不平等来确立权利平等的要求提上日程，这种要求就必定迅速地扩大其范围。只要为工业和商业的利益提出这一要求，就必须为广大农民要求同样的平等权利。农民遭受着从十足的农奴制开始的各种程度的奴役，他们必须把自己绝大部分的劳动时间无偿地献给仁慈的封建领主，此外，还得向领主和国家交纳无数的贡税。另一方面，也不能不要求废除封建特惠、贵族免税权以及个别等级的政治特权。由于人们不再生活在像罗马帝国那样的世界帝国中，而是生活在那些相互平等地交往并且处在差不多相同的资产阶级发展阶段的独立国家所组成的体系中，所以这种要求就很自然地获得了普遍的、超出个别国家范围的性质，而自由和平等也很自然地被宣布为**人权**。这种人权的特殊资产阶级性质的典型表现是美国宪法，它最先承认了人权，同时确认了存在于美国的有色人种奴隶制：阶级特权不受法律保护，种族特权被神圣化。

---

① 参看马克思《资本论》第 1 卷，《马克思恩格斯文集》第 5 卷第 70—75 页。——编者注

② 从资产阶级社会的经济条件中这样推导出现代平等观念，首先是由马克思在《资本论》中作出的。

可是大家知道，从资产阶级由封建时代的市民等级破茧而出的时候起，从中世纪的等级转变为现代的阶级的时候起，资产阶级就由它的影子即无产阶级不可避免地一直伴随着。同样地，资产阶级的平等要求也由无产阶级的平等要求伴随着。从消灭阶级**特权**的资产阶级要求提出的时候起，同时就出现了消灭**阶级本身**的无产阶级要求——起初采取宗教的形式，借助于原始基督教，以后就以资产阶级的平等理论本身为依据了。无产阶级抓住了资产阶级所说的话，指出：平等应当不仅仅是表面的，不仅仅在国家的领域中实行，它还应当是实际的，还应当在社会的、经济的领域中实行。尤其是从法国资产阶级自大革命开始把公民的平等提到重要地位以来，法国无产阶级就针锋相对地提出社会的、经济的平等的要求，这种平等成了法国无产阶级所特有的战斗口号。

因此，无产阶级所提出的平等要求有双重意义。或者它是对明显的社会不平等，对富人和穷人之间、主人和奴隶之间、骄奢淫逸者和饥饿者之间的对立的自发反应——特别是在初期，例如在农民战争中，情况就是这样；它作为这种自发反应，只是革命本能的表现，它在这里，而且仅仅在这里找到自己被提出的理由。或者它是从对资产阶级平等要求的反应中产生的，它从这种平等要求中吸取了或多或少正当的、可以进一步发展的要求，成了用资本家本身的主张发动工人起来反对资本家的鼓动手段；在这种情况下，它是和资产阶级平等本身共存亡的。在上述两种情况下，无产阶级平等要求的实际内容都是**消灭阶级**的要求。任何超出这个范围的平等要求，都必然要流于荒谬。我们已经举出了关于这方面的例子，当我们转到杜林先生关于未来的幻想时，我们还会发现更多的这类例子。

可见，平等的观念，无论以资产阶级的形式出现，还是以无产阶级的形式出现，本身都是一种历史的产物，这一观念的形成，需要一定的历史条件，而这种历史条件本身又以长期的以往的历史为前提。所以，这样的平等观念说它是什么都行，就不能说它是永恒的真理。如果它现在对广大公众来说——在这种或那种意义上——是不言而喻的，如果它像马克思所说的，"已经成为国民的牢固的成见"那么这不是由于它具有公理式的真理性，而是由于18世纪的思想得到普遍传播和仍然合乎时宜。因此，如果杜林先生能够直截了当地让他的有名的两个男人在平等的基础上料理家务，那是由于这对国民的成见来说是十分自然的。的确，杜林先生把他的哲学叫做**自然**哲学，因为这种哲学是仅仅从那些对他来说是十分自然的东西出发的。但是为什么这些东西对他来说是自然的呢？——这一问题他当然是不会提出来的。

六　道德和法。自由和必然

"对于政治和法律的领域，本教程中所阐述的原则是以最深入的专门研究为基础的。所以……出发点必然是：这里的问题……在于前后一贯地陈述法学和国家学领域中的成果。我最初的专门研究正好是法学，我在这上面不仅用了大学理论准备通常所需的三年时间，而且在往后审判实践的三年中，继续致力于研究，特别是旨在加深它的科学内容的研究……如果对私法关系和相应的法律缺陷的批判不善于像了解这门学科的优点那样了解它的一切缺点，那么，这种批判肯定也不能以同样的自信心发表出来。"

有理由这样谈到自己的人，必定一开始就取得人们对他的信任，特别是和"马克思先生以往对法所作的自己也承认是粗枝大叶的研究"比起来，就更是这样了。

因此，我们不能不感到惊奇的是，带着这样的自信心出场的对私法关系的批判，竟只限于向我们陈述：

"在科学性上，法学……前进得不远"；成文的民法是非正义，因为它确认基于暴力的所有制；刑法的"自然根据"是复仇，——

在这种论断中，顶多只有"自然根据"这件神秘的外衣是新东西。国家学的成果只限于论述已知的三个男人的关系，其中一人至今还对其他两人施行暴力，而且杜林先生还在非常认真地研究首先采用暴力和实行奴役的是第二个人还是第三个人。

但是，让我们往下看看我们这位自信的法学家的最深入的专门研究和经过三年审判实践而加深的科学性吧。

关于拉萨尔，杜林先生对我们说：

> 他是"由于策动盗窃首饰匣未遂"而被控告的，"但是没有作出判决，因为那时还容许所谓由法院宣告无罪……这种半宣告无罪"。

这里所说的拉萨尔案件是1848年夏天在科隆陪审法庭审理的，那里和几乎整个莱茵省一样，通行的是法兰西刑法。仅仅对政治上的违法和犯罪才例外地实施普鲁士邦法，但是早在1848年4月，这种例外规定又被康普豪森取消了。法兰西法根本没有像普鲁士邦法中所说的"策动"犯罪这种不确切的范畴，更不用说什么策动犯罪未遂了。法兰西法只有**教唆**犯罪，而这只有在"通过送礼、许愿、威胁、滥用威望或权力、狡猾的挑拨或该受惩罚的诡计"（刑法典第60条）来进行时才可以判罪。埋头于普鲁士邦法的检察机关，完全和杜林先生一样，忽略了法兰西法的十分明确的规定和普鲁士邦法的含糊的不确定性之间的重大差别，对拉萨尔提出了预谋的诉讼并引人注目地失败了。因为只有对现代法兰西法领域完全无知的人，才敢断言法国的刑事诉讼可以允许普鲁士邦法所说的由法院宣告无罪，这种**半**宣告无罪；现代法兰西法在刑事诉讼中只有判罪或宣告无罪，而没有介于两者之间的判决。

这样，我们不得不说，如果杜林先生手头有过一本拿破仑法典，那么，他肯定不能以同样的自信心对拉萨尔作出这种"具有伟大风格的历史记述"。因此，我们必须断定，杜林先生对于以法国大革命的社会成果为依据并把这些成果转化为法律的**唯一的**现代民法典，即现代法兰西法，是**完全无知的**。

在另外一个地方，当杜林先生批判整个大陆上按照法国典范实行的、以陪审员的多数票作出判决的那种陪审法庭的时候，我们受到这样的教导：

> "是的，甚至可以去熟悉一下那再说在历史上也不是没有先例的思想：在完美的共同体中，有反对票的判罪应当属于不可能的制度……但是，这种严肃的和思想深刻的理解方式，正像上面已经说过的，对传统的形式看来是不适当的，因为对这种形式来说，它是太好了。"

杜林先生又一次不懂得，按照英国的普通法，即从远古以来至少是从14世纪以来就通行的不成文的习惯法，陪审员的一致，不仅在刑事判罪上，而且在民事诉讼的判决上都是绝对必要的。因此，这种在杜林先生看来对于当今世界来说是**太好**的严肃的和思想深刻的理解方式，早在最黑暗的中世纪就已经在英国具有了法律效力，并且从英国被推行到爱尔兰、美利坚合众国以至英国的一切殖民地，而关于这一点，最深入的专门研究竟连一个字也没有向杜林先生透露！由此可见，以陪审员的一致来实行判决的地区，不但比通行普鲁士邦法的狭小区域大得无可比拟，而且比所有以陪审员的多数来实行判决的地区的总和还要广大。杜林先生不但对唯一的现代法即法兰西法完全无知，而且他对直到现在仍然不依赖于罗马法权威而向前发展的、传播于世界各大洲的唯一的日耳曼法，即英吉利法，也同样无知。为什么不知道呢？杜林先生说，

> 因为英国式的法律思维方式"面对按古典罗马法学家的纯粹概念在德国土地上实施的那种训练，总是站不住脚的"，

他接着说：

> "同我们天然的语言形式相比，讲幼稚的混合语言的英语世界算得了什么呢？"

对此，我们只能用斯宾诺莎的话来回答：Ignorantia non est argumentum，无知并不是论据。

从这里我们只能得出这样的结论：杜林先生的最深入的专门研究是在于他用了三年时间在理论方面钻研了民法大全，以后又用了三年时间在实践中钻研了高贵的普鲁士邦法。这方面的功底肯定已经十分可嘉了，也足以当一个极可尊敬的旧普鲁士地方法官或律师了。但是，如果要给一切世界和一切时代编写法哲学，那么总应当也多少知道一些像法国人、英国人和美国人这样的民族的法的关系，这些民族在历史上所起的作用同德国盛行普鲁士邦法的那个角落完全不同。我们再往下看。

"地方法、省法和邦法杂乱地混合在一起，它们以非常随意的方式，时而作为习惯法，时而作为成文法（经常使最重要的事务具有纯粹的规章形式），按迥然不同的方向交叉起来，这种无秩序和矛盾的样本——其中个别使一般无效，而有时一般又使特殊无效——的确不适于在任何人那里……造成清楚的法的意识。"

但是，这种混乱状态存在于什么地方呢？又是在通行普鲁士邦法的地域内，那里，在这种邦法的旁边、上面或者下面，还有省法、地方法令，有些地方还有普通法以及其他乱七八糟的东西，它们都具有各种各样的不同程度的效力，并且使一切实践的法学家发出杜林先生在这里满怀同情地一再重复的呼救声。他根本不需要离开他心爱的普鲁士，他只要到莱茵省走一趟，就可以确信，在那里70年来这一切都已经根本不提了，至于其他文明国家不用说了，这些国家早已消除了这类过时状态。

再往下看：

"集议机构或其他行政机构的秘密的、因而是不记名的集体决断和集体行动对个人的自然责任的掩盖，是以不太尖锐的形式表现出来的，这种集体决断和集体行动把每一个成员的个人参与隐藏起来了。"

在另一个地方又说：

"在我们目前的情况下，要是不愿意让集议机构遮盖和掩饰个人的责任，那么，这将被认为是一种惊人的和极端苛刻的要求。"

如果我们告诉杜林先生：在通行英吉利法的地区，审判员集议机构的每一个成员必须在公开开庭时单独提出自己的判决并陈述其理由；不经过选举、不公开进行审理和表决的行政集议机构，主要是**普鲁士的**制度，在大多数其他国家里是没有的，所以他的要求只有在**普鲁士**才可能被认为是惊人的和极端苛刻的，那么，对他来说，这也许是一个惊人的消息。

同样，他对教会在出生、结婚、死亡和殡葬方面的强制性干预的抱怨,就所有比较大的文明国家来说,也只适合于普鲁士,而且自从采用了户籍簿以来,甚至对普鲁士也不适合了。杜林先生认为只有通过"共同社会的"未来制度才能实现的事情,俾斯麦目前甚至凭一个简单的法律就完成了。——在"对法学家在履行职务上准备不足的抱怨"中,在这种也可以扩大为对"行政官员"的抱怨中,同样唱出了一曲普鲁士特有的耶利米哀歌;甚至杜林先生一有机会就表露出来的夸张到可笑程度的对犹太人的仇恨,即使不是一种普鲁士特有的特征,也是一种易北河以东地区特有的特征。这个傲然蔑视一切偏见和迷信的现实哲学家,本身却如此深深地沉浸在个人的怪想中,以致把中世纪的迷信中流传下来的反犹太人的民族偏见叫做建立在"自然根据"之上的"自然判断",并且竟作出了这样伟大的论断:

"社会主义是能够对抗那种带有比较强烈的犹太混合物的人口状态〈带有犹太混合物的状态!多么自然的德语!〉的唯一力量。"

够了。这种对渊博的法学知识的炫耀,顶多也只是以一个最普通的旧普鲁士法学家的最平常的专门知识作为根据的。杜林先生向我们彻底地陈述其结论的法学和国家学领域,是和实施普鲁士邦法的地域相"吻合"的。除了每个法学家都熟悉的、目前甚至在英国也为人们所十分熟悉的罗马法以外,他的法律知识仅仅限于普鲁士邦法这部开明宗法专制制度的法典,这部法典是用德语写的,似乎杜林先生就是从中开始识字的,这部带有道德性的注释、法律上的不确定性和不稳固性、以鞭挞作为刑讯和处罚手段的法典,还完全是属于革命以前的时代的。除此以外的东西,无论是现代的法兰西民法,还是自身发展十分独特的和整个大陆对其保障个人自由一无所知的英吉利法,在杜林先生看来都是邪恶的。这种"不承认任何纯属**虚幻的**地平线,而是要在自己的强有力地实行变革的运动中揭示外部自然和内部自然的一切地和天"的哲学,它的**真正的**地平线就是旧普鲁士东部六省的疆界,至多还包括德国的其他几小块施行高贵的普鲁士邦法的地方;在这个地平线以外,它既没有揭示地也没有揭示天,既没有揭示外部自然也没有揭示内部自然,而只是揭示了对世界其他地方所发生的事情的极端无知的景象。

如果不谈所谓自由意志、人的责任能力、必然和自由的关系等问题，就不能很好地议论道德和法的问题。现实哲学对这一问题的解答，不仅有一个，而且甚至有两个。

"人们用来代替一切伪自由学说的，是这样一种关系的合乎经验的特性，在这种关系中，一方面是理性的认识，另一方面是本能的冲动，双方似乎联成一个合力。动力学的这种基本事实应当从观察中取得，而且为了对尚未发生的事情进行预测，要按照性质和大小尽可能地作出一般的估计。这样，几千年来人们为之费尽心机的关于内在自由的愚蠢幻想不仅被彻底扫除，而且还被生活的实际安排所需要的某种积极的东西所代替。"

根据这种看法，自由是在于：理性的认识把人拉向右边，非理性的冲动把人拉向左边，而在这样的力的平行四边形中，真正的运动就按对角线的方向进行。这样说来，自由就是认识和冲动、知性和非知性之间的平均值，而在每一个人身上，这种自由的程度，用天文学的术语来说，可以根据经验用"人差"来确定。但是在几页以后，杜林先生又说：

"我们把道德责任建立在自由上面，但是这种自由在我们看来，只不过是按照先天的和后天的知性对自觉动机的感受。所有这样的动机，尽管会觉察到行动中可能出现对立，总是以不可回避的自然规律性起着作用；但是，当我们应用道德杠杆时，我们正是估计到了这种不可回避的强制。"

这第二个关于自由的定义随随便便地就给了第一个定义一记耳光，它又只是对黑格尔观念的极端庸俗化。黑格尔第一个正确地叙述了自由和必然之间的关系。在他看来，自由是对必然的认识。"必然只有在它没有被理解时才是盲目的。"[①] 自由不在于幻想中摆脱自然规律而独立，而在于认识这些规律，从而能够有计划地使自然规律为一定的目的服

---

① 见黑格尔《哲学全书纲要》第 1 部（即《小逻辑》）第 147 节附释。——编者注

务。这无论对外部自然的规律，或对支配人本身的肉体存在和精神存在的规律来说，都是一样的。这两类规律，我们最多只能在观念中而不能在现实中把它们互相分开。因此，意志自由只是借助于对事物的认识来作出决定的能力。因此，人对一定问题的判断越是**自由**，这个判断的内容所具有的**必然性**就越大；而犹豫不决是以不知为基础的，它看来好像是在许多不同的和相互矛盾的可能的决定中任意进行选择，但恰好由此证明它的不自由，证明它被正好应该由它支配的对象所支配。因此，自由就在于根据对自然界的必然性的认识来支配我们自己和外部自然；因此它必然是历史发展的产物。最初的、从动物界分离出来的人，在一切本质方面是和动物本身一样不自由的；但是文化上的每一个进步，都是迈向自由的一步。在人类历史的初期，发现了从机械运动到热的转化，即摩擦生火；在到目前为止的发展的末期，发现了从热到机械运动的转化，即蒸汽机。而尽管蒸汽机在社会领域中实现了巨大的解放性的变革——这一变革还没有完成一半——，但是毫无疑问，就世界性的解放作用而言，摩擦生火还是超过了蒸汽机，因为摩擦生火第一次使人支配了一种自然力，从而最终把人同动物界分开。蒸汽机永远不能在人类的发展中引起如此巨大的飞跃，尽管在我们看来，蒸汽机确实是所有那些以它为依靠的巨大生产力的代表，唯有借助于这些生产力，才有可能实现这样一种社会状态，在这里不再有任何阶级差别，不再有任何对个人生活资料的忧虑，并且第一次能够谈到真正的人的自由，谈到那种同已被认识的自然规律和谐一致的生活。但是，整个人类历史还多么年轻，硬说我们现在的观点具有某种绝对的意义，那是多么可笑，这一点从下述的简单的事实中就可以看到：到目前为止的全部历史，可以称为从实际发现机械运动转化为热到发现热转化为机械运动这样一段时间的历史。

当然，杜林先生对历史的看法是不同的。一般说来，历史作为谬误的历史、无知和野蛮的历史、暴力和奴役的历史，是现实哲学所厌恶的一个对象，但是具体说来，历史被分为两大段落：（1）从物质的自身等同的状态到法国革命，（2）从法国革命到杜林先生；在这里，

19世纪"在实质上还是反动的,在精神方面,它甚至比18世纪还更加这样〈!〉"。虽然如此,它已经孕育着社会主义,因而也孕育着"比法国革命的先驱们和英雄们所臆想的〈!〉更加巨大的变革的萌芽"。

现实哲学对于到目前为止的历史的蔑视,是以下述议论为理由的:

"如果想到未来的那些千年的系列,那么要靠原始记载来作历史回忆的那很少的几个千年,连同这期间的以往人类状态,是没有多大意义的……人类作为整体来说,还很年轻,如果有朝一日科学的回忆不是以千年而是以万年来计算,那么,我们的制度在精神上不成熟的幼稚状态,对于以后将被视为太古时代的我们的时代来说,将具有无可争辩的意义,不言而喻的前提。"

我们不去推敲最后一句话的真正"天然的语言形式",我们仅仅指出下面两点:第一,这个"太古时代"在一切情况下,对一切未来的世代来说,总还是一个极有趣的历史时期,因为它建立了全部以后的更高的发展的基础,因为它以人从动物界分离出来为出发点,并且以克服将来联合起来的人们永远不会再遇到的那些困难为内容。第二,同这个太古时代相比,未来的、不再为这些困难和障碍所妨碍的历史时期,将有空前的科学、技术和社会的成果,所以,选择这个太古时代的终结作为一个时机,以便利用在我们这个十分"落后"和"退步"的世纪的精神上不成熟的幼稚状态的基础上所发现的最后的终极的真理、不变的真理和根底深厚的概念,来为这些未来的千年制定种种规范,这无论如何是非常奇怪的。人们只有成为哲学上的理查·瓦格纳(但没有瓦格纳那样的才能),才看不到:对于到目前为止的历史发展的这一切蔑视,同样非常适用于这个历史发展的所谓最后成果,即所谓现实哲学。

新的根底深厚的科学中最突出的部分之一,是关于生活的个人化和生活价值的提高那一篇。在这里,神谕式的老生常谈犹如不可遏止的涌泉从整整三章中喷流而出。可惜我们只能举出几个简短的例子。

"一切感觉的因而也是一切主观生活方式的更深刻的本质,都是以各种状态的差异为基础的……但是对于完全的〈!〉生活来说,甚至可以直截了当地〈!〉

证明，它不是固定不变的状况，而是从一种生活状态到另一种生活状态的转变，这样，生活的感情才得以提高，具有决定意义的刺激才得以发展……近似自身等同的、可说是停留在一贯不变的惰性状态并且好像是停留在同一平衡状态中的情况，不论其性质如何，对于验证存在是没有多大意义的……习惯和可说是适应，使这种生活状况完全变成某种冷漠而无关紧要的、同死的状态没有特殊区别的东西。最多再加上无聊的痛苦作为一种消极的生活冲动……在停滞的生活中，对于个人和人民来说，对存在的一切热情和一切兴趣都会熄灭。但是所有这些现象都可以从我们的差异规律中得到说明。

简直无法相信，杜林先生以什么样的速度完成他的完全独特的结论。对同一神经的持续的刺激或者同一刺激的持续，会使任何一根神经和任何一个神经系统疲劳，所以在正常的情况下应该使神经的刺激有间断和变换——这是多年来在任何生理学手册中都可以读到的，而且是任何庸人根据自己的经验都知道的。杜林先生刚把这些老生常谈译为现实哲学的语言，刚给这种陈词滥调套上"一切感觉的更深刻的本质都是以各种状态的差异为基础的"这一神秘的形式，这种陈词滥调就已经转变为"**我们的**差异规律"了。而且，这一差异规律使得一整系列现象"完全得到说明"，而这些现象又无非是变换的愉快性的具体说明和例子，它们甚至对最平凡的庸人的理解力来说也是完全不需要说明的，而且没有因援引所谓的差异规律而清楚一丝一毫。

但是"**我们的**差异规律"的深厚根底还远不止此：

"年龄期的更替以及与此相联系的生活条件的变化，为说明我们的差异原则提供了一个非常明显的例子。儿童、少年、青年和成年人对他们各自的生活感情的力量的体验，在他们所处的已经固定的状态中所得到的，要少于在一种状态向另一种状态转变时期所得到的。"

这还不够：

"如果考虑到这样一个事实，即重复已经验证的或者已经做过的事情是没有任何吸引力的，那么我们的差异规律就能得到更加广泛的应用。"

现在读者自己可以想象一下以上述那种深刻的和根底深厚的文句为出发点的神谕式的胡话了。当然,杜林先生尽可以在他这本书的结尾得意扬扬地宣告:

"差异规律对于生活价值的评价和提高无论在理论上还是在实践上都具有决定性意义!"

它对于杜林先生对自己的读者的精神价值的评价也具有同样的意义:他一定以为读者是纯粹的蠢驴或庸人。

接着,我们就得到下面这些极为实际的生活准则:

"保持旺盛的总体生活兴趣〈对于庸人和想成为庸人的人倒是一项美妙的任务!〉的手段,就在于使得整体所由构成的个别的、可说是元素般的兴趣,按照自然的时间尺度发展或相互更替。同时,对于同样的状态,也可以利用较高的和效力较持久的刺激去逐渐代替较低的和较易满足的刺激,以避免完全丧失了兴趣的空隙的产生。但是除此以外,还应当防止以任意的方式积累和强迫实现那些自然产生的或在社会存在的正常进程中产生的紧张,或者防止出现相反的扭曲,即这种紧张在最轻微的激动下就得到满足,并从而使一种有享受能力的需要的发展受到阻碍。自然旋律的保持在这里也像在其他地方一样,是均匀的和使人动心的运动的先决条件。也不应该给自己提出不能解决的任务:企求把某种状态所造成的刺激延伸到自然或环境给它划定的时间界限以外",等等。

如果老实人把一个拿最乏味的陈词滥调来故弄玄虚的学究作出的这种庄严的庸人神谕,当做他"体验生活"的准则,那他当然不会抱怨"完全丧失了兴趣的空隙"。他将不得不用他所有的时间来对各种享受作合乎准则的准备和安排,结果他甚至没有任何自由时间去享受。

我们应当体验生活,体验完全的生活。只是杜林先生禁止我们做两件事:

第一,"吸烟所造成的不洁",第二,"具有令人厌恶的或为比较精细的感觉所排斥的那些特性"的饮料和食物。

但是杜林先生在《经济学教程》中如此狂热地赞美烧酒酿造业,

所以他不可能把烧酒理解为这类饮料；因此，我们不得不作出结论：他的禁令只涉及葡萄酒和啤酒。他只要再禁止肉类，就可以把现实哲学提升到古斯塔夫·司徒卢威过去非常成功地达到过的高度，即纯粹儿戏的高度。

此外，杜林先生对于酒精饮料可能会稍为宽容一些。一个自己承认还一直不能找到从静到动的桥的人，如果碰到一个可怜的家伙一时过于贪杯，因而在寻找从动到静的桥的方面同样白费了力气，那么，他肯定有一切理由以宽容的态度去进行评断。

七 辩证法。量和质

"关于存在的基本逻辑特性的第一个命题，而且是最重要的命题，就是矛盾的排除。矛盾的东西是一个范畴，这个范畴只能归属于思想组合，而不能归属于现实。在事物中没有任何矛盾，或者换句话说，设定为真实的矛盾本身是背理的顶点……按相反方向互相抗衡的力的对抗，甚至是世界及其生物的存在中的一切活动的基本形式。但是，诸要素和诸个体的力的方向的这种抗衡同矛盾荒谬性的思想是远远不相符合的……在这里我们能感到满意的是：通常从臆想的逻辑奥秘中升起的迷雾，被真实矛盾的真正荒谬性的清晰景象驱散了；人们有时对于矛盾辩证法这个木偶——用来代替对抗的世界模式论的和雕刻得极其粗糙的木偶——的焚香顶礼，被证明是无益的了。"

这差不多就是《哲学教程》中关于辩证法所说的一切。但是在《批判史》中，矛盾辩证法，特别是和它一起的黑格尔，受到了完全不同的待遇。

"按照黑格尔的逻辑学，或确切些说，按照逻各斯学说，矛盾的东西决不是存在于按本性来说只能被看做主观的和自觉的思维中，而是客观地存在于事物和过程本身中，而且可以说是见诸形体的，这样，背理就不再是不可想象的思想组合，而是成为一种实际的力量。荒谬东西的现实性，是黑格尔关于逻辑和非逻辑的统一的第一项信条……越矛盾就越真实，或者换句话说，越荒谬就越可信，这种并非新发现的、而是从启示神学和神秘主义中抄来的箴言，是所谓辩证原则的赤裸裸的表现。"

上面所引两段话的思想内容可以归结为一个命题：矛盾＝背理，因而它在现实世界中是不可能出现的。对于通常相当有常识的人来说，这个命题也许像直不能是曲、曲不能是直这一命题一样，是不言而喻的。但是微分学不顾常识的一切抗议，竟使直线和曲线在一定条件下相等，并由此达到把直线和曲线的等同看做是背理的常识所永远不能达到的成果。由于所谓矛盾辩证法在从古代希腊人起直到目前为止的哲学中所起的重大作用，甚至比杜林先生更激烈的反对者要来加以反对，也必须提出别的论据，而不能只凭一个断言和许多的谩骂。

当我们把事物看做是静止而没有生命的，各自独立、彼此并列或先后相继的时候，我们在事物中确实碰不到任何矛盾。我们在这里看到某些特性，这些特性，一部分是共同的，一部分是相异的，甚至是相互矛盾的，但是在这种情况下是分布在不同事物之中的，所以它们内部并不包含任何矛盾。如果限于这样的考察范围，我们用通常的形而上学的思维方式也就行了。但是一当我们从事物的运动、变化、生命和彼此相互作用方面去考察事物时，情形就完全不同了。在这里我们立刻陷入了矛盾。运动本身就是矛盾；甚至简单的机械的位移之所以能够实现，也只是因为物体在同一瞬间既在一个地方又在另一个地方，既在同一个地方又不在同一个地方。这种矛盾的连续产生和同时解决正好就是运动。

因此，这里我们看到的是"客观地存在于事物和过程本身中，而且可以说是见诸形体的"矛盾。但是杜林先生对此怎么说呢？他断言：

　　无论如何，直到现在"在合理的力学中不存在介乎严格的静和动之间的桥"。

现在读者终于看到，隐藏在杜林先生的这个惯用语后面的究竟是什么，这不是别的，正是：形而上学地思维的知性绝对不能从静止的思想转到运动的思想，因为上述矛盾在这里挡着它的路。对它来说，运动是完全不可理解的，因为运动是矛盾。而这个知性既然断言运动是不可理解的，它本身就违反自身的意志而承认了这种矛盾的存在，因而就是承认：有一种客观地存在于事物和过程本身中的矛盾，而且这是一种实际的力量。

　　既然简单的机械的位移本身已经包含着矛盾，那么物质的更高级的运动形式，特别是有机生命及其发展，就更加包含着矛盾。我们在上面已经看到①，生命首先正是在于：生物在每一瞬间是它自身，同时又是别的东西。所以，生命也是存在于物体和过程本身中的不断地自行产生并自行解决的矛盾；矛盾一停止，生命也就停止，死亡就到来。同样，我们已经看到②，在思维的领域中我们也不能避免矛盾，例如，人的内部无限的认识能力和这种认识能力仅仅在外部受限制的而且认识上也受限制的各个人身上的实际存在这二者之间的矛盾，是在至少对我们来说实际上是无穷无尽的、连绵不断的世代中解决的，是在无穷无尽的前进运动中解决的。

　　我们已经提到，高等数学的主要基础之一是这样一个矛盾：在一定条件下直线和曲线应当是一回事。高等数学还有另一个矛盾：在我们眼前相交的线，只要离开交点五六厘米，就应当认为是平行的、即使无限延长也不会相交的线。可是，高等数学利用这些和其他一些更加尖锐的矛盾获得了不仅是正确的、而且是初等数学所完全不能达到的成果。

　　但是连初等数学也充满着矛盾。例如，A的根应当是A的幂，这就是矛盾，可是毕竟 $A^{\frac{1}{2}} = \sqrt{A}$。负数应当是某数的平方，这也是矛盾，因为任何一个负数自乘得出的是正的平方。因此，-1的平方根不仅是矛盾，而且甚至是荒谬的矛盾，是真正的悖理。可是 $\sqrt{-1}$ 在许多情况下毕竟是正确的数学运算的必然结果；不仅如此，如果不准用 $\sqrt{-1}$ 来运算，那么数学，无论是初等数学或高等数学，将怎么办呢？

　　数学本身由于研究变数而进入辩证法的领域，而且颇能说明问题的是，正是辩证哲学家笛卡儿使数学有了这种进步。辩证思维对形而上学思维的关系，总的说来和变数数学对常数数学的关系是一样的。这丝毫不妨碍大多数数学家只在数学领域中承认辩证法，也不妨碍他们中相当

---

① 见《马克思恩格斯文集》第9卷第87—88页。——编者注
② 见《马克思恩格斯文集》第9卷第40、92页。——编者注

多的人完全按照旧的、有局限性的形而上学方式去进一步运用通过辩证途径得来的方法。

要对杜林先生的力的对抗和他的对抗的世界模式论作比较详细的分析，只有当他在这个问题上不是只对我们说**空话**，而是提供点别的东西的时候才有可能。可是他在说了一阵空话之后，无论在世界模式论中，或是在自然哲学中，一次也没有向我们表明这种对抗是在起作用的，这就再好没有地供认了：杜林先生根本不能用这种"世界及其生物的存在中的一切活动的基本形式"得出任何肯定的东西来。既然黑格尔的"本质论"事实上已被降低为关于按照相反方向运动而不是在矛盾中运动的力的陈词滥调，那么确实最好是避免对这套老生常谈作任何运用。

马克思的《资本论》使杜林先生发泄他的反辩证法的怒气有了新的口实。

"缺乏自然的和可以理解的逻辑，这正是辩证法的一团混乱和各种观念杂乱交织的特色……对于已经问世的那一部分不得不应用这样一个原则：就某方面说，其至一般地说〈！〉，按照人所共知的哲学偏见，在每一个东西中可以寻找一切，而在一切中可以寻找每一个东西；按照这个混乱而错误的观念，归根到底一切都是一个东西。"

杜林先生的这种对人所共知的哲学偏见的理解，还使他能够满有把握地预言马克思的经济学哲理的"结局"是什么，也就是预言《资本论》往后几卷的内容是什么，而这些话是在他作了下述声明之后正好过了七行讲的，这个声明是：

"可是，在〈往后的〉两卷中，像常人那样地直截了当地说，究竟还应当包含些什么，实在是看不透。"

不过，杜林先生的著作在我们面前表明它们属于具有"客观地存在着，而且可以说是见诸形体的矛盾"的"事物"，这已经不是第一次了。可是这丝毫不妨碍他得意扬扬地继续说下去：

"但是健康的逻辑可望战胜它的讽刺画……妄自尊大和辩证法的神秘破烂决

不能诱惑任何一个还稍微有点正常判断力的人去和这种不成体统的思想和文体……打交道。随着辩证法蠢见的最后残余的消失，这种欺骗手段……也将丧失其迷惑人的影响，谁也不再认为必须自寻烦恼，而到混乱事物的清洗过的核心已暴露即使不是老生常谈，至多也只是平庸理论的特点的地方，去探索某种深奥的智慧……不侮辱健康的逻辑，就完全没有可能根据逻各斯学说的准则复制〈马克思的〉一团混乱。"马克思的方法在于"为自己的信徒创造辩证法的奇迹"，如此等等。

在这里我们涉及的还根本不是马克思的研究中的经济学成果是正确或不正确的问题，而只是马克思所运用的辩证方法。但是肯定无疑的是：《资本论》的大多数读者只是现在靠了杜林先生才知道他们究竟读了些什么。在这些读者当中也有杜林先生自己，他在1867年（《补充材料》第3卷第3期）还能够对该书内容作出对他那类思想家来说算是比较合理的介绍，还不急需一开头就把马克思的论述翻译成杜林的东西，而现在他声明非这样做不可了。虽然那时他已经犯了错误，把马克思的辩证法和黑格尔的辩证法等同起来，但是他毕竟还没有完全丧失把方法和通过方法所获得的成果区别开来的能力，还能理解：笼统地诋毁方法并不等于把成果——驳倒。

无论如何，最令人吃惊的是杜林先生宣布：从马克思的观点看来，"归根到底一切都是一个东西"；所以，对马克思来说，例如资本家和雇佣工人，封建主义的、资本主义的和社会主义的生产方式，"都是一个东西"，而最后连马克思和杜林先生也"都是一个东西"。要说明怎么能做出这样简单的蠢事，只能设想：仅仅"辩证法"这个字眼就已经使杜林先生陷入一种神经错乱而无能负责的状态，以致对他来说，由于某种混乱的和错误的观念，无论他说的和做的是什么，归根到底"都是一个东西"。

在这里我们看到了杜林先生称之为

"我的具有伟大风格的历史记述"或者也称为"总括方法"的样品，"这一总括方法考虑到类和型，并且决不会硬去通过细枝末节的揭露来礼遇被一个叫做休谟的人称为学界小人的那类货色；只有这种具有崇高而尊贵的风格的方法，才和完全真理的利益相容,才和在摆脱了行会的公众面前所承担的义务相容"。

这种具有伟大风格的历史记述和这种考虑到类和型的总括方法,对杜林先生实在是很方便的,因为这样一来他可以把一切确定的事实当做细枝末节忽略过去,使它们等于零,并且可以不去证明什么而只凭泛泛的空话来作出论断和简单地加以斥责。此外,这种历史记述还有一个优点,这就是它不给对方以任何实际的立足点,因而使对方几乎无法作出任何别的可能的回答,而只能同样以伟大风格和总括方法来进行论断,大讲其泛泛的空话,并且最后也把杜林先生斥责一通,一句话,正如人们所说的,一报还一报,可是这不是合乎每个人的口味的。我们应当感谢杜林先生,因为他破例地丢掉崇高而尊贵的风格,给我们至少举出两个有关马克思的不可饶恕的逻各斯学说的例子。

"例如,引证黑格尔关于量转变为质这一混乱的模糊观念,从而认为预付达到一定界限时就会单单由于这种量的增加而成为资本,这岂不显得多么滑稽!"

这一论断在这种经杜林先生"清洗过的"叙述中确实显得相当离奇。因此,让我们来看看马克思的原文是怎么说的。在第313页上(《资本论》第二版),马克思从前面关于不变资本和可变资本以及关于剩余价值的研究中得出结论:"不是任何一个货币额或价值额都可以转化为资本。相反地,这种转化的前提是单个货币占有者或商品占有者手中有一定的最低限额的货币或交换价值。"① 他举例说,假定在某个劳动部门里,工人为自己,就是说为生产自己的工资的价值,每天工作八小时,而其余的四小时则为资本家,为生产直接流入资本家腰包的剩余价值而劳动。这样,一个人要使每天装入腰包的剩余价值足以使他自己像他的一个工人那样生活,他就必须拥有使他能够供给两个工人以原料、劳动资料和工资的那种价值额。而因为资本主义生产的目的不是单纯维持生活,而是增加财富,所以我们那位有两个工人的人始终还不是

---

① 见马克思《资本论》第1卷,《马克思恩格斯文集》第5卷第356页。——编者注

资本家。因此，他要使自己的生活仅仅比普通工人好一倍，并把所生产的剩余价值的一半再转化为资本，他就必须有雇用八个工人的能力，就是说，拥有四倍于上述价值额的价值额。只是在作了这些说明以后，马克思才指出："在这里，也像在自然科学上一样，证明了黑格尔在他的《逻辑学》中所发现的下列规律的正确性，即单纯的量的变化到一定点时就转变为质的区别。"① 而且还进一步阐明和论证了下述事实：不是任何一个微小的价值额都足以转化为资本，而是每一发展时期和每一工业部门为实现这一转化都有自己的一定的最低限额。

现在让大家来赞赏崇高而尊贵的风格吧，杜林先生就是靠这一风格把那种同马克思实际所说的相反的话强加给马克思的。马克思说：只有当价值额达到虽然因条件不同而有所不同但在每一个场合都是一定的最低限量时，它才能转化为资本——这一事实是黑格尔规律的**正确性的证明**。杜林先生却硬要马克思这样说：**因为**根据黑格尔的规律，量转变为质，"所以预付达到一定的界限时……成为资本"。可见这正好说反了。

为了"完全真理的利益"和出于"在摆脱了行会的公众面前所承担的义务"而作错误引证的习惯，我们已经在杜林先生对达尔文学说的评论中领教过了。这种习惯越来越表明它是现实哲学的内在必然性，而且的确是非常"总括的方法"。更不用说的是：杜林先生进一步硬说马克思讲的是任何一种"预付"，其实这里指的仅仅是用在原料、劳动资料和工资上面的预付；而杜林先生就这样硬让马克思说纯粹的胡话。然后他再厚着脸皮把他自己编造的胡话叫做**滑稽**！他制造了虚幻的达尔文，以便在后者身上证实自己的力量，在这里，他同样地制造了虚幻的马克思。真是"具有伟大风格的历史记述"！

在上面说到世界模式论时，我们已经看到②，由于黑格尔的度量关系的关节线——在这里，在量变的一定点上骤然发生质变——，杜林先

---

① 见马克思《资本论》第 1 卷，《马克思恩格斯文集》第 5 卷第 358 页。——编者注
② 见《马克思恩格斯文集》第 9 卷第 49 页。——编者注

生遭到了小小的不幸：他在意志薄弱的时刻自己承认而且运用了度量关系的关节线。我们在那里举出了一个众所周知的例子——水的聚集状态变化的例子。水在标准气压下，在0℃时从液态转变为固态，在100℃时从液态转变为气态，可见，在这两个转折点上，仅仅是温度的单纯的量变就可以引起水的状态的质变。

我们还可以从自然界和人类社会中举出几百个这样的事实来证明这一规律。例如，马克思《资本论》的整个第四篇——《相对剩余价值的生产》，就在协作、分工和工场手工业，机器和大工业的领域内，谈到无数关于量变改变事物的质和质变同样也改变事物的量的情况，因此，这些情况，用杜林先生非常痛恨的字眼来说，就是量转化为质，质转化为量。例如谈到了这样的事实：许多人协作，许多力量融合为一个总的力量，用马克思的话来说，就产生"新力量"①，这种力量和它的单个力量的总和有本质的差别。

此外，马克思还在杜林先生为了完全真理的利益而正好弄颠倒了的那个地方作了如下的注释："现代化学上应用的、最早由洛朗和热拉尔科学地阐明的分子说，正是以这个规律作基础的。"② 可是这和杜林先生有什么关系呢？他反正知道：

"正是在半科学和少许贫乏哲理竟成了扮成博学样子所必不可少的可怜工具的地方，例如在马克思先生和他的对手拉萨尔那里，恰好缺乏自然科学思维方式的极其现代的教育因素"，

而在杜林先生那里，是以"力学、物理学和化学的精密知识的主要成就"等等为基础的。这究竟怎样，我们已经见识过了。但是为了使其他人也能作出判断，我们想更详细地考察一下马克思在注释中所举的例子。

这里所说的是碳化物的同系列，其中很多已为大家所知道，它们每

---

① 见马克思《资本论》第1卷，《马克思恩格斯文集》第5卷第379页。——编者注
② 见马克思《资本论》第1卷，《马克思恩格斯文集》第5卷第358页。——编者注

一个都有自己的代数组成式。如果我们按化学上的通例,用 C 表示碳原子,用 H 表示氢原子,用 O 表示氧原子,用 n 表示每一个化合物中所包含的碳原子的数目,那么我们就可以把这些系列中某几个系列的分子式表示如下:

C_nH_{2n+2}——正烷属烃系列
$C_nH_{2n+2}O$——伯醇系列
$C_nH_{2n}O_2$　——一元脂肪酸系列

如果我们以最后一个系列为例,并依次假定 n = 1,n = 2,n = 3 等等,那么我们就得到下述的结果(除去同分异构体):

CH_2O_2——　甲酸——沸点 100°　　熔点　1°
$C_2H_4O_2$——　乙酸——沸点 118°　　熔点　17°
$C_3H_6O_2$——　丙酸——沸点 140°　　熔点　–
$C_4H_8O_2$——　丁酸——沸点 162°　　熔点　–
$C_5H_{10}O_2$——　戊酸——沸点 175°　　熔点　–

等等,一直到 $C_{30}H_{60}O_2$ 三十烷酸,它到 80°才熔解,而且根本没有沸点,因为它要是不分解,就根本不能气化。

因此,这里我们看到了由于元素的单纯的数量增加——而且总是按同一比例——而形成的一系列在质上不同的物体。这种情况在化合物的一切元素都按同一比例改变它们的量的地方表现得最为纯粹,例如在正烷属烃 C_nH_{2n+2} 中:最低的是甲烷 CH_4,是气体;已知的最高的是十六烷 $C_{16}H_{34}$,是一种形成无色结晶的固体,在 21°熔融,在 278°才沸腾。在两个系列中,每一个新的项都是由于把 CH_2,即一个碳原子和两个氢原子,加进前一项的分子式而形成的,分子式的这种量的变化,每一次都引起一个质上不同的物体的形成。

但是,这几个系列仅仅是特别明显的例子;在化学中,差不多在任何地方,例如在氮的各种氧化物中,在磷或硫的各种含氧酸中,都可以看到"量转变为质",看到黑格尔的这个所谓混乱的模糊观念在事物和过程中可以说是见诸形体的，而在这里，除了杜林先生，谁也不会感到混乱和模糊。既然是马克思第一个促使人们注意到这一点，既然杜林先生读了这个提示，甚至还不知道是什么意思（否则，他肯定不会这样不加惩罚地放过这种闻所未闻的罪行），那么这就足以使人们甚至不用回顾赫赫有名的杜林的自然哲学便完全清楚：究竟是谁缺乏"自然科学思维方式的极其现代的教育因素"，是马克思还是杜林先生，是谁不知道"化学的……主要成就"。

在结束时，我们还想为量转变为质找一个证人，他就是拿破仑。拿破仑描写过骑术不精、但有纪律的法国骑兵和当时无疑地最善于单兵格斗、但没有纪律的骑兵——马木留克兵之间的战斗，他写道：

"两个马木留克兵绝对能打赢三个法国兵，100个法国兵与100个马木留克兵势均力敌，300个法国兵大都能战胜300个马木留克兵，而1000个法国兵则总能打败1500个马木留克兵。"

正如马克思所说的，要使交换价值额能转化为资本，就必须有一定的最低限度的交换价值额，尽管是可变化的；同样，在拿破仑看来，要使整体队形和有计划行动中所包含的纪律的力量显示出来，而且要使这种力量甚至胜过马匹较好、骑术和刀法较精、至少同样勇敢而人数较多的非正规骑兵，就必须有一定的最低限度的骑兵的数量。但是这能向杜林先生证明什么呢？拿破仑在同欧洲的斗争中没有惨败过吗？他没有遭到一个接一个的失败吗？为什么？仅仅是因为他把黑格尔的混乱的模糊观念运用于骑兵战术之中！

八　辩证法。否定的否定

"这一历史概述〈英国资本的所谓原始积累的产生过程〉，在马克思的书中比较起来还算是最好的，如果它不但抛掉博学的拐杖，而且也抛掉辩证法的拐杖，那或许还要好些。由于缺乏较好的和较明白的方法，黑格尔的否定的否定不得不在这里执行助产婆的职能，靠它的帮助，未来便从过去的腹中产生出来。从16世纪以来通过上述方法实现的个人所有制的消灭，是第一个否定。随之而来的是第二个否定,它被称为否定的否定,因而被称为'个人所有制'的重新建立,然而是在以土地和劳动资料的公有为基础的更高形式上的重新建立。既然这种新的'个人所有制'在马克思先生那里同时也称为'社会所有制',那么这里正表现出黑格尔的更高的统一,在这种统一中,矛盾被扬弃,就是说按照这种文字游戏,矛盾既被克服又被保存……这样,剥夺剥夺者,便是历史现实在其外部物质条件中的仿佛自动的产物……未必一个深思熟虑的人,会凭着否定的否定这一类黑格尔蠢话的信誉而确信土地和资本公有的必然性……其实,马克思观念的混沌杂种,并不使这样的人感到惊奇,他知道什么东西能够同作为科学基础的黑格尔辩证法合拍,或者确切地说,知道一定会出现无稽之谈。对于不熟悉这些把戏的人,应该明确指出,在黑格尔那里,第一个否定是教义问答中的原罪概念,而第二个否定则是引向赎罪的更高统一的概念。这种从宗教领域中抄袭来的荒唐类比,当然不能为事实的逻辑提供根据……马克思先生安心于他那既是个人的又是社会的所有制的混沌世界,却让他的信徒们自己去解这个深奥的辩证法之谜。"

杜林先生就是这样说的。

总之,马克思不依靠黑格尔的否定的否定,就无法证明社会革命的必然性,证明建立土地公有制和劳动所创造的生产资料的公有制的必然性;他在根据从宗教中抄袭来的这种荒唐类比创造自己的社会主义理论时,得出这样的结论:在未来的社会里,一种既是个人的又是社会的所有制,即黑格尔的被扬弃的矛盾的更高的统一,将占统治地位。

我们先把否定的否定撇在一边,来看看"既是个人的又是社会的所有制"。杜林先生把这叫做"混沌世界",而且他在这里令人惊奇地确实说对了。但是很遗憾,处于这个"混沌世界"之中的不是马克思,而又是杜林先生自己。他在前面由于精通黑格尔的"胡思乱想"的方法而能够毫不费力地确定尚未完成的几卷《资本论》中一定包含些什么,同样,在这里他也可以不大费力地按照黑格尔来纠正马克思,把马克思只字未提的什么所有制的更高的统一硬加给马克思。

马克思是说:这种否定重新建立个人所有制,"这是否定的否定。然而是在资本主义时代的成就的基础上,在自由劳动者的协作的基础上和他们对土地及靠劳动本身生产的生产资料的公有制上来重新建立。以自己劳动为基础的分散的个人私有制转化为资本主义私有制,同事实上已经以社会生产为基础的资本主义私有制转化为社会所有制比较起来,自然是一个长久得多、艰苦得多、困难得多的过程。"他说的就是这些。可见,靠剥夺剥夺者而建立起来的状态,被称为重新建立个人所有制,然而是**在**土地和靠劳动本身生产的生产资料的社会所有制的**基础上**重新建立。对任何一个懂德语的人来说,这就是说,社会所有制涉及土地和其他生产资料,个人所有制涉及产品,也就是涉及消费品。为了使甚至六岁的儿童也能明白这一点,马克思在第56页设想了一个"自由人联合体,他们用公共的生产资料进行劳动,并且自觉地把他们许多个人劳动力当做一个社会劳动力来使用",也就是设想了一个按社会主义原则组织起来的联合体,还说:"这个联合体的总产品是一个社会产品。这个产品的一部分重新用做生产资料。这一部分依旧是社会的。而另一部分则作为生活资料由联合体成员消费。因此,这一部分要在他们之间进行分配。"① 这些话甚至对杜林先生的黑格尔化的头脑来说,也是足够清楚的。

既是个人的又是社会的所有制,这个混乱的杂种,这种在黑格尔辩证法中一定会出现的无稽之谈,这个混沌世界,这个马克思让他的信徒们自己去解的深奥的辩证法之谜——这又是杜林先生的自由创造物和想象物。据称是黑格尔主义者的马克思,有责任提出一个真正的更高的统一作为否定的否定的结果,可是由于他做得不合杜林先生的口味,所以杜林先生只得又表现出崇高而尊贵的风格,并且为了完全真理的利益而把他一手炮制的东西硬加给马克思。一个完全不能正确引证,连一次例外都没有的人,自然要对别人的"中国人式的博学"表示义愤,这些人总是毫无例外地正确引证的,但是正是以此来"拙劣地掩盖自己对于每次所引证的作者的全部思想的缺乏理解"。杜林先生是对的。具有伟大风格的历史记述万岁!

---

① 见马克思《资本论》第1卷,《马克思恩格斯文集》第5卷第96页。——编者注

到目前为止，我们的出发点是假定：杜林先生的顽固的错误引证，至少是出自好意，而且，或者是基于他自己的理解上的完全无能，或者是基于具有伟大风格的历史记述所特有的、通常称做草率马虎的只凭记忆来引证的习惯。可是好像我们在这里已经达到在杜林先生那里量也转变为质的那一点。如果我们考虑到：第一，马克思书中的这个地方本身就十分清楚，而且同一书中还有其他决不可能引起任何误解的地方加以补充；第二，不论在上面提到的登载于《补充材料》的对《资本论》的批判中，还是在《批判史》第一版所载的对该书的批判中，杜林先生都没有发现"既是个人的又是社会的所有制"这样一个怪物，而只是在这本书的第二版中，就是说在三读《资本论》的时候才发现的；在这个按照社会主义精神修订的第二版中，杜林先生才急需让马克思就未来社会组织发表尽可能荒唐的意见，以便能够针锋相对地、更加得意地提出"我在我的《教程》中从经济上和法律上加以概述的经济公社"（他也是这样做的）——如果我们考虑到这一切，那么就不得不得出一个结论：杜林先生在这里使我们几乎不得不认为，他在这里故意"有益地扩展"——对杜林先生有益地扩展——马克思的思想。

那么，否定的否定在马克思那里究竟起了什么作用呢？在第791页和以后几页上，马克思概述了前50页中所作的关于资本的所谓原始积累的经济研究和历史研究的最后结果。① 在资本主义时代之前，至少在英国，存在过以劳动者自己的生产资料的私有制为基础的小生产。资本的所谓原始积累，在这里就是这些直接生产者的被剥夺，即以自己劳动为基础的私有制的解体。这种解体之所以成为可能，是因为上述的小生产只能同生产和社会的狭隘的、自然产生的界限相容，因而它发展到一定程度就产生消灭它自身的物质手段。这种消灭，即个人的分散的生产资料转化为社会的积聚的生产资料，形成资本的前史。一旦劳动者转化

---

① 参看马克思《资本论》第1卷，《马克思恩格斯文集》第5卷第872—875页。——编者注

为无产者，他们的劳动条件转化为资本，一旦资本主义生产方式站稳脚跟，劳动的进一步社会化，土地和其他生产资料的进一步转化，从而对私有者的进一步的剥夺，都会采取新的形式。"现在要剥夺的已经不再是独立经营的劳动者，而是剥削许多工人的资本家了。这种剥夺是通过资本主义生产本身的内在规律的作用，即通过资本的积聚进行的。一个资本家打倒许多资本家。随着这种积聚或少数资本家对多数资本家的剥夺，规模不断扩大的劳动过程的协作形式日益发展，科学日益被自觉地应用于工艺方面，土地日益被有计划地共同利用，劳动资料日益转化为只能共同使用的劳动资料，一切生产资料因作为结合的、社会的劳动的共同生产资料使用而日益节省。随着那些掠夺和垄断这一转化过程的全部利益的资本巨头不断减少，贫困、压迫、奴役、退化和剥削的程度不断加深，而日益壮大的、由资本主义生产过程本身的机制所训练、联合和组织起来的工人阶级的反抗也不断增长。资本的垄断成了与这种垄断一起并在这种垄断之下繁盛起来的生产方式的桎梏。生产资料的积聚和劳动的社会化，达到了同它们的资本主义外壳不能相容的地步。这个外壳就要炸毁了。资本主义私有制的丧钟就要响了。剥夺者就要被剥夺了。"①

现在我请问读者：辩证法的一团混乱和各种观念的杂乱交织在哪里呢？那种归根到底把一切都说成是一个东西的混乱而错误的观念在哪里呢？为信徒创造的辩证法的奇迹在哪里呢？辩证法的神秘破烂和根据黑格尔逻各斯学说的准则复制的一团混乱——据杜林先生说，没有这些东西，马克思就不能自圆其说——在哪里呢？马克思只是历史地证明并在这里简略地概述：正像以往小生产由于自身的发展而必然造成消灭自身，即剥夺小私有者的条件一样，现在资本主义生产方式也自己造成使自己必然走向灭亡的物质条件。这是一个历史的过程，如果说它同时又是一个辩证的过程，那么这不是马克思的罪过，尽管这对杜林先生说来

---

① 马克思《资本论》第 1 卷，《马克思恩格斯文集》第 5 卷第 873—874 页。——编者注

可能是非常讨厌的。

马克思只是在作了自己的历史的和经济的证明之后才继续说:"资本主义的生产方式和占有方式,从而资本主义的私有制,是对个人的、以自己劳动为基础的私有制的第一个否定。对资本主义生产的否定,是它自己由于自然过程的必然性而造成的。这是否定的否定"等等(如上面引证过的)①。

因此,当马克思把这一过程称为否定的否定时,他并没有想到要以此来证明这一过程是个历史地必然的过程。相反,他在历史地证明了这一过程一部分实际上已经实现,一部分还一定会实现以后,才又指出,这是一个按一定的辩证法规律完成的过程。他说的就是这些。由此可见,如果说杜林先生断定,否定的否定不得不在这里执行助产婆的职能,靠它的帮助,未来便从过去的腹中产生出来,或者他断定,马克思要求人们凭着否定的否定的信誉来确信土地和资本的公有(这种公有本身是杜林所说的"见诸形体的矛盾")的必然性,那么这些论断又都是杜林先生的纯粹的捏造。

正如人们可以把形式逻辑或初等数学狭隘地理解为单纯证明的工具一样,杜林先生把辩证法也看成这样的工具,这是对辩证法的本性根本不了解。甚至形式逻辑也首先是探寻新结果的方法,由已知进到未知的方法;辩证法也是这样,不过它高超得多;而且,因为辩证法突破了形式逻辑的狭隘界限,所以它包含着更广泛的世界观的萌芽。在数学中也存在着同样的关系。初等数学,即常数数学,是在形式逻辑的范围内运作的,至少总的说来是这样;而变数数学——其中最重要的部分是微积分——本质上不外是辩证法在数学方面的运用。在这里,单纯的证明同这一方法在新的研究领域中多方面的运用相比较,显然退居次要地位。但是高等数学中的几乎所有的证明,从微分学的最初的一些证明起,从初等数学的观点看来严格地说都是错误的。如果像在这里的情形一样,人们要用形式逻辑去证明辩证法领域中所获得的结果,那么情况也不可

---

① 马克思《资本论》第1卷,《马克思恩格斯文集》第5卷第874页。——编者注

能是另一个样子。对于一个像杜林先生这样愚蠢的形而上学者说来,企图仅仅用辩证法向他证明什么东西,那就正像莱布尼茨和他的学生向当时的数学家证明微积分定理一样,是白费气力的。微分在这些数学家当中引起的慌乱,正像否定的否定在杜林先生那里引起的慌乱一样,此外,在否定的否定中,我们将会看到,微分也起作用。这些先生们,凡是当时还没有死去的,最后都嘟嘟哝哝地让步了,这并不是因为他们已经被说服,而是因为它所得到的结果总是正确的。杜林先生,如他自己所说的,现在才40多岁,如果他长寿——我们祝他长寿,那么他也会有同样的经历。

这个可怕的否定的否定使得杜林先生的生活充满烦恼,在杜林先生看来,它就像基督教中的亵渎圣灵罪一样,起着不可饶恕的犯罪的作用。可是它究竟是什么东西呢?这是一个非常简单的、每日每地都在发生的过程,一旦清除了旧唯心主义哲学盖在它上面而且由杜林先生一类无可救药的形而上学者为了自身的利益继续盖在它上面的神秘破烂,它是任何一个小孩都能够理解的。我们以大麦粒为例。亿万颗大麦粒被磨碎、煮熟、酿制,然后被消费。但是,如果一颗大麦粒得到它所需要的正常的条件,落到适宜的土壤里,那么它在温度和湿度的影响下就发生特有的变化:发芽;而麦粒本身就消失了,被否定了,代替它的是从它生长起来的植物,即麦粒的否定。而这种植物的生命的正常进程是怎样的呢?它生长,开花,结实,最后又产生大麦粒,大麦粒一成熟,植株就渐渐死去,它本身被否定了。作为这一否定的否定的结果,我们又有了原来的大麦粒,但不是一粒,而是加了10倍、20倍、30倍。谷类的种变化得极其缓慢,所以今天的大麦差不多和100年以前的一样。如果我们以一种可培育的观赏植物为例,如大丽花或兰花,我们只要按照园艺家的技艺去处理种子和从种子长出的植物,那么我们得到的这个否定的否定的结果,不仅是更多的种子,而且是品质改良了的、能开出更美丽的花朵的种子,这个过程的每一次重复,每一次新的否定的否定都向前推进这种完善化。——像大麦粒的情形一样,这种过程也在大多数昆虫中,例如在蝴蝶中发生。蝴蝶通过卵的否定从卵中产生出来,经过各种变化而达到性的成熟，交尾并且又被否定，就是说，一旦繁殖过程完成而且雌蝴蝶产了很多卵，它们就死亡了。至于其他植物和动物，这个过程的完成并不是这样简单，它们在死亡以前，不只是一次而是多次地结子、产卵或生育后代，但是在这里，这对我们来说是无关紧要的；在这里，我们只是要说明，否定的否定**真实地发生**于有机界的两大界中。其次，全部地质学是一个被否定的否定的系列，是旧岩层不断逐层毁坏和新岩层不断沉积的系列。起初，由于液态物质冷却而产生的原始地壳，经过海洋、气象和大气化学的作用而碎裂，这些碎块一层层地沉积在海底。海底的局部隆出海面，又使这种最初的地层的一部分再次经受雨水、四季变化的温度、大气中的氧和碳酸的作用；从地心冲破地层爆发出来的、然后冷却的熔岩也经受同样的作用。这样，在几万万年间，新的地层不断地形成，而大部分又重新毁坏，又变为构成新地层的材料。但是结果是十分积极的：造成了由各种各样的化学元素混合而成的、通过力学作用变成粉末状的土壤，这就使得极其丰富的和各式各样的植物可能生长起来。

在数学上也是一样。我们试取任何一个代数值，例如 a，如果我们否定它，我们就得到 $-a$（负 a），如果我们否定这一否定，以 $-a$ 乘 $-a$，那么我们就得到 $+a^2$，就是说，得出了原来的正值，但是已经处在更高的阶段，即二次幂的阶段。至于我们可以通过正 a 自乘得出 a^2 的办法来得到同样的 a^2，在这里是无关紧要的。因为这种被否定的否定如此牢固地存在于 a^2 中，使得 a^2 在任何情况下都有两个平方根，即 $+a$ 和 $-a$。要摆脱被否定的否定，摆脱平方中所包含的负根，是不可能的，这种情况，在二次方程式中已经具有极其明显的意义。——在高等分析中，即在杜林先生自己称为数学的最高运算而在普通人的语言中称为微积分的"求无限小之和的运算"中，否定的否定表现得更加明显。这些计算方式是怎样实现的呢？例如，我在某一课题中有两个变数 x 和 y，两者之中有一个变化，另一个也按照条件所规定的关系同时变化。我把 x 和 y 加以微分，就是说，我把 x 和 y 当做无限小，使得它们同任何一个无论多么小的实数比起来都趋于消失，使得 x 和 y 除了它们那种没有任何所谓物质基础的相互关系，即除了没有任何数量的数量关系，就什么也没有剩下。所以 $\frac{dy}{dx}$，即 x 和 y 的两个微分之间的关系 $=\frac{0}{0}$，可是这 $\frac{0}{0}$ 是 $\frac{y}{x}$ 的表现。我只附带指出，两个已经消失的数的这种关系，它们的消失被确定下来的一瞬间，本身就是一种矛盾；但是这种矛盾不可能妨碍我们，正像差不多200年来它根本没有妨碍过数学一样。那么除了否定 x 和 y 之外我不是什么也没有做吗？但是，我不是像形而上学者否定它们那样来否定它们，即不再顾及它们，而是根据同条件相符合的方式否定它们。这样，我在我面前的公式或方程式中得到的不是 x 和 y，而是 x 和 y 的否定，即 dx 和 dy。现在我继续用这些公式运算，把 dx 和 dy 当做实数——虽然是服从某些特殊规律的数，并且在某一点上**我否定了否定**，就是说，我把微分式加以积分，于是又重新得到实数 x 和 y 来代替 dx 和 dy，这样，我并不是又回到出发点，而是由此解决了普通的几何学和代数学也许费尽心思也无法解决的课题。

历史方面的情形也没有两样。一切文明民族都是从土地公有制开始的。在已经越过某一原始阶段的一切民族那里，这种公有制在农业的发展进程中变成生产的桎梏。它被废除，被否定，经过了或短或长的中间阶段之后转变为私有制。但是，在土地私有制本身所导致的较高的农业发展阶段上，私有制又反过来成为生产的桎梏——目前无论小地产还是大地产方面的情况都是这样。因此就必然地产生出把私有制同样地加以否定并把它重新变为公有制的要求。但是，这一要求并不是要重新建立原始的公有制，而是要建立高级得多、发达得多的共同占有形式，这种占有形式决不会成为生产的束缚，恰恰相反，它会使生产摆脱束缚，并且会使现代的化学发现和机械发明在生产中得到充分的利用。

或者再举一个例子。古希腊罗马哲学是原始的自发的唯物主义。作为这样的唯物主义，它没有能力弄清思维对物质的关系。但是，弄清这个问题的必要性，引出了关于可以和肉体分开的灵魂的学说，然后引出了这种灵魂不死的论断，最后引出了一神教。这样，旧唯物主义就被唯心主义否定了。但是在哲学的进一步发展中，唯心主义也站不住脚了，它被现代唯物主义所否定。现代唯物主义，否定的否定，不是单纯地恢复旧唯物主义，而是把2000年来哲学和自然科学发展的全部思想内容以及这200年的历史本身的全部思想内容加到旧唯物主义的持久性的基础上。这已经根本不再是哲学，而只是世界观，这种世界观不应当在某种特殊的科学的科学中，而应当在各种现实的科学中得到证实和表现出来。因此，哲学在这里被"扬弃"了，就是说，"既被克服又被保存"；按其形式来说是被克服了，按其现实的内容来说是被保存了。因此，在杜林先生只看到"文字游戏"的地方，只要比较仔细地观察一下，就会发现某种现实的内容。

最后，甚至卢梭的平等说（杜林的平等说只是它的贫乏的和歪曲的复写）没有黑格尔的否定的否定来执行助产婆的职能，也不能建立起来——而这还是黑格尔诞生前差不多20年的事。卢梭的学说远没有因此而觉得可耻，它在自己的最初的阐述中，几乎是堂而皇之地把自己的辩证起源的印记展示出来。人在自然和野蛮的状态中是平等的；由于卢梭已经把语言看做自然状态的歪曲，所以他完全有理由把同一物种范围所及的兽类的平等也加到这些兽人的身上，近来海克尔在分类中把这种兽人假定为Alali——没有语言的原始人。但是这些彼此平等的兽人有一种比其他兽类优越的特性，这就是趋于完善的能力，即往前发展的能力；而这种能力就成了不平等的原因。因此，卢梭把不平等的产生看做一种进步。但是这种进步是对抗性的，它同时又是一种退步。

> "以后的〈越过原始状态的〉一切进步同样表面上是走向单个人的完善，而实际上是走向类的没落……金属加工和农业是两种技艺，它们的发明引起了这一巨大革命〈变原始森林为耕地，但是由于财产的出现也引起了贫困和奴役〉。使人文明起来并使人类没落下去的东西，在诗人看来是金和银，在哲学家看来是铁和谷物。"

文明每前进一步，不平等也同时前进一步。随着文明而产生的社会为自己所建立的一切机构，都转变为它们原来的目的的反面。

> "人民拥立国君是为了保护自己的自由，而不是为了毁灭自由，这是无可争

辩的事实,而且是全部国家法的基本原则。"

但是这些国君必然成为人民的压迫者,而且他们把压迫加重到这样的地步,使得登峰造极的不平等又重新转变为自己的反面,成为平等的原因:在暴君面前人人平等,就是说大家都等于零。

"这里是不平等的顶点,是封闭一个圆圈的终点,它和我们由之出发的起点相遇:在这里一切个人都是平等的,正是因为他们什么都不是,臣民除了君主的意志以外没有别的法律。"但是暴君只有当他拥有暴力的时候才是君主,因此当人们"驱逐他的时候,他不能抱怨暴力……暴力曾支持过他,现在暴力又推翻他;一切都按照自己的正常的自然进程进行"。

这样,不平等又重新转变为平等,但不是转变为没有语言的原始人的旧的自发的平等,而是转变为更高级的社会契约的平等。压迫者被压迫。这是否定的否定。

因此,我们在卢梭那里不仅已经可以看到那种和马克思《资本论》中所遵循的完全相同的思想进程,而且还在他的详细叙述中可以看到和马克思所使用的完全相同的整整一系列辩证的说法:按本性说是对抗的、包含着矛盾的过程,一个极端向它的反面的转化,最后,作为整个过程的核心的否定的否定。因此,如果说在1754年卢梭还不能说黑格尔行话,那么,无论如何他在黑格尔诞生前16年就已经深深地被黑格尔瘟疫、矛盾辩证法、逻各斯学说、神学逻辑等等所侵蚀。当杜林先生为了把卢梭的平等论庸俗化而摆弄他的两个常胜的男人的时候,他已经落在一个斜坡上,无可挽救地滑进否定的否定的怀抱。那种盛行两个男人的平等并且被描绘成理想状态的状态,在《哲学教程》第271页上被称为"原始状态"。根据第279页,这种原始状态必然为"掠夺制度"所消灭——这是第一个否定。但是,多亏现实哲学,我们现在才进到这样一步:我们废除掠夺制度,而代之以杜林先生发明的、以平等为基础的经济公社——这是否定的否定,更高阶段的平等。杜林先生亲身犯下否定的否定的滔天罪行,这确是一个有益地扩展眼界的有趣场面!

那么，否定的否定究竟是什么呢？它是自然界、历史和思维的一个极其普遍的、因而极其广泛地起作用的、重要的发展规律；这一规律，正如我们已经看到的，在动物界和植物界中，在地质学、数学、历史和哲学中起着作用；就是杜林先生自己，虽然他百般反对和抗拒，也总是不知不觉地按照自己的方式遵循这一规律。不言而喻，例如，关于大麦粒从发芽起到结了实的植株逐渐死亡的**特殊**发展过程，如果我说这是否定的否定，那么我什么也没有说。要知道积分也是否定的否定，如果我只作出这种一般性的论断，那就会肯定这样一个荒唐说法：大麦植株的生活过程就是积分，或者也可以说就是社会主义。而这正是形而上学者经常归咎于辩证法的东西。当我谈到所有这些过程，说它们是否定的否定的时候，我是用这一个运动规律来概括所有这些过程，正因为如此，我没有去注意每一个个别的特殊过程的特点。而辩证法不过是关于自然界、人类社会和思维的运动和发展的普遍规律的科学。

但是，现在有人会提出反驳，说这里所实现的否定根本不是真正的否定：如果我把大麦粒磨碎，我也就否定了大麦粒；如果我把昆虫踩死，我也就否定了昆虫；如果我把正数 a 涂掉，我也就否定了正数 a，如此等等。或者，我说玫瑰不是玫瑰，我就把玫瑰是玫瑰这句话否定了；如果我又否定这一否定，并且说玫瑰终究还是玫瑰，这样能得出什么结果来呢？——这些反驳其实就是形而上学者反对辩证法的主要论据，它们同形而上学思维的狭隘性完全合拍。在辩证法中，否定不是简单地说不，或宣布某一事物不存在，或用随便一种方法把它毁掉。斯宾诺莎早已说过：Omnis determinatio est negatio，即任何限定或规定同时就是否定。再说，否定的方式在这里首先取决于过程的一般性质，其次取决于过程的特殊性质。我不仅应当否定，而且还应当再扬弃这个否定。因此，我第一次否定的时候，就必须使第二次否定能够发生或者将会发生。怎样做呢？这要依每一种情况的特殊性质而定。如果我磨碎了大麦粒，如果我踩死了昆虫，那么我虽然完成了第一个行为，却使第二个行为成为不可能了。因此，每一种事物都有它的特殊的否定方式，经过这样的否定，它同时就获得发展，每一种观念和概念也是如此。微积分中的否定不同于从负根得出正的乘方时的否定。这一点和其他一切一样，是要经过学习才能理解的。仅仅知道大麦植株和微积分属于否定的否定，既不能把大麦种好，也不能进行微分和积分，正如仅仅知道靠弦的长短粗细来定音的规律还不能演奏提琴一样。——很明显，如果把否定的否定当做儿戏，先写上 a，然后又涂掉，或者先说玫瑰是玫瑰，然后又说玫瑰不是玫瑰，那么，除了做这种无聊事情的人的愚蠢以外，什么结果也得不到。可是形而上学者却要我们确信，如果我们要实现否定的否定，那么这就是恰当的方式。

因此，把我们弄得莫名其妙的不是别人，又是杜林先生，他说什么否定的否定是黑格尔发明的、从宗教领域中抄袭来的、按照原罪和赎罪的故事作出的荒唐类比。人们远在知道什么是辩证法以前，就已经辩证地思考了，正像人们远在散文这一名词出现以前，就已经用散文讲话一样。① 否定的否定这个规律在自然界和历史中起着作用，而在它被认识以前，它也在我们头脑中不自觉地起着作用，它只是被黑格尔第一次明确地表述出来而已。如果杜林先生愿意自己悄悄地干这件事，而只是不能容忍这个名称，那么他可以找出一个更好的名称来。但是，如果他想从思维中排除这件事，那么请他先把它从自然界和历史中排除出去，并请他发明一种数学，在那里，$-a \times -a$ 不等于 $+a^2$，而微分和积分则严禁使用，违者必究。

九　结　论

我们现在谈完了哲学，至于《教程》里还包括的关于未来的幻想，我们以后考察杜林要在社会主义中实行的变革时还有机会来探讨。杜林先生对我们许下了什么诺言呢？一切。他履行了哪些诺言呢？一个也没有。"一种现实的、从而以自然和生活的现实为目标的哲学的各个要素"，"严格科学的世界观"，"创造体系的思想"，以及杜林先生以傲慢的语气大肆炫耀的杜林先生的其他一切功绩，只要我

---

① 参看莫里哀《醉心贵族的小市民》第 2 幕第 4 场。——编者注

们一接触，就看出是**纯粹的欺人之谈**。"已经稳固地确立了存在的基本形式，而丝毫没有损害思想的深度"的世界模式论，的确是黑格尔逻辑学的一个肤浅得无以复加的复制品，而且和黑格尔的逻辑学一样陷入这样一种迷信：这些"基本形式"或逻辑范畴，在它们应当"运用于"其中的那个世界之前和世界之外已经在某个地方神秘地存在了。自然哲学给我们提供了天体演化学，其出发点是"物质的自身等同的状态"，这种状态只有借助关于物质和运动的联系的最无可救药的混乱观念才是可以想象的，此外，只有假定存在着一个唯一能帮助这种状态进入运动的、超越现实世界的、人格化的上帝，才是可以想象的。在论述有机界的时候，现实哲学先是把达尔文的生存斗争和自然选择看做"一种与人性对抗的兽性"而加以拒绝，后来又把这两者作为在自然界中起作用的因素——虽然是次要的因素——从后门放了进来。此外，现实哲学还找到机会在生物学方面证明它的无知，而自从人们不再忽视通俗科学演讲以来，即使在有教养阶层的少女中，这种无知也必须打着灯笼去找。在道德和法的领域中，现实哲学把卢梭庸俗化，同先前把黑格尔庸俗化相比，其结局并不好些；在法学方面现实哲学也表现出甚至在最平庸的旧普鲁士法学家中也很少见的无知，尽管它一再保证自己完全不是这样。"不承认任何纯属虚幻的地平线"的哲学，在法学上却满足于和普鲁士邦法的实施范围相一致的真实的地平线。这个哲学承诺要在自己的强有力地实行变革的运动中向我们揭示"外部自然和内部自然的地和天"，我们一直等待着，正像我们一直在等待"最后的终极的真理"和"绝对基础性的东西"一样。这位在思维方式上"排除受主观主义限制的世界观"的任何趋向的哲学家，表明自己不仅由于他的已经被证实是极端贫乏的认识，由于他的狭隘的形而上学思维方式和他的滑稽可笑的自高自大，而且甚至由于他本人的幼稚的奇奇怪怪的想法而受到主观主义的限制。如果他不把自己对烟草、猫和犹太人的厌恶作为普遍适用的规律强加给包括犹太人在内的全人类，他就不能制造出这套现实哲学。他对别人采用的"真正批判的观点"，就在于固执地把别人从来没有说过的、而是杜林先生一手炮制的东西硬加给别人。他在生活的价值和生活享乐的最好方法这类庸俗题目上所调制的施给乞丐的稀汤①，充满了庸人气味，这说明他为什么对歌德的浮士德义愤填膺。的确，歌德把不道德的浮士德而不把严肃的现实哲学家瓦格纳当做主角，这是不可饶恕的。——总而言之，现实哲学归根到底正是黑格尔所说的"德国的所谓启蒙学说的最稀薄的清汤"，它的稀薄和一眼就能看透的浅薄只是由于拌入了神谕式的只言片语，才变得稠厚和混浊起来。当我们读完全书的时候，我们懂得的东西还是和以前的完全一样，而且不得不承认，"新的思维方式"、"完全独特的结论和观点"和"创造体系的思想"的确已经给我们提供了各种新的无稽之谈，可是没有一行字能够使我们学到什么东西。这个人大吹大擂叫卖自己的手艺和商品，不亚于最粗俗的市场小贩，而在他的那些大话后面却是空空如也，简直一无所有——这个人竟敢把费希特、谢林和黑格尔这样的人叫做江湖骗子，而他们当中最渺小的人和杜林先生比起来也还是巨人。确实有江湖骗子，而那是谁呢？

---

① 参看歌德《浮士德》第1部第6场《魔女之厨》。——编者注

第二编　政治经济学

一　对象和方法

政治经济学,从最广的意义上说,是研究人类社会中支配物质生活资料的生产和交换的规律的科学。生产和交换是两种不同的职能。没有交换,生产也能进行;没有生产,交换——正因为它一开始就是产品的交换——便不能发生。这两种社会职能的每一种都处于多半是特殊的外界作用的影响之下,所以都有多半是各自的特殊的规律。但是另一方面,这两种职能在每一瞬间都互相制约,并且互相影响,以致它们可以叫做经济曲线的横坐标和纵坐标。

人们在生产和交换时所处的条件,各个国家各不相同,而在每一个国家里,各个世代又各不相同。因此,政治经济学不可能对一切国家和一切历史时代都是一样的。从弓和箭,从石刀和仅仅是例外地出现的野蛮人的交换往来,到上千马力的蒸汽机,到机械织机、铁路和英格兰银行,有一段很大的距离。火地岛的居民没有达到进行大规模生产和世界贸易的程度,也没有达到出现票据投机或交易所破产的程度。谁要想把火地岛的政治经济学和现代英国的政治经济学置于同一规律之下,那么,除了最陈腐的老生常谈以外,他显然不能揭示出任何东西。因此,政治经济学本质上是一门**历史的**科学。它所涉及的是历史性的即经常变化的材料;它首先研究生产和交换的每个个别发展阶段的特殊规律,而且只有在完成这种研究以后,它才能确立为数不多的、适用于生产一般和交换一般的、完全普遍的规律。同时,不言而喻,适用于一定的生产方式和交换形式的规律,对于具有这种生产方式和交换形式的一切历史时期也是适用的。例如,随着金属货币的采用,一系列适用于借金属货币进行交换的一切国家和历史时期的规律起作用了。

随着历史上一定社会的生产和交换的方式和方法的产生,随着这一社会的历史前提的产生,同时也产生了产品分配的方式方法。在实行土地公有制的氏族公社或农村公社中(一切文明民族都是同这种公社一起或带着它的非常明显的残余进入历史的），相当平等地分配产品，完全是不言而喻的；如果成员之间在分配方面发生了比较大的不平等，那么，这就已经是公社开始解体的标志了。——不论是大农业还是小农业，按照所由发展的历史前提，各自都可以有十分不同的分配形式。但是很明显，大农业所决定的分配，总是和小农业所决定的分配完全不同；大农业以阶级对立为前提或者造成阶级对立——奴隶主和奴隶，地主和徭役农民，资本家和雇佣工人；而在小农业中，从事农业生产的个人之间的阶级差别决不是什么前提，相反，正是这种差别的存在标志着小农经济在开始瓦解——在至今还完全是或主要是自然经济的国家中，金属货币的采用和推广，总是同先前的分配的或慢或快的变革相联系，这种变革使个人之间分配上的不平等，即贫富的对立，日益增长起来。——中世纪地方行会的手工业生产使大资本家和终身的雇佣工人不可能存在，而现代的大工业、今天的信用制度以及与此二者的发展相适应的交换形式，即自由竞争，则必然要使他们产生出来。

但是，随着分配上的差别的出现，也出现了**阶级差别**。社会分为享有特权的和受歧视的阶级，剥削的和被剥削的阶级，统治的和被统治的阶级，而同一氏族的各个公社自然形成的集团最初只是为了维护共同利益（例如在东方是灌溉）、为了抵御外敌而发展成的国家，从此也就同样具有了这样的职能：用暴力对付被统治阶级，维持统治阶级的生活条件和统治条件。

可是分配并不仅仅是生产和交换的消极的产物；它反过来也影响生产和交换。每一种新的生产方式或交换形式，在一开始的时候都不仅受到旧的形式以及与之相适应的政治设施的阻碍，而且也受到旧的分配方式的阻碍。新的生产方式和交换形式必须经过长期的斗争才能取得和自己相适应的分配。但是，某种生产方式和交换方式越是活跃，越是具有成长和发展的能力，分配也就越快地达到超过它的母体的阶段，达到同当时的生产方式和交换方式发生冲突的阶段。前面已经说过的古代自然形成的公社，在同外界的交往使它们内部产生财产上的差别从而发生解体以前，可以存在几千年，例如在印度人和斯拉夫人那里直到现在还是这样。现代资本主义生产则相反，它存在还不到300年，而且只是从大工业出现以来，即100年以来，才占据统治地位，而在这个短短的时期内它已经造成了分配上的对立——一方面，资本积聚于少数人手中，另一方面，一无所有的群众集中在大城市——，因此它必然要走向灭亡。

一个社会的分配总是同这个社会的物质生存条件相联系，这如此合乎事理，以致经常在人民的本能上反映出来。当一种生产方式处在自身发展的上升阶段的时候，甚至在和这种生产方式相适应的分配方式下吃了亏的那些人也会欢迎这种生产方式。大工业兴起时期的英国工人就是如此。不仅如此，当这种生产方式对于社会还是正常的时候，满意于这种分配的情绪，总的来说，会占支配的地位；那时即使发出了抗议，也只是从统治阶级自身中发出来（圣西门、傅立叶、欧文），而在被剥削的群众中恰恰得不到任何响应。只有当这种生产方式已经走完自身的没落阶段的颇大一段行程时，当它多半已经过时的时候，当它的存在条件大部分已经消失而它的后继者已经在敲门的时候——只有在这个时候，这种越来越不平等的分配，才被认为是非正义的，只有在这个时候，人们才开始从已经过时的事实出发诉诸所谓永恒正义。这种诉诸道德和法的做法，在科学上丝毫不能把我们推向前进；道义上的愤怒，无论多么入情入理，经济科学总不能把它看做证据，而只能看做象征。相反，经济科学的任务在于：证明现在开始显露出来的社会弊病是现存生产方式的必然结果，同时也是这一生产方式快要瓦解的征兆，并且从正在瓦解的经济运动形式内部发现未来的、能够消除这些弊病的、新的生产组织和交换组织的因素。愤怒出诗人①，在描写这些弊病或者抨击那些替统治阶级效劳而否认或美化这些弊病的和谐派的时候，愤怒是适得其所的，可是愤怒在每一个这样的场合下能**证明**的东西是多么少，这从下面的事实中就可以清楚地看到：到现在为止的全部历史中的**每一个**时代，都能为这种愤怒找到足够的材料。

政治经济学作为一门研究人类各种社会进行生产和交换并相应地进

---

① 这一说法出自罗马诗人尤维纳利斯的第一首讽刺诗。——编者注

行产品分配的条件和形式的科学——这样广义的政治经济学尚待创造。到现在为止,我们所掌握的有关经济科学的东西,几乎只限于资本主义生产方式的发生和发展:它从批判封建的生产形式和交换形式的残余开始,证明它们必然要被资本主义形式所代替,然后把资本主义生产方式和相应的交换形式的规律从肯定方面,即从促进一般的社会目的的方面来加以阐述,最后对资本主义的生产方式进行社会主义的批判,就是说,从否定方面来表述它的规律,证明这种生产方式由于它本身的发展,正在接近它使自己不可能再存在下去的境地。这一批判证明:资本主义的生产形式和交换形式日益成为生产本身所无法忍受的桎梏;这些形式所必然产生的分配方式造成了日益无法忍受的阶级状况,造成了人数越来越少但是越来越富的资本家和人数越来越多而总的说来处境越来越恶劣的一无所有的雇佣工人之间的日益尖锐的对立;最后,在资本主义生产方式内部所造成的、它自己不再能驾驭的大量的生产力,正在等待着为有计划地合作而组织起来的社会去占有,以便保证,并且在越来越大的程度上保证社会全体成员都拥有生存和自由发展其才能的手段。

要使这种对资产阶级经济的批判做到全面,只知道资本主义的生产、交换和分配的形式是不够的。对于发生在这些形式之前的或者在不太发达的国家内和这些形式同时并存的那些形式,同样必须加以研究和比较,至少是概括地加以研究和比较。到目前为止,总的说来,只有马克思进行过这种研究和比较,所以,到现在为止在资产阶级以前的理论经济学方面所确立的一切,我们也差不多完全应当归功于他的研究。

虽然到17世纪末,狭义的政治经济学已经在一些天才的头脑里产生了,可是由重农学派和亚当·斯密作了正面阐述的狭义的政治经济学,实质上是18世纪的产儿,它可以和同时代的伟大法国启蒙学者的成就媲美,并且也带有那个时代的一切优点和缺点。我们关于启蒙学者所说的话①,也适用于当时的经济学家。在他们看来,新的科学不是他们那个时代的关系和需要的表现,而是永恒的理性的表现,新的科学所

---

① 见《马克思恩格斯文集》第9卷第19—20页。——编者注

发现的生产和交换的规律，不是这些活动的历史地规定的形式的规律，而是永恒的自然规律；它们是从人的本性中引申出来的。但是，仔细观察一下，这个人就是当时正在向资产者转变的中等市民，而他的本性就是在当时的历史地规定的关系中从事工业和贸易。

在我们从哲学方面充分地认识了我们的"批判的奠基者"杜林先生和他的方法以后，我们也就不难预言，他将怎样理解政治经济学了。在哲学上，当他不是简简单单地胡说八道的时候（像在自然哲学中那样），他的观点是对18世纪的观点的歪曲。在他看来，这里所涉及的不是历史的发展规律，而是自然规律，是永恒真理。道德和法这样的社会关系，不是由当时历史地存在的条件决定的，而是由著名的两个男人来决定的，两人中的一人或者压迫对方，或者不压迫对方，可惜后一种情况直到现在还从来没有出现过。因此，如果我们作出下面这样的结论大概是不会错的：杜林先生同样也会把经济学归结为各种最后的终极的真理、永恒的自然规律、同义反复的毫无内容的公理，而同时又把他所知道的经济学的全部积极的内容再从后门偷运进来；他不会从生产和交换中引申出作为社会现象的分配，而是把它交给他那赫赫有名的两个男人去作最后的解决。由于这一切都是我们早已熟悉的把戏，所以我们在这里可以谈得简单些。

真的，在第2页①上杜林先生已经向我们宣称

> 他的经济学涉及他的哲学中"已经确立的东西"，而且"在某些重要方面，依据的是更高级的、在更高的研究领域中已被完成的真理"。

到处都是喋喋不休的自夸。到处都是杜林先生为杜林先生所确立的和完成的东西高奏凯歌。确实是完成的东西，这一点我们已经看得太多了，但是完成得像熄灭一根冒着烟的蜡烛一样②。

紧接着，我们看到了

---

① 本编中提到的杜林著作的页码，除第十章外，均为《国民经济学和社会经济学教程》第2版的页码。——编者注

② "完成"的德文是"ausmachen"，也有"熄灭"的意思。——编者注

"一切经济的最一般的自然规律"——

这就是说，我们猜对了。

可是这些自然规律要使人们正确地理解过去的历史，只有人们"用更确切的规定研究这些规律，即通过政治的隶属形式和组合形式而获得这些规律的结果。像奴隶制和雇佣依附制这样的体制，连同它们的孪生兄弟即基于暴力的所有制，应当被看做真正政治性质的社会经济制度的形式，它们在到现在为止的世界中构成框架，经济的自然规律只有在这种框架里才能显示其作用"。

这段话是一套开场锣鼓，就像瓦格纳歌剧的主调一样，告诉我们那两个有名的男人就要出场了。但是它还包含着更多的东西，它是杜林的全书的主题。在谈到法的时候，除了把卢梭的平等论拙劣地翻译成社会主义语言以外①，杜林先生不能给我们提供任何东西，而比这种翻译好得多的东西，许多年来都可以在巴黎的每一家工人咖啡馆中听到。在这里，他把经济学家的怨言翻译成一种并不高明些的社会主义语言，这些经济学家埋怨说，国家的干涉、暴力的干涉歪曲了经济方面的永恒的自然规律及其作用。这样，他就理应在社会主义者中完全陷于孤立。每一个社会主义的工人，不论是哪一个国家的，都很清楚地知道：暴力仅仅保护剥削，但是并不造成剥削；资本和雇佣劳动的关系才是他受剥削的基础，这种关系是通过纯经济的途径而决不是通过暴力的途径产生的。

往下，我们听到，

在一切经济问题上"可以区分两种过程，即生产过程和分配过程"。此外，以肤浅著称的让·巴·萨伊还加上了第三种过程，即消耗过程，消费过程，但是他和他的门生在这方面都说不出什么道理。可是，交换或流通只是生产的一个项目，使产品到达最后的和真正的消费者手中所必须经历的一切，都属于生产。

---

① 见《马克思恩格斯文集》第9卷第102—108页。——编者注

杜林先生把生产和流通这两个虽然互相制约但是本质上不同的过程混为一谈，并且泰然自若地断言，排除这种混乱只能"产生混乱"，他这样做只不过证明，他不知道或不懂得正是流通在最近50年来经历了巨大的发展；他书中后面说的也证实了这一点。还不止于此。他首先把生产和交换合而为一，统称为生产，然后使分配同生产**并列**，把它当做同第一个过程毫不相干的、完全外在的第二个过程。可是我们已经知道，分配就其决定性的特点而言，总是某一个社会的生产关系和交换关系以及这个社会的历史前提的必然结果，只要我们知道了这些关系和前提，我们就可以确切地推断出这个社会中占支配地位的分配方式。但是我们也知道，杜林先生如果不想背叛他在道德、法和历史的观点方面所"确立的"原则，他就必定会否认这一基本的经济事实，特别是当他需要把他的两个不可缺少的男人偷运进经济学的时候，他必定会这样做。在分配终于同生产和交换脱离了一切联系以后，这一伟大的事变就可以发生了。

但是，让我们先回顾一下在道德和法中问题是怎样展开的。在这里，杜林先生最初只是从**一个男人**说起，他说道：

"一个人，如果被设想为单独的人，或者换句话说，被设想为同其他人没有任何联系，那么这个人是不会有什么责任的。不存在义务，对他来说，只有意愿。"

可是这个没有责任的、被设想为单独的人，如果不是天堂里的不幸的"原始犹太人亚当"——在那里他没有任何罪恶，因为他没有任何犯罪的可能——还能是别的什么人呢？但是，连这位现实哲学的亚当也是要犯原罪的。在这位亚当之旁突然出现了一个人，虽不是卷发垂垂的夏娃，也是第二个亚当。于是亚当立即有了责任，而且——破坏了这个责任。他不是把这位兄弟当做有平等权利的人拥抱于怀，而是迫使他服从自己的统治，对他进行奴役——而世界全部历史直到今天还由于这第一次犯罪所带来的后果，由于奴役别人这一原罪而受苦。因此，在杜林先生看来，这历史连三分钱也不值。

顺便说说，如果杜林先生以为把"否定的否定"称为原罪和赎罪的古老故事的翻版就足以使它受辱，那么关于**他的**同一故事的最新版本，我们该说些什么呢？（关于赎罪，用爬虫报刊的话来说，我们将来还要作"详细研究"。）无论如何，我们宁愿选择古代闪米特部落的传说，根据这个传说，对于男人和女人来说是值得花费力量走出无罪状态的。让杜林先生独享用两个男人编造他的原罪故事的殊荣吧。

现在就让我们来听听，他怎样把原罪译成经济学的语言：

"关于鲁滨逊的想象，无论如何可以作为生产概念的一个合适的思维模式，他凭自己的力量孤独地对抗自然界，而不必和任何人分东西……对于说明分配思想中的最主要之点，两个人的思维模式是同样适用的，这两个人的经济力量合在一起，他们显然应当通过某种形式互相商定他们各自的份额。为了十分严格地阐明某些最重要的分配关系，并且从胚胎状态上、从其逻辑必然性上去研究这些关系的规律，除了这种简单的二元论，的确不需要更多的东西……在这里可以设想两个人在平等的基础上共同行动，也可以设想以完全压服一方的办法把力量合在一起，于是这一方被迫作为奴隶或单纯的工具去从事经济的劳务，而且也只是作为工具被养活着……在平等状态同一方无足轻重、另一方全智全能和独自主动参与这种状态之间，存在着一系列的中间阶段，其中充满了世界历史的形形色色的现象。在这里重要的先决条件是要对历史上的各种正义和非正义的体制有一个全面的考察"……

最后整个分配就转变为某种

"经济上的分配法"。

现在杜林先生终于又脚踏实地了。他可以同他那两个男人手挽着手向当代挑战了。可是在这三个人的后面还站着一个无名氏。

"资本并没有发明剩余劳动。凡是社会上一部分人享有生产资料垄断权的地方，劳动者，无论是自由的或不自由的，都必须在维持自身生活所必需的劳动时间以外，追加超额的劳动时间来为生产资料的所有者生产生活资料，不论这些所有者是雅典的贵族，伊特鲁里亚的神权政治首领，罗马的市民，诺曼的男爵，美国的奴隶主，瓦拉几亚

的领主,现代的地主,还是资本家。"(马克思《资本论》第1卷第2版第227页)①

这样杜林先生就知道了到现在为止的一切生产形式(就它们运动于阶级对立中而言)所共有的基本剥削形式是什么,在此以后,他只要运用一下他那两个男人,就可以把现实经济学的根底深厚的基础建立起来了。他毫不迟疑地来实施这一"创造体系的思想"。超出劳动者维持自身生活所必需的劳动时间的无偿劳动,这是关键。于是,这里叫做鲁滨逊的亚当便强迫他的第二个亚当即星期五拼命做工。但是为什么星期五的工作量超过维持他自己的生活所必需的量呢?这个问题,在马克思那里也一步一步地找到解答。可是对于这两个男人说来,这太烦琐了。事情一下子就解决了:鲁滨逊"压服"星期五,迫使他"作为奴隶或工具去从事经济的劳务",把他"也只是作为工具"来养活。杜林先生用这个最新的"创造性的说法",是一举两得。第一,他省得费力去说明到现在为止的各种分配形式,它们的差别和它们的原因:它们简直全都毫无用处,它们都是以压服、暴力为依据的。关于这个问题,我们等一等再谈。第二,他这样就把全部分配理论从经济学的领域搬到道德和法的领域中,就是说,从确定的物质事实的领域搬到或多或少是不确定的意见和感觉的领域中。因此,他不再需要去研究或证明,只要随心所欲地夸夸其谈就够了,他可以要求劳动产品的分配不按照其实际原因,而按照他杜林先生所认为的合乎道德的和正义的方式来安排。可是杜林先生认为是正义的东西决不是不变的,所以就远不是真正的真理了,因为真正的真理在杜林先生本人看来"是根本不变的"。杜林先生在1868年就断定(《我的社会条陈的命运》):

"使所有制具有日益鲜明的特点是一切高度文明所具有的倾向,现代发展的实质和前途就在于此,而不在于权利和统治范围的混乱。"

其次,他完全不能看到,

---

① 见马克思《资本论》第1卷,《马克思恩格斯文集》第5卷第272页。——编者注

"雇佣劳动向另一种谋生形式的转变,怎样能够在某一时候符合于人类本性的规律,符合于社会机体的合乎自然必然性的构造"①。

这样,在1868年:私有制和雇佣劳动是合乎自然必然性的,因而是正义的;在1876年②:两者都成了暴力和"掠夺"的结果,因而是非正义的。而且我们不可能知道,这位如此突飞猛进的天才几年以后会认为什么东西是合乎道德的和正义的,所以无论如何,在考察财富的分配时,我们最好还是遵循现实的客观的经济规律,而不要遵循杜林先生关于正义和非正义的一时的、易变的主观想象。

如果我们确信现代劳动产品分配方式以及它造成的赤贫和豪富、饥饿和穷奢极欲尖锐对立的状况一定会发生变革,只是基于一种意识,即认为这种分配方式是非正义的,而正义总有一天一定要胜利,那就糟了,我们就得长久等待下去。梦想千年王国快要来临的中世纪的神秘主义者,就已经意识到阶级对立的非正义性。在近代史开始的时期,在350年前,托马斯·闵采尔已经向全世界大声宣布过这一点。在英国和法国的资产阶级革命中,也发出过同样的呼声,可是后来就消失了。消灭阶级对立和阶级差别这一呼声,在1830年以前遭到受苦劳动阶级的冷遇,现在却得到千百万人的共鸣;这一呼声随同各国大工业的发展,以相应的顺序和相应的强度,激荡一个又一个的国家;这一呼声在一个世代内就已经获得这样的威力,竟能抵抗一切为了对付它而联合起来的势力,并且在不久的将来定将取得胜利,——这是由于什么原因呢?这是因为:现代的大工业,一方面造成了无产阶级,这个阶级能够在历史上第一次不是要求消灭某个特殊的阶级组织或某种特殊的阶级特权,而是要求根本消灭阶级;这个阶级所处的地位,使他们不得不贯彻这一要求,否则就有沦为中国苦力的危险。另一方面,这个大工业造成了资产阶级这样一个享有全部生产工具和生活资料的垄断权的阶级,但是在每

---

① 见欧·杜林《我致普鲁士内阁的社会条陈的命运》1868年柏林版第5页。——编者注

② 指欧·杜林《国民经济学和社会经济学教程》1876年第2版。——编者注

一个狂热投机的时期和接踵而来的每次崩溃中,都表明它已经无力继续支配那越出了它的控制力量的生产力;在这个阶级的领导下,社会就像司机无力拉开紧闭的安全阀的一辆机车一样,迅速奔向毁灭。换句话说,这是因为:现代资本主义生产方式所造成的生产力和由它创立的财富分配制度,已经和这种生产方式本身发生激烈的矛盾,而且矛盾达到了这种程度,以至于如果要避免整个现代社会毁灭,就必须使生产方式和分配方式发生一个会消除一切阶级差别的变革。现代社会主义必获胜利的信心,正是基于这个以或多或少清晰的形象和不可抗拒的必然性印入被剥削的无产者的头脑中的、可以感触到的物质事实,而不是基于某一个蛰居书斋的学者的关于正义和非正义的观念。

二 暴力论

"在我的体系中,一般政治对经济法的形式的关系被规定得十分肯定,同时又十分独特,为了使研究易于进行而特别把这点指出来,想必不会是多余的。政治关系的形式是历史上基础性的东西,而经济的依存不过是一种结果或特殊情形,因而总是次等的事实。有些最新的社会主义体系把完全相反的关系的一目了然的假象当做指导原则,他们以为政治的从属似乎是从经济状态中产生的。当然,这些次等的结果本身确实是存在的,而且在目前是最能使人感到的;但是本原的东西必须从直接的政治暴力中去寻找,而不是从间接的经济力量中去寻找。"

在另一个地方也是这样,在那里杜林先生

"从这样的原理出发:政治状态是经济状况的决定性的原因,相反的关系只是次等的相反结果……只要人们把政治组合不是看做达到自己目的的出发点,而仅仅把它当做达到糊口目的的手段,那么不管这些人看来是多么激进社会主义的和革命的,他们总是包藏着一部分隐蔽的反动性"。

这就是杜林先生的理论。这一理论在这里和其他许多地方都是直截了当地提出的,可以说是颁布下来的。在厚厚的三大部书里,任何地方都没有作过证明这一理论或者反驳相反意见的哪怕一点点尝试。

即使论据像乌莓子一样便宜,杜林先生也没有给我们拿出一个来。事情本来已经由鲁滨逊奴役星期五这一著名的原罪证明了。这是一种暴力行为,因而是一种政治行为。这种奴役构成了到现在为止的全部历史的出发点和基本事实,并给这一历史注入了非正义的原罪,以致这种奴役在往后的时期中只是有所缓和并"变为较为间接的经济依存形式";同样,直到现在还通行的全部"基于暴力的所有制"也是以这种原始奴役为基础的,——正因为如此,很显然,一切经济现象都应该由政治原因来解释,即由暴力来解释。而谁对此不满意,谁就是隐蔽的反动派。

首先应当指出,一个人只有像杜林先生那样自以为是,才能把这个毫不独特的观点看得"十分独特"。把重大政治历史事件看做历史上起决定作用的东西的这种观念,像历史编纂学本身一样已经很古老了,并且主要是由于这种观念的存在,保留下来的关于各国人民的发展的材料竟如此之少,而这种发展正是在这个喧嚣的舞台背后悄悄地进行的,并且起着真正的推动作用。这种观念曾支配已往的整个历史观,只是法国复辟时代的资产阶级历史编纂学家①才使之发生动摇;在这里,"独特"的只是杜林先生对这一切又毫无所知。

其次,即使我们暂且认为,杜林先生关于到目前为止的全部历史可以归结为人对人的奴役的说法是正确的,那还远未弄清事情的根底。而首先发生了这样的问题:鲁滨逊为什么要奴役星期五呢?单是为了取乐吗?完全不是。相反,我们看到,星期五是"被迫作为奴隶或单纯的工具去从事经济的劳务,而且也只是作为工具被养活着"。鲁滨逊奴役星期五,只不过是要星期五为鲁滨逊的利益来劳动。但是鲁滨逊怎样能够从星期五的劳动中获得好处呢?这只是因为星期五以他的劳动所生产的生活资料,多于鲁滨逊为维持他的劳动能力而不得不给予他的东西。因此,鲁滨逊违背了杜林先生的明确的规定,把由于奴役星期五而造成的"政治组合不是看做达到自己目的的出发点,而仅仅把它当做达到糊口

---

① 指奥·梯叶里、弗·基佐、弗·米涅和阿·梯也尔。——编者注

目的的手段"，现在可以让他自己想想，他怎样去向他的主人和师长杜林交代。

这样，杜林先生为了证明暴力是"历史上基础性的东西"而特意编造的天真的例子证明：暴力仅仅是手段，相反，经济利益才是目的。目的比用来达到目的的手段要具有大得多的"基础性"，同样，在历史上，关系的经济方面也比政治方面具有大得多的基础性。因此，上述例子证明的同它所要证明的正好相反。在鲁滨逊和星期五的例子上如此，在到目前为止的一切统治和奴役的事例上也都是如此。用杜林先生的优雅词汇来说，压迫始终是"达到糊口目的的手段"（指最广义的糊口目的），但是无论何时何地，它都不是什么为"达到自己目的"而实行的政治组合。只有像杜林先生这样的人才能设想，捐税在国家中只是"次等的结果"，或者，进行统治的资产阶级和被统治的无产阶级的目前的政治组合是为了"达到自己目的"而存在，而不是为了进行统治的资产者的"糊口目的"，即为了榨取利润和积累资本而存在。

现在回过头来再谈我们的两个男人。鲁滨逊"手持利剑"把星期五变成自己的奴隶。但是鲁滨逊为了做到这一点，除利剑之外还需要别的东西。并不是每个人都能使用奴隶服役。为了能使用奴隶，必须掌握两种东西：第一，奴隶劳动所需的工具和对象；第二，维持奴隶困苦生活所需的资料。因此，先要在生产上达到一定的阶段，并在分配的不平等上达到一定的程度，奴隶制才会成为可能。奴隶劳动要成为整个社会中占统治地位的生产方式，生产、贸易和财富积聚就要有大得多的增长。在古代自然形成的土地公有的公社中，奴隶制或是根本还没有出现，或是只起极其次要的作用。在最初的农民城市罗马，情形也是如此；当罗马变成"世界城市"，意大利的地产日益集中于人数不多的非常富有的所有者阶级手里的时候，农民人口才被奴隶人口所排挤。波斯战争时期，在科林斯奴隶数目达到46万，在埃吉纳岛达到47万，平均每个自由民有10个奴隶，为此，除"暴力"之外，还需要其他东西，即高度发展的工艺美术业和手工业以及广泛的贸易。美国的奴隶制对暴力的依赖，要比它对英国的棉纺织工业的依赖少得多；在不种植棉花的地方，或者不像边境各州那样为各植棉州蓄奴的地区，奴隶制未经使用暴力就自行消失，这仅仅是因为奴隶制不上算。

这样，杜林先生把现代的所有制叫做基于暴力的所有制，并且称它为

"这样一种统治形式，这种统治形式的基础不仅在于禁止同胞使用天然的生活资料，而且更重要得多的是在于强迫人们从事奴隶的劳役"——

他就把全部关系弄颠倒了。

要强迫人们从事任何形式的奴隶的劳役，强迫者就必须拥有劳动资料，他只有借助这些劳动资料才能使用被奴役者；而在实行奴隶制的情况下，除此以外，他还必须拥有用来维持奴隶生活所必需的生活资料。这样，在任何情况下，他都必须拥有一定的超过平均水平的财产。但是这种财产是怎样来的呢？无论如何，有一点是清楚的：虽然财产可以由掠夺而得，就是说可以建立在**暴力**基础上，但是决不是必须如此。它可以通过劳动、偷窃、经商、欺骗等办法取得。无论如何，财产必须先由劳动生产出来，然后才能被掠夺。

私有财产在历史上的出现，决不是掠夺和暴力的结果。相反，在一切文明民族的古代自然形成的公社中，私有财产已经存在了，虽然只限于某几种对象。在这种公社的内部，最初是在同外地人进行的交换中，它就已经发展成商品的形式。公社的产品越是采取商品的形式，就是说，产品中为生产者自己消费的部分越小，为交换目的而生产的部分越大，在公社内部，原始的自发的分工被交换排挤得越多，公社各个社员的财产状况就越不平等，旧的土地公有制就被埋葬得越深，公社就越迅速地瓦解为小农的乡村。东方的专制制度以及东征西讨的游牧民族的不断更迭的统治，几千年来都对这些旧的公社无可奈何；由大工业产品的竞争引起的自然形成的家庭工业的逐渐破坏，却使公社日益瓦解。在这里，像目前在摩泽尔河地区和霍赫瓦尔德地区仍在进行的"农户公社"公有耕地的分配一样，谈不上什么暴力；农民恰恰认为，耕地公有被耕

地私有取而代之，对自己是有利的。① 甚至原始贵族的形成，像在凯尔特人中、日耳曼人中和在印度旁遮普是在土地公有制的基础上发生的那样，最初也完全不是基于暴力，而是基于自愿和习惯。私有财产的形成，到处都是由于生产关系和交换关系发生变化，都是为了提高生产和促进交换——因而都是由于经济的原因。在这里，暴力没有起任何作用。显然，在掠夺者能够**占有**他人的财物以前，私有财产的制度必须是已经存在了；因此，暴力虽然可以改变占有状况，但是不能创造私有财产本身。

甚至"强迫人们从事奴隶的劳役"的最现代的形式，即雇佣劳动，我们也不能用暴力或基于暴力的所有制去说明。我们已经说过，劳动产品转化为商品，即不是为自身消费而是为交换所进行的产品生产，对古代公社的瓦解，因而对私有制的直接或间接的普遍化，起了怎样的作用。马克思在《资本论》中再清楚不过地证明（杜林先生小心翼翼地对此甚至一字不提），商品生产达到一定的发展程度，就转变为资本主义的生产；在这个阶段上，"以商品生产和商品流通为基础的占有规律或私有权规律，通过它本身的、内在的、不可避免的辩证法转变为自己的对立物。表现为最初活动的等价物交换，已经变得仅仅在表面上是交换，因为，第一，用来交换劳动力的那部分资本本身只是不付等价物而占有的他人的劳动产品的一部分；第二，这部分资本不仅必须由它的生产者即工人来补偿，而且在补偿时还要加上新的剩余额〈余额〉……最初，在我们看来，所有权似乎是以自己的劳动为基础的……现在〈据马克思分析的结果〉，所有权对于资本家来说，表现为占有他人无酬劳动的权利，而对于工人来说，则表现为不能占有自己的产品。所有权和劳动的分离，成了似乎是一个以它们的同一性为出发点的规律的必然结果。"② 换句话说，即使我们排除任何掠夺、任何暴力行为和

---

① 参看格·汉森《特里尔专区的农户公社（世代相承的协作社）》1863年柏林版。——编者注

② 参看马克思《资本论》《马克思恩格斯文集》第1卷，第5卷第673—674页。——编者注

任何欺骗的可能性，即使假定一切私有财产起初都基于占有者自己的劳动，而且在往后的全部进程中，都只是相等的价值和相等的价值进行交换，那么，在生产和交换的进一步发展中也必然要产生现代资本主义的生产方式，生产资料和生活资料必然被一个人数很少的阶级所垄断，而另一个构成人口绝大多数的阶级必然沦为一无所有的无产者，必然出现狂热生产和商业危机的周期交替，出现整个现在的生产无政府状态。全部过程都由纯经济的原因来说明，而根本不需要用掠夺、暴力、国家或任何政治干预来说明。"基于暴力的所有制"，在这里，原来也不过是用来掩饰对真实的事物进程毫不了解的一句大话。

历史地说，这个进程是资产阶级的发展史。如果"政治状态是经济状况的决定性的原因"，那么，现代资产阶级就不应当是在反对封建制度的斗争中发展起来的，而应当是封建制度自愿生产的宠儿。任何人都知道，实际情形正好相反。资产阶级起初是一个被压迫的等级，它不得不向进行统治的封建贵族交纳贡税，它由各种各样的依附农和农奴补充自己的队伍，它在反对贵族的不断斗争中占领了一个又一个的阵地，最后，在最发达的国家中取代了贵族的统治；在法国它直接推翻了贵族，在英国它逐步地使贵族资产阶级化，并把贵族同化，作为它自己装潢门面的上层。它是怎样达到这个地步的呢？只是通过"经济状况"的改变，而政治状态的改变则是或早或迟，或自愿或经过斗争随之发生的。资产阶级反对封建贵族的斗争是城市反对乡村、工业反对地产、货币经济反对自然经济的斗争，在这一斗争中，资产者的决定性的武器是他们的**经济上的**权力手段，这些手段由于工业（起初是手工业，后来扩展成为工场手工业）的发展和商业的扩展而不断增长起来。在这整个斗争中，政治暴力始终在贵族方面，只有一个时期是例外，那时王权利用资产阶级反对贵族，以便利用一个等级去控制另一个等级；但是，自从政治上还软弱无力的资产阶级因其经济力量的增长而开始变得危险起来的时候起，王权又和贵族联合起来，因而起初在英国随后在法国引起了资产阶级的革命。在法国，在"政治状态"还没有发生变化的时候，"经济状况"已经发展得超过它了。就政治状态来说，贵族拥有一切，资产者一无所有；可是就社会状况来说，那时资产者是国家里最重要的阶级，而贵族已经丧失了他们的全部社会职能，他们只是继续取得固定收入，以作为失去这些职能的补偿。不仅如此，资产阶级在他们的全部生产中，还受到早已被这种生产（不但被工场手工业，而且甚至被手工业）所超过的中世纪封建政治形式的钳制，受到所有那些已经成为生产的障碍和桎梏的无数行会特权以及各地和各省的关税壁垒的钳制。资产阶级的革命结束了这种状况。但是，革命不是按照杜林先生的原则，使经济状况适应政治状态（贵族和王权在长时期内正是枉费心机地企图这样做的），而是相反，把陈腐的政治废物抛开，并造成使新的"经济状况"能够存在和发展的政治状态。"经济状况"在这个与之适合的政治的和法的氛围中蓬勃地发展起来，以致资产阶级已经接近贵族在1789年所处的地位了：它不仅日益成为社会的多余，而且日益成为社会的障碍；它日益脱离生产活动，日益像旧时的贵族那样成为一个只收取固定收入的阶级；它不是用任何暴力的戏法，而是以纯经济的方法，实现了它自己的地位的变革，并造成了新的阶级，即无产阶级。此外，它决不愿意它自己的行为和活动产生这样的结果，相反，这种结果是在违背它的意志和愿望的情况下以不可抗拒的力量实现的；它拥有的生产力发展得超过了它的驾驭能力，好似以自然的必然性把整个资产阶级社会推向毁灭，或者推向变革。资产者现在求助于暴力，以挽救日趋瓦解的"经济状况"免于崩溃，他们这样做只是证明：他们陷入了杜林先生陷入的那条迷途，以为"政治状态是经济状况的决定性的原因"，他们完全和杜林先生一样想入非非，以为用"本原的东西"，用"直接的政治暴力"就能改造那些"次等的事实"，即经济状况及其不可避免的发展，用克虏伯炮和毛瑟枪就能把蒸汽机和由它推动的现代机器的经济结果，把世界贸易以及现代银行和信用的发展的经济结果从世界上消除掉。

三　暴力论（续）

让我们稍微仔细地看一看杜林先生的这个万能的"暴力"吧。鲁滨逊"手持利剑"奴役星期五。他是从什么地方得到这把利剑的呢？

就是在鲁滨逊漂流记中的幻想岛上，利剑也从来不是树上长出来的，而杜林先生对这个问题却不作任何答复。既然鲁滨逊能够获得利剑，那我们同样可以设想，星期五有朝一日将手握子弹上膛的手枪出现，那时全部"暴力"关系就颠倒过来了：星期五发号施令，而鲁滨逊则不得不做苦工。请读者原谅我们如此经常地回到关于鲁滨逊和星期五的故事上来，这个故事其实只属于儿童游戏室而不属于科学。但是我们有什么办法呢？我们不得不老老实实地应用杜林先生的公理般的方法。如果我们经常在纯粹儿戏的范围内兜圈子，那么这不是我们的过错。总之，手枪战胜利剑，这样，即使最幼稚的公理论者也可以理解，暴力不是单纯的意志行为，它要求具备各种实现暴力的非常现实的前提，特别是**工具**，其中，较完善的战胜较不完善的；其次，这些工具必然是生产出来的，同时也可以说，较完善的暴力工具即一般所说的武器的生产者，战胜较不完善的暴力工具的生产者；一句话，暴力的胜利是以武器的生产为基础的，而武器的生产又是以整个生产为基础，因而是以"经济力量"，以"经济状况"，以可供暴力支配的物质手段为基础的。

目前，暴力是陆军和海军，而我们大家遗憾地知道，这两者需要"巨额的金钱"。但是暴力不能铸造金钱，它最多只能夺取已经铸造出来的金钱，而我们从法国的数十亿法郎中同样遗憾地知道，这也没有起多大作用。因此，归根到底，金钱必须通过经济的生产才能取得；就是说，暴力还是由经济状况来决定的，经济状况给暴力提供配备和保持暴力工具的手段。但是还不仅如此。没有什么东西比陆军和海军更依赖于经济前提。装备、编成、编制、战术和战略，首先依赖于当时的生产水平和交通状况。这里起变革作用的，不是天才统帅的"知性的自由创造"，而是更好的武器的发明和士兵成分的改变；天才统帅的影响最多只限于使战斗的方式适合于新的武器和新的战士。①

---

① 在《反杜林论》第二编最初的手稿中，关于以下六段文字的内容有更详尽的论述，后来恩格斯把这些论述抽出来，冠以《步兵战术及其物质基础。1700—1870年》的标题，见本卷第375—381页。——编者注

在14世纪初,火药从阿拉伯人那里传入西欧,像每一个小学生都知道的那样,它使整个作战方法发生了变革。但是火药和火器的采用决不是一种暴力行为,而是一种工业的,也就是经济的进步。不管工业是以生产什么东西为目的,还是以破坏什么东西为目的,工业总还是工业。火器的采用不仅对作战方法本身,而且对政治上的统治和奴役关系起了变革的作用。要获得火药和火器,就要有工业和金钱,而这两者都为市民所占有。因此,火器一开始就是城市和以城市为依靠的新兴君主政体反对封建贵族的武器。以前一直攻不破的贵族城堡的石墙抵不住市民的大炮;市民的枪弹射穿了骑士的盔甲。贵族的统治跟身披铠甲的贵族骑兵队同归于尽了。随着市民等级的发展,步兵和炮兵越来越成为决定性的兵种;在炮兵的压力下,军事行业不得不增加新的纯粹工业的部门——工程部门。

火器的改善非常缓慢。火炮仍然是笨重的,枪虽经多次局部的改进,还是很粗笨。经过300多年,才出现了适合装备全体步兵的枪。只是在18世纪初,装有刺刀的燧发枪才把长矛最后从步兵的装备中排挤出去。那时的步兵是由经过严格训练的、但完全不可靠的诸侯雇佣兵组成的,他们是从社会中最堕落的分子中招募来的,只有在鞭笞之下才俯首听命,这种步兵还常常是由强迫编入军队的怀有敌意的战俘组成的;这些士兵能够应用新武器的唯一战斗形式就是线式战术,这种战术在弗里德里希二世时代达到了最完善的地步。军队的全体步兵排成三线,形成一个非常狭长而中空的四边形,只能以战斗队形为一个整体来运动;最多只准许两翼之中的一翼稍稍前进或后退。这种动转不灵的队伍,只有在十分平坦的地形上才能整齐地运动,而且只能以缓慢的步伐(每分钟75步)行进;战斗队形的变换在作战时是不可能的,步兵一进入战斗,只经一次突击,在很短的时间内就决定胜败了。

在美国独立战争中,起义者的队伍曾经同这种动转不灵的线式队形作战。起义者虽然没有经过步法操练,但是他们能很好地用他们的线膛枪射击;他们为自己的切身利益而战,所以并不像雇佣兵那样临阵脱逃；他们并没有迎合英国人的愿望，同样以线式队形在开阔地上和他们对抗，而是以行动敏捷的散兵群在森林的掩护下袭击英国人。在这里，线式队形是无能为力的，被既看不见又无法接近的敌人击败。于是又发明了散兵战——由于士兵成分的改变而产生的一种新的作战方式。

美国革命所开始的事情由法国革命来完成，在军事方面也是如此。法国革命同样只能以训练很差但人数很多的兵力，以全民武装来和反法同盟的训练有素的雇佣军队相对抗。它不得不以这些兵力去保卫巴黎，即保卫一定的地区，但要做到这一点，不在投入众多兵力的野战中获得胜利是不行的。仅仅散兵战已经不够了；必须找出一种形式来使用众多兵力，这种形式就是**纵队**。这种纵队队形使训练较差的军队也能够相当有序地运动，甚至行进速度比较快（每分钟100步或100步以上）。这种队形使他们能够突破旧的线式队形的死板形式，能够在任何地形上，也就是说能够在对线式队形最不利的地形上作战，能够以任何适宜的方法去部署军队，同时能够和散兵战相配合来阻滞、牵制和疲惫列成线式队形的敌人，一直到最后用预备队的兵力在阵地的决定性地点上突破敌人的线式队形。这种新的作战方式以散兵和步兵纵队的配合为基础，以军队划分为由各兵种组成的独立的师或军为基础，它在战术和战略方面都被拿破仑发展到了完善的地步。这种作战方式之所以成为必要，首先是由于法国革命的士兵成分发生了变化。但是这种作战方式还需要两个非常重要的技术前提：第一，格里博瓦尔设计的较轻便的野炮架，它使野炮能以现在所要求的速度转移；第二，1777年法国采用的按照猎枪仿造的弯曲的枪托（以前作为枪管的延长部分的枪托是直的），它使射手能够向某一个人瞄准而不会屡击不中。没有这些进步，使用旧式武器是不能进行散兵战的。

全民武装这种革命的制度，很快就仅仅变成一种强迫征兵制（富人可以出钱雇人代服兵役），而欧洲大陆上大多数大国都采用了这种形式的兵役制度。只有普鲁士企图通过自己的后备军制度更大规模地组成国民的防御力量。在1830年和1860年之间得到改善的、适于作战的前装线膛枪起了短期的作用以后，普鲁士又是第一个以最新式的武器，即后装线膛枪来装备全体步兵的国家。普鲁士在1866年的胜利①是应当归功于这两项措施的。

在普法战争中，对垒的双方军队第一次都使用后装线膛枪，而且实质上都采用旧式滑膛燧发枪时代的战斗队形。只是普鲁士人尝试采用连纵队，以图找到一种更适合于新式武器的战斗形式。但是，当8月18日普鲁士近卫军在圣普里瓦认真地试用连纵队时，参战最多的五个团在不到两小时内就损失了三分之一以上的兵力（176名军官和5114名士兵），从那时起，连纵队这种战斗形式也同营纵队和线式队形一样被摒弃了；以后不再有人尝试把任何密集的队伍置于敌人步枪的火力之下。在普军方面，只是以稠密的散兵群进行战斗，其实从前纵队在敌人的弹雨下就已常常自行分散为散兵群，尽管上级把这种行为看做破坏队形而加以反对。同样，在敌人步枪的射程内，**跑步**变成了唯一的运动形式。士兵又一次表现得比军官聪明；正是士兵本能地找到了在后装线膛枪的火力下至今仍然行之有效的唯一的战斗形式，而且不管长官如何反对，还是成功地坚持了这种战斗形式。

普法战争是一个转折点，这个转折点具有同以前的一切转折点完全不同的意义。第一，武器已经大大完善，难以再取得具有任何变革作用的新的进步了。既然有火炮可以在目力所及的范围内射击一营人，步枪又能在同样的范围内射击单个的人这样的目标，而装弹所花的时间又比瞄准少，那么，往后的一切改进在一定程度上对野战是无关紧要的。因此，在这方面发展的时代实质上已经结束了。第二，这一战争迫使欧洲大陆上的一切大国在国内采用更严格的普鲁士式的后备军制度，因而加重了军事负担，而在这种重担之下，它们过不了几年就一定要陷于崩溃。军队变成了国家的主要目的，变成了目的本身；人民之所以存在，只是为了当兵和养兵。军国主义统治着并且吞噬着欧洲。但是这种军国主义本身也包含着自身毁灭的萌芽。各国之

---

① 指1866年的普奥战争。——编者注

间的相互竞争，使它们一方面不得不每年在陆军、海军、火炮等方面花费更多的金钱，从而越来越加速财政的崩溃；另一方面不得不越来越严格地采用普遍义务兵役制，结果使全体人民学会使用武器；这就使人民有可能在一定时机反对军事长官而实现自己的意志。一旦人民群众——农村工人、城市工人和农民——**有了**自己的意志，这样的时机就要到来。那时，君主的军队将转变为人民的军队，机器将拒绝效劳，军国主义将由于自身发展的辩证法而灭亡。1848年资产阶级民主主义不能做到使劳动群众具有一种内容适合于他们的阶级地位的意志，正是因为这种民主主义是**资产阶级**的，而不是无产阶级的，而这一点社会主义一定会做到。而这就意味着**从内部**炸毁军国主义并随之炸毁一切常备军。

这是我们的现代步兵史上的第一个教训。另一个教训使我们又回到杜林先生那里，这个教训是：军队的全部组织和作战方式以及与之有关的胜负，取决于物质的即经济的条件：取决于人和武器这两种材料，也就是取决于居民的质和量以及技术。只有像美国人这样的狩猎民族才能够发明散兵战，而他们之所以曾经是猎人，是由于纯经济的原因，正如今天由于纯经济的原因，旧有各州的同样的美国人已转变为农民、工业家、航海家和商人，他们不再在原始森林中进行散兵战，而是在投机的战场上更干练地进行散兵战，在那里他们在使用众多兵力方面也大有进展。——只有像在经济上解放了资产者，特别是解放了农民的法国革命那样的革命，才能找到人数众多的军队，同时给这种军队找到自由的运动形式，这种运动形式打破了旧的呆板的线式队形——它所保卫的专制主义在军事上的反映。我们在上面已经一一看到，一旦技术上的进步可以用于军事目的并且已经用于军事目的，它们便立刻几乎强制地，而且往往是违反指挥官的意志而引起作战方式上的改变甚至变革。此外，战争的进行对后方的和战区的生产率和交通工具依赖到多大程度，关于这个问题，现在每一个肯用功的军士都能够向杜林先生讲清楚。总之，在任何地方和任何时候，都是经济条件和经济上的权力手段帮助"暴力"取得胜利，没有它们，暴力就不成其为暴力。谁要是想依据杜林的原则从相反的观点来改革军事，那么他除了挨揍是不会有别的结果的。①

如果我们把话题从陆地转到海上，那么仅仅在最近20年中就发生了一个完全不同的彻底的变革。克里木战争时，军舰只是两层或三层的木质舰船，装有60—100门火炮，这种舰船主要还是靠帆力航行，有一部马力很小的蒸汽机，只起辅助作用。它的主要装备有约重50公担②的三十二磅炮，只有少数是重95公担的六十八磅炮。到这次战争快结束时，出现了浮动的装甲炮台，它很笨重，几乎不能运动，但是对当时的火炮来说，这已经是不能损伤的奇物了。不久以后，军舰也装上了铁甲；起初还很薄，4英寸厚的装甲已经算是很重的了。但是火炮的进步很快就超过了它，装甲每加厚一次，就有新的更重的火炮轻而易举地打穿它。这样，一方面，我们现在已经有了10、12、14和24英寸厚的装甲（意大利想建造装甲厚3英尺的军舰）；另一方面，我们已经有了25、35、80甚至100吨（每吨20公担）重的线膛炮，能把300、400、1700直到2000磅的炮弹发射到前所未闻的距离之外。现在的军舰是一种巨大的装甲的螺旋推进式蒸汽舰，有8000—9000吨的排水量，有6000—8000匹马力，有旋转的炮塔，四门以至六门重炮，有装在舰首吃水线以下的突出的冲角来冲撞敌人的舰船。这种军舰是一部庞大的机器，唯有在这种军舰上，蒸汽不仅能推动它快速前进，而且还被用来掌舵、抛锚、起锚、转动炮塔、进行瞄准、装填弹药、抽水、升降小船（这些小船本身，一部分也是用蒸汽的力量推动的）等等。装甲防护能力和火炮威力之间的竞赛，还远远没有结束，以致军舰现在几乎总是不再能满足要求，在它下水之前就已经过时了。现代的军舰不仅是现代大工业的产物，同时还是现代大工业的样板，是浮在水上的工厂——的确，主要是浪费大量金钱的工厂。大工业最发达的国家差不多掌握了建造这种舰船的垄断权。土耳其的全部装甲舰、俄国的几乎全部装甲舰以

---

① 在普鲁士总参谋部内，人们都已经清楚地知道这一点。总参谋部的上尉麦克斯·耶恩斯先生在一个学术报告中指出："军事的基础首先就是人民的经济生活状况。"（1876年4月20日《科隆日报》第3版）

② 德国1公担等于50公斤。——编者注

及德国的大部分装甲舰,都是在英国建造的;凡是可用的装甲几乎都是在设菲尔德制造的;欧洲只有三个钢铁厂能够制造最重的火炮,两个(伍利奇和埃尔斯维克)在英国,一个(克虏伯)在德国。这里十分清楚地表明,杜林先生认为是"经济状况的决定性的原因"的"直接的政治暴力",反而是完全受经济状况支配的;不仅海上的暴力工具即军舰的建造,而且它的操作本身都成为现代大工业的一个部门。事情发展成这样,谁也不会比"暴力"即国家更感到苦恼,国家现在建造一艘军舰要花费像以前建立整整一支小舰队那样多的金钱;而且它还不能不眼睁睁地看到,这种贵重的军舰甚至还没有下水就已经过时,因而贬值了;国家肯定会像杜林一样,感到恼火的是:掌握"经济状况"的人即工程师,现在在舰上竟比掌握"直接暴力"的人即舰长重要得多。而我们却不然,我们完全没有理由在看到下述情况时感到恼怒:在装甲和火炮之间的竞赛中,军舰建造得极为精良,以致它造价昂贵而又不适于战争①;这种竞赛同时也在海战领域里揭示出内在的辩证的运动规律,按照这种规律,军国主义将同任何其他历史现象一样,由于它自身发展的结果而走向灭亡。

因此,在这里我们也非常清楚地看到,决不能说"本原的东西必须从直接的政治暴力中去寻找,而不是从间接的经济力量中去寻找"。恰恰相反。暴力本身的"本原的东西"是什么呢?是经济力量,是支配大工业这一权力手段。以现代军舰为基础的海上政治暴力,表明它自己完全不是"直接的",而正是**借助于**经济力量,即冶金术的高度发展、对熟练技术人员和丰富的煤矿的支配。

但是这一切有什么用呢?在下一次海战中,请把最高的指挥权交给杜林先生吧,让他不用鱼雷及其他技巧,而只用他的"直接暴力"去消灭受经济状况支配的各种装甲舰队吧。

---

① 恩格斯在这里加了一个注:"大工业供给海战的最新产品自动鱼雷的完善化,看来会造成这一结果:最小的鱼雷艇因此会比威力最大的装甲舰厉害。"
在《反杜林论》1894年第3版中,恩格斯在原注文之后又加了一句话:"此外,请读者记住,上述文字是在1878年写的。"——编者注

四　暴力论（续完）

"一个非常重要的情况是：事实上，对自然界的统治，无论如何〈！〉，只是通过对人的统治才实现的〈实现统治！〉。如果事先没有奴役人们，强迫他们从事某种形式的奴隶劳役或徭役，在任何时候和任何地方大面积的地产经营都是不可能实现的。对物的经济统治的建立，是以人对人的政治、社会和经济的统治为前提的。如果不同时想到大地主对奴隶、依附农或间接不自由者的统治，怎么能想象一个大地主呢？无论过去和现在，单个人的力量，最多再加上他的家庭成员的辅助力量，对于大规模的农业耕作来说能有什么意义呢？在超出单个人的天然力量的规模上使用土地或者扩大对土地的经济统治，这在到目前为止的历史中之所以成为可能，只是因为在建立对土地的统治以前，或者与此同时，也建立了相应的对人的奴役。在发展的更后时期，这种奴役变得缓和了……在高度文明的国家里，它现在的形式是或多或少由警察统治所指挥的雇佣劳动。因此，表现为大规模土地支配和〈！〉大规模土地占有的现代财富形式的实际可能性，是以这种雇佣劳动为基础的。不言而喻，分配财富的一切其他形式，也应该按类似的方式历史地加以说明；人对人的间接依附关系，现在构成经济上最发达的制度的基本特征，这种关系是不能由它本身去理解和说明的，而只有把它看做已往的直接奴役和剥夺的稍有变化的遗物才能理解和说明。"

杜林先生就是这样说的。

命题：（人）对自然界的统治，是以（人）对人的统治为前提的。

证明：**大面积的地产**的经营，在任何时候和任何地方，都是由被奴役者来进行的。

证明的证明：如果没有被奴役者，怎么能有大土地占有者呢？因为没有被奴役者，大土地占有者及其家属只能够耕种他所占有的土地的极小一部分。

所以：为了证明人要征服自然界就必须先奴役别人，杜林先生便直截了当地把"自然界"转换为"大面积的地产"，并且把这个地产——不知是谁的？——又立即转换为大地主的财产，而没有被奴役者，大地主自然是不能耕种他的土地的。

第一，"对自然界的统治"和"地产的经营"决不是一回事。对自然界的统治的规模，在工业中比在农业中大得多，直到今天，农业不但不能控制气候，还不得不受气候的控制。

第二，如果我们只限于谈大面积的地产的经营，那么，问题就在于：这个地产是属于谁的。我们在所有的文明民族的历史初期所看到的不是"大地主"——杜林先生在这里以他惯用的、被他称为"自然的辩证法"的那套变戏法的手法把大地主塞了进来——，而是土地共同占有的氏族公社和农村公社。从印度到爱尔兰，大面积的地产的经营，最初正是由这种氏族公社和农村公社来进行的，同时，耕地或者以公社为单位共同耕种，或者分成小块，由公社在一定时期内分配给各个家庭去耕种，而森林和牧场继续共同使用。所有这些事情，杜林先生都毫无所知；他的全部著作都表明他完全不知道毛勒关于原始德意志马尔克制度、整个德意志法的基础的划时代的著作，同时也表明他完全不知道那些主要受毛勒影响的、日益增多的其他著作，这些著作证明在所有欧洲和亚洲的文明民族中都存在过原始的土地公有，而且阐述了这种所有制的存在和解体的各种形式。杜林先生的这种无知又一次表明了他在"政治和法律的领域"中所进行的"最深刻的专门研究"的特色。杜林先生在法兰西法和英吉利法的领域中已经"自己为自己赢得他自己的全部无知"①，这种无知尽管是非常惊人的，可是他在德意志法的领域中赢得了更加惊人得多的无知。这个人对大学教授的狭隘眼界十分愤怒，而他现在在德意志法的领域中所具有的水平最多也不过是20年前大学教授的水平。

杜林先生断言，大面积的地产的经营需要有地主和被奴役者，这种说法纯粹是他的"自由创造物和想象物"。在整个东方，公社或国家是土地的所有者，在那里的语言中甚至没有地主这个名词，关于这一点，杜林先生尽可以向英国的法学家请教，他们曾在印度徒劳地苦苦思索"谁是土地的所有者？"这个问题，正像已去世的邦君亨利希七十二世·罗伊斯－施莱茨－格赖茨－洛本施泰因－埃伯斯多夫徒劳地苦苦思

---

① 见海涅《科贝斯第一》。——编者注

索"谁是守夜者?"这个问题一样。只有土耳其人才第一次在被他们征服的东方国家推行了一种地主封建制度。希腊早在英雄时代就已经带着等级划分进入历史,这种等级划分本身显然只是我们所不知道的久远的史前时代的产物;但是就在这里,土地也主要是由独立的农民耕种的;成为例外的,是贵族和部落首领的较大的田产,而且它们很快就消失了。在意大利,土地主要是由农民垦殖的;在罗马共和国末期,大田庄即大庄园排挤小农而代之以奴隶,它们同时也以畜牧业代替了农业,而且像普林尼所已经知道的那样,使意大利趋于崩溃(latifundia Italiam perdidere)①。在中世纪,农民的耕作在整个欧洲占支配地位(特别是在开垦荒地方面),至于农民是否必须向某个封建主交纳贡赋,交纳什么,这对于目前的问题是无关紧要的。弗里斯兰、下萨克森、佛兰德和下莱茵的移民耕种了从斯拉夫人那里夺来的易北河以东的土地,他们作为自由农进行耕作,交纳很低的赋税,但他们决不是处于"某种形式的徭役"之下。——在北美洲,绝大部分的土地是自由农的劳动开垦出来的,而南部的大地主用他们的奴隶和掠夺性的耕作制度耗尽了地力,以致在这些土地上只能生长云杉,而棉花的种植则不得不越来越往西移。在澳大利亚和新西兰,英国政府人为地制造土地贵族的一切企图都遭到了失败。总之,除了气候使欧洲人无法在当地从事农业劳动的热带和亚热带的殖民地以外,利用奴隶或徭役制农奴来征服自然界和开垦土地的大地主,纯粹是幻想的产物。相反,在古代出现大地主的地方,例如意大利,他们不是把荒地变为可耕的土地,而是把农民已经开垦的土地变为牧场,把人赶走,使整片整片的土地荒芜。只是在近代,自从比较稠密的人口抬高了地价以来,特别是自从农艺学的发展使劣等的土地也较能适于耕种以来,大地产才开始大规模地参与荒地和牧场的开垦,而这主要是通过夺取农民的公地进行的,在英国是这样,在德国也是这样。但当时不是没有对应的措施。例如大土地占有者每在英格兰开垦一英亩公地,总要在苏格兰至少把三英亩耕地变成牧羊场,最后甚至把这些耕

---

① 参看普林尼《博物志》第18卷第35章。——编者注

地变成单纯的猎取大猎物的围场。

这里我们只是针对杜林先生的下述论断：大面积土地的开垦，实际上差不多就是全部耕地的开垦，都只"在任何时候和任何地方"是由大地主和被奴役者来进行的。这种论断，如我们已经看到的，是以对历史的真正空前的无知"为前提"的。因此，我们在这里既不必去研究已经完全开垦或大部分开垦了的土地，在各个时代，有多少是由奴隶（如在希腊的极盛时期）所耕种或为依附农所耕种（如中世纪以来的徭役田庄），也不必去研究大土地占有者在各个时代具有什么样的社会职能。

杜林先生在我们面前展示了这样一幅独具匠心的幻想图——在这幅图中，不知是演绎的戏法还是历史的捏造更值得赞叹——，然后就得意扬扬地高呼：

"不言而喻，分配财富的一切其他形式，也应该按类似的方式历史地加以说明！"

这样一来，他自然就用不着再多说一句话，去解释例如资本的产生。

杜林先生断言，人对人的统治是人对自然界的统治的前提。如果他一般地只想以此来表明：我们现代的整个经济状况，目前已经达到的农业和工业的发展阶段，是在阶级对立中，在统治关系和奴役关系中展开的社会历史的结果，那么他所说的不过是《共产主义宣言》[①] 发表以来早已成为老生常谈的事情。问题恰恰是要去说明阶级和统治关系的产生，如果杜林先生对这个问题总是只用"暴力"这个词来回答，那么这并不能使我们前进一步。被统治者和被剥削者在任何时代都比统治者和剥削者多得多，所以真正的力量总是在前者的手里，仅仅这一简单的事实就足以说明整个暴力论的荒谬性。因此，问题仍然是要去说明统治关系和奴役关系。

---

① 即《共产党宣言》。——编者注

这些关系是通过两种途径产生的。

人们最初怎样脱离动物界（就狭义而言），他们就怎样进入历史：他们还是半动物，是野蛮的，在自然力量面前还无能为力，还不认识他们自己的力量；所以他们像动物一样贫困，而且生产能力也未必比动物强。那时普遍存在着生活状况的某种平等，对于家长，也存在着社会地位的某种平等，至少没有社会阶级，这种状况在后来的文明民族的自然形成的农业公社中还继续存在着。在每个这样的公社中，一开始就存在着一定的共同利益，维护这种利益的工作，虽然是在全体的监督之下，却不能不由个别成员来担当：如解决争端；制止个别人越权；监督用水，特别是在炎热的地方；最后，在非常原始的状态下执行宗教职能。这样的职位，在任何时候的原始公社中，例如在最古的德意志的马尔克公社中可以看到，甚至在今天的印度还可以看到。不言而喻，这些职位被赋予了某种全权，这是国家权力的萌芽。生产力逐渐提高；较稠密的人口使各个公社之间在一些场合产生共同利益，在另一些场合又产生相互抵触的利益，而这些公社集合为更大的整体又引起新的分工，建立保护共同利益和防止相互抵触的利益的机构。这些机构，作为整个集体的共同利益的代表，在对每一个公社的关系上已经处于特别的、在一定情况下甚至是对立的地位，它们很快就变得更加独立了，这种情况的出现，部分地是由于职位的世袭（这种世袭在一切事情都是自发地进行的世界里差不多是自然而然地形成的），部分地是由于同别的集团的冲突的增多，使得这种机构越来越必不可少了。在这里我们没有必要来深入研究：社会职能对社会的这种独立化怎样逐渐上升为对社会的统治；起先的公仆在情况有利时怎样逐步变为主人；这种主人怎样分别成为东方的暴君或总督，希腊的部落首领，凯尔特人的族长等等；在这种转变中，这种主人在什么样的程度上终究也使用了暴力；最后，各个统治人物怎样结合成一个统治阶级。在这里，问题仅仅在于确定这样的事实：政治统治到处都是以执行某种社会职能为基础，而且政治统治只有在它执行了它的这种社会职能时才能持续下去。不管在波斯和印度兴起和衰落的专制政府有多少，每一个专制政府都十分清楚地知道它们首先是河谷灌溉的总管，在那里，没有灌溉就不可能有农业。只有文明的英国人才在印度忽视了这一点；他们听任灌溉渠道和水闸毁坏，现在，由于周期性地发生饥荒，他们才终于发现，他们忽视了唯一能使他们在印度的统治至少同他们前人的统治一样具有某种合理性的那种行动。

但是，除了这样的阶级形成过程之外，还有另一种阶级形成过程。农业家族内的自发的分工，达到一定的富裕程度时，就有可能吸收一个或几个外面的劳动力到家族里来。在旧的土地公有制已经崩溃或者至少是旧的土地共同耕作已经让位于各个家族分得地块单独耕作的那些地方，上述情形尤为常见。生产已经发展到这样一种程度：现在人的劳动力所能生产的东西超过了单纯维持劳动力所需要的数量；维持更多的劳动力的资料已经具备了；使用这些劳动力的资料也已经具备了；劳动力获得了某种价值。但是公社本身和公社所属的集团还不能提供多余的可供自由支配的劳动力。战争却提供了这种劳动力，而战争就像相邻几个公社集团的同时并存一样古老。先前人们不知道怎样处理战俘，因此就简单地把他们杀掉，在更早的时候甚至把他们吃掉。但是在这时已经达到的"经济状况"的水平上，战俘获得了某种**价值**；因此人们就让他们活下来，并且使用他们的劳动。这样，不是暴力支配经济状况，而是相反，暴力被迫为经济状况服务。**奴隶制**被发现了。奴隶制很快就在一切已经发展得超过古代公社的民族中成了占统治地位的生产形式，但是归根到底也成为它们衰落的主要原因之一。只有奴隶制才使农业和工业之间的更大规模的分工成为可能，从而使古代世界的繁荣，使希腊文化成为可能。没有奴隶制，就没有希腊国家，就没有希腊的艺术和科学；没有奴隶制，就没有罗马帝国。没有希腊文化和罗马帝国所奠定的基础，也就没有现代的欧洲。我们永远不应该忘记，我们的全部经济、政治和智力的发展，是以奴隶制既成为必要、又得到公认这种状况为前提的。在这个意义上，我们有理由说：没有古希腊罗马的奴隶制，就没有现代的社会主义。

讲一些泛泛的空话来痛骂奴隶制和其他类似的现象，对这些可耻的现象发泄高尚的义愤，这是最容易不过的事情。可惜，这样做仅仅说出了一件人所共知的事情，这就是：这种古希腊罗马的制度已经不再适合我们目前的状况和由这种状况所决定的我们的感情。但是，这种制度是怎样产生的，它为什么存在，它在历史上起了什么作用，关于这些问题，我们并没有因此而得到任何的说明。如果我们深入地研究一下这些问题，我们就不得不说——尽管听起来是多么矛盾和离奇——在当时的情况下，采用奴隶制是一个巨大的进步。人类是从野兽开始的，因此，为了摆脱野蛮状态，他们必须使用野蛮的、几乎是野兽般的手段，这毕竟是事实。古代的公社，在它们继续存在的地方，从印度到俄国，在数千年中曾经是最野蛮的国家形式即东方专制制度的基础。只是在公社瓦解的地方，各民族才靠自身的力量继续向前迈进，它们最初的经济进步就在于借助奴隶劳动来提高和进一步发展生产。有一点是清楚的：当人的劳动的生产率还非常低，除了必要生活资料只能提供很少的剩余的时候，生产力的提高、交往的扩大、国家和法的发展、艺术和科学的创立，都只有通过更大的分工才有可能，这种分工的基础是从事单纯体力劳动的群众同管理劳动、经营商业和掌管国事以及后来从事艺术和科学的少数特权分子之间的大分工。这种分工的最简单的完全自发的形式，正是奴隶制。在古代世界、特别是希腊世界的历史前提之下，进步到以阶级对立为基础的社会，这只能通过奴隶制的形式来完成。甚至对奴隶来说，这也是一种进步；成为大批奴隶来源的战俘以前都被杀掉，在更早的时候甚至被吃掉，现在至少能保全生命了。

在这里我们顺便补充一下，剥削阶级和被剥削阶级、统治阶级和被压迫阶级之间的到现在为止的一切历史对立，都可以从人的劳动的这种相对不发展的生产率中得到说明。只要实际从事劳动的居民必须占用很多时间来从事自己的必要劳动，因而没有多余的时间来从事社会的公共事务——劳动管理、国家事务、法律事务、艺术、科学等等，总是必然有一个脱离实际劳动的特殊阶级来从事这些事务；而且这个阶级为了它自己的利益，从来不会错过机会来把越来越沉重的劳动负担加到劳动群众的肩上。只有通过大工业所达到的生产力的极大提高，才有可能把劳动无例外地分配给一切社会成员，从而把每个人的劳动时间大大缩短，使一切人都有足够的自由时间来参加社会的公共事务——理论的和实际的公共事务。因此，只是在现在，任何统治阶级和剥削阶级才成为多余的，而且成为社会发展的障碍；也只是在现在，统治阶级和剥削阶级，无论拥有多少"直接的暴力"，都将被无情地消灭。

因此，既然杜林先生因为希腊文化是以奴隶制为基础而对它嗤之以鼻，那他可以用同样的理由去责备希腊人没有蒸汽机和电报。既然他断言，我们现代的雇佣奴役制只能解释为奴隶制的稍有变化和稍微缓和的遗物，而不能从它本身（即从现代社会的经济规律）去加以说明，那么这种论断，要么只是说雇佣劳动同奴隶制一样，是奴役和阶级统治的形式——这是每个小孩子都知道的——，要么就是错误的。因为根据同样的理由，我们也可以说，雇佣劳动只能被解释为缓和的吃人形式，现在到处都已经证实，吃人曾是处理战败的敌人的原始形式。

由此可以清楚地看到，对于经济的发展，暴力在历史中起着什么样的作用。第一，一切政治权力起先都是以某种经济的、社会的职能为基础的，随着社会成员由于原始公社的瓦解而变为私人生产者，因而和社会公共职能的执行者更加疏远，这种权力不断得到加强。第二，政治权力在对社会独立起来并且从公仆变为主人以后，可以朝两个方向起作用。或者它按照合乎规律的经济发展的精神和方向发生作用，在这种情况下，它和经济发展之间没有任何冲突，经济发展加快速度。或者它违反经济发展而发生作用，在这种情况下，除去少数例外，它照例总是在经济发展的压力下陷于崩溃。这少数例外就是个别的征服事件：比较野蛮的征服者杀光或者驱逐某个地方的居民，并且由于不会利用生产力而使生产力遭到破坏或衰落下去。例如在摩尔西班牙，基督徒就是这样对待摩尔人赖以从事高度发展的农业和园艺业的大部分灌溉工程的。由比较野蛮的民族进行的每一次征服，不言而喻，都阻碍了经济的发展，摧毁了大批的生产力。但是在长时期的征服中，比较野蛮的征服者，在绝大多数情况下，都不得不适应由于征服而面临的比较高的"经济状况"；他们为被征服者所同化，而且多半甚至不得不采用被征服者的语言。但是，如果撇开征服的情况不谈，当某一个国家内部的国家权力同它的经济发展处于对立地位的时候——直到现在，几乎一切政治权力在一定的发展阶段上都是这样——，斗争每次总是以政治权力被推翻而告终。经济发展总是毫无例外地和无情地为自己开辟道路，最近这方面最显著的例子，就是我们已经提到过的法国大革命。如果根据杜林先生的学说，某个国家的经济状况以及与此相关的经济制度完全依赖于政治暴力，那就根本不能理解，为什么弗里德里希-威廉四世在1848年之后，尽管有"英勇军队"，却不能把中世纪的行会制度和其他浪漫的狂念，嫁接到本国的铁路、蒸汽机以及刚刚开始发展的大工业上去；或者为什么强暴得多的俄国沙皇①不但不能偿付他的债务，而且如果不利用西欧的"经济状况"不断借债，甚至不能保持他的"暴力"。

在杜林先生看来，暴力是绝对的坏事，第一次暴力行为是原罪，他的全部叙述只是哀诉这一暴力行为怎样作为原罪玷污了到现在为止的全部历史，一切自然规律和社会规律怎样被这种恶魔力量即暴力可耻地歪曲了。但是，暴力在历史中还起着另一种作用，革命的作用；暴力，用马克思的话说，是每一个孕育着新社会的旧社会的助产婆②；它是社会运动借以为自己开辟道路并摧毁僵化的垂死的政治形式的工具——关于这些，杜林先生一个字也没有提到。他只是在叹息和呻吟中承认这样一种可能性：为了推翻进行剥削的经济，也许需要暴力，这很遗憾！因为在他看来，暴力的任何使用都会使暴力使用者道德堕落。他说这话竟不顾每一次革命的胜利带来的道德上和精神上的巨大跃进！而且这话是在德国说的，在那里，人民可能被迫进行的暴力冲突至少有一个好处，即扫除三十年战争的屈辱在民族意识中造成的奴才气。而这种枯燥的、干瘪的、软弱无力的传教士的思维方式，竟要强加给历史上最革命的政党！

---

① 亚历山大二世。——编者注
② 参看马克思《资本论》第1卷，《马克思恩格斯文集》第5卷第861页。——编者注

第三编　社会主义

二　理　论

唯物主义历史观从下述原理出发：生产以及随生产而来的产品交换是一切社会制度的基础；在每个历史地出现的社会中，产品分配以及和它相伴随的社会之划分为阶级或等级，是由生产什么、怎样生产以及怎样交换产品来决定的。所以，一切社会变迁和政治变革的终极原因，不应当到人们的头脑中，到人们对永恒的真理和正义的日益增进的认识中去寻找，而应当到生产方式和交换方式的变更中去寻找；不应当到有关时代的**哲学**中去寻找，而应当到有关时代的**经济**中去寻找。对现存社会制度的不合理性和不公平、对"理性化为无稽，幸福变成苦痛"[①] 的日益觉醒的认识，只是一种征兆，表示在生产方法和交换形式中已经不知不觉地发生了变化，适合于早先的经济条件的社会制度已经不再同这些变化相适应了。同时这还说明，用来消除已经发现的弊病的手段，也必然以或多或少发展了的形式存在于已经发生变化的生产关系本身中。这些手段不应当从头脑中**发明出来**，而应当通过头脑从生产的现成物质事实中**发现出来**。

那么，照此看来，现代社会主义是怎么回事呢？

现在大家几乎都承认，现存的社会制度是由现在的统治阶级即资产阶级创立的。资产阶级所固有的生产方式（从马克思以来称为资本主义生产方式），是同封建制度的地方特权、等级特权以及相互的人身束缚不相容的；资产阶级摧毁了封建制度，并且在它的废墟上建立了资产阶级的社会制度，建立了自由竞争、自由迁徙、商品占有者平等的王国，以及其他一切资产阶级的美妙东西。资本主义生产方式现在可以自由发展了。自从蒸汽和新的工具机把旧的工场手工业变成大工业以后，在资产阶级领导下造成的生产力，就以前所未闻的速度和前所未闻的规模发

---

① 歌德《浮士德》第 1 部第 4 场《书斋》。——编者注

展起来了。但是，正如从前工场手工业以及在它影响下进一步发展了的手工业同封建的行会桎梏发生冲突一样，大工业得到比较充分的发展时就同资本主义生产方式对它的种种限制发生冲突了。新的生产力已经超过了这种生产力的资产阶级利用形式；生产力和生产方式之间的这种冲突，并不是像人的原罪和神的正义的冲突那样产生于人的头脑中，而是存在于事实中，客观地、在我们之外，甚至不依赖于引起这种冲突的那些人的意志或行动而存在着。现代社会主义不过是这种实际冲突在思想上的反映，是它在头脑中，首先是在那个直接吃到它的苦头的阶级即工人阶级的头脑中的观念上的反映。

那么，这种冲突表现在哪里呢？

在资本主义生产出现之前，即在中世纪，普遍地存在着以劳动者私人占有生产资料为基础的小生产：小农的即自由农或依附农的农业和城市的手工业。劳动资料——土地、农具、作坊、手工工具——都是个人的劳动资料，只供个人使用，因而必然是小的、简陋的、有限的。但是，正因为如此，它们也照例是属于生产者自己的。把这些分散的小的生产资料加以集中和扩大，把它们变成现代的强有力的生产杠杆，这正是资本主义生产方式及其承担者即资产阶级的历史作用。资产阶级怎样从 15 世纪起经过简单协作、工场手工业和大工业这三个阶段历史地实现了这种作用，马克思在《资本论》第四篇中已经作了详尽的阐述。但是，正如马克思在那里所证明的，资产阶级要是不把这些有限的生产资料从个人的生产资料变为**社会化的**即只能由**一批人共同**使用的生产资料，就不能把它们变成强大的生产力。纺纱机、机械织机和蒸汽锤代替了纺车、手工织机和手工锻锤；需要成百上千的人进行协作的工厂代替了小作坊。同生产资料一样，生产本身也从一系列的个人行动变成了一系列的社会行动，而产品也从个人的产品变成了社会的产品。现在工厂所出产的纱、布、金属制品，都是许多工人的共同产品，都必须顺次经过他们的手，然后才变为成品。他们当中没有一个人能够说：这是我做的，这是**我的**产品。

但是，在自发的社会内部分工成了生产的基本形式的地方，这种分工就使产品具有商品的形式，而**商品**的相互交换，即买和卖，使个体生产者有可能满足自己的各式各样的需要。中世纪的情况就是这样。例如，农民把农产品卖给手工业者，从他们那里买得手工业品。在这种个体生产者即商品生产者的社会中，渗入了一种新的生产方式。它在整个社会中占支配地位的自发的**无计划的**分工中间，确立了在个别工厂里的有组织的**有计划的**分工；在**个体**生产旁边出现了**社会化生产**。两者的产品在同一市场上出卖，因而价格至少大体相等。但是，有计划的组织要比自发的分工有力量；采用社会化劳动的工厂里所制造的产品，要比分散的小生产者所制造的便宜。个体生产在一个又一个的部门中遭到失败，社会化生产使全部旧的生产方式发生革命。但是它的这种革命性质并不为人所认识，结果它反而被用来当做提高和促进商品生产的手段。它的产生，是同商品生产和商品交换的一定的已经存在的杠杆即商人资本、手工业、雇佣劳动直接联系着的。由于它本身是作为商品生产的一种新形式出现的，所以商品生产的占有形式对它也保持着全部效力。

在中世纪得到发展的那种商品生产中，劳动产品应当属于谁的问题根本不可能发生。当时个体生产者通常都用自己所有的、往往是自己生产的原料，用自己的劳动资料，用自己或家属的手工劳动来制造产品。这样的产品根本用不着他去占有，它自然是属于他的。因此，产品的所有权是以**自己的劳动**为基础的。即使利用过别人的帮助，这种帮助通常也是次要的，而且往往除工资以外还得到别的报酬：行会的学徒和帮工与其说是为了吃饭和挣钱而劳动，不如说是为了自己学成手艺当师傅而劳动。后来生产资料开始集中在大的作坊和手工工场中，开始变为真正社会化的生产资料。但是，这些社会化的生产资料和产品还像从前一样仍被当做个人的生产资料和产品来处理。从前，劳动资料的占有者占有产品，因为这些产品通常是他自己的产品，别人的辅助劳动是一种例外，而现在，劳动资料的占有者还继续占有产品，虽然这些产品已经不是**他的**产品，而完全是**别人劳动**的产品了。这样，现在按社会化方式生产的产品已经不归那些真正使用生产资料和真正生产这些产品的人占有，而是归**资本家**占有。生产资料和生产实质上已经社会化了。但是，它们仍然服从于这样一种占有形式，这种占有形式是以个体的私人生产为前提，因而在这种形式下每个人都占有自己的产品并把这个产品拿到市场上去出卖。生产方式虽然已经消灭了这一占有形式的前提，但是它仍然服从于这一占有形式①。赋予新的生产方式以资本主义性质的这一矛盾，**已经包含着现代的一切冲突的萌芽**。新的生产方式越是在一切有决定意义的生产部门和一切在经济上起决定作用的国家里占统治地位，并从而把个体生产排挤到无足轻重的残余地位，**社会化生产和资本主义占有的不相容性**，也必然越加鲜明地表现出来。

如上所述，最初的资本家就已经遇到了现成的雇佣劳动形式。但是，那时雇佣劳动是一种例外，一种副业，一种辅助办法，一种暂时措施。不时出去打短工的农业劳动者，都有自己的几亩土地，不得已时单靠这些土地也能生活。行会条例是要使今天的帮工明天成为师傅。但是，生产资料一旦变为社会化的生产资料并集中在资本家手中，情形就改变了。个体小生产者的生产资料和产品变得越来越没有价值；他们除了受雇于资本家就没有别的出路。雇佣劳动以前是一种例外和辅助办法，现在成了整个生产的通例和基本形式；以前是一种副业，现在成了工人的唯一职业。暂时的雇佣劳动者变成了终身的雇佣劳动者。此外，由于同时发生了封建制度的崩溃，封建主扈从人员被解散，农民被逐出自己的家园等等，终身的雇佣劳动者大量增加了。集中在资本家手中的生产资料和除了自己的劳动力以外一无所有的生产者彻底分离了。**社会化生产和资本主义占有之间的矛盾表现为无产阶级和资产阶级的对立。**

我们已经看到，资本主义生产方式渗入了商品生产者即通过自己产

---

① 这里无须解释，虽然占有**形式**还是原来那样，可是占有的**性质**由于上述过程而经历的革命，并不亚于生产所经历的革命。我占有我自己的产品还是占有别人的产品，这自然是两种很不相同的占有。顺便提一下：包含着整个资本主义生产方式的萌芽的雇佣劳动是很古老的；它个别地和分散地同奴隶制度并存了几百年。但是，只有在历史前提已经具备时，这一萌芽才能发展成为资本主义生产方式。

品的交换来实现社会联系的个体生产者的社会。但是，每个以商品生产为基础的社会都有一个特点：这里的生产者丧失了对他们自己的社会关系的控制。每个人都用自己偶然拥有的生产资料并为自己的个人的交换需要而各自进行生产。谁也不知道，他的那种商品在市场上会出现多少，究竟需要多少；谁也不知道，他的个人产品是否真正为人所需要，是否能收回它的成本，到底是否能卖出去。社会生产的无政府状态占统治地位。但是，商品生产同任何其他生产形式一样，有其特殊的、固有的、和它分不开的规律；这些规律不顾无政府状态、在无政府状态中、通过无政府状态而为自己开辟道路。这些规律在社会联系的唯一继续存在的形式即交换中表现出来，并且作为竞争的强制规律对各个生产者发生作用。所以，这些规律起初连这些生产者也不知道，只是由于长期的经验才逐渐被他们发现。所以，这些规律是在不经过生产者并且同生产者对立的情况下，作为他们的生产形式的盲目起作用的自然规律而为自己开辟道路。产品支配着生产者。

在中世纪的社会里，特别是在最初几世纪，生产基本上是为了供自己消费。它主要只是满足生产者及其家属的需要。在那些有人身依附关系的地方，例如在农村中，生产还满足封建主的需要。因此，在这里没有交换，产品也不具有商品的性质。农民家庭差不多生产了自己所需要的一切：食物、用具和衣服。只有当他们在满足自己的需要并向封建主交纳实物贡赋以后还能生产更多的东西时，他们才开始生产商品；这种投入社会交换即拿去出卖的多余产品就成了商品。诚然，城市手工业者一开始就必然为交换而生产。但是，他们也自己生产自己所需要的大部分东西；他们有园圃和小块土地；他们在公共森林中放牧牲畜，并且从这些森林中取得木材和燃料；妇女纺麻，纺羊毛等等。以交换为目的的生产，即商品生产，还只是在形成中。因此，交换是有限的，市场是狭小的，生产方式是稳定的，地方和外界是隔绝的，地方内部是统一的；农村中有马尔克①，城市中有行会。

---

① 参看恩格斯《马尔克》，《马克思恩格斯全集》中文第 2 版第 25 卷。——编者注

但是，随着商品生产的扩展，特别是随着资本主义生产方式的出现，以前潜伏着的商品生产规律也就越来越公开、越来越有力地发挥作用了。旧日的束缚已经松弛，旧日的壁障已经突破，生产者日益变为独立的、分散的商品生产者了。社会生产的无政府状态已经表现出来，并且越来越走向极端。但是，资本主义生产方式用来加剧社会生产中的这种无政府状态的主要工具正是无政府状态的直接对立物：每一单个生产企业中的生产作为社会化生产所具有的日益加强的组织性。资本主义生产方式利用这一杠杆结束了旧日的和平的稳定状态。它在哪一个工业部门被采用，就不容许任何旧的生产方法在那里和它并存。它在哪里控制了手工业，就把那里的旧的手工业消灭掉。劳动场地变成了战场。伟大的地理发现以及随之而来的殖民地的开拓使销售市场扩大了许多倍，并且加速了手工业向工场手工业的转化。斗争不仅爆发于地方的各个生产者之间；地方性的斗争又发展为全国性的，发展为17世纪和18世纪的商业战争。最后，大工业和世界市场的形成使这个斗争成为普遍的，同时使它具有了空前的剧烈性。在资本家和资本家之间，在工业部门和工业部门之间以及国家和国家之间，生死存亡都取决于天然的或人为的生产条件的优劣。失败者被无情地淘汰掉。这是从自然界加倍疯狂地搬到社会中来的达尔文的个体生存斗争。动物的自然状态竟表现为人类发展的顶点。社会化生产和资本主义占有之间的矛盾表现为**个别工厂中生产的组织性和整个社会中生产的无政府状态之间的对立**。

资本主义生产方式在它生而具有的矛盾的这两种表现形式中运动着，它毫无出路地处在早已为傅立叶所发现的"恶性循环"中。诚然，傅立叶在他那个时代还不能看到：这种循环在逐渐缩小；更确切地说，运动沿螺线行进，并且必然像行星的运动一样，由于同中心相碰撞而告终。社会的生产无政府状态的推动力使大多数人日益变为无产者，而无产者群众又将最终结束生产的无政府状态。社会的生产无政府状态的推动力，使大工业中的机器无止境地改进的可能性变成一种迫使每个工业资本家在遭受毁灭的威胁下不断改进自己的机器的强制性命令。但是，机器的改进就造成人的劳动的过剩。如果说机器的采用和增加意味着成百万的手工劳动者为少数机器劳动者所排挤，那么，机器的改进就意味着越来越多的机器劳动者本身受到排挤，而归根到底就意味着造成一批超过资本雇工的平均需要的、可供支配的雇佣劳动者，一支真正的产业后备军（我早在1845年就这样称呼他们①），这支后备军在工业开足马力工作的时期可供随意支配，而由于随后必然到来的崩溃又被抛到街头，这支后备军任何时候都是工人阶级在自己同资本进行生存斗争中的绊脚石，是把工资抑制在合乎资本家需要的低水平上的调节器。这样一来，机器，用马克思的话来说，就成了资本用来对付工人阶级的最强有力的武器，劳动资料不断地夺走工人手中的生活资料，工人自己的产品变成了奴役工人的工具。② 于是，劳动资料的节约，一开始就同时成为对劳动力的最无情的浪费和对劳动发挥作用的正常条件的剥夺③；机器这一缩短劳动时间的最有力的手段，变成了使工人及其家属一生的时间转化为可以随意用来增殖资本的劳动时间的最可靠的手段；于是，一部分人的过度劳动成了另一部分人失业的前提，而在全世界追逐新消费者的大工业，却在国内把群众的消费限制到忍饥挨饿这样一个最低水平，从而破坏了自己的国内市场。"使相对过剩人口或产业后备军同资本积累的规模和能力始终保持平衡的规律把工人钉在资本上，比赫斐斯塔司的楔子把普罗米修斯钉在岩石上钉得还要牢。这一规律制约着同资本积累相适应的贫困积累。因此，在一极是财富的积累，同时在另一极，即在把自己的产品作为资本来生产的阶级方面，是贫困、劳动折磨、受奴役、无知、粗野和道德堕落的积累。"（马克思《资本论》第671页）④ 而期待资本主义生产方式有另一种产品分配，

---

① 恩格斯在这里加了一个注："《英国工人阶级状况》第109页"，见《马克思恩格斯全集》中文第1版第2卷369页。——编者注
② 参看马克思《资本论》第1卷，《马克思恩格斯文集》第5卷第501、560页。——编者注
③ 参看同上，第532页。——编者注
④ 参看马克思《资本论》第1卷，《马克思恩格斯文集》第5卷第743—744页。——编者注

那就等于要求电池的电极和电池相联时不使水分解,不在阳极放出氧和在阴极放出氢。

我们已经看到,现代机器的已经达到极高程度的改进的可能性,怎样由于社会中的生产无政府状态而变成一种迫使各个工业资本家不断改进自己的机器、不断提高机器的生产能力的强制性命令。对资本家来说,扩大自己的生产规模的单纯的实际可能性也变成了同样的强制性命令。大工业的巨大的扩张力——气体的膨胀力同它相比简直是儿戏——现在在我们面前表现为不顾任何反作用力而在质量上和数量上进行扩张的**需要**。这种反作用力是由大工业产品的消费、销路、市场形成的。但是,市场向广度和深度扩张的能力首先是受完全不同的、力量弱得多的规律支配的。市场的扩张赶不上生产的扩张。冲突成为不可避免的了,而且,因为它在把资本主义生产方式本身炸毁以前不能使矛盾得到解决,所以它就成为周期性的了。资本主义生产造成了新的"恶性循环"。

事实上,自从1825年第一次普遍危机爆发以来,整个工商业世界,一切文明民族及其野蛮程度不同的附属地中的生产和交换,差不多每隔十年就要出轨一次。交易停顿,市场盈溢,产品大量滞销积压,银根奇紧,信用停止,工厂停工,工人群众因为他们生产的生活资料过多而缺乏生活资料,破产相继发生,拍卖纷至沓来。停滞状态持续几年,生产力和产品被大量浪费和破坏,直到最后,大批积压的商品以或多或少压低了的价格卖出,生产和交换又逐渐恢复运转。步伐逐渐加快,慢步转成快步,工业快步转成跑步,跑步又转成工业、商业、信用和投机事业的真正障碍赛马中的狂奔,最后,经过几次拼命的跳跃重新陷入崩溃的深渊。如此反复不已。从1825年以来,这种情况我们已经历了整整五次,目前(1877年)正经历着第六次。这些危机的性质表现得这样明显,以致傅立叶把第一次危机称为 crise pléthorique[多血症危机],即由过剩引起的危机时,就中肯地说明了所有这几次危机的实质。[1]

---

[1] 参看《傅立叶全集》1845年巴黎版第6卷第393—394页。——编者注

在危机中，社会化生产和资本主义占有之间的矛盾剧烈地爆发出来。商品流通暂时停顿下来；流通手段即货币成为流通的障碍；商品生产和商品流通的一切规律都颠倒过来了。经济的冲突达到了顶点：**生产方式起来反对交换方式，生产力起来反对已经被它超过的生产方式。**

工厂内部的生产的社会化组织，已经发展到同存在于它之旁并凌驾于它之上的社会中的生产无政府状态不能相容的地步。资本家自己也由于资本的猛烈积聚而感觉到这一事实，这种积聚是在危机期间通过许多大资本家和更多的小资本家的破产实现的。资本主义生产方式的全部机制在它自己创造的生产力的压力下失灵了。它已经不能把这大批生产资料全部变成资本；生产资料闲置起来，因此，产业后备军也不得不闲置起来。生产资料、生活资料、可供支配的工人——生产和一般财富的一切因素，都过剩了。但是，"过剩成了贫困和匮乏的源泉"（傅立叶），因为正是这种过剩阻碍生产资料和生活资料变为资本。因为在资本主义社会里，生产资料要不先变为资本，变为剥削人的劳动力的工具，就不能发挥作用。生产资料和生活资料的资本属性的必然性，像幽灵一样横在这些资料和工人之间。唯独这个必然性阻碍着生产的物的杠杆和人的杠杆的结合；唯独它不允许生产资料发挥作用，不允许工人劳动和生活。因此，一方面，资本主义生产方式暴露出它没有能力继续驾驭这种生产力。另一方面，这种生产力本身以日益增长的威力要求消除这种矛盾，要求摆脱它作为资本的那种属性，要求**在事实上承认它作为社会生产力的那种性质。**

猛烈增长着的生产力对它的资本属性的这种反作用力，要求承认生产力的社会本性的这种日益增长的压力，迫使资本家阶级本身在资本关系内部可能的限度内，越来越把生产力当做社会生产力看待。无论是信用无限膨胀的工业高涨时期，还是由大资本主义企业的破产造成的崩溃本身，都使大量生产资料不得不采取像我们在各种股份公司中所遇见的那种社会化形式。某些生产资料和交通手段一开始规模就很大，它们，例如铁路，排斥任何其他的资本主义经营形式。在一定的发展阶段上，这种形式也嫌不够了：资本主义社会的正式代表——国家不得不①承担起对它们的管理。这种转化为国家财产的必要性首先表现在大规模的交通机构，即邮政、电报和铁路方面。

如果说危机暴露出资产阶级没有能力继续驾驭现代生产力，那么，大的生产机构和交通机构向股份公司和国家财产的转变就表明资产阶级在这方面是多余的。资本家的全部社会职能现在由领工薪的职员来执行了。资本家除了拿红利、持有剪息票、在各种资本家相互争夺彼此的资本的交易所中进行投机以外，再也没有任何其他的社会活动了。资本主义生产方式起初排挤工人，现在却在排挤资本家了，完全像对待工人那样把他们赶到过剩人口中去，虽然暂时还没有把他们赶到产业后备军中去。

但是，无论向股份公司的转变，还是向国家财产的转变，都没有消除生产力的资本属性。在股份公司的场合，这一点是十分明显的。而现代国家也只是资产阶级社会为了维护资本主义生产方式的一般外部条件使之不受工人和个别资本家的侵犯而建立的组织。现代国家，不管它的形式如何，本质上都是资本主义的机器，资本家的国家，理想的总资本家。它越是把更多的生产力据为己有，就越是成为真正的总资本家，越是剥削更多的公民。工人仍然是雇佣劳动者，无产者。资本关系并没有被消灭，反而被推到了顶点。但是在顶点上是要发生变革的。生产力归国家所有不是冲突的解决，但是这里包含着解决冲突的形式上的手段，

---

① 我说"**不得不**"，因为只有在生产资料或交通手段**真正**发展到不适于由股份公司来管理，因而国有化**在经济**上已成为不可避免的情况下，国有化——即使是由目前的国家实行的——才意味着经济上的进步，才意味着达到了一个新的为社会本身占有一切生产力作准备的阶段。但是最近，自从俾斯麦致力于国有化以来，出现了一种冒牌的社会主义，它有时甚至堕落为某些奴才气，无条件地把**任何一种**国有化，甚至俾斯麦的国有化，都说成社会主义的。显然，如果烟草国营是社会主义的，那么拿破仑和梅特涅也应该算入社会主义创始人之列了。比利时国家出于纯粹日常的政治和财政方面的考虑而自己修建国家的铁路干线，俾斯麦并非考虑经济上的必要，而只是为了使铁路能够更好地适用于战时，只是为了把铁路官员训练成政府的投票畜群，主要是为了取得一种不依赖于议会决定的新的收入来源而把普鲁士的铁路干线收归国有，这无论如何不是社会主义的步骤，既不是直接的，也不是间接的，既不是自觉的，也不是不自觉的。否则，皇家海外贸易公司、皇家陶瓷厂，甚至陆军被服厂，也都是社会主义的设施了。

解决冲突的线索。

　　这种解决只能是在事实上承认现代生产力的社会本性，因而也就是使生产、占有和交换的方式同生产资料的社会性质相适应。而要实现这一点，只有由社会公开地和直接地占有已经发展到除了适于社会管理之外不适于任何其他管理的生产力。现在，生产资料和产品的社会性质反过来反对生产者本身，周期性地突破生产方式和交换方式，并且只是作为盲目起作用的自然规律强制性地和破坏性地为自己开辟道路，而随着社会占有生产力，这种社会性质就将为生产者完全自觉地运用，并且从造成混乱和周期性崩溃的原因变为生产本身的最有力的杠杆。

　　社会力量完全像自然力一样，在我们还没有认识和考虑到它们的时候，起着盲目的、强制的和破坏的作用。但是，一旦我们认识了它们，理解了它们的活动、方向和作用，那么，要使它们越来越服从我们的意志并利用它们来达到我们的目的，就完全取决于我们了。这一点特别适用于今天的强大的生产力。只要我们固执地拒绝理解这种生产力的本性和性质（而资本主义生产方式及其辩护士正是抗拒这种理解的），它就总是像上面所详细叙述的那样，起违反我们、反对我们的作用，把我们置于它的统治之下。但是，它的本性一旦被理解，它就会在联合起来的生产者手中从魔鬼似的统治者变成顺从的奴仆。这里的区别正像雷电中的电的破坏力同电报机和弧光灯的被驯服的电之间的区别一样，正像火灾同供人使用的火之间的区别一样。当人们按照今天的生产力终于被认识了的本性来对待这种生产力的时候，社会的生产无政府状态就让位于按照社会总体和每个成员的需要对生产进行的社会的有计划的调节。那时，资本主义的占有方式，即产品起初奴役生产者而后又奴役占有者的占有方式，就让位于那种以现代生产资料的本性为基础的产品占有方式：一方面由社会直接占有，作为维持和扩大生产的资料，另一方面由个人直接占有，作为生活资料和享受资料。

　　资本主义生产方式日益把大多数居民变为无产者，从而就造成一种在死亡的威胁下不得不去完成这个变革的力量。这种生产方式日益迫使人们把大规模的社会化的生产资料变为国家财产，因此它本身就指明完成这个变革的道路。**无产阶级将取得国家政权，并且首先把生产资料变为国家财产**。但是这样一来，它就消灭了作为无产阶级的自身，消灭了一切阶级差别和阶级对立，也消灭了作为国家的国家。到目前为止在阶级对立中运动着的社会，都需要有国家，即需要一个剥削阶级的组织，以便维护这个社会的外部生产条件，特别是用暴力把被剥削阶级控制在当时的生产方式所决定的那些压迫条件下（奴隶制、农奴制或依附农制、雇佣劳动制）。国家是整个社会的正式代表，是社会在一个有形的组织中的集中表现，但是，说国家是这样的，这仅仅是说，它是当时独自代表整个社会的那个阶级的国家：在古代是占有奴隶的公民的国家，在中世纪是封建贵族的国家，在我们的时代是资产阶级的国家。当国家终于真正成为整个社会的代表时，它就使自己成为多余的了。当不再有需要加以镇压的社会阶级的时候，当阶级统治和根源于至今的生产无政府状态的个体生存斗争已被消除，而由此二者产生的冲突和极端行动也随着被消除了的时候，就不再有什么需要镇压了，也就不再需要国家这种特殊的镇压力量了。国家真正作为整个社会的代表所采取的第一个行动，即以社会的名义占有生产资料，同时也是它作为国家所采取的最后一个独立行动。那时，国家政权对社会关系的干预在各个领域中将先后成为多余的事情而自行停止下来。那时，对人的统治将由对物的管理和对生产过程的领导所代替。国家不是"被废除"的，**它是自行消亡的**。应当以此来衡量"自由的人民国家"这个用语，这个用语在鼓动的意义上暂时有存在的理由，但归根到底是没有科学根据的；同时也应当以此来衡量所谓无政府主义者提出的在一天之内废除国家的要求。

自从资本主义生产方式在历史上出现以来，由社会占有全部生产资料，常常作为未来的理想隐隐约约地浮现在个别人物和整个整个派别的头脑中。但是，这种占有只有在实现它的物质条件已经具备的时候，才能成为可能，才能成为历史的必然性。正如其他一切社会进步一样，这种占有之所以能够实现，并不是由于人们认识到阶级的存在同正义、平等等等相矛盾，也不是仅仅由于人们希望废除这些阶级，而是由于具备了一定的新的经济条件。社会分裂为剥削阶级和被剥削阶级、统治阶级和被压迫阶级，是以前生产不大发展的必然结果。只要社会总劳动所提供的产品除了满足社会全体成员最起码的生活需要以外只有少量剩余，就是说，只要劳动还占去社会大多数成员的全部或几乎全部时间，这个社会就必然划分为阶级。在这被迫专门从事劳动的大多数人之旁，形成了一个脱离直接生产劳动的阶级，它掌管社会的共同事务：劳动管理、国家事务、司法、科学、艺术等等。因此，分工的规律就是阶级划分的基础。但是，这并不妨碍阶级的这种划分曾经通过暴力和掠夺、欺诈和蒙骗来实现，这也不妨碍统治阶级一旦掌握政权就牺牲劳动阶级来巩固自己的统治，并把对社会的领导变成对群众的剥削。

  但是，如果说阶级的划分根据上面所说具有某种历史的理由，那也只是对一定的时期、一定的社会条件才是这样。这种划分是以生产的不足为基础的，它将被现代生产力的充分发展所消灭。的确，社会阶级的消灭是以这样一个历史发展阶段为前提的，在这个阶段上，不仅某个特定的统治阶级的存在，而且任何统治阶级的存在，从而阶级差别本身的存在，都将成为时代错乱，成为过时现象。所以，社会阶级的消灭是以生产高度发展的阶段为前提的，在这个阶段上，某一特殊的社会阶级对生产资料和产品的占有，从而对政治统治、教育垄断和精神领导地位的占有，不仅成为多余的，而且在经济上、政治上和精神上成为发展的障碍。这个阶段现在已经达到了。资产阶级的政治和精神的破产甚至对他们自己来说也未必是一种秘密了，而他们的经济破产则有规律地每十年重复一次。在每次危机中，社会在它自己的而又无法加以利用的生产力和产品的重压下奄奄一息，面对着生产者没有什么可以消费是因为缺乏消费者这种荒谬的矛盾而束手无策。生产资料的扩张力撑破了资本主义生产方式所加给它的桎梏。把生产资料从这种桎梏下解放出来，是生产力不断地加速发展的唯一先决条件，因而也是生产本身实际上无限增长的唯一先决条件。但是还不止于此。生产资料由社会占有，不仅会消除生产的现存的人为障碍，而且还会消除生产力和产品的有形的浪费和破坏，这种浪费和破坏在目前是生产的无法摆脱的伴侣，并且在危机时期达到顶点。此外，这种占有还由于消除了现在的统治阶级及其政治代表的穷奢极欲的挥霍而为全社会节省出大量的生产资料和产品。通过社会化生产，不仅可能保证一切社会成员有富足的和一天比一天充裕的物质生活，而且还可能保证他们的体力和智力获得充分的自由的发展和运用，这种可能性现在第一次出现了，但它**确实是出现了**①。

　　一旦社会占有了生产资料，商品生产就将被消除，而产品对生产者的统治也将随之消除。社会生产内部的无政府状态将为有计划的自觉的组织所代替。个体生存斗争停止了。于是，人在一定意义上才最终地脱离了动物界，从动物的生存条件进入真正人的生存条件。人们周围的、至今统治着人们的生活条件，现在受人们的支配和控制，人们第一次成为自然界的自觉的和真正的主人，因为他们已经成为自身的社会结合的主人了。人们自己的社会行动的规律，这些一直作为异己的、支配着人们的自然规律而同人们相对立的规律，那时就将被人们熟练地运用，因而将听从人们的支配。人们自身的社会结合一直是作为自然界和历史强加于他们的东西而同他们相对立的，现在则变成他们自己的自由行动了。至今一直统治着历史的客观的异己的力量，现在处于人们自己的控制之下了。只是从这时起，人们才完全自觉地自己创造自己的历史；只是从这时起，由人们使之起作用的社会原因才大部分并且越来越多地达到他们所预期的结果。这是人类从必然王国进入自由王国的飞跃。

---

　　① 有几个数字可以使人们对现代生产资料即使在资本主义压制下仍然具有的巨大扩张力有个大体的概念。根据吉芬的最新统计，大不列颠和爱尔兰的全部财富约计如下：
　　1814 年……22 亿英镑 = 440 亿马克
　　1865 年……61 亿英镑 = 1220 亿马克
　　1875 年……85 亿英镑 = 1700 亿马克
　　至于在危机中生产资料和产品被破坏的情况，根据 1878 年 2 月 21 日在柏林举行的德国工业家第二次代表大会所作的统计，在最近一次崩溃中，单是**德国制铁工业**所遭受的全部损失就达 45500 万马克。

完成这一解放世界的事业，是现代无产阶级的历史使命。深入考察这一事业的历史条件以及这一事业的性质本身，从而使负有使命完成这一事业的今天受压迫的阶级认识到自己的行动的条件和性质，这就是无产阶级运动的理论表现即科学社会主义的任务。

节选自《马克思恩格斯文集》第9卷，北京：人民出版社2009年版，第6—300页

第五部分 附 录

附录 I 研究文献精选

一 〔东德〕H. 乌布利希、I. 维尔善:《〈反杜林论〉的产生过程和历史作用（1876—1895）》（节选）[①]

一百年前在莱比锡初次问世的恩格斯的著作《欧根·杜林先生在科学中实行的变革》，是一部划时代的马克思列宁主义理论的论战性著作。列宁认为这是一部"内容十分丰富、十分有益的书"，"它分析了哲学、自然科学和社会科学中最重大的问题"[②]。从这个意义上说，《反杜林论》是从马克思主义各个组成部分的统一性及其内在联系上来阐明马克思主义的。列宁认为恩格斯这部著作是"每个觉悟工人必读的书籍"[③]。

所以，《反杜林论》的发表，在马克思主义史和革命工人运动史上具有极其重要的作用，这绝不是偶然的。与此相反，如果说修正主义早就力图贬低这部著作的意义，那么最近十年，资产阶级的历史编纂学家和伪造恩格斯著作的人，就硬说什么在倍倍尔和李卜克内西所领导的社会民主党内，实际上从未有过马克思主义。他们掩盖这样一个历史真相，即贯彻马克思主义是革命社会民主党领导下的工人阶级及其斗争运动发展的主导路线。

[①] 本文系为纪念恩格斯的《反杜林论》出版100周年发表的一篇文章。原载东德《工人运动史论丛》1978年第1期。俞长彬、钱学敏摘译，载《哲学译丛》1979年第4期。
[②]《列宁全集》第2卷，北京：人民出版社1984年版，第9页。
[③]《列宁全集》第23卷，北京：人民出版社1990年版，第42页。

《反杜林论》在19世纪最后30年内的产生和传播，也像马克思和恩格斯的一切著作的作用一样表明：工人阶级掌握马克思主义、摆脱资产阶级意识形态的影响是一个合乎规律的过程，工人阶级能够在这一过程中，实现它的历史使命。这部著作极大地锻炼了无产阶级政党的革命战斗力，它的历史确确实实表现了资产阶级意识形态与社会主义意识形态的不可调和性。

近代最光辉的政治著作和社会哲学著作

俾斯麦无法通过"反社会党人法"来消灭工人运动，社会民主党在同波拿巴主义的斗争中发展成为马克思主义的群众性的政党。党在这一斗争中意识到，只有彻底掌握、贯彻与应用马克思和恩格斯的思想财富，才能为工人阶级的利益和民主改造而斗争。于是，党建立了地下书刊发行制度，在反对容克资产阶级意识形态和左、右倾机会主义观点的斗争中，党比以往任何时候都更加强了马克思主义的宣传。党竭力反对在反社会主义的旗号下，用军国主义、反犹太主义和教权扩张主义的思想来毒害人民，并且推动了科学在广阔天地里的传播。

李卜克内西在"关于延长惩治社会民主党危害社会治安法令的第三次法案会议"上的讲话中，尖锐地揭露了通过"反社会党人法"来查禁《反杜林论》这一罪行。他说："科学不自由……如果在被查禁的著作中，有一部卓越地……闪耀出科学光辉的著作，那就是我的朋友恩格斯的《欧根·杜林先生在科学中实行的变革》。……这本书是以最严格的科学精神写成的，可以说是近代最光辉的政治著作和社会哲学著作；它详细地论述了政治生活与社会生活的各个方面（主要是经济的作用与历史的运动规律），它对哲学作了最深刻而又机智的批判考察，对现代世界观作了全面而完整的概述"[①]。这样，社会民主党一开始就把非法

---

① 《提交德国国会的新反社会党人法》第五册，第三次会议，莱比锡，1880年，第11、13页。

斗争与合法斗争结合起来，以便在反对"反社会党人法"的斗争中宣传《反杜林论》。

恩格斯的著作，对于国际工人运动掌握马克思主义也很快发挥了重要作用。1880年，根据保尔·拉法格的建议，恩格斯为法国工人党把《反杜林论》编成一本通俗的小册子，7年后这本小册子以《空想社会主义和科学社会主义》为题在巴黎出版。正如马克思在他的导言中所说：这一著作包括了《反杜林论》的"理论部分中最重要的部分"，是"科学社会主义的入门"①。在法国，作用是巨大的②。这本小册子在国外广为流传，当作者还在世的时候就已译成欧洲10种文字。正如恩格斯在这本小册子出版12年后所说的，这一著作的印数在无产阶级世界观创始人的著作的所有译本中居于首位③。这样，《反杜林论》的思想财富，也就通过这本宣传小册子，在19世纪最后30年内，大大地推动了马克思主义在国际工人运动中的贯彻，并取得完全的胜利。

恩格斯的著作在德国工人运动中所具有的功绩尤为卓著。为了使工人阶级掌握马克思主义，随着《反杜林论》的出版，展开了一场思想攻势，德国社会主义工人党1883年在哥本哈根党代表大会上同占统治地位的意识形态的论战，就是这场思想攻势的一个方面。1883年初小册子的德文第一版就出了1500册。同年6月初又出了第二版并增加了印数，10月份出了第三版，印数高达5000册。据恩格斯本人在该书出第四版时的统计④，《社会主义从空想到科学的发展》1883年总共印了10000册。三年后《反杜林论》的第二版印数高达2300册。恩格斯对该书的《理论》一章作了增补，作为《社会主义从空想到科学的发展》的基础。正当"反社会党人法"时期，《社会主义从空想到科学的发

---

① 《马克思恩格斯全集》第19卷，北京：人民出版社1984年版，第263页。
② 《马克思恩格斯全集》第35卷，北京：人民出版社1971年版，第394页。
③ 参见《马克思恩格斯全集》第22卷，北京：人民出版社1965年版，第338页。
④ 同上书，第244页。

展》发行了 10000 册①，在恩格斯生活和战斗的最后年代里，其印数又增加了一倍。德国社会民主党人认为恩格斯的这本著作是"我们的宣传手册"。《社会民主党人报》的一篇社论称它是论述马克思主义哲学的著作："只有根据唯物史观，才能为社会主义提供科学的基础，才能把它从虚无飘渺的冒险的空想，变为具体的研究。"②

实际上，恩格斯的《反杜林论》具有决定意义的东西就在于：它使德国社会民主党认识到马克思主义本质上是一种完整的世界观，不仅历史唯物主义而且马克思主义的政治经济学对于工人阶级理解自己的历史使命都具有重要的意义。卡尔·考茨基曾经确认：这部著作给"党员和党组织提供了最坚实、最有效的基础"，他写道："如果要我判定恩格斯的《反杜林论》对我的影响，那么对于理解马克思主义来说，没有别的书能比得上这部著作的作用了。诚然，马克思的《资本论》是很了不起的。但是，我们只是通过《反杜林论》才正确地阅读和学习《资本论》的。"③ 正如列宁所说的，恩格斯的思想财富极大地促使革命的工人阶级认识到：只有马克思的哲学唯物主义，才给无产阶级指明了摆脱精神奴役的出路；他又指出，只有马克思的经济学说，才阐明了无产阶级在整个资本主义制度中的真正地位。④

这种影响明显地表现在约瑟夫·狄慈根的著作中，狄慈根不但早在

---

① 党在"反社会党人法"时期所展开的思想攻势是极为广泛而紧张的，它的核心是传播马克思和恩格斯的思想财富，8 年中，出版了 82 种马克思主义创始人的作品，其中有 32 种是第一次发表或用德文发表的。绝大部分第一次发表的著作出自恩格斯的手笔，在马克思逝世以后恩格斯为党的宣传工作付出了巨大的劳动。《资本论》各卷以及《共产党宣言》的第三版已准备就绪。一年后，他出版了马克思的《雇佣劳动与资本》的新版本。1885 年他编完了《路易·波拿巴的雾月十八日》的第 3 版，并且出版了《哲学的贫困》德文版和《资本论》第 2 卷。1884 年他出版了《家庭、私有制和国家的起源》。1886 年又出版了《路德维希·费尔巴哈和德国古典哲学的终结》等等。这样，在恩格斯的激励下，在工人运动史上第一次开始了全面地传播马克思主义，这一事实也表现在：党的地下中央机关报——《社会民主党人报》到 1890 年止，总共出版了 32 种马克思和恩格斯的著作。并且直到"反社会党人法"废除时止，两位革命者的一些著作又重印了许多次，其中《共产党宣言》共印了 3 次，其印数超过了其他著作。

② 《一本新的宣传手册》，载《社会民主党人报》1883 年 2 月 22 日。
③ 《恩格斯和卡·考茨基的通信集》，第二版，维也纳，1955 年第 4 页。
④ 参见《列宁全集》第 19 卷，北京：人民出版社 1989 年版，第 8 页。

1877年底就依据《反杜林论》的精神来捍卫和论述马克思主义哲学和社会主义的不可分割的统一性,反对杜林分子的进攻。[①] 他还一再把恩格斯的思想财富作为他以后研究工作的基础,并且说明他之所以迫切需要《反杜林论》,是因为辩证唯物主义是德国社会民主党"最根本的理论基础"[②]。

恩格斯在《反杜林论》中阐明了唯物史观的根本性质,这也就是拉法格1884年初和1884年夏,在法国工人党"社会主义图书馆"巴黎小组所作的关于历史唯物主义报告的基础。这个报告后来很快由《社会民主党人报》连续用德文全部发表了[③],两年后,又作为《社会民主党丛书》出了单行本[④],拉法格通过自己的书籍和文章积极支持革命工人阶级努力掌握马克思和恩格斯的哲学思想财富,并在反对唯心主义的斗争中捍卫了它的纯洁性。

普列汉诺夫是《反杜林论》的宣传者,为了无产阶级的团结,他同狄慈根、拉法格战斗在一起,1890年,《新时代》发表了他论尼·加·车尔尼雪夫斯基的文章,这篇文章阐述了车尔尼雪夫斯基观点的"一般特点",指出他是一位伟大的人物,但是这位俄国的革命民主主义者的哲学唯物主义具有局限性。普列汉诺夫还依据恩格斯的思想财富分析了"最新的唯物主义观点"。总之,狄慈根、拉法格和普列汉诺夫在他们的著作中,都阐述了《反杜林论》这一哲学思想财富的普遍的国际意义。在国际革命工人运动的传统中,这本著作是一部具有伟大意义的文献,它既是理论的宝库,又是同资产阶级哲学和资产阶级意识形态进行斗争的武器。因此,恩格斯的《反杜林论》永远是工人运动最

---

① 参见约·狄慈根:《认识的界限》,载三卷本著作,第2卷,柏林,1962年,第49页。

② 约·狄慈根:《一个社会主义者在认识领域中的进击》,载三卷本著作,第3卷,第59页。参见《马克思恩格斯全集》第20卷,北京:人民出版社1971年版,第28页。

③ 参见保·拉法格:《历史上的唯心主义和唯物主义》,载《社会民主党人报》1884年4月17日、24日、5月1日;保·拉法格:《阶级斗争的理论》,载《社会民主党人报》1884年6月12日、19日、26日。

④ 保·拉法格:《马克思所理解的经济唯物主义》,苏黎世,1886年,见《社会民主党丛书》,第9卷。

重要的哲学教科书。

无产阶级的重大作用与日俱增

如果说《反杜林论》有助于德国革命社会民主党数以千计的组织和党员掌握马克思主义世界观的基本思想，那么，党的地下机关报《社会民主党人报》对此起了决定性的推动作用。《社会民主党人报》通过《红色战地邮政》把马克思和恩格斯的单行本著作秘密地运往德国，这份报纸也就成了光辉的马克思主义的宣传品[①]。为了同妄图侵入党内的资产阶级意识形态进行斗争，在许多论文中，首先发表的就是《反杜林论》。由于恩格斯指出了反社会主义是一种必然的现象，它的作用是歪曲工人阶级的世界历史使命，所以恩格斯的著作首先是反对形形色色乔装社会主义的、反无产阶级理论的强大武器，特别是反对无政府主义和反对国家社会主义的机会主义的强大武器。在这一斗争中社会民主党的宣传家依据唯物史观，首先充分利用了《反杜林论》中的一章，在这一章中恩格斯通过"全面揭示社会主义的基本特征"，分析了"解放世界的事业"、"现代无产阶级的历史使命"[②]。这一章的内容，比起国家社会主义的机会主义代表人物所提供的东西更重要得多，这些代表人物兴风作浪反对社会主义社会的创造者——无产阶级的世界历史作用，其目的是妄想在"普鲁士国家社会主义"的旗号下，使资本主义社会里的无产阶级屈服于俾斯麦的金钱，并把党变成小资产阶级的党。在同这个派别及其观点的论战中，党同 H. 巴尔、A. 谢夫勒、K. 施拉姆以及其他机会主义和资产阶级的理论家们进行了尖锐的斗争，在恩格斯著作的指引下，党比以前任何时期都更加认识到自己的阶级本性，认识到自己作为无产阶级革命先锋队的历史作用和历史任务。

由于资产阶级和无产阶级之间的阶级对抗，造成了《社会民主党人报》同机会主义进行论战的艰巨性。因此，报纸要竭尽全力揭露大资产

[①] 关于这一点，还可参见 H. 巴尔特、W. 施洛德尔等著：《社会民主党（1879—1890）》，柏林，1975 年版。

[②] 《马克思恩格斯全集》第 20 卷，北京：人民出版社 1971 年版，第 308 页。

阶级容克国家的阶级本质，反对工人运动中的资产阶级思想（怀疑无产阶级与资产阶级对立的不可调和性）。《社会民主党人报》抨击企图歪曲马克思主义，从而破坏工人运动的机会主义的阴谋诡计，因为机会主义者胡说什么居于统治地位的剥削者的国家能够而且愿意保障劳动群众的社会生活，保障社会进步。巴尔建议由国家规定一种"按比例分配的工资"，这个建议曾为洛贝尔图斯①所接受，根据恩格斯《反杜林论》第一版序言的精神，巴尔的建议也曾被认为是一种"高超的胡说"，究其目的正如《社会民主党人报》所说："为了工人阶级的彻底解放，不需要阶级斗争，不需要工人阶级的进击，只需要在法律上永远确定剥削份额。"②

党中央机关报非常确切地评论了谢夫勒在其著作《社会民主党的穷途末日》中所提出的国家社会主义方案的政治本性，也就是要在"榨取"无产阶级以保持利润的情况下，来消除资本主义的病毒。《社会民主党人报》通过详细的批判分析③指出：谢夫勒著作的"目的是妄想使无产阶级变成一个有产阶级"④。

恩格斯肯定并完全赞同这场彻底反对各种形式机会主义的斗争，尤其是《反杜林论》的作者能够高兴地说明他的著作发挥了多么有效的作用。⑤

其实，恩格斯还更加满意地注视着《社会民主党人报》为捍卫与传播马克思主义所进行的论战，因为它在论战中所表现的理论手段是卓越的。众所周知，正如狄慈根所指出的：这正表明报纸的编者回到了德国社会民主党的"最根本的理论基础"上，并依据唯物史观系统地论证无产阶级阶级斗争的规律性。伯恩施坦在同施拉姆（此人也像巴尔一

---

① 关于洛贝尔图斯可参见恩格斯1885年为《资本论》第二卷写的序言及1884年为《哲学的贫困》写的序言。
② 爱·伯恩施坦：《高超的胡说》，载《社会民主党人报》1884年9月3日。
③ 参见《社会民主党是不可战胜的》，载《社会民主党人报》1885年2月19日、3月5日、19日、26日，4月9日、16日、30日。
④ 《社会民主党人报》1885年3月19日。
⑤ 参见《马克思恩格斯全集》第36卷，北京：人民出版社1974年版，第206—207页。

样,从鼓吹社会权利直到鼓吹国家社会主义的强制性的"法定工资",完全否定"马克思主义的按技能评级的制度"①)的论战中曾经指出,工人运动及其斗争是以社会化生产和资本主义占有之间的矛盾为基础的,这种运动和斗争是一种必然的社会现象。② 就此而言,伯恩施坦的观点与《反杜林论》是完全一致的③,根据这种观点,伯恩施坦还指出凡是像施拉姆那样,"把我们运动的科学基础……视为异端的人……都否定阶级斗争和工人阶级的革命使命,而去鼓吹掺和着一点国家社会主义的资产阶级民主"④。《社会民主党人报》特别强调掌握这个基础的必要性,当时它借同施拉姆进行论战的时机,专门摘要印发了马克思的《〈政治经济学批判〉序言》及恩格斯的《反杜林论》,以便向全体党员清楚地说明唯物史观对反对国家社会主义的机会主义的意义。⑤

社会民主党在反对国家社会主义和无政府主义观点的斗争中,从恩格斯所阐述的社会发展的一般规律与资本主义的特殊规律(二者都是研究和运用《反杜林论》的关键)出发,认为:无产阶级阶级斗争的基本问题是工人阶级夺取政权并行使政权。《社会民主党人报》与拉萨尔主义观点相反,在工人阶级夺取国家政权方面,没有指出令人迷惑的道路,没有提出错误的目的⑥,《社会民主党人报》还驳斥了消灭国家、主张社会主义条件下个性绝对自由的无政府主义要求⑦。中央机关报摘录了恩格斯关于社会主义条件下自觉掌握生产力、按照全社会和每个成员的需要对生产进行社会的有计划的调节的言论,并且指出:"社会主义的基本思想是以团结为基础的,有计划的自觉的组织。与此相反,无政府主义的基本思想则是个人与集团的'绝对自由';但是这种'绝对

---

① 卡·奥·施拉姆:《洛贝尔图斯、马克思、拉萨尔》,柏林,1886年。
② 参见《道德的批评家和他的批评道德》,载《社会民主党人报》1886年2月12日。
③ 《马克思恩格斯全集》第20卷,北京:人民出版社1971年版,第296页。
④ 参见《道德的批评家和他的批评道德》,载《社会民主党人报》1886年2月12日。
⑤ 《唯物史观》,载《社会民主党人报》1886年2月12日。
⑥ 利奥(即爱·伯恩施坦):《社会主义和国家》,载《社会民主党人报》1883年12月20日。又参见《马克思恩格斯全集》第36卷,北京:人民出版社1974年版,第79页。
⑦ 利奥(即爱·伯恩施坦):《社会主义和国家》,载《社会民主党人报》1883年12月20日。

自由'把任何计划都当做虚妄的东西，绝对自由不承担任何义务，因而是团结原则的敌人。在现代，社会主义是革命的，而无政府主义则是反动的"。①

对于社会民主党来说恩格斯的著作在反对"反社会党人法"的斗争中，对这个启蒙过程作出了决定性的贡献；《反杜林论》的意义是很全面的，考茨基在《社会民主党人报》上简略地介绍恩格斯的生平时曾直接评述过，他说：这部著作"包含有从马克思和恩格斯的唯物史观所产生的现代科学的精华。《反杜林论》是继《资本论》之后的现代社会主义的基本著作"②。

我十分满意

在1890年的国会选举中，德国社会主义工人党在所有党派中获得的票数最多。"反社会党人法"废除了，俾斯麦垮台了。社会民主党作为一个最坚强的政党，第一次进入国会。由于容克资产阶级军国主义国家的失败，《社会民主党人报》确信：工人阶级在马克思主义的旗帜下获得了胜利。我们有一种武器，它比一切政治手段都更坚硬，威力无比，这就是我们击败敌人的……原则。这些原则不是以思辨的学说为根据，而是以对社会发展规律的认识为坚实基础，有了它，我们就无往而不胜③。

在这个基础上，社会民主党提出了新的党纲，正如威廉·李卜克内西所指出的，必须使党的纲领具体化，"党要通过党的法规，来表明它是一个科学社会主义的党"④。为了讨论党纲，1890年9月结束了地下活动的党，于1891年直接出版了恩格斯的《社会主义从空想到科学的发展》的第四版，印数为1000册。这是在德国出版的第一个版本，这本书已译成欧洲许多种文字，几年后，还出了罗马尼亚文本。它的总印

---

① 利奥（即爱·伯恩施坦）：《社会主义和国家》，载《社会民主党人报》1880年10月31日，又参见《社会民主党人报》（伦敦）1889年1月5日。
② K. 考茨基：《F. 恩格斯》，柏林，1908年版，第31页。
③ 《社会民主党人报》1890年3月29日。
④ 参见《德国社会民主党代表大会会议记录》（1890年10月12—18日），柏林，1890年，160页。

数超过了《共产党宣言》，8 年前这一著作出版时，《社会民主党人报》就曾指出，恩格斯的"宣传手册"发挥了重要的作用。由于爱尔福特党代表大会接受了新的原则，大会的文献证明马克思主义在德国社会民主党中取得了胜利。恩格斯的著作是在反对杜林的反社会主义观点的斗争中产生的，它为马克思主义同工人运动相结合作出了杰出的贡献。

随着工人运动广泛开展，在向帝国主义过渡的过程中，《反杜林论》的思想财富得到更广泛的传播①。如果把后来的理论家（像倍倍尔②、考茨基③、伯恩施坦④）的著作包括在内，那么，他们从 19 世纪开始就从各方面反对占统治地位的意识形态，宣传马克思主义及其来源。

普列汉诺夫首先在他的 1894 年的著作《无政府主义和社会主义》中重新引用了恩格斯的著作，反对无政府主义的学说，说明国家的历史起源与衰亡⑤。为了阐明暴力在历史上的作用，他整整花了 7 年的时间，致力于写作《尼·加·车尔尼雪夫斯基》⑥。

P. 费舍尔 1893 年写的小册子《马克思的价值论》，也是以《反杜

---

① 到"反社会党人法"废除时止，恩格斯的《反杜林论》和《社会主义从空想到科学的发展》出版了 27300 册，在恩格斯生前的最后 5 年，这两本著作又出版了 12500 册。这两本著作总共出版了近 40000 册，超过了当时《共产党宣言》的印数。德国社会民主党首先为传播恩格斯的"宣传手册"所作的巨大努力还表现在：1893 年，在社会民主党柏林选区的会议上，把《社会主义从空想到科学的发展》一书，免费发给选民。（参见《前进报》〔柏林〕1893 年 9 月 10 日。）

② 参见奥·倍倍尔：《妇女的过去、现在和未来》，苏黎世，1883 年，第 162—163、178 页。又参见《马克思恩格斯全集》第 20 卷，北京：人民出版社 1971 年版，第 334、304—306 页。

③ 参见考茨基：《卡尔·马克思的经济学说》，斯图加特，1887 年，第 259 页。又参见《马克思恩格斯全集》第 20 卷，北京：人民出版社 1971 年版，第 307—308 页。

④ 参见爱·伯恩施坦：《德维勒：〈格拉古·巴贝夫和平等派的密谋〉一书的后记》，苏黎世，1887 年，第 71 页，又参见《马克思恩格斯全集》第 20 卷，北京：人民出版社 1971 年版，第 117 页。

⑤ 参见格·普列汉诺夫：《无政府主义和社会主义》，柏林，1894 年。又参见《马克思恩格斯全集》第 19 卷，北京：人民出版社 1989 年版，第 241 页以后。普列汉诺夫的说明发表在 1894 年 6 月—7 月的《社会民主党人报》上。

⑥ 参见格·普列汉诺夫：《尼·加·车尔尼雪夫斯基——著作研究》，斯图加特，1894 年，第 48 页。又参见《马克思恩格斯全集》第 20 卷，北京：人民出版社 1971 年版，第 177—179 页。

林论》为依据的。在这本"介绍马克思的研究成果"的书籍中,费舍尔十分强调唯物辩证法的意义。他写道:"辩证的思维方法……认为各种现象从来就处于明显的联系和运动中,它研究各种现象的产生与发展,说明各种现象产生的条件及其发展与灭亡的规律"①。

在社会民主党的著作中不仅论述了辩证的方法,而且也论述了《反杜林论》中许多其他思想。梅林在《新时代》上同普鲁士军事国家的论战中谴责了军国主义②,并在反对阿·瓦格纳对社会主义的诽谤中,尽力阐述了自由和必然的辩证法③。F. 吕特格恼还援引了这些论述,他在反对宗教意识形态以及同唯心主义划清界限时,都力图证明工人阶级关于推翻资本主义和实现社会主义的号召"是最合乎道德的"④。一些论述唯物史观意义的著作,也援引了《反杜林论》的思想财富。G. 克劳塞在《直至马克思止唯物史观的发展》一书中,为了说明唯物史观,既引用了《哲学的贫困》、《政治经济学批判》,又引用了恩格斯的著作⑤。最后,研究社会主义史的作者,也把自己的著述与《反杜林论》联系在一起。其中有 H. 路克斯的《埃蒂耶纳·卡贝和伊加利亚共产主义》⑥;还有 1895 年出版的按人物阐述的《社会主义史》第 1 卷,

---

① P. 费舍尔:《马克思的价值理论》,柏林,1907 年,第 6 页。又参见《马克思恩格斯全集》第 20 卷,北京:人民出版社 1971 年版,第 24—26、330—331 页。

② 参见弗·梅林:《非理性的理性》,载《新时代》,斯图加特,1892 年—1893 年,第 1 卷,第 161 页。又参见《马克思恩格斯全集》第 20 卷,北京:人民出版社 1971 年版,第 185—186 页。还参见弗·梅林:《改头换面的爱国主义》,载《新时代》,1890 年—1891 年,第 2 卷,第 489 页以后。又参见《马克思恩格斯全集》第 20 卷,北京:人民出版社 1971 年版,第 185—186 页。

③ 参见弗·梅林:《如坐针毡》,载《新时代》,1891 年—1892 年,第 2 卷。第 577 页以后。又参见《马克思恩格斯全集》第 20 卷,北京:人民出版社 1971 年版,第 125 页。

④ F. 吕特格恼:《自然宗教和社会宗教》,斯图加特,1894 年版,第 121、204、217—218、254 页。又参见《马克思恩格斯全集》第 20 卷,北京:人民出版社 1971 年版,第 125—126、308、342—343 页。

⑤ 参见 G. 克劳塞:《直至马克思止唯物史观的发展》,柏林,1895 年,第 42—43 页。又参见《马克思恩格斯全集》第 20 卷,北京:人民出版社 1971 年版,第 292 页。

⑥ 参见 H. 路克斯:《埃蒂耶纳·卡贝和伊加利亚共产主义》,斯图加特,1894 年,第 X、12 页。又参见《马克思恩格斯全集》第 20 卷,北京:人民出版社 1971 年版,第 289—290 页,第 19 卷,第 206—207 页。

第1、2分册，伯恩施坦、胡果、考茨基、拉法格、梅林与普列汉诺夫都曾认真地评述过这本书。

　　社会民主党的理论家与宣传家就是这样运用恩格斯的著作，在各个历史时期为党的思想斗争，卓有成效地实现其中的非凡思想的。《反杜林论》是马克思主义的百科全书、顾问和指路明灯。1894年恩格斯在《反杜林论》第三版序言中写道："我感到十分满意……本书所主张的观点已经深入科学界和工人阶级的社会意识中，——而且这种情况出现在世界上一切文明国家里。"①

　　恩格斯逝世的前一年，德国社会民主党为了进一步发挥这一著作对革命工人阶级世界观发展的重要作用，出版了《反杜林论》的第三版。《前进报》并且强调指出：恩格斯的著作是党的"精神财富"，它的作用可与《共产党宣言》相比拟，是"主要的宣传著作"；这部著作，包括哲学篇在内"为理解我们的主要理论著作（马克思的《资本论》）做了准备"，它是现代社会主义的完备、清晰、才华横溢的著作②。《新时代》也是从这个意义上评价《反杜林论》的。党的这个理论刊物强调指出，这部著作在社会主义著作中的重要地位，还只能大致地予以评价，特别是"今天，我们的大批著作都是以它为基础或由它派生出来的，它对我们的一切书刊都发生了影响"③。这个刊物还指出，有了《反杜林论》，"社会主义就有了第一流的教科书……这本书第一次以常见的事例系统连贯、通俗易懂地阐述了现代社会主义理论的基本思想"④。《新时代》还号召每个愿意研究科学社会主义的人，设法备有恩格斯的这部著作，"他将从这部著作中比从那些大部头的教科书中获得更为丰富的、确实可靠的知识，他还可以通过研究找到一种神奇的力量，不仅能抵御杜林的侵袭……而且能抵御一切以向社会民主党推销他

---

① 《马克思恩格斯全集》第20卷，北京：人民出版社1971年版，第18页。
② 施（米特）孔（拉特）：《恩格斯的〈欧根·杜林先生在科学中实行的变革〉》（第三版校订增补版），斯图加特，1894年，载《前进报》1895年3月28日。
③ 爱·伯恩施坦：《弗·恩格斯的〈欧根·杜林先生在科学中实行的变革〉（第三版）》，载《新时代》1894年—1895年，第1卷，第143页。
④ 同上。

们的'体系'而洋洋自得的冒牌社会主义杜撰者的侵袭。"①

尽管《反杜林论》出版不久就被统治阶级所查禁,统治阶级的思想家还一再宣称它已过时,但是《反杜林论》在世界革命进程中必将传播到五湖四海。

二 〔苏〕维·维戈德斯基:《马克思主义经济学遗产中的〈反杜林论〉》②

恩格斯这部著作的问世,是由一项极其迫切的具体任务决定的,这项任务就是:必须批判欧根·杜林已在德国工人运动中得到相当广泛传播的小资产阶级观点。杜林当时以一种公然对抗马克思主义的新"社会主义学说"的创立者自居。任务的紧急性和迫切性决定了解决这一任务的方法和极其紧迫的期限。杜林的一些著作是在1874—1875年间发表的,而杜林主义传播的规模到了1875年初已经达到危险的程度。1876年5月底,恩格斯在给马克思的信中谈到,他打算放下写作《自然辩证法》的工作,而着手批判杜林的观点。1877年1月至5月,《前进报》(德国社会主义工人党的中央机关报)连载了恩格斯的一组文章,这些文章后来构成这部著作的第一编,恩格斯给这一编加上了"哲学"这一标题。第二编"政治经济学"连同马克思写的最后一章发表在1877年7月至12月的《前进报》附刊上,而第三编则发表在1878年5月至7月的《前进报》附刊上,截至1878年7月7日全部发表完毕。1878年7月8日前后,全书由恩格斯写了序言,在莱比锡出版了第1版。③ 书的标题是:《欧根·杜林先生在科学中实行的变革。哲学。政治经济学。社会主义》。

1885年9月和1894年5月,恩格斯在给他的这部著作的第2版和

---

① 爱·伯恩施坦:《弗·恩格斯的〈欧根·杜林先生在科学中实行的变革〉(第三版)》,载《新时代》1894年—1895年,第1卷,第146页。
② 本文选自中国社会科学院马列所《马恩列斯研究资料汇编》第一集(下),第132—140页。原文译自苏联《经济问题》杂志1978年第7期,刘丕坤译,翻译时略有删节。
③ 在这以前一年,即1877年7月,恩格斯这部著作的第一编以小册子的形式问世,而在1878年7月,第二编和第三编也合为单行本出版。

第 3 版写的序言中肯定了他对杜林的批判的完全成功,并且指出了"本书所作的正面阐述"①的特殊意义。因此,他删节了该书的批判部分,而把马克思写的《批判史论述》那一章过去被他删节的部分完全恢复过来。但是,应该指出,《反杜林论》的"正面阐述"是同它的批判部分不可分离地联系着的,是从它发展出来的,并且二者构成一个统一的整体。② 实际上,杜林攻击了马克思主义的所有组成部分,妄想为哲学、政治经济学和社会主义创立一个无所不包的体系。只有针锋相对地给以全面的批判,对马克思主义的所有组成部分给以全面的、具有内在联系的、完整的阐述和发挥,才能从理论上战胜这样的体系,而《反杜林论》也正做到了这一点。

其次,杜林力图给未来社会提供一个完全制定好了的社会主义规划,而按照他的意见,未来是必须与这个规划相适应的。③ 这就要求恩格斯首先必须对杜林的社会主义空想进行建设性的批判,也就是说,要对真正科学的、马克思主义的共产主义社会理论加以全面的论述。因此,该书的第三编是主要的一编,而第一编和第二编则首先分别从哲学方面和经济学方面对科学社会主义进行了论证。应该着重指出,恩格斯这部著作的这种结构,反映了马克思主义的三个组成部分的实际的相互联系。④ 马克思主义在各个阶段上的发展,过去和现在都保持着哲学、政治经济学和科学社会主义的不可分离的统一。但是,在 19 世纪 40 年代,亦即在马克思主义的最初发展阶段,这种统一曾是十分明显的,后

---

① 《马克思恩格斯选集》第 3 卷,北京:人民出版社 1972 年版,第 49 页。
② 这完全符合马克思主义的方法论,因为在马克思主义看来,科学的批判就是要通过从理论上克服被批判的观点,来制定出一种崭新的理论。1858 年马克思在谈到自己的经济学研究著作时写道:"应当首先出版的著作是对经济学范畴的批判,或者,也可以说是对资产阶级经济学体系的批判。这同时也是对上述体系的叙述和在叙述过程中对它进行的批判。"(《马克思恩格斯全集》第 29 卷,北京:人民出版社 1972 年版,第 531 页)
③ 参见《马克思恩格斯选集》第 3 卷,北京:人民出版社 1972 年版,第 69 页。
④ 这种相互联系还表现在下述情况上,即人们有时也称马克思主义为科学社会主义,认为这两个概念的意思是一样的。恩格斯在《反杜林论》中指出,由于两个伟大的发现——唯物主义历史观和剩余价值理论,社会主义已经变成了科学(参见《马克思恩格斯选集》第 3 卷,北京:人民出版社 1972 年版,第 67 页)。

来由于马克思和恩格斯的科学研究不可避免地分得更细而变得比较隐晦了，只有下一番工夫才能把它揭示出来。

揭示马克思主义的三个组成部分的统一性和相互作用的必要性，就是现在也是极其迫切的，而且决不仅仅是为了同那些始终企图把马克思的经济学说和它的革命结论、经济理论和辩证唯物主义方法对立起来的马克思主义敌人进行斗争。进行这种揭示之所以是永远必要的，首先是因为马克思主义作为一个完整的学说是在发展的，因而只有保持它的各个组成部分的统一才能得到正确的理解和阐述。

拿马克思主义政治经济学来说，这种统一性就表现在辩证唯物主义历史观是马克思主义政治经济学的方法论的即哲学的基础，而马克思主义政治经济学本身又是对科学共产主义理论的经济学上的论证。① 但是，为了使这种统一性表现出来，必须进行具体化：首先，把唯物主义辩证法具体化，把它作为政治经济学的方法加以阐释；其次，把经济学理论本身具体化，把由它得出的那些结论表述出来，而这些结论的总和就是对科学共产主义理论的经济学上的论证。恩格斯在《反杜林论》中就实现了这两种具体化。②

结果，马克思主义被表述成统一的体系，它的所有三个组成部分都是不可分的和相互作用的③；科学共产主义的具体原理得到了阐发，这

---

① 在政治经济学研究中阐述"科学共产主义"，对马克思、恩格斯、列宁说来始终是极其重要的。列宁把马克思主义经济学叫做"社会主义经济学"。他写道："只有马克思的经济学说，才阐明了无产阶级在整个资本主义制度中的真正地位。"（《列宁选集》第2卷，北京：人民出版社1972年版，第446页）连续不断地从理论方面其中包括从经济学方面论证科学共产主义，已成为马克思主义政党的传统。

② 恩格斯在《反杜林论》中对马克思主义理论进行的具体化，亦即在这一理论本身的基础上对这一理论的进一步发挥，乃是从抽象到具体这一上升过程中的必要阶段，是把一般经济规律应用于实际的必要条件。马克思屡次强调这种具体化的必要性。他写道："应当……记住，一旦在我们面前出现某种具体的经济现象，决不能简单地和直接地用一般的经济规律来说明这种现象。"（《马克思恩格斯全集》第47卷，北京：人民出版社1979年版，第405页）

③ 恩格斯在这本书的各编中，而不仅仅在"政治经济学"这一编中考察了经济学问题，这就是马克思主义各个组成部分的这种相互作用的表现之一。例如，在"哲学"这一编中极其认真地研究了政治经济学的方法。而对共产主义经济的科学预测则在"社会主义"这一编中占着中心的地位。

些原理都是从马克思的经济学理论中推演出来的，说明了马克思的经济学理论作为工人阶级的政治经济学的性质，使这一理论成为工人运动所绝对必要的，因为这些原理揭示了资产阶级社会中工人阶级斗争的规律性，论证了社会主义革命是为消灭资本主义剥削所必要的；最后，对未来的共产主义社会进行了真正科学的预测，而这同时也是对杜林的小资产阶级的空想社会主义的驳斥。

*　　*　　*

恩格斯早在1859年8月所写的对马克思的《政治经济学批判》一书第1分册的评论中，就特别重视"马克思在批判政治经济学时以之作为基础的那个方法的制定……"① 对这个方法作了极其概括的说明，并且把这个方法具体应用于马克思在他被评论的这部著作中所论述的那部分经济学理论，即价值理论和货币理论。在《反杜林论》中，恩格斯进一步把唯物主义辩证法具体应用于政治经济学，同时依据了《资本论》第1卷中更为丰富的经济材料（在《反杜林论》出版以前，第1卷的德文第1、第2版已经问世，马克思的这一著作的法文版也已发表）。

恩格斯在《反杜林论》中提出了唯物主义辩证法对任何一门科学其中也包括对政治经济学所提出的一系列要求。其中最重要的一项要求，就是要用辩证的观点来对待所研究的过程。这项要求是从客观事实的辩证性质②中必然产生出来的。例如，政治经济学所研究的事实的辩证性质，正如已经显示出来的那样，就表现在资产阶级社会"不是坚实的结晶体，而是一个能够变化并且经常处于变化过程中的机体。"③ 研究对象的辩证性质决定了研究方法的辩证性质。任何一门科学都必须"弄清楚它在事物以及关于事物的知识的总联系中的地位"，它的任务就是"发现"它所研究的过程的"运动规律"④。正是根据这种客观的

---

① 参见《马克思恩格斯选集》第2卷，北京：人民出版社1972年版，第122页。
② 参见《马克思恩格斯选集》第3卷，北京：人民出版社1972年版，第51页。
③ 《马克思恩格斯选集》第2卷，北京：人民出版社1972年版，第208页。
④ 《马克思恩格斯选集》第3卷，北京：人民出版社1972年版，第65、64页。

要求，马克思在自己的经济学研究著作中自觉地力求"通过批判使一门科学达到能把它辩证地叙述出来的那种水平"①，并且认为"揭示现代社会的经济运动规律"②，是他的经济分析的最终目的。

无怪乎恩格斯也把彻底贯彻历史主义原则，看做是马克思主义政治经济学所独具的特点。历史主义是科学地认识资本主义及其历史地位和发展趋势的钥匙。在《反杜林论》论述政治经济学的对象和方法的一章中，这表现在对一般经济规律和特殊经济规律、广义政治经济学和狭义政治经济学的划分上。③ 在经济学（以及一般科学）研究中，历史主义原则的重要表现之一就是十分重视先驱们的观点。恩格斯曾经指出："在杜林先生那里，他的先驱者的一无是处，像他自己的没有谬误一样，是肯定了的"④。为了拿马克思主义政治经济学的真正历史主义跟杜林的这种立场加以对比，恩格斯甚至把马克思写的论述资产阶级政治经济学史的一章收进自己的书中。

此外，正如恩格斯所指出的，把资本主义生产方式当做是有相同的基本规律性（而不管这些规律性在怎样的特殊条件下表现出来）的统一生产方式来加以研究，是马克思主义政治经济学的本质特点。⑤ 这种特点是由辩证唯物主义历史观、特别是由社会形态理论决定的。在《资本论》中，马克思以典型的即英国的资本主义为例证明，任何一种社会经济形态，其中包括资本主义社会经济形态的发展，乃是一种"自然历史过程"；这种形态的经济规律及其发展趋势，是以"铁的必然性"发生作用的，而不管某一国家的发展水平如何。"工业较发达的国家向工业较不发达的国家所显示的，只是后者未来的景象。"⑥

马克思的经济学理论认为，资本主义剥削的本质，资本家占有工人

---

① 《马克思恩格斯全集》第29卷，北京：人民出版社1972年版，第264页。
② 《马克思恩格斯选集》第2卷，北京：人民出版社1972年版，第207页。
③ 例如，创立社会主义政治经济学的必要性，就是从恩格斯的这些极其重要的方法论原理中产生出来的，而大家知道，这一点在苏联的经济学界远不是立刻就得到承认的。
④ 《马克思恩格斯选集》第3卷，北京：人民出版社1972年版，第72页。
⑤ 同上书，第186—187页。
⑥ 《马克思恩格斯选集》第2卷，北京：人民出版社1972年版，第208、206页。

阶级的无偿劳动的方法，对生产方式、且通过生产方式也对社会的整个经济政治结构，发生着决定性的影响。马克思的经济学理论以此来说明资本主义生产方式的经济规律发生作用的普遍性质。而由于资本主义占有的本质在发达的资本主义国家和落后的资本主义国家是同样的，所以发展的规律也必然是同样的。列宁对俄国资本主义的发展以及对资本主义的垄断发展阶段的分析，卓越地证明了马克思主义学说的这些一般方法论的原理。世界社会主义体系的发展经验表明，对处于第一发展阶段的共产主义社会形态来说，经济规律也同样具有普遍性质，而不管这些规律在不同国家的特殊条件下的具体表现形式如何。

《反杜林论》进一步论证了在方法论方面具有极重要意义的生产占首位的原理。马克思早在《1844年经济学哲学手稿》中就第一次提出了这一原理，后来又在《资本论》中加以全面的阐发。阐明生产、分配、交换和消费这些统一生产过程的不同要素之间的实际联系，在这方面具有的重要意义。[①] 恩格斯指出，分配方式取决于生产和交换的方式，同时又给予生产和交换以深刻的反作用。企图摒弃生产占首位的原理而强调其他某个方面（例如分配，实际上杜林就是追随着庸俗经济学家们这样干的[②]）的首要意义，这会堵塞正确理解政治经济学的对象和认识社会发展经济规律的道路。从交换、分配和消费等等方面对社会发展进行考察的各种反科学观点都毫无收获这一事实就证明了这一点。

杜林根据他自己的暴力观（暴力被宣布为资本主义的万恶之源），

---

① 资产阶级经济学家把生产同分配、交换和消费割裂开，马克思在同资产阶级经济学家论战时强调了这些要素的统一性。恩格斯揭示了这种统一的辩证性质，例如，分配、交换和消费的关系对生产的反作用，就表现了这种辩证性质。

② "首先从生产的观点去理解每一种经济关系，而不管所有的历史规定。因此，只能讲出最空泛的话，如果杜林想超出这种状况，那末他就不得不考察各个时代的一定历史关系，就是说，他不得不走出抽象生产的范围而陷入混乱。其次，从分配的观点去理解同一经济关系，也就是把到目前为止的历史过程归结为暴力这个词，接着便对暴力的恶果大发其火。"（《马克思恩格斯全集》第20卷，人民出版社1971年版，第685—686页）因此，恩格斯在《反杜林论》中对杜林的暴力论所作的详细批判，从方法论方面来说就是对分配占首位的批判和对生产占首位的论证。

实际上给了社会主义以伦理学的"论证",认为社会主义是建立在抽象的从而也是空想的正义要求之上的。恩格斯在批判这种小资产阶级观点时指出,仅仅认识到分配方式的非正义性,根本不足以推翻资本主义。从生产占首位的原理可以得出结论说,资本主义生产方式发生变革的必要前提,首先就是走在前面的生产力同造成这种生产力的生产方式以及由这种生产方式产生的分配制度之间的矛盾的发展。恩格斯写道:"现代社会主义必获胜利的信心,正是基于这个以或多或少清楚的形式和不可抗拒的必然性印入被剥削的无产者的头脑中的、可以感触到的物质事实,而不是基于某一个蛰居书斋的学者的关于正义和非正义的观念。"①

杜林从唯心主义的暴力观推演出自己的价值概念,认为价值不仅体现物化劳动,而且体现由暴力所产生的附加额。杜林把摆脱了冒充价值的附加额的价值(某种类似马克思早在《哲学的贫困》中就曾加以批判分析的蒲鲁东的"构成价值")的规律奉为他所建议的经济公社的基本规律。恩格斯强调指出:"他要现存的社会,但不要它的弊病。他和蒲鲁东完全在同一个基地上进行活动。像蒲鲁东一样,他想消除由于商品生产向资本主义生产的发展而产生的弊病,办法是利用商品生产的基本规律去反对这些弊病,而这些弊病正是由这一规律的作用产生的。"②由此可见,对杜林的价值理论的批判,是马克思在40至60年代对蒲鲁东主义的批判的直接发展。③

恩格斯在概括马克思的价值理论时,指出了简单商品生产所有制规律和资本主义占有规律之间的深刻的内在联系。在生产资料私有制占统治地位的条件下,前者辩证地转化为后者。因此,蒲鲁东和杜林,以及更早的西斯蒙第所宣扬的倒退运动,不过是一种最纯粹的空想。④

---

① 《马克思恩格斯选集》第3卷,北京:人民出版社1972年版,第197页。
② 同上书,第35页。
③ 马克思和恩格斯对杜林主义、蒲鲁东主义以及与它们类似的其他小资产阶级观点(这些观点散布关于不通过革命,而通过改良,就可以过渡到社会主义的幻想)的批判,对于从经济学上论证在现代条件下实现社会主义革命的必然性,具有永不过时的意义。
④ 正如列宁曾经指出的,那些批评帝国主义、号召回到垄断前资本主义发展阶段的小资产阶级批评家的观点,也同样是空想的。

综上所述可以理解，详细论证资本主义由于资产阶级社会所固有的对抗性矛盾（首先是生产社会性和资本主义占有形式之间的矛盾）尖锐化而必然要过渡到共产主义，为什么在《反杜林论》中占了极其重要的地位。例如，恩格斯在分析生产社会化的过程时，着重指出了"生产资料和生活资料"日益"被一个人数很少的阶级所垄断"① 的趋势。他在追溯这种趋势的发展时，也考察了资本主义企业向股份公司和国有化过渡这样一些新现象。恩格斯说，资产阶级国家就是"总资本家"，并且强调指出在经济国有化的过程中，"资本关系并没有被消灭，反而被推到了顶点"②。列宁对帝国主义的分析，是对这些原理的直接发挥。

正如恩格斯所指出的，资本主义的各种对抗性的矛盾只有通过社会主义革命才能解决，因为社会主义革命将确立工人阶级的统治，从而为生产资料社会化的过程开辟一个新阶段。从这时起，生产的社会性将变成劳动者所自觉地利用的发展生产的最强有力的杠杆。社会主义革命胜利后第一次得以实现的这种自觉利用社会发展规律的可能性，意味着"人类从必然王国进入自由王国的飞跃"。"人们周围的、迄今统治着人们的生活条件，现在却受到人们的支配和控制，人们第一次成为自然界的自觉的和真正的主人，因为他们已经成为自己的社会结合的主人。人们自己的社会行动的规律，这些迄今如同异己的、统治着人们的自然规律一样与人们相对立的规律，将被人们熟练地运用起来，因而将服从他们的统治。"③

* * *

详细描述共产主义社会的经济，是恩格斯在《反杜林论》中从经济学上论证科学共产主义的一个最重要的组成部分。

马克思和恩格斯对未来社会的基本特征的描述具有极其概括的性质，并且照例或者涉及整个共产主义社会形态，或者只涉及它的高级阶段。

---

① 《马克思恩格斯选集》第3卷，北京：人民出版社1972年版，第203页。
② 同上书，第318页。
③ 参见同上书，第323页。

这种情况是马克思和恩格斯对共产主义经济的科学预见的重要特点①。一般地说,马克思和恩格斯的预见,是以共产主义社会的生产力完全适合它的生产关系为出发点的。此外,他们还把自己的预见具体应用于从资本主义到共产主义、到共产主义社会的初级阶段的过渡时期,等等。后来列宁继续进行了这种具体化。直到现在这仍然是马克思主义理论的一项迫切任务。

马克思和恩格斯认为,社会主义革命后,生产资料将归整个社会所有(首先以国家财产的形式)。这种所有制将第一次使生产摆脱束缚它的桎梏,使它能够充分利用科学技术进步的成果。② 生产者和生产条件之间的统一第一次恢复起来。"为了有计划的合作而组织起来的社会"将把生产力掌握在自己手中,"以便保证而且是以不断增长的规模来保证全体社会成员都有生存和自由发展其才能的手段"。因此,恩格斯应用生产占首位的原则,并且考虑到生产和分配的相互作用,表述了如下的原理:"只要分配为纯粹经济的考虑所支配,它就将由生产的利益来调节,而最能促进生产的是能使一切社会成员尽可能地全面发展并保持和运用自己能力的那种分配方式。"③

恩格斯的这个原理,实际上就是对共产主义社会形态的基本经济规律的表述。它补充了马克思主义经济学理论关于共产主义生产的目的,关于作为共产主义经济的最重要规律的时间节约规律,关于劳动时间和余闲时间的分配,关于余闲时间对劳动生产率的反作用,关于生产和消

---

① 对一切经济过程,从而也对一切经济范畴区分它们的物质内容和社会形式,是这种预见的方法论基础。在分析整个社会生产时,生产力是作为社会形式的物质内容出现的,而生产关系则是生产力的社会形式,表现它的历史特点。撇开资本主义的经济过程所固有的对抗性的社会形式,使得马克思和恩格斯能够考察这种过程的取决于生产力发展的物质内容。在从一种社会经济形态向另一种社会经济形态过渡的时候,生产力保持不变到什么程度,基本经济过程的物质内容也同样保持不变到什么程度。因此,研究资本主义经济的物质内容,在马克思和恩格斯看来乃是预见共产主义社会的经济的基本前提之一。这种方法是极其科学的,因为马克思和恩格斯的预见是以资产阶级社会内部已经显露出来的那些共产主义的物质前提为根据的。资本主义经济的物质内容也就是这种物质前提的总和。

② 参见《马克思恩格斯选集》第3卷,北京:人民出版社1972年版,第319—320、178页。

③ 参见同上书,第190、240页。

费之间的有机联系，以及关于共产主义"决不是禁欲，而是发展生产力，发展生产的能力，因而既是发展消费的能力，又是发展消费的资料"①的论述。

共产主义劳动组织和生产力"管理方式"②这样一些问题，在马克思和恩格斯对共产主义经济的预见中占着重要的地位。在共产主义经济条件下（在它的高级阶段上），时间节约规律③将取代价值规律。共产主义社会所直接关心的是使这一规律的作用发挥最大限度的效果，因为只有在这种情况下，个人才有可能首先通过余闲时间的增加而得到全面的发展。在共产主义制度下，余闲时间是社会财富的尺度，是一切个人的生产力发展的尺度。④

因此在对社会进行共产主义改造的过程中，工资这一范畴要发生根本的变化。它不再是劳动力的价值和价格的不合理的形式，因为劳动力已经不是商品。它将转化为满足劳动者的需要的形式，转化为发展劳动者的个性的形式。马克思指出，在共产主义社会的条件下，将只剩下工资这一范畴的"为一切社会生产方式所共有的基础"⑤。恩格斯在《反杜林论》中写道："对于要把人的劳动力从它作为商品的地位解放出来的社会主义来说，极其重要的是要认识到，劳动没有任何价值，也不能有任何价值。有了这种认识，杜林先生从自发的工人社会主义那里继承下来的、想把未来的生活资料的分配当做一种比较高的工资来调节的一切企图，就不能得逞。"⑥

杜林力图依靠某种摆脱了资本主义商品生产的"缺陷"的臆造的价值，来建立一种平均分配的制度。这就要求恩格斯去详细考察未来

---

① 《马克思恩格斯全集》第46卷上册，北京：人民出版社1980年版，第225页。
② 参见《马克思恩格斯选集》第3卷，北京：人民出版社1972年版，第319页。
③ 马克思在1857—1858年手稿（《资本论》的初稿）中第一次表述了这一规律。那里还表述了共产主义劳动组织的基本任务（参见《马克思恩格斯全集》第46卷上册，北京：人民出版社1979年版，第101、117—118页）。
④ 参见《马克思恩格斯全集》第46卷下册，北京：人民出版社1980年版，第115、128、223、225页。
⑤ 《马克思恩格斯全集》第25卷，北京：人民出版社1974年版，第490页。
⑥ 《马克思恩格斯选集》第3卷，北京：人民出版社1972年版，第240页。

社会的商品生产的命运问题。他在他的早期著作《政治经济学批判大纲》(1844年)中就曾经试图从刚刚诞生的马克思主义政治经济学的立场来进行这种预测。① 后来，恩格斯在《反杜林论》中指出："在决定生产问题时……对效用和劳动耗费的衡量，正是政治经济学的价值概念在共产主义社会中所能余留的全部东西，这一点我在1844年已经说过了……但是，可以看到，这一见解的科学论证，只是由于马克思的《资本论》才成为可能。"②

恩格斯在《反杜林论》中根据马克思主义的价值理论，首先是劳动二重性的学说证明，资产阶级社会的价值范畴和共产主义社会中这一范畴所能"余留"的东西之间的原则区别，来源于劳动性质的根本区别：共产主义社会的直接社会劳动使得有可能对"效用和劳动耗费"进行有计划的对比。应该指出，只有在揭示了资本主义和共产主义这两种根本不同的条件下价值规律发生作用的结构以后，才有可能弄清楚共产主义第一阶段即目前现实存在的社会主义社会条件下这一规律发生作用的特点。以上所说决不取消恩格斯在《政治经济学批判大纲》中所表述的假说（关于共产主义制度下价值规律的命运和关于消灭私有财产是这一规律的作用发生根本改变的必要条件的假说）的意义。虽然这一假说还缺乏相应的经济学上的论证。③

我们现在就来援引恩格斯在《反杜林论》中就这一问题所作的重要论述。"社会一旦占有生产资料并且以直接社会化的形式把它们应用于生产，每一个人的劳动，无论其特殊用途是如何的不同，从一开始就成为直接的社会劳动。那时，一件产品中所包含的社会劳动量，可以不必首先采用迂回的途径加以确定；日常的经验就直接显示出这件产品平均需要多少数量的社会劳动……诚然，就在这种情况下，社会也必须知道，每一种消费品的生产需要多少劳动。它必须按照生产

---

① 参见《马克思恩格斯全集》第1卷，北京：人民出版社1956年版，第604—606页。
② 参见《马克思恩格斯选集》第3卷，北京：人民出版社1972年版，第349页脚注。
③ 关于这个问题，请参见《1868年1月8日马克思给恩格斯的信》(《马克思恩格斯全集》第32卷，北京：人民出版社1974年版，第11—12页)。

资料，其中特别是劳动力，来安排生产计划。各种消费品的效用（它们被相互衡量并和制造它们所必需的劳动量相比较）最后决定这一计划。人们可以非常简单地处理这一切，而不需要著名的'价值'插手其间。"①

这段论述集中地表述了马克思主义经济学理论有关价值规律在未来社会中的命运的结论。恩格斯在这里谈到，在发达的共产主义社会中，根本没有任何形式的价值范畴，剩下的只是它的物质内容，即计量生产过程中所耗费的劳动量的必要性。他在1844年写道："经济价值这个为商品生产所特有的范畴，将同商品生产一起**消失**……就像它在商品生产以前并不存在一样。劳动同产品的关系，无论在商品生产以前和以后，都不用**价值**形式来表现"②。

恩格斯对价值规律的分析后来为马克思在《哥达纲领批判》（1875年）中的论述所补充。马克思认为，在未来社会的两个阶段，"在一个集体的、以共同占有生产资料为基础的社会里，生产者并不交换自己的产品；耗费在产品生产上的劳动，在这里也不表现为这些产品的价值……因为这时……个人的劳动不再经过迂回曲折的道路，而是直接地作为总劳动的构成部分存在着"③。同时，马克思指出较之高级阶段为低的共产主义第一阶段的技术经济发展水平的过渡性质。这种较低的技术经济发展水平就表现在按劳分配原则还占统治地位上："每一个生产者，在作了各项扣除之后，从社会方面正好领回他所给予社会的一切"④。

由此可见，在社会主义制度下，在生产者和社会间，且通过社会在生产者相互之间，进行着活动的等价交换。活动交换的等价

---

① 《马克思恩格斯选集》第3卷，北京：人民出版社1972年版，第348页。
② 《马克思恩格斯全集》第36卷，北京：人民出版社1974年版，第210页。
③ 《马克思恩格斯选集》第3卷，北京：人民出版社1972年版，第10页。
④ 同上书，第10—11页。应该强调指出，按劳分配原则是由生产方式决定的。马克思曾经指出（他的这段评述完全适用于杜林）："庸俗的社会主义仿效资产阶级经济学家……把分配看成并解释成一种不依赖于生产方式的东西，从而把社会主义描写为主要是在分配问题上兜圈子。"（同上书，第13页）

性，也就是商品价值关系的物质内容，这种内容使我们可以拿按劳分配原则同商品生产进行对比。① 同时，马克思还特别强调了共产主义第一阶段等价交换的内容和形式的改变。内容的改变就表现在"在改变了的环境下，除了自己的劳动，谁都不能提供其他任何东西"，并且"除了个人的消费资料，没有任何东西可以成为个人的财产"。形式改变的结果则是："原则和实践在这里已不再互相矛盾，而在商品交换中，等价物的交换只存在于平均数中，并不是存在于每个个别场合"②。所以，在社会主义社会中，活动的等价交换首先不跟剥削关系相联系，其次它具有计划性。

因此，马克思和恩格斯所论述的关于价值规律在未来社会中的命运的原理包含着一些必要的出发点，这些出发点使得有可能把这些原理具体应用于现实的社会主义社会③，并且证明，科学共产主义创始人关于共产主义社会从一开始就建立在有计划地、自觉地调节全国生产过程之上的论点，是跟共产主义第一阶段存在商品货币关系的客观必然性丝毫也不矛盾的，同时还证明，"市场社会主义"这种右倾修正主义的观点是完全站不住脚的，而只暴露了他们的资产阶级本性。

生产资料公有制决定了社会主义制度下商品货币关系的计划性及其局限性。这种局限性首先就表现在劳动力不是商品这一点上。在共产主义第一阶段，生产社会化的程度还不够高。④ 这表现在社会生产计划还不能完全反映社会生产发展的客观过程。在这种条件下，商品货币关系是社会主义经济有计划发挥作用的经济结构的客观要素。因此，像资产阶级的"苏联通"那样，把计划关系同商品货币关系对立起来，这无论如何是完全错误的。

这种对立在方法论上的毛病，就在于它把经济过程的物质内容和

---

① 参见《马克思恩格斯全集》第23卷，北京：人民出版社1972年版，第95—96页。
② 《马克思恩格斯选集》第3卷，北京：人民出版社1972年版，第11页。
③ 列宁第一次实现了这种具体化。
④ 劳动还不是生活的第一需要，而是谋生的手段，以及按劳分配还占统治地位，就是这种情况的结果。

它们的社会形式混为一谈。马克思写道:"庸俗经济学家不能设想在资本内部发展起来的劳动的社会生产力和劳动的社会性质,能够脱离它们的……资本主义形式"①。列宁曾经指出,利润范畴在社会主义条件下具有完全不同的社会形式;在社会主义条件下,国营企业的"无亏损"和"盈利"也是"捍卫工人阶级的利益"。② 因此,在社会主义条件下,只有在制定国民经济计划时高度重视价值规律的要求,才能实现时间节约的规律。

* * *

歪曲马克思主义的现代伪造者的一个极其流行的手法,就是把"真正的"马克思主义(他们通常都把这种马克思主义同"早期的"马克思,而最近也同"中期的"马克思,亦即同1883—1844年到1857—1858年这一时期的马克思联系起来)跟所谓"简单化的"、"庸俗化的"马克思主义(他们认为《反杜林论》的问世是这种马克思主义的起点)对立起来。

但是事实驳斥了这种论点。第一,恩格斯的这部著作还在手稿阶段就得到马克思的完全赞同。③ 第二,《反杜林论》名副其实地是马克思主义的全部三个组成部分在30年间发展的总结。《反杜林论》论述经济学的各节无疑地跟《资本论》有着深刻的内在联系。在恩格斯的这部著作中,没有一个原理是跟马克思的经济学理论中的原理不相符的。同时,《反杜林论》不仅是马克思主义经济学理论发展的总结,而且是马克思主义经济学理论首先是在经济研究和科学社会主义经济论证方面的发展的更高阶段。

---

① 《马克思恩格斯全集》第26卷第3册,北京:人民出版社1974年版,第553页。马克思的这段评述击中了许多反对在社会主义经济中利用商品货币关系的现代左派理论家们的要害。
② 《列宁全集》第44卷,俄文第5版,第494页。
③ 参见《马克思恩格斯选集》第3卷,北京:人民出版社1972年版,第49页。

三 〔苏〕泰·伊·奥伊则尔曼:《恩格斯与辩证唯物主义的批判者们》[①]

现代资产阶级和修正主义对马克思主义哲学的解释有两个彼此直接对立、但按其意识形态的内容来说是相同的主要派别。第一个派别主张对辩证唯物主义和历史唯物主义进行反马克思主义的"再改造",这个派别是同关于青年马克思的争论相联系的,而第二个派别则同把马克思主义对传统哲学,即原来意义上的哲学的否定作虚无主义的解释相联系。

如果不考察(哪怕是非常简略地)资产阶级(和小资产阶级)反对马克思列宁主义哲学基础的斗争的这些派别,就不能理解作为整个现代马克思学的特征的把马克思和恩格斯对立起来的做法这种否定辩证唯物主义的特殊形式,现代的马克思主义的反对者把辩证唯物主义解释为马克思主义学说中的异物。

辩证唯物主义、政治经济学和科学共产主义并不是通过挥舞魔杖,不是在一个空房子里或者像密纳发一样从丘比特的头脑里突然产生出来的。列宁指出,马克思主义学说"是由有产阶级的有教养的人即知识分子创造的哲学、历史和经济的理论中成长起来的。现代科学社会主义的创始人马克思和恩格斯本人,按他们的社会地位来说,也是资产阶级的知识分子"[②]。

马克思和恩格斯在他们的19世纪40年代初产生的早期著作中,是作为赞同青年黑格尔派对黑格尔所作的解释的唯心主义者出现的,是作为捍卫受压迫和受剥削的群众的利益的革命民主主义者出现的,他们还没有从受压迫和受剥削群众中把工人阶级区分出来。但是,在40年代中期开始创作的一些著作中,他们就已经对后来称做马克思主义世界观

[①] 选自中央编译局编:《马列著作编译资料》第14辑,云天译。原文载于《〈反杜林论〉一百周年》1978年柏林版。

[②] 《列宁选集》第1卷,北京:人民出版社1972年版,第247页。

的这个崭新的世界观的最主要的根本立场作了阐发和表述，虽然并不总是以确切的方式阐发和表述的。马克思主义产生和形成的历史过程的完成（不能把它同马克思主义在自己的理论基础上的进一步发展混为一谈）是在40年代末。列宁把《哲学的贫困》和《共产党宣言》称做成熟的马克思主义的最初著作。

1932年，苏共中央马列主义研究院第一次发表了（用原文）马克思主义形成时期的最重要著作，即马克思于1844年写的经济学哲学手稿。在这部重要著作（尽管它还没有完成并且带有片断的性质）中，马克思已经指出了无产阶级的世界历史使命，分析了雇佣劳动和资本之间的矛盾。他论证了消灭私有制的历史必然性，批判了资产阶级政治经济学和黑格尔哲学，表述了辩证唯物主义和历史唯物主义的根本论点。但是，他的崭新的哲学观点并不是用同这些观点的实际内容相适应的形式表达出来的，它们还带有费尔巴哈人本主义的烙印，马克思对费尔巴哈的学说作了高度评价。马克思把他自己的学说称做"完成了的自然主义"，在这里他发挥了按实质来说是共产主义的观点，并且同他所叙述的唯物主义观点相对立，断言："彻底的自然主义或人道主义，既不同于唯心主义，也不同于唯物主义，同时又是把这二者结合的真理。"[①] 马克思主义的资产阶级解释者们常常援引马克思的这些言论，以便证明，马克思不仅是唯心主义的敌人，而且也是唯物主义的敌人，他认为自己的任务是把这些"片面的"观点结合起来。他们硬把这种折衷主义立场（必须这么说）不仅强加给这里引用过的那部早期著作，而且强加给马克思的整个学说。

但是，只要仔细地、不抱成见地研读一下《1844年经济学哲学手稿》，就会发现，马克思即使在这部著作中也是赞成唯物主义，反对唯心主义的，他是坚决反对把这两个彼此排斥的派别加以调和的。他在手稿中说："费尔巴哈的伟大功绩在于……创立了**真正的唯物主义**"[②]。

[①] 《马克思恩格斯全集》第42卷，北京：人民出版社1979年版，第167页。
[②] 同上书，第158页。

马克思对以前的唯物主义采取批判的态度。在1845年他就指出，以前的唯物主义的缺点就在于对自然和人作反辩证法的机械的解释并且对社会不是持唯物主义的观点。他批判了黑格尔的唯心主义，特别是其泛理论，指出，整个黑格尔逻辑学同其创立者的意图相反，都证明，"抽象思维本身是无，绝对观念本身是无，只有自然界才是某物。"① 此外，必须强调指出，在1844年手稿中，作为彼此排斥的主要哲学派别的唯物主义和唯心主义这两个马克思主义的历史哲学概念还没有得到表述。马克思在批判形而上学的唯物主义和黑格尔的唯心主义辩证法的同时，正如手稿的内容所表明的那样，提出了创立辩证唯物主义的问题，即创立一种用辩证唯心主义的成果来充实的唯物主义的问题。他事实上已经解决了这个任务，只是这个任务还没有得到确切的表述。

马克思在手稿中说明私有财产和资本对劳动的剥削的时候，常常利用黑格尔和费尔巴哈所制定的异化概念。但是，马克思的异化概念同黑格尔和费尔巴哈的异化概念有着原则的区别，因为马克思讲的不是意识的异化，而是异化的物质过程，意识的异化形式是这一过程的反映。

马克思不仅用唯物主义观点批判地解释了异化现象，他还发现了异化劳动的存在，他把异化劳动看做是劳动产品和生产活动的异化，看做是生产者的劳动产品对生产者的**剥削**。马克思说明，只有消灭私有制和私有制所产生的社会经济矛盾，才能永远结束劳动的异化，从而也永远结束人的本质的异化。这些揭示了以私有制为基础的社会的对抗性质的深刻真理，是用同其实际内容不相适应的术语表述出来的。因此，马克思把异化的消灭和从资本主义向无阶级的社会的过渡称为"人向自身的还原或复归"，"人的自我异化的扬弃"。②

马克思主义的资产阶级批判者们援引手稿中的这类观点，声称：必须把马克思的哲学看做是哲学的人本学，其出发点是作为自然存在物的人这个概念，这种人的本质因文明（异化）而变形，这只有通过人与

---

① 《马克思恩格斯全集》第42卷，北京：人民出版社1979年版，第177页。
② 同上书，第120页。

人之间的关系的人道化才能得到恢复。关于无产阶级解放运动的马克思主义的革命学说就这样被它的反马克思主义的解释者们按照抽象的资产阶级人道主义的精神加以叙述。

这里自然就产生一个问题：为什么马克思主义的资产阶级和小资产阶级批判者们要把马克思的早期著作，特别是《1844年经济学哲学手稿》变成对这一学说的"新的"、显然同马克思主义的全部内容背道而驰的"再解释"的理论基础呢？属于马克思学说形成时期的马克思的早期著作必须从成熟的马克思主义的观点来加以评价，这难道还不清楚吗？对于这个问题，只有通过对围绕"青年马克思"而进行的争论作出社会政治评价才能做出回答。在当代，马克思列宁主义学说已经成了群众的社会意识。理论已经变成了以无产阶级为首的为反对资本主义而斗争的各劳动阶级的物质力量，变成了科学地指导社会主义社会建设的理论基础。资产阶级对马克思主义的传统的否定成了历史上的时代错误，它越来越被迫要承认马克思主义的历史意义，这种承认包含着资产阶级的反马克思主义的性质，因为这种承认导致一种大声地声明的主张，认为马克思的世界观在他的早期著作中作了最好的阐述。

有一些马克思主义批判者把马克思的早期著作同成熟的马克思主义的著作对立起来，另一些人又采取过于简单化的方法：他们混淆马克思的《资本论》的内容和他的早期著作的内容之间的质的区别，而在他的早期著作中当然既不包含关于剩余价值的理论，也不包含有关阶级斗争和工人阶级专政的理论。还有一些人否认区分马克思早期著作和"晚期"著作的正确性，声称无论马克思在什么时候写的一切（从他的学位论文甚至他的中学作文开始）都属于马克思主义。法兰克福学派的著名代表人物阿·施密特表达了这种对马克思主义史作"再解释"的意识形态的意图，他断然宣称，"关于是'青年'马克思的著作重要还是老年马克思的著作重要的问题——这样提出问题——是无的放矢。"[①]

[①] 阿·施密特：《解放者的感性。路德维希·费尔巴哈的人本主义的唯物主义》，1973年慕尼黑版，第40页。

这种言论的意思是显而易见的：这里涉及的不是客观真理，而是政治形势。根据这种观点，问题不在于说明马克思和恩格斯的早期著作同马克思主义的实际关系，而在于为了明显的意识形态的目的而利用这些著作。

因为施密特所说的"现代需要"，一方面是资产阶级的需要，另一方面是无产阶级和非无产阶级的劳动群众的需要，所以解放运动的敌人的任务就在于使马克思主义及其哲学威信扫地。因此，他们出于什么样的动机要拿前面已经讲到的马克思那些早期著作大做文章，就很清楚了。

现在我们谈谈对马克思主义哲学作资产阶级和修正主义解释的第二个主要流派。这个流派断言，根本就没有马克思主义哲学。我们记得，第二国际的理论家们（不仅公开的修正主义者，而且有一些正统派）就根本否认马克思主义的哲学基础。爱·伯恩施坦和麦·阿德勒断言，马克思的"唯物主义"这一术语同这个词的非哲学意义有关，而卡·考茨基则不容误解地断言，马克思主义不是哲学学说，而是经济学说。值得注意的是，不仅考茨基，而且伯恩施坦分子都声称，他们是站在唯物主义历史观的立场上，虽然他们把唯物主义的东西解释为对社会生活作反思辨的经验的研究。①

他们就是这样把唯物主义的历史观同唯物主义的自然观对立起来，而唯物主义的自然观则被描绘成为历史上过时的"自然哲学"，必须使这种"自然哲学"在原则上同自然科学协调一致，因为自然科学能够单独

---

① 因此，比如说，卡·考茨基断言，唯物主义作为理论正在越出经验的界限，其结果是形而上学。因此，卡·考茨基写道："在马克思和恩格斯那里，他们的唯物主义是隐藏在他们的方法之中。"（卡·考茨基：《唯物史观》，1927年柏林版，第22页）麦·阿德勒竭力要证明，自然科学实质上是同唯物主义的"形而上学"相敌对的。如果说在过去，关于自然的科学感到自己是同唯物主义哲学相联系的话，那么"现代自然科学恰好是……唯物主义的最激烈的反对者"。（麦·阿德勒：《作为思想家的马克思》，1921年维也纳版，第128—129页）奥·鲍威尔代表更加激烈的反马克思主义的立场，他按照弗·舒利亚蒂科夫的方式把唯物主义解释为资产阶级利己主义的哲学。比如说，他断言："只有在由于机械的自然观瓦解唯物主义失去了基础以后，我们才得以对唯物主义采取批判的态度。现在我们只知道一点，唯物主义无非是资本主义的竞争制度在宇宙中的投影。只有这样才能扯断把社会主义的历史观同最后一个很活动的资本主义制度联系起来的纽带。"（奥·鲍威尔：《资本主义的世界面貌》，1971年莱茵河畔法兰克福版，第60—61页）我们可以看到，庸人对唯物主义的恐惧决定了第二国际这些理论家的哲学观点。

对自然做出判断。历史唯物主义事实上被宣布为一种既不站在唯物主义一边，也不站在唯心主义一边的学说，因此根本不是一种哲学理论。

如果人们还记得，正是第二国际的理论家们宣称世界观（不仅宗教的世界观，而且哲学的世界观）是社会民主党每个党员的私人事情，那么社会民主党否认马克思主义哲学的原因是很清楚的。因为他们主张同占统治地位的资产阶级及其不仅在资本家之中占统治地位的意识形态实行妥协，所以社会民主党的机会主义合乎规律地要反对马克思主义关于社会主义具有历史必然性和不可避免性的学说。他们用从新康德主义的武库中剽窃来的"伦理社会主义"来同社会主义相对抗。新康德主义对马克思主义的修正居然得出这样一些观点，即声称什么马克思和恩格斯似乎从来就不是哲学家，说什么他们把任何哲学探讨都当做一种同革命实践无法协调的思辨活动而加以拒绝。

辩证唯物主义和历史唯物主义是对一切过去的哲学，原来意义上的哲学的革命的批判的否定。但是，这不是抽象的虚无主义的否定，而是具体的辩证的否定，这种否定是以对过去的哲学（包括唯物主义哲学和唯心主义哲学）的一切合理的东西作科学的和哲学的总结，对这些东西的吸收、改造和进一步发展为前提的。恩格斯说："这已经根本不再是哲学，而只是世界观，它不应当在某种特殊的科学的科学中，而应当在现实的科学中得到证实和表现出来。因此，哲学在这里被'扬弃'了，就是说，'既被克服又被保存'；按其形式来说是被克服了，按其现实的内容来说是被保存了。"①

照例对哲学采取轻视态度或者说一知半解的态度的第二国际的理论家们，完全忽略了恩格斯所指出的最重要的方面，即马克思主义所实现的哲学中的革命。因此，否定马克思主义哲学的现代的马克思主义的敌人在一定意义上说是在上一世纪末已经形成的机会主义传统的继承者。

对马克思主义哲学作这种虚无主义解释的主要代表就是法兰克福学派的从事社会研究的理论家们，这个学派打着"新马克思主义"的旗号，

---

① 《马克思恩格斯全集》第 20 卷，北京：人民出版社 1971 年版，第 151 页。

或者用另一种说法，就是打着"西方马克思主义"的旗号，要求对马克思的学说作准确的阐述，把马克思的学说同恩格斯的观点对立起来。虽然"法兰克福学派"的理论家们由于否定马克思主义哲学的存在而继承了社会民主党的传统，但是这些"新马克思主义者"的论据，同并没有赋予哲学问题以重大意义的他们的先辈们的论据有很大的不同。

按照法兰克福的"批判的理论家们"的观点，哲学是在生活中实现理性，根据合乎理性的原则改造社会，使合理的东西变成社会现实的一种尝试。但是，按照法兰克福理论家们的观点，哲学对合理性采取非批判的态度，因为合理性这个概念通过哲学思维本身的性质构成哲学的根本前提，而这种前提是不会受到批判分析的。

此外，他们还认为，合理性这个概念是成问题的，因为它不能成为专门的哲学分析的对象。社会学感到自己有责任对它进行批判研究，从而就剥夺了哲学存在的权利。

按照"法兰克福派"的观点，对理性、一般合理性的社会学研究（就它具有批判性质而言）表明，任何使社会关系合理化的做法都意味着对人的压迫的加剧、剥削的完善化，从而也意味着日益使社会变成一个可以控制的人与人之间关系的体系。资本主义在生活中实现了理性，从而就实际地证明，合理性是进行统治和剥削的工具。以对社会生活进行合乎理性的改造为理想的哲学在这种意义上说是最终破产了，因为它的理想据说已经实现了。

通过同哲学断绝关系来进行哲学探讨的法兰克福理论家们至多也是小资产阶级的浪漫主义的资本主义批判者。他们把任何合乎理性地改造社会关系的做法同资本主义的合理化混为一谈。不仅如此，他们还企图把这种看法"硬塞到"马克思和恩格斯的学说中去，把马克思主义对原来意义上的哲学的否定说成为对哲学根据激进的革命任务提出问题的可能性的否定。他们从这种立场出发来解释马克思的著名命题："哲学家们只是用不同的方式解释世界，而问题在于改变世界。"[①] 马克思和恩格斯

[①] 《马克思恩格斯全集》第3卷，北京：人民出版社1965年版，第6页。

从哲学上论证了社会关系的共产主义改造这个事实完全被置之不顾了。

这样一来，法兰克福的理论家们就把马克思主义描绘成为一切哲学探讨的不可调和的反题。但是，他们首先援引的马克思却经常把自己在哲学上的辩证唯物主义观点同唯心主义和形而上学的思想方法对立起来。法兰克福学派的代表人物当然不能无视这些事实。他们对马克思作了这样的解释，就好像马克思的学说只是表面上研究了哲学问题，虽然它在根本上是对哲学的毫不妥协的否定。

例如，H. 马尔库塞断言，马克思只是在他受黑格尔和费尔巴哈影响的时候对哲学有过兴趣。因此，人们不能对表达形式特别是具有哲学意味的马克思的早期著作作过高的评价。马尔库塞写道："即使这些早期著作也不是哲学著作。它们表现了对哲学的否定，虽然用的还是哲学的语言。"① 不难理解，马尔库塞同法兰克福学派的其他代表人物完全一样，对马克思主义的哲学同马克思主义政治经济学和科学社会主义的有机联系，对马克思主义学说同革命实践的统一作了完全歪曲的解释。因为法兰克福学派的代表人物不懂得马克思主义的哲学同以前的一切哲学学说之间的原则区别，所以他们对这种质的区别作了完全否定的解释。

我们比较详细地评论了马克思列宁主义哲学的敌人阵营中的当前情况，因为不先谈谈这个问题就不能了解辩证唯物主义的最新批判者们的意识形态目的和理论论据。这些人把恩格斯和列宁同马克思对立起来，把列宁的哲学研究解释为"恩格斯的路线"的继续，而"恩格斯的路线"按其实际内容据说是同马克思的学说不一致的。作为否定马克思主义的隐蔽形式的这种解释的一个例子，我们就考察一下 G. 李希特海姆

---

① H. 马尔库塞：《理性和革命》，1962 年诺依维特版，第 229 页。他在评论整个马克思主义形成的历史过程，并因此把马克思的学说同黑格尔的哲学对立起来的同时，宣称："从黑格尔向马克思的转变，在一切方面看来都是向用哲学概念不能解释的另一种根本不同形态的真理的转变。"（同上）接着又说："……马克思主义理论的一切哲学概念都是社会理论和经济理论，而黑格尔的社会范畴和经济范畴全部都是哲学概念。"（同上）这种说法的实质自然并不在于坚决地强调指出马克思学说同黑格尔唯心主义哲学之间的根本矛盾，而是在于把这种关系解释为马克思的"反哲学"同黑格尔的哲学之间的对立。

对辩证唯物主义的资产阶级的批判。他写道:"在马克思的观念同恩格斯和普列汉诺夫的辩证唯物主义之间没有任何逻辑联系,因为在把自觉的精神活动看做实践的一个方面的马克思的实用主义观点同列宁的认识论的实在论之间没有任何必然的联系。"① 这种说法有一点是非常有意思的,就是它直接指出了把马克思、恩格斯和列宁彼此对立起来的反马克思主义观点的背景:马克思被说成是实用主义者,即唯物主义的反对者,唯心主义的经验主义的拥护者,同时又把"认识论的实在论"强加于列宁,这种理论把物质的概念同客观实在的概念对立起来,就是说,是唯心主义的变种。

这样一来,把马克思和恩格斯对立起来,首先就是把马克思的早期著作同大部分是由马克思主义的两位创始人创作的成熟马克思主义的著作对立起来。在这里人们当然闭口不提马克思不仅在刚开始成为无产阶级的科学的意识形态的创始人的时候,就在40年代上半期的著作中阐发了他的哲学观点,而且在他的晚期表述了极其重要的马克思主义的哲学观点。

不言而喻,马克思最重要的哲学著作是《资本论》。在这里不仅解决了资产阶级政治经济学的经典作家们所探讨的经济理论的根本问题,而且也为唯物主义辩证法即辩证唯物主义准备了基础。②

---

① G. Lichtheim, "On the Interpretation of Marx's Thought", *Marx and the Western World*, London 1967, S. 10.
② 把辩证法和唯物主义分离开来,只有在马克思主义哲学之外才具有充分的意义,因为那里存在着唯心主义辩证法和形而上学唯物主义。在马克思主义中,辩证法和唯物主义构成一个统一体,一个不可分割的整体:马克思主义的唯物主义——辩证唯物主义,马克思主义的辩证法——唯物主义的辩证法。在马克思主义哲学中,给辩证法和唯物主义划分界限,把它们当做彼此不同的东西,例如,当做方法和理论,那是错误的。马克思主义的方法是辩证的和唯物主义的,即辩证唯物主义的。马克思主义的**理论**不言而喻不仅是唯物主义的,而且也是辩证的。其次,前面我们已经批判了考茨基的观点,他使用唯物主义这个概念只涉及方法,但是根本不涉及马克思主义的理论。发展的理论就其完整的形式来说,是没有片面性的,这是唯物主义的辩证法或者说辩证唯物主义的根本内容。这两个说法实质上是同义词。这个结论是从列宁所表述的唯物主义辩证法(完整形式的发展理论)、认识论和逻辑(当然是辩证逻辑)相一致的原理中得出来的,人们必须把辩证逻辑看做特殊的(有别于一般的)发展理论。正如列宁所指出的,这个原理是马克思在《资本论》中制定的。

把马克思的《资本论》评价为马克思主义的最重要的哲学著作，是列宁的历史功绩。列宁写道："虽说马克思没有遗留下'逻辑'（大写字母的），但他遗留下《资本论》的**逻辑**，应当充分地利用这种逻辑来解决这一问题。在《资本论》中，唯物主义的逻辑、辩证法和认识论〔不必要三个词：它们是同一个东西〕都应用于一门科学，这种唯物主义从黑格尔那里吸取了全部有价值的东西并发展了这些有价值的东西。"① 对《资本论》的哲学内容的研究，使得把马克思的哲学观点同恩格斯在《反杜林论》、《自然辩证法》等著作中所制定的论点对立起来的企图失去了一切根据。马克思确实没有充分地研究自然科学成果中的哲学问题，但是他认为这些问题具有头等重要的意义。他和恩格斯之间的书信说明了这一点。尽管马克思在《资本论》中研究的是资本主义经济发展和活动的规律，但是他经常强调指出辩证的运动和发展的规律具有普遍适用的性质，在这里他具体地谈到了一些自然科学的事实。我们既可以在《资本论》中也可以在《自然辩证法》中看到的自然科学的实例之一，就是对化学中的同系物的分析，它证实了量变转化为质变的规律。

马克思主义的现代批判者们把恩格斯的《反杜林论》说成是对马克思哲学观点的背离（或者说成是提出一种同马克思的思想格格不入的哲学学说）。但是，《反杜林论》是一部发展了《资本论》和马克思的其他著作中的极其重要的哲学观点的著作。大家知道，马克思不仅读过《反杜林论》的原稿，而且还应恩格斯的请求写了该书的第十章，并且在他的天才的朋友和战友的这部著作出版以后又对它作了高度的评价。马克思在给摩·考夫曼的那封著名的信中说，恩格斯的这部著作"对于正确理解德国社会主义是很重要的"②。

马克思主义的资产阶级批判者们想要证明，恩格斯的哲学思想对于马克思说来是格格不入的，他们这种企图不仅是旨在反对恩格斯，而且

---

① 《列宁全集》第 55 卷，北京：人民出版社 1990 年版，第 290 页。
② 《马克思恩格斯全集》第 34 卷，北京：人民出版社 1972 年版，第 322 页。

也是旨在反对马克思本人的,因为人们把对马克思绝对格格不入的性格特点和处世之道强加于他。按照这种错误的评价,马克思本来是不同意恩格斯的哲学观点的,但是在他的朋友和广大舆论面前隐瞒了这种不同意的态度。对于任何一个读过马克思的著作而其目的是要了解这些著作的实际内容的人来说,这种说法显然是站不住脚的。这种观点的另一种说法就是说什么马克思并不反对恩格斯在《反杜林论》和其他著作中所发表的哲学观点,因为他在自己这位朋友的影响下改变了自己早期的观点,从而自己向这些带来灾难的哲学谬误屈服了。萨特就非常明确地发表了这种看法。特别是他断言,马克思曾经力图既克服唯物主义的"片面性",又克服唯心主义的"片面性",他直到同恩格斯进行"不幸的会见"[①] 以前一直坚持这种观点,而萨特声明他是赞成这种观点的。

这位法国存在主义者情愿要包含有不少符合费尔巴哈人本主义精神的观点的马克思的一些早期著作,而不要成熟马克思主义的著作。在马克思主义的敌人看来,这些观点确实是一种幸运的基础,它"允许"把马克思说成是存在主义、同时代的唯心主义人本学的同道者(或者至少是先驱者)。在这里人们通常总是忽略了这个众所周知的事实,即跟马克思的相应著作同时写成的恩格斯的早期著作,同样包含着唯心主义的和哲学人本主义的言论。马克思和恩格斯的哲学观点的形成是在同时完成的。当他们在1844年开始合作,以便创立工人阶级的科学的意识形态的时候,他们共同克服了黑格尔的辩证唯心主义、青年黑格尔派的"自我意识的哲学"、费尔巴哈的哲学人本学以及资产阶级民主主义的和小资产阶级空想主义的幻想、他们在《德法年鉴》上所写的文章以及他们最初合写的著作《神圣家族》和《德意志意识形态》证明了这一点。

因此,萨特想证明马克思和恩格斯的会见,他们的友谊改变了马克思哲学发展的进程并把马克思引向辩证唯物主义的企图,不仅是无的放矢,而且是可笑的。辩证唯物主义和历史唯物主义的创立,是马克思和

[①] J. P. 萨特:《形势。论文集》第1卷,汉堡附近莱茵贝克1965年版,第289页。

恩格斯的共同成果，是马克思主义创始人所实现的哲学中的革命。

萨特还要求承认由他完成的对马克思主义的发展。在这里，他把辩证唯物主义排除在马克思主义哲学之外，同时，他又用存在主义的人本学来"充实"历史唯物主义。萨特写道，历史唯物主义是"对人类历史唯一有效的解释"①。

但是，萨特"称做"历史唯物主义的东西，实际上根本不是历史唯物主义，因为这位法国存在主义者把历史唯物主义同对自然和人的唯物主义理解彼此割裂开来，把历史唯物主义同唯物主义哲学对立起来。从存在主义观点看来，自然界并不是不依赖于人、人的意识和意志为转移而存在的。至于谈到人，存在主义打着批判自然主义的旗号声称，认为人是非自然的，不是被决定的存在物的主观主义观点，才是唯一可能的和合乎人性的观点。无需解释，这种主观主义的观念不论同唯物主义还是同历史主义都没有任何共同之处，它对历史唯物主义和自然科学都采取敌视态度。

把唯物主义历史观和辩证唯物主义彼此对立起来，就是否定辩证唯物主义，归根到底也就是否定历史唯物主义，这不仅是萨特所特有的或者说存在主义的对马克思主义哲学的态度的表现。第二国际的修正主义者们就已经采取了这种态度，他们抛弃了唯物主义辩证法（即辩证唯物主义），根本否定唯物主义辩证法存在的可能性，声称它是马克思主义中异己的"唯心主义的"（黑格尔的）因素。② 在这里，也像在其他场合一样，哲学上的修正主义被资产阶级的哲学牵着鼻子走，而资产阶级哲学因为无法实现唯物主义和辩证法的统一，所以过去和现在都否定对自然界和社会持辩证唯物主义观点的可能性。

---

① S. P. 萨特：《辩证理性批判》第 1 卷，汉堡附近莱茵贝克 1967 年版，第 41 页。
② 参见 H. 伊里巴德沙柯夫："对于爱德华·伯恩施坦、奥托·鲍威尔、鲁道夫·希法亭、麦克斯·阿德勒等人的老机会主义和修正主义来说，有代表性的是，他们都企图破坏辩证唯物主义和历史唯物主义的统一，他们反对辩证唯物主义和其他任何哲学的唯物主义，但是同时却声称他们接受历史唯物主义，似乎历史唯物主义是和哲学唯物主义完全不同的东西。"（H. 伊里巴德沙柯夫：《现代对马克思主义的批判》，莫斯科 1962 年俄文版，第 446 页。）

列宁曾经用马克思的话批判马克思主义以前的形而上学的唯物主义没有能力"使关于社会的科学同唯物主义的基础协调起来,并在这个基础上加以改造"①。但是,即使在马克思主义以前的唯物主义者力图对社会现象作唯物主义的说明的时候,占统治地位的唯心主义哲学,特别是在唯物主义历史观产生时,也要坚决反对已经存在的唯物主义社会学,办法是否定这种社会学的唯物主义性质。唯物主义被宣布为唯心主义,而唯心主义则被说成既不是唯心主义理论,也不是唯物主义理论,简而言之,被说成是哲学中的"第三条道路"的实现。

列宁在他对约·普连厄的《马克思和黑格尔》一书(这是资产阶级把马克思主义的理论基础庸俗化的一个例子)的札记中引用了这位作者对这个问题的解释,普连厄声称,历史唯物主义是"对社会的彻底唯心的观察"②。

普连厄在1911年的这种说法对于现代的资产阶级马克思学家来说也是可以接受的,这令人信服地证明了他们的"阅读"方法,确切地说,歪曲历史唯物主义的方法总的说来是多么可怜而贫乏。

Б. 克罗奇在1938年重复了约·普连厄的论调,同时明确地指出了使他不能接受唯物主义历史观的原因。Б. 克罗奇写道,历史唯物主义"在两个方面,即作为唯物主义和作为关于历史是按照事先确定的计划发展的观点,是错误的,按照这种计划,黑格尔的哲学史被篡改了"③。对这个资产阶级思想家说来,历史唯物主义仅仅因为对社会关系进行社会主义改造的客观必然性作了唯物主义的论证,就已经是不能接受的了。客观规律性这个概念在关于自然界的自然科学中是个基本概念,他们却宣称这个概念在社会学中没有任何科学意义。不仅如此,他们还把关于历史必然性的唯物主义观念同关于命中注定的神学观念等量齐观。

值得注意的是,为了反对历史唯物主义竟然提出了这样一种论据,

---

① 《列宁全集》第21卷,北京:人民出版社1990年版,第36页。
② 转引自《列宁全集》第38卷,北京:人民出版社1986年版,第441页。
③ 参见 B. Croce, *Annuario della Biblioteca filosofica di Palermo*, Ⅱ, S. 387,载于 E. Garin, *Cronache di Filosofia Italiana(1900—1943)*, Bari 1959, S. 222.

认为历史唯物主义实际上只是由于人们自己创造自己的历史这种说法，才成为经过科学论证的基本哲学命题。这个命题曾经被马克思主义以前的唯物主义者作为反对对历史作神学解释的观点提出来过。但是，这些唯物主义者由于他们自己的形而上学的思想方法而忽略了社会历史过程中主观的东西和客观的东西之间的对立，他们只是宣布了这个真理，当然他们不可能论证这个真理。换句话说，他们不懂得，当外部自然界和人们自己的自然是不以人们为转移的时候，人们是怎样创造历史的。马克思主义关于生产力和生产关系的发展，关于阶级斗争、劳动人民的解放运动，关于社会革命的学说，这一切都被理解为在科学上和哲学上对思辨唯心主义的宿命论观念的否定和对社会历史过程的规律性的论证。一个过程是通过人本身，通过人民群众，通过"自在"的历史必然性转化为"自为"的历史必然性即自由来实现的。客观历史必然性并不排除自由、历史选择，它有机地包括这种自由、历史选择。必然转化为自由是社会发展的不可缺少的因素，正如"自在之物"转化为"自为之物"是在认识过程的发展中的不可缺少的因素一样。

这样一来，对于为什么马克思主义的敌人把唯物主义历史观恰好作为唯物主义的东西（就这个词的本来意义，但不是形式上的或讽喻的意义而言）加以否定这个问题，回答是清楚的。法国的反共主义者 R. 阿隆以令人钦佩的坦率代表这种观点，他强调指出，对马克思主义关于社会生活的观点的现代批判的基本倾向，是竭力"反对世界历史的客观决定论"①。资产阶级在意识形态上的代言人反对历史必然性，因为历史必然性要埋葬资本家阶级的统治和以私有制为基础的社会不平等的

---

① R. 阿隆：《马克思主义的神圣家族》，汉堡1970年版，第14页。——同反共主义者 R. 阿隆相反，意大利马克思主义者蒂姆帕纳罗强调指出，恩格斯的卓越功绩恰好就在于论证了历史决定论。"如果说当代的改良主义者在恩格斯的唯物论和决定论中看到的首先是对'人道主义'和精神自由的令人不快的否定，那么革命者在这里看到的则是对唯意志论、对关于资本主义制度自动崩溃或者逐渐变的虚幻观念的否定。"（S. Timpanar, Engels, materialismo, libero arbitrio, 载于 Quaderni Piacentini, Piacenza, 39/1969 S. 57. ）不难理解，资产阶级把马克思主义解释为对人道主义和自由的否定，是典型的庸人偏见，因为唯物主义哲学的全部历史以及唯物主义哲学同教权主义和神学世界观的斗争都证明，只有唯物主义才是为人道主义理想而斗争的彻底的战士。

制度。

恩格斯无论在《反杜林论》中还是在其他著作中都对自然科学的成就进行了哲学上的概括，这些著作系统地论证了历史唯物主义和唯物主义的自然观的不可分割的统一。社会生产是一个自然历史过程，在这个过程中人通过改变他周围的自然界，也改变着他自己的本性，他的人的本质，这就是历史地决定了的社会关系的总和。恩格斯说，我们人，不管从事什么样的活动，都不能站在"自然界之外"，相反，我们"连同我们的肉、血和头脑"都是属于自然界的。[①] 把历史唯物主义同唯物主义的自然观分离开来，那就意味着不仅抛弃唯物主义的自然观，而且也抛弃唯物主义对社会生活的观点。

列宁在《唯物主义和经验批判主义》中指出，哲学上的修正主义者利用否定对哲学基本问题的根本的唯物主义解决，用社会学的唯心主义来取代历史唯物主义。亚·波格丹诺夫援引了人与人之间的关系以意识的存在为前提这个显而易见的事实，他就是用这种办法事实上把意识的存在变成社会生活的决定性基础。波格丹诺夫不是公开地，而是隐蔽地把这种唯心主义的态度表述出来的，办法是宣布社会存在和社会意识等同的原则。

列宁揭穿了波格丹诺夫所表述的唯心主义论点在原则上是站不住脚的，列宁说："社会存在和社会意识不是等同的这正如一般存在和一般意识不是等同的一样……社会意识反映社会存在，这就是马克思的学说。反映可能是对被反映者的近似正确的复写，可是如果说它们是等同的，那就荒谬了。意识总是反映存在的，这是整个唯物主义的一般原理。看不到这个原理与社会意识反映社会存在这一历史唯物主义的原理有着直接的不可分割的联系，这是不可能的。"[②]

现代资产阶级的修正主义宣扬"回到马克思那里去"的虚伪口号，实际上是宣传抛弃马克思主义。这是不足为怪的，因为有一些修

---

① 参见《马克思恩格斯全集》第20卷，北京：人民出版社1971年版，第519页。
② 《列宁全集》第14卷，北京：人民出版社1988年版，第323—324页。

正主义者完全是跟着他们的老师即资产阶级的思想家走，而那些人是把马克思同马克思主义对立起来的。他们宣扬一种诡辩主义的论据，说什么马克思主义的继承者不可能是马克思主义的创始人。所有这些关于恩格斯的伪科学的言论总是又导致一点：拒绝对共产主义理想作唯物主义的论证，抛弃马克思主义的科学的哲学的世界观，而马克思主义对争取实现社会关系的共产主义改造的革命斗争的必然性做了全面的论证。

其次，前面我们已经谈到第二国际的修正主义代表人物，他们在宣称自己是历史唯物主义的拥护者的同时又放弃辩证唯物主义，最终用社会学的经验的唯心主义来取代唯物主义历史观。掩盖对历史唯物主义的否定也使现代修正主义者离开了哲学。我们就举捷克修正主义者 M. 普鲁哈为例。他按照萨格勒布《实践》杂志的修正主义者们的榜样，把"实践哲学"同恩格斯的哲学对立起来，根据哲学人本学的精神去解释恩格斯的哲学，然后又用哲学人本学去反对辩证唯物主义。

马克思和恩格斯已经把哲学同实践，同革命的批判的实践活动，同工人阶级的解放斗争联系起来。因此，任何把马克思主义哲学同"实践哲学"对立起来的企图，都是抛弃关于自然界、社会和思维发展的一般规律的统一的科学的哲学学说中的辩证唯物主义的实践观。

普鲁哈断定，不是辩证唯物主义，而是"实践哲学"才是真正的马克思主义哲学。他说，这种"实践哲学"使马克思主义摆脱了"最一般的规律性这种无聊玩意儿"，用"迫切的问题即社会的和日常熟悉的问题"来丰富马克思主义。① 这类问题首先被归结为关于个性、个性自由、人的本质的异化等问题，他们把科学技术的进步称为人的本质异化的原因。在方法论上把个人的东西归结为社会的东西的马克思主义原则是同从社会关系总和中强调具有社会意义的个性特点的原则相适

---

① M. 普鲁哈：《形而上学和马克思主义》，载于《第十九次国际哲学讨论会文献》第 3 卷，维也纳 1969 年版，第 611 页。

应的。

不言而喻，普鲁哈把这一切全都置之不顾。个性被说成是某种完全自我满足的东西，它同其他个性的差别被认为是绝对的，而不同的个人共同的特征则被宣布为是不重要的、使个人失去个性的东西。

这种把个别和一般、差别和同一对立起来的形而上学的做法是资产阶级个人主义关于人的观点的有代表性的特点。对社会规律性的客观性的承认被说成是对人的否定，是责任的主体。更简单地说，马克思主义的决定论（以及一切决定论）被解释为同对选择自由、活动自由的承认在原则上不相容的东西。对于普鲁哈来说，关于自由和必然的辩证法是不存在的。按照他的唯心主义观点来看，客观规律性不可能是人的自觉的和有目的的活动的基础。

普鲁哈指责辩证唯物主义犯有"本体论"的错误，他把"本体论"理解为承认物质是永恒不灭的，承认物质自己的规律性。在普鲁哈看来，本体论对物质的观点是"实体主义的"形而上学或"形而上学的本质论"的变种。① 简单说来，唯物主义（和自然科学）对物质永恒不灭（由此产生辩证唯物主义）的承认，按照这个捷克修正主义者的观点看来，决不是辩证观点，而是反辩证法的观点。普鲁哈写道："形而上学事实上是强调静止，而不是强调运动，因为它力图在暂时的、易逝的东西中发现固定不变的、持久的和完善的东西。但是，恩格斯对存在的观点所指的不是别的，正是这个东西。他是多么经常地只谈物质的不灭性和永恒性啊！由于持这种根本观点，变化和运动对他来说也只不过是物质的外部的东西，而循环这个词也常常在这种次要的领域出现，因此很明显，是为了使'辩证法'不致威胁具有形而上学的出发点的唯物主义。"②

普鲁哈竭力想用这种方法证明，对哲学基本问题的唯物主义的解决具有反辩证法的性质。他说，辩证唯物主义就它发展了以前的唯物

---

① M. 普鲁哈：《形而上学和马克思主义》，载于《第十九次国际哲学讨论会文献》第3卷，维也纳1969年版，第611页。

② 同上。

主义的根本原理而言，同形而上学唯物主义是一样的。这个修正主义者几乎一字不差地重弹他的资产阶级老师们的老调。资产阶级哲学家们早在上个世纪末就提出了一个论题，认为辩证唯物主义是 contradictio in adjecto①，就是说，这些哲学家断言，辩证法和唯物主义的荒谬矛盾是根本不能相容的。这就是说，辩证法总是唯心主义学说，而唯物主义注定是形而上学的。

哲学史上的事实驳倒了这些不科学的观点，而其拥护者却企图通过歪曲这些事实使这些观点具有科学的假象。他们把古代希腊唯物主义者的辩证法完全置之不顾。唯心主义的辩证法被描绘成是唯一可能的辩证法，因为据说辩证法的内容是针对作为主体活动的思维的。例如，现代的新黑格尔主义者科热夫声称："辩证运动是思维和人的思想的运动，但是在人所思考和谈论的现实本身之中，没有辩证法。"②

普鲁哈的观点同这种对辩证法的公开的主观主义的解释有点差别。差别首先就在于，普鲁哈认为，辩证法的领域是"存在的人本学的"活动、主观性等等。实践活动被宣布为辩证运动的主要领域，但是实践活动被理解为主观主义的，不以社会生活的客观规律性为转移的，普鲁哈干脆忽视或者直接否认这种客观规律性的存在。

普鲁哈问道："是存在着自然辩证法呢，还是在存在人及其活动的地方谈论辩证法才合乎道理呢？"③ 很清楚，普鲁哈对这个问题的回答导致否定自然辩证法。"马克思跟黑格尔不同，当他把异化理解为劳动的异化的时候，他是把哲学变得贫乏了吗？"④ 这个问题的提法本身显然就是对问题的歪曲。马克思把异化劳动看做是劳动产品和生产活动本身异化的主要形式。他从这种对抗性的经济关系出发，研究了异化的政治形式、经济形式和思想形式。对此普鲁哈当然只字不提。

---

① 形容语的矛盾，指"圆形的方"、"木制的铁"这一类的矛盾。
② A. Kojeve, *Introduction a la lecture de Hegel*, Paris, S. 455。
③ M. 普鲁哈：《形而上学和马克思主义》，载于《第十九次国际哲学讨论会文献》第 3 卷，维也纳 1969 年版，第 611—612 页。
④ 同上。

在他对所提问题的回答中，最重要的东西就是企图把异化现象说成是辩证过程的真实的、非暂时的形式，就是说，把这种历史上暂时的现象永久化。"是否须要用结构上和起源上的人本学来补充马克思主义呢？"

不难理解，对这个问题普鲁哈会给予明确的回答。但是，这里引用的他的文章以及其他言论，是一种想用唯心主义的哲学的人本学来取代马克思主义哲学的尝试，其实这种哲学的人本学是同马克思主义根本不能相容的。

马克思主义哲学的形成不仅是通过克服黑格尔的客观唯心主义，而且也是通过克服费尔巴哈的人本主义的唯物主义而实现的。在《德意志意识形态》中，马克思主义的创始人批判了作为唯心主义历史观的自然主义变种的人本主义的唯物主义。马克思和恩格斯把历史唯物主义评价为对人本主义的唯物主义的否定。

我们可以看到，现代资产阶级的和修正主义的马克思主义批判者们企图使马克思主义哲学同现代资产阶级哲学家所研究的唯心主义的哲学人本学结合起来。这种企图说明，马克思列宁主义的科学的哲学世界观的日益增长的影响迫使它的敌人从对这个学说进行公开的进攻转而采取隐蔽的、假马克思主义的咬文嚼字形式的对马克思主义的批判。因此，现代的马克思列宁主义的批判者们常常蛊惑人心地声称，他们所以否定马克思主义哲学，只是因为这种哲学根本就不存在，因为马克思主义摒弃了一切哲学。他们把事情说成这样，似乎恩格斯改变了马克思的根本信念，开始重新创立一种新的哲学体系，这种体系是同马克思主义的精神背道而驰的，作为实证的、反思辨的和经验的学说出现的。马克思主义的一些敌人意识到，这种对马克思主义的解释是站不住脚的，这就迫使这些人提出新的反马克思主义的观点。

其中有些人说，哲学对马克思主义来说决不是格格不入的，它的哲学信条是在它的早期著作中做过阐述的哲学人本学。从这个立场出发，辩证唯物主义（包括唯物主义历史观）被评价为对真正的马克思主义的背离。这种"背离"被强加在恩格斯身上，尽管非常明显，早在

《反杜林论》出版以前，辩证唯物主义和历史唯物主义的基本原理已经在马克思的著作中，特别是在《政治经济学批判》和《资本论》中得到了阐述。从这种虚伪的资产阶级和修正主义的立场出发，哲学中的列宁阶段被说成是马克思主义的敌人所捏造出来的马克思和恩格斯之间的那个所谓鸿沟的继续和深化。但是，实际上观点的深刻的共同性却把马克思主义的两位创始人结合在一起。

把历史唯物主义（即辩证唯物主义的历史观）同马克思主义的即辩证唯物主义的自然观对立起来的观点，也是为使工人阶级的科学的意识形态失去其革命内容的反马克思主义的任务服务的。在这种情况下，历史唯物主义就会丧失它的基础，就是说，它将不再被作为唯物主义学说来加以阐述，而是被作为拒绝研究社会生活的物质基础，拒绝研究社会发展的客观规律性的经验的社会学来加以阐述。

马克思主义在同资产阶级意识形态的斗争中发展着。马克思主义、马克思列宁主义的科学的哲学世界观的发展的每一个新阶段，都意味着资产阶级意识形态包括打着"新马克思主义"的旗号要求对马克思主义学说作准确的解释的那些资产阶级意识形态的变种的新的失败。资产阶级意识形态的失败迫使它的代表人物转而采取对马克思主义进行"内在的"批判的立场，即进行这样一种批判，它形式上反映了承认马克思主义理论的基本立场的意愿，但是有一个条件，就是它的进一步发展不能得出同它的根本原理不相容的结论。在对马克思主义进行"内在的"批判的过程中，资产阶级的思想家们把马克思同恩格斯，把马克思同列宁，最后是把马克思同他自己的学说对立起来。可见，资产阶级对马克思主义的批判从一开始就意味着对马克思主义的基本原理的歪曲。

资产阶级批判者们想驳倒辩证唯物主义的企图不断遭到失败。辩证唯物主义的世界观越来越被自然科学和社会科学的成就所证实，被新的哲学研究所证实，而新的哲学研究将使万古常青的马克思列宁主义理论得到进一步发展和丰富。

四 〔美〕诺曼·莱文:《辩证法内部对话》(节选)①

在19世纪70年代,马克思和恩格斯面临的问题已不再是10年20年前的那些问题。它们不再是19世纪50和60年代的思想问题了,而是政治问题。第一国际的建立,继1848年那次以后再次说明了马克思主义的政治化。"马克思主义"这个词是米哈依·巴枯宁在他与马克思的权力斗争中首次提出来的。巴枯宁是把"马克思主义"当做"独裁主义者"的同义词来使用的。② "马克思主义者"也是巴枯宁在争夺国际的斗争中首次使用的,它是马克思主义政治上的追随者的同义词。③ 1873年,在第一国际的日内瓦会议(Geneva Congress)上,马克思未来的女婿保罗·拉法格(Paul Lafargue)看到了"把党马克思化"的需要。④ 后来,"马克思主义"这个词在1882年第一次用作一篇论著的题目。这一年,马克思的敌人保罗·布鲁斯(Paul Brousse)写了一本小册子,名叫《国际内的马克思主义》(*Marxism within the Intemaitional*)。⑤ 如果马克思主义要成为一个政党,它就不但要有政治教义,而且要有政治纲领。在19世纪50和60年代进行大量艰苦的研究并写作《资本论》后,到70年代,马克思不但健康状况很糟,而且心理上和

---

① 本文节选自诺曼·莱文:《辩证法内部对话》,张翼星等译,昆明:云南人民出版社1997年版,第27—34页。

② Margarite Manale, L'Edification d'unedoctrine Marxiste,' *Cahiers de L'Institute de Sciences Mathematiques et Economiques Appliques*, Vol. XII, January-February, 1978, p.212.

Margarite Manale 属于马克西米利安·鲁贝尔(Maximilien Rubel)那一派。他们俩都认识到,马克思和恩格斯在很多领域上不一样。不过,他们探讨马克思—恩格斯问题的方法却和本书的不一样。我的观点是,马克思和恩格斯的区别在于概念的不同。Manale 却论证说,政治的需要是导致马克思和恩格斯产生区别的根源。由于要把马克思主义调整得适应19世纪70年代和80年代的政治需要,恩格斯不得不强调马克思主义的某些方面。虽然我要把马克思和恩格斯分离的原因追溯到思想体系上去,但 Manale 的论点还是很有道理的。她的论文(*L'Edification d'unedoctrine Marxiste*)追溯了恩格斯如何被迫适应马克思运动的政治需要。

③ 同上书,第213页。
④ 同上书,第170页。
⑤ 同上书,第164页。

思想上也精疲力竭了。他无法担当政治宣传家的角色，这个任务就落在了恩格斯肩上。于是，恩格斯成了第一个把马克思主义系统化的人。①而且正是恩格斯把马克思主义学说解释为科学社会主义，把马克思学说与自然界的关系解释为辩证唯物主义。当马克思的说教传播到劳工运动中时，是恩格斯为那场劳工运动提供了一种政治的意识形态。

把马克思主义这样教条化的最早的例证之一是1859年恩格斯为《人民》(Das Volk)写的一系列分析马克思刚刚出版的《政治经济学批判》(Zur Kritik der Politischen Okonomie)的文章。在这些文章中，马克思被说成是"唯物主义历史观"的创始人。②而且，论文中所描述的马克思和黑格尔、马克思和德国唯心主义传统的关系与《路德维希·费尔巴哈和德国古典哲学的终结》中所包含的论点一致。1878年，恩格斯还在《人民历书》(Volks-Kalender)报上刊登了一篇评论马克思的文章。在这篇文章中，马克思被说成是"科学社会主义"的发现者，③是"第一个给社会主义因而也给整个工人运动提供了科学基础的人"④。恩格斯第一个把马克思主义教条说成是科学社会主义。有趣的是，在这些文章中，恩格斯从没提到马克思是辩证唯物主义的发现者。恩格斯经常提到马克思是唯物主义历史观的发现者，在马克思墓前的演说中，他把马克思和达尔文相提并论，说他们是19世纪寻求并找到了历史和社会规律的两位巨人。⑤甚至在《反杜林论》中，恩格斯也没有把辩证唯物主义的发现归功于马克思，而是强调说，马克思的两个伟大发现是剩余

---

① Margarite Manale, La Constitution du "Marxisme", *Cahiers de L'Institute de Sciences Mathematiques et Economiques Appliques*, Vol X, April-March, 1976, pp. 816–826.

　Manale 论文中的主要观点已在 Maximilien Rubel 的著述中论证过了。请特别参看他的论文 *La Legende de Marx ou Engels fondateur*。这篇文章收录在他的论文集 *Marx Critique du Marxisme* 中。Rubel 教授是一位极为细致的工艺师，这本选集中的所有论文都有以前从未研究过的材料。Rubel 的马克思传开创了把马克思看做人道主义者的时代，是这方面的最早著作之一。见 Karl Marx：*Essai de Biographie Intellectuelle*, Paris：Marcel Riviere, 1957。

② 《马克思恩格斯全集》第13卷，北京：人民出版社1962年版，第526页。

③ 《马克思恩格斯全集》第16卷，北京：人民出版社1965年版，第412页。

④ 《马克思恩格斯全集》第19卷，北京：人民出版社1963年版，第115页。

⑤ 同上书，第374页。

价值和历史唯物主义：

> 这两个伟大的发现——唯物主义历史观和通过剩余价值揭破资本主义生产的秘密，都应当归功于马克思。由于这些发现，社会主义已经变成了科学，现在的问题首先是对这门科学的一切细节和联系作进一步的探讨。[①]

恩格斯的《反杜林论》是把马克思主义政治化的极好例证，也是把马克思主义教条化的极好例证。《反杜林论》与列宁的《什么是"人民之友"？》(What 'The Friends of the People' Are)、《唯物主义和经验批判主义》有惊人的相似之处。列宁的这两本小册子都是作为半政治性的文章写的，是他解释并捍卫马克思主义，反对理论上的敌人的努力。《什么是"人民之友"》是讽刺民粹主义者（Populist）的，而《唯物主义和经验批判主义》则是对列宁所称的新唯心主义的批判，这种新唯心主义是反对19世纪一般唯物主义、尤其是恩格斯的唯物主义的基本前提。《反杜林论》也起到了与这两本小册子相同的作用，因为它摒弃了欧根·杜林（Eugen Dühring）的新唯心主义理论，并加强了年轻的德国社会民主党（German Social Democratic Party）的团结，反对了内部分裂；它是"一部战斗的著作"[②]。

虽然在哥达（Gotha）举行的代表大会上实现了团结，但德国社会民主党还是由几个派别组成的。柏林大学（University of Berlin）的讲师欧根·杜林是这些持不同政见的派别之一的成员。党的官方喉舌《人民国家报》（Volkstaat）被迫刊载了许多表达杜林立场的文章。最后，在1876年初，马克思和恩格斯在党内的支持者威廉·李卜克内西（Wilhelm Liebknecht）在给马克思和恩格斯的信中表达了反击杜林的需要。[③]尽管马克思已经批判了哥达纲领（Gotha Progran），但他和恩格斯清楚地看到，支持他们的拥护者威廉·李卜克内西最有利于他们自己。反击的任务落在了恩格斯的肩上。他当时正在写作后来作为《自然辩证法》

---

① 《马克思恩格斯全集》第20卷，北京：人民出版社1971年版，第30页。
② Emile Bottigelli, Introduction, Anti–Dühring, Paris：Edition Sociales, 1950, p. 29.
③ 同上书，第17页。

发表的材料，为了反击杜林，他把正在从事的工作放在一边，因而他打算写成的关于自然和辩证法的重要著作永远也没有完成。① 不过，《反杜林论》却完成了。它首先从1877年1月至1878年7月在《人民国家报》上连载，并在1878年首次出了单行本。②

从哲学层次上来说，杜林确实代表了新康德主义的复活，认为康德也许是近代最伟大的哲学家。杜林完全漠视黑格尔，把黑格尔的辩证法称做"阿拉伯式的辩证法"③。他的自然哲学是康德和进化论的有趣的混合。他抛弃了感觉主义的认识论，因为它无法解释空间和时间的概念，他坚持认为空间和时间是先天观念。他论证说要用数学方法研究自然，以区别于机械的方法。④ 杜林相信进化论，但不是达尔文的进化论，因为他讨厌自然界斗争的观点，也讨厌历史中阶级斗争的观点。实际上，尽管杜林是德国社会主义政党的一员，他在哲学研究中却从未提到马克思。杜林更喜欢拉马克（Jean - Baptiste de Monet, Chevalier de Lamarck）和孔德（Auguste Comte），喜欢没有斗争的进化改善的观点。⑤ 他是按照有机模式思考的，而不是按照马克思的矛盾模式思考的。杜林的思想中还有生理学的方面，因为他把人的"内驱力"（"drives"）说成是社会合作的基础。⑥ 马克思认为，社会主义的精神是

---

① Emile Bottigelli, Introduction, *Dialectics de La Nature*, Paris: Edition Sociales, 1952.

② Bottigelli, Introduction, *Anti - Dühring*, pp. 19 - 20。在这一阶段，Bottigelli 主要是对马克思主义进行实证主义的解释。在上面提到的两篇'Introduction'中，Bottigelli 论证了马克思和恩格斯之间根本的一致性，他认为，恩格斯把辩证法运用于自然的做法忠实于马克思主义的意图和精神。然而在后来的一篇论文中，Bottigelli 却探讨了恩格斯和马克思所走的通向共产主义的不同道路。见他的论文 Die Hegelrezeption des Jungen Engels, in *Friedrich Engels*, (ed.) Hans Pelger, Hannover: Verlag für Literatur und Zeitgeschehen, 1970, pp. 9 - 19。Pelger 的选本有许多有趣的文章。Bottigelli 论文中的观点和本书的论点一致，即恩格斯从虔信主义的宗教哲学发展到黑格尔的先验论观点。另一篇研究恩格斯，特别是研究他对于第二国际的影响的极有价值的文章是 Lucio Colletti 的 Bernstein and the Marxism of the Second International, in *From Rousseau to Lenin*, (trans.) John Merrington and Judith White, London: New Left Books, 1972。Colletti 是第一流的马克思主义学者，在马克思与恩格斯的问题上，应当向他请教。

③ Eugen Dühring, *Kritische Geschichte der Philosophie*, Berlin: L. Heimann, 1869, p. 436.

④ Eugen Dühring, *Cursus der Philosophie*, Leipzig: Erich Koschny, 1875, pp. 63 - 64.

⑤ 同上书，第124—127页。

⑥ 同上书，第158—165页。

由生产资料的社会化这一前提和社会条件决定的。杜林则认为，社会主义是在普遍情绪中早已存在的团体意识中产生的。[①] 最后，在经济领域，杜林是凯里（Henry Charles Carey）的追随者，而凯里是马克思所不齿的美国经济学家。

在社会主义思想史上，杜林的影响要小一些，不过他还是很重要的，因为他代表了如此多的思潮，这些思潮一直到今天还在烦扰着马克思主义。杜林的新康德主义后来在爱德华·伯恩施坦和康拉德·施米特的著作中得到了反复的阐述，杜林反对历史辩证法的进化主义也在后来的赫伯特·斯宾塞（Herbert Spencer）和费边派（Fabians）的著作中一再得到响应。杜林对"内驱力"的强调，对生命的生理要素的强调，后来又出现在波格丹诺夫（A. A. Bogdanov）、弗洛伊德（Sigmund Freud）和赖希（Wilhelm Reich）的思想中。结果，恩格斯对杜林的反驳使马克思的观点教条化了，因为它规定了一些基本前提，马克思主义的拥护者们就是在这些前提下论证他们的立场，反击唯心主义，反对生机论和进化主义的。恩格斯在《反杜林论》中确立的立场把经典的教义变成了公式，马克思主义就是用这个公式来保护自己，反对形形色色的资产阶级唯心主义的，普列汉诺夫和列宁就是例证。

虽然《反杜林论》是欢呼社会主义和科学相结合的主要著作，但这个主题在恩格斯后来的两部论战著作中得到了进一步的发挥。这两部著作是《社会主义从空想到科学的发展》和《路德维希·费尔巴哈和德国古典哲学的终结》。在恩格斯的科学和社会主义的融合中，黑格尔扮演了极为重要的角色。他的辩证法为这种融合提供了依据。因此，《反杜林论》不仅说明了恩格斯是如何把马克思教条化的，同时也使我们看到恩格斯是如何理解和运用黑格尔的辩证法的。我将讨论恩格斯在《反杜林论》中对黑格尔的理解，并以此探讨恩格斯如何笼统套用黑格尔的方式。

恩格斯认为，黑格尔是德国唯心主义的顶峰。虽然笛卡尔（René

[①] Eugen Dühring, *Cursus der Philosophie*, Leipzig: Erich Koschny, 1875, pp. 177.

Descartes）和斯宾诺莎（Benedict de Spinoza）是辩证法的阐述者，但真正把辩证法带回哲学的中心，使它再次享受在爱利亚学派（the Eleatics）那里的地位的人却是黑格尔。辩证法思想的核心是历史性的观点。有趣的是，恩格斯意识到了黑格尔认为自然界本身并不是历史的，因为黑格尔只把历史进化归于精神。① 尽管如此，却是恩格斯把过程概念从黑格尔的精神背景中提取出来，并把它移植到黑格尔将它排除出去的领域——自在的自然界。

恩格斯论证说，18世纪法国科学的进步创立了唯物主义的一种静态形式。他强调说，19世纪的唯物主义并不包括自然界本身是历史的这一概念。法国启蒙时期的科学倾向于孤立地看物体，把它们看成是固定不变的，这是机械唯物主义。在这方面，恩格斯对于18世纪科学和思想的认识有一个很大的空白。他知道康德、拉普拉斯和赖尔的巨大进步，但是不知道编史工作中的苏格兰学派（the Scottish School）和他们的历史进化四阶段的理论，也没提到狄德罗（Denis Diderot）的《达朗贝之梦》（*D'Alembert's Dream*）中所包含的进化理论。令人惊奇的是，对科学史进行了如此广泛研究的恩格斯，对莫佩尔蒂（Pierre‑Louis Moreau de Maupertius）在生物学方面的研究却一无所知。莫佩尔蒂不但为康德的《自然通史与天体理论》提供了一些真实的数据，而且把进化的概念运用到遗传研究上。② 显然，恩格斯关于18世纪思想的知识是很不准确的，因为他没有把这一时代为现代的进步［按照伯里（John Baynell Bury）的说法］和历史性［按照弗里德里希·迈内克（Friedrich Meinecke）的说法］观念的诞生作出过贡献的很多人物考虑进去。由于恩格斯对于18世纪历史主义传统的全貌缺乏了解。他在思想上只能有一个选择，那就是：把18世纪看成是信奉机械唯物主义的。从这个高度上，恩格斯可以肯定，黑格尔的过程概念使科学可以超越这种机械形

---

① 《马克思恩格斯全集》第20卷，北京：人民出版社1971年版，第28页。

② Stephen Toulmin and Jane Goodfield, *The Discovery of Time*, New York: Harper and Rowe, 1965, pp. 186–188. 论述19世纪科学史的著作很多，但是另一部对我特别有帮助的书是Maurice Mandelbaum 的 *History, Man and Reason*, Baltimore: Johns HopKins University Press, 1971。

式。辩证唯物主义，或恩格斯所说的现代唯物主义，克服了自然永远不变这种观点，并通过把运动法则看作是自然过程的内在规律而取得了革命性的进步。①

恩格斯提供了一种明确的赫拉克利特式的辩证法观点。恩格斯认为，第一个"关于世界的正确概念是古希腊哲学的概念，最早清楚地阐述这一概念的是赫拉克利特：一切事物既存在又不存在，因为一切事物都在变动，处于不断的变化中，它们不断地出现，又不断地消失"②。物质是第一性的，而如果没有运动，物质是不可思议的。"辩证法只不过是关于自然界、人类社会和思维的运动和发展的一般规律的科学。"③

《反杜林论》也探究了黑格尔辩证法的其他程式，因为就是在《反杜林论》中，恩格斯首次阐述了使运动处于首位的辩证法三原理：量转化为质的规律得到了充分的阐述，正像否定之否定规律一样。尽管对立统一规律没有明确地作为第三条规律提出来，恩格斯却强调了矛盾这一主题，使它成为量和否定之外的第三个因素。在谈到量的那一部分中，我们可以感到肖莱马的存在，因为为了说明化学上量的变化如何能产生不同的化学物质，恩格斯引用了肖莱马的碳氢化合物实验为根据的例子。恩格斯说到了甲烷，而甲烷正是肖莱马用作试验的化合物。④ 恩格斯认为，运动的概念和辩证法三原理已经上升为一种形式逻辑。⑤

按照恩格斯的说法，辩证唯物主义断言，辩证规律是一切存在的运行基础。如果把这些辩证法原理假定为一切存在的先决条件，那些基于这些原理的科学就会废除哲学，因为那种科学会接近绝对的实在。那样，辩证唯物主义就成了关于存在的形而上学的陈述，而且恩格斯所信奉的辩证唯物主义就是苏联式的辩证唯物主义的先驱。

在讨论唯物主义和唯心主义的区别方面，《反杜林论》没有《路德

---

① Toulmin and Goodfield, *Discovery of Time*, New York: Harper and Rowe, 1965, p.31.
② 同上书，第27页。
③ 同上书，第155页。
④ 同上书，第140页。
⑤ 同上书，第31页。

维希·费尔巴哈和德国古典哲学的终结》谈得那么深。在后一部著作中，恩格斯下的定义是：唯物主义相信物质不依赖精神而存在，唯心主义则认为物质依赖精神而存在。恩格斯断言，形而上学的唯物主义相信，"事物和它们在思想上的映象、观念是分离的。"① 而且，在《反杜林论》中，恩格斯说，唯物主义者相信思想是"真实的事物和过程的抽象映象"②。虽然恩格斯没有详细讲述认识论，但很清楚，他已经在物质问题上采取了一种实在论的立场，在认识论方面采取了感觉论的态度。在后来的《路德维希·费尔巴哈》一书中，绝对实在论和感觉论得到了更全面的发挥。

在当时，《反杜林论》体现了对于黑格尔学说的革命性的运用。恩格斯利用黑格尔来克服他错误地认为在18世纪法国自然科学中占支配地位的机械唯物主义。而且，在唯心主义复活的时期，《反杜林论》捍卫了唯物主义。恩格斯肯定存在先于思维。作为黑格尔左派的成员，费尔巴哈（Ludwig Feuerbach）和马克思也把左派黑格尔主义跟唯物主义联系起来。《反杜林论》的出版坚持了青年黑格尔激进主义的传统。通过阐释一种唯物主义——这种唯物主义不是我们此刻讨论的话题——《反杜林论》是以左翼黑格尔派继承者的身份出现的。

不管《反杜林论》以什么身份出现，马克思的唯物主义并不是恩格斯的唯物主义。恩格斯在套用黑格尔的时候，已经把辩证法和形而上学的一元论以及绝对实在论融合起来了。黑格尔用来分析意识和精神活动的逻辑范畴，被恩格斯用来分析物质的自然界。这就构成了恩格斯式的对黑格尔的颠倒。

在黑格尔的学说中，自然界是精神的对象化。自然界反映精神的辩证运动，因为它不能"自为"存在，只能"为他"而存在。自在自然界是机械论的，但是自然界为之而存在的"为他"却把它扬弃为辩证的。恩格斯把辩证法限制于自然界的"自在"中，因为黑格尔学说中非物质

---

① Toulmin and Goodfield, Discovery of Time New York: Harper and Rowe, 1965, p. 27.
② 同上书，第30页。

现象的范畴,在恩格斯的颠倒中变成了物质现象的范畴。这样,黑格尔这位精神上的形而上学论者就被转变成了唯物主义的一元论者。形而上学是黑格尔和恩格斯两人思想的共同特征,因为当恩格斯把黑格尔的范畴和自然科学融合起来时,辩证法便产生了一种关于自然的形而上学。然而,恩格斯却一直表现出对先验范畴的敏感性。他一开始是一个相信有天意上帝的加尔文派教徒,后来成了追随理性泛神论的黑格尔的信徒,最后成了寻求自然界基本规律的科学家。在恩格斯的整个一生中,他始终倾向于先验的范式,所不同的只是他的先验主义形式有所改变。

恩格斯把马克思主义教条化的做法也导致了欧洲劳工运动在科学意义上的合法化。辩证唯物主义被说成是包含了宇宙的最终真理。这些真理中,有一条特别指出,宇宙中的万事万物都有必须改变。对于致力于推翻资本主义制度的无产阶级运动来说,变化的不可避免性这一规律只能解释为它所从事的阶级斗争的合法性。

五 〔德〕冈特·克劳泽:《卡尔·马克思和弗里德里希·恩格斯视野中的欧根·杜林》[①]

前 言

1867年,一场兼具学术性与政治性的争论在一个名叫希尔德堡豪森的小镇发轫——这场争论在欧根·杜林和卡尔·马克思、弗里德里希·恩格斯之间展开。它涉及哲学、经济学、历史学和社会主义思想观念的问题。

马克思、恩格斯与杜林的争论在马克思主义史,尤其是国家社会主义性质的官方马克思主义史上被赋予极为重要的意义。恩格斯1876—1878年在与马克思合作下写作的这部论战文本《欧根·杜林先生在科学中实行的变革》(见《马克思恩格斯文集》第9卷)得到了特别的关注。因此,列宁已经将《反杜林论》称为"每个觉悟工人必读的书籍"[②]之

[①] 原载 Journal of Economic Studies,2002年第29期,詹珩、王静译。
[②] 《列宁专题文集(论马克思主义)》,北京:人民出版社2009版,第67页。

一，认为它是"一部内容十分丰富、十分有益的书"，"它分析了哲学、自然科学和社会科学中最重大的问题"。① 事实证明，《反杜林论》是"最重要的马列主义理论文本之一"②，它将"经受全部历史的检验"，因而具有"很大的相关性"。总之，由于恩格斯这部著作和相关著作对欧根·杜林的审视，人们认为恩格斯规范地塑造了官方马克思主义。

开 端

双方严密关注的这场论战的第一阶段始于1867—1868年。当时，在上面提到的希尔德堡豪森小镇上出现了系列出版物《现代知识补充材料》。在该刊物第3卷第3期上发表了一篇杜林讨论马克思1867年出版的《资本论》第一卷③的评论文章。作为一个经济学家和哲学家，杜林从1863年开始在柏林大学担任兼课讲师，这篇评论文章开启了杜林与这两位社会主义理论家长达几十年的争论。

1867年晚秋，路德维希·库格曼博士——国际工人协会的活跃成员，马克思、恩格斯的朋友——向一位著名经济学家寄去了恩格斯撰写的关于《资本论》的评论文章。在传播《资本论》第一卷的过程中，库格曼力图让有名望的学者公开回应。这是一种将马克思的著作引入人们谈论中的做法，因为制度化的经济领域和德国出版界原先对该书采取的是"完全沉默的政策"④。马克思自己明确表示，整个《资本论》的计划都取决于第一卷的"成功"，而在当时达到的效果是，"用粗话来说——吵吵嚷嚷，吹吹打打"，朋友和敌人公开对该书作出直截了当的评论⑤。这个道理是，"不是人们说了什么，而是人们说话了。"⑥

在这种情况下，库格曼将要获取对杜林的全面胜利。这位思想家，

---

① 《列宁专题文集（论马克思主义）》，北京：人民出版社2009版，第58页。
② Fiedler, G., Hoel, G. and König, R. (1977), "Der 'Anti-Dühring' von Friedrich Engles und die Politische ökonomie des Sozialismus", *Wirtschaftswissenschaft*, Vol. 12, p. 1701.
③ 参见《马克思恩格斯文集》第5卷，北京：人民出版社2009年版。
④ 《马克思恩格斯全集》第31卷，北京：人民出版社1972年版，第564页。
⑤ 《马克思恩格斯全集》第31卷，人民出版社1972年版，第562—563页。
⑥ 同上书，第563页。

在他的时代无法回避与学者的论战，迅速做出了反应。直到1868年1月，马克思才看到了杜林关于《资本论》的评论文章。杜林及其评论文章在马克思、恩格斯、库格曼和齐格弗里德·迈耶尔——一位居住在纽约的国际工人协会的德国成员，同时也是德国工人协会的联合创始人之一——通信之后的数月里得到了相当多的关注。

迄今为止，杜林与马克思和恩格斯相互关注的这个阶段在文本考据研究中得到相对较少的考察。但它是最有教育价值的。在中欧和东欧国家社会主义视角下，这部哲学和经济学的历史文本尤其在很大程度上遗漏了文本考据研究，相反，主张接受恩格斯在《反杜林论》中对杜林的著作和杜林这个人的解读。

是什么使马克思和恩格斯对杜林第一阶段的关注如此有趣呢？有三个值得主要关注的方面：首先，它相对多角度地介绍了经济学家杜林。马克思和恩格斯还具有——除了众所周知的语言天赋外——对杜林相当科学的研究视角。后来，这一点被政治雄心和意识形态的方面遮蔽了。在杜林批判《资本论》的语境中，马克思发现他毫无价值，是一个"傲慢无礼的家伙"[①]。阿道夫·瓦格纳的评价也显而易见地论证了这一点："随意涂鸦的哲学兼课讲师"[②]。但这显然不是一种科学的评价。而更为有益的马克思的评论，杜林"以政治经济学中的革命者自居"，为了延续这个身份，"他做了一件具有两重性的事情。首先，他出版过一本（以凯里的观点为出发点）《国民经济学说批判基础》（约500页），和一本新《自然辩证法》（反对黑格尔辩证法的）。"[③]

马克思以这种批判和嘲讽的方式回应了杜林想从根本上重塑经济学的努力。与此同时，他完全准确地提到了在思想史上杜林的重要先驱——美国经济学家亨利·凯里——马克思在别的地方也将其称为"他

[①] 《马克思恩格斯全集》第32卷，北京：人民出版社1974年版，第525页。
[②] Rubner, H. (Hg) *Adolph Wagner, Briefe – Dokumente – Augenzeugenberichte* 1851 – 1917, Berlin, 1978, p. 85.
[③] 《马克思恩格斯全集》第32卷，北京：人民出版社1974年版，第525页。

的老师"①。

马克思也以明确积极的方式评价了杜林关于《资本论》的评论文章。关于这一点，他在1868年1月致信恩格斯说："杜林的文章颇为大方，尽管我那样猛烈地抨击了他的老师凯里。"② 在同月给恩格斯的另一封信里，他评论道："他几乎完全接受了《原始积累》这一章，这对他来说已经很不容易了。他还年轻。……此外，他还是讲师，所以妨碍他们这些人的前程的罗雪尔教授挨了脚踢，他并不伤心。"③

马克思在1868年3月给库格曼的信中提到："我应当感谢这个人，因为他毕竟是谈论我的书的第一个专家。"④ 在1868年7月4日写给迈耶尔的一封信中，马克思谈到了德国出版界对其著作的认可："在官方政治经济学阵营内，迄今只出现了杜林博士（柏林大学讲师，凯里的信徒）的一篇评论，刊登在今年年初的《希尔德堡豪森补充材料》上（这篇评论语调拘谨，但总的来说是持赞赏态度）……"⑤

当然，在这个方面，马克思和恩格斯对杜林也有批评性意见，但这些意见符合科学论述的传统标准，也在这个层面体现了学术规范。例如，马克思指出，杜林关于《资本论》的评论文章并没有清楚地阐释他在论述资本主义经济时新发现的三个因素：

> 奇怪的是，这个家伙并没有觉察到这部书中的三个崭新的因素：（1）过去的一切经济学一开始就把表现为地租、利润、利息等固定形式的剩余价值特殊部分当做已知的东西来加以研究，与此相反，我首先研究剩余价值的一般形式，在这种形式中所有这一切都还没有区分开来，可以说还处于融合状态中。（2）经济学家们毫无例外地都忽略了这样一个简单的事实：既然商品有二重性——使用价值和交换价值，那么，体现在商品中的劳动也必然具有二重性，而像斯密、李

---

① 《马克思恩格斯全集》第32卷，人民出版社1974年版，第9页。
② 同上书，第9页。
③ 同上书，第11页。
④ 同上书，第526页。
⑤ 同上书，第538页。

嘉图等人那样只是单纯地分析劳动，就必然处处都碰到不能解释的现象。实际上，这就是批判地理解问题的全部秘密。（3）工资第一次被描写为隐藏在它后面的一种关系的不合理的表现形式，这一点通过工资的两种形式即计时工资和计件工资得到了确切的说明。（在高等数学中常常可以找到这样的公式，这对我很有帮助。）①

现在值得争议的是，马克思在这里逐渐明显的理论解释路径能否真正给这个问题提供一个恰当的分析思路。但不容置疑的是，马克思关于杜林的观点在这里体现了学术交流的层面。马克思进而对杜林关于他论述黑格尔的立场提出异议，在这个方面与杜林论战，即杜林认为《资本论》以黑格尔的逻辑学为基础，而黑格尔的辩证法是不科学、不可信、不真实的。在马克思看来，这种观点表明一种科学挑衅，同时他将此视为一种挑战。因此，马克思通过使他的方法比黑格尔的方法更准确来试图回应这个挑战。1868年3月，他在一封信中就杜林的立场写道：

> 此外，他在进行欺骗，这一半是出自本意，一半是由于无知。他十分清楚地知道，我的阐述方法和黑格尔的不同，因为我是唯物主义者，黑格尔是唯心主义者。黑格尔的辩证法是一切辩证法的基本形式，但是，只有在剥去它的神秘的形式之后才是这样，而这恰好就是我的方法的特点。②

最后，马克思和恩格斯批判地看待杜林对《资本论》的评论风格。因此，恩格斯在1868年1月7日写给马克思的一封信中评论道：

> 整篇文章显得狼狈不堪，惶恐不安。这位神气的庸俗经济学家显然被刺痛了。他没法说别的，只好说什么要对第一卷作出评论只能到第三卷出版以后，什么劳动时间决定价值并非无可争议，什么有人怀疑劳动价值由劳动生产费用决定是否正确。……不过，他在字里行间

---

① 《马克思恩格斯全集》第32卷，北京：人民出版社1974年版，第11—12页。
② 同上书，第525—526页。

又怕陷入罗雪尔的处境。①

（最后这处评论提到了马克思在《资本论》中对威廉·罗雪尔的批判。）马克思注意到"杜林先生的评论中的那种异常困窘的语调"②并指出："我相信，杜林是由于恼恨罗雪尔才来评论这部书的。他害怕自己也陷入罗雪尔的处境的那种心情的确是十分明显的。"③ 在阅读了杜林的论文《驳贬低凯里的功绩的人和国民经济学的危机》④之后，马克思向恩格斯阐明了他的论断："我说对了：他之所以注意我仅仅是为了气别人。特别显眼的是这个柏林狂人对穆勒、罗雪尔等人采用庸俗粗暴的口吻，而他对我还是小心翼翼的！"⑤ 阅读杜林对《资本论》的评论文章⑥，就可以看到这个事实确实是显而易见的。在某种程度上，人们可以遵循马克思的评论。在杜林和他的热切愿望之间——后来在关于他的奇特的几乎具有病理特征的学术传记⑦中得到解释——相当真实地反映出一种矛盾，尤其是他勇敢地与制度化的学院科学进行了斗争。

其次，我相信马克思和恩格斯最初对杜林的关注之所以显得有趣，是因为这是一场在很大程度上脱离政治的或意识形态谴责的学术争论。一边是马克思和恩格斯，另一边是杜林，双方就格奥尔格·威廉·黑格尔、亨利·凯里、弗里德里希·李斯特的理论概念以及他们对洛仑兹·施泰因、大卫·李嘉图、威廉·罗雪尔的重要意义进行了争论。争论涉及对劳动力价值的准确定义、科学辩证法的核心问题以及人类能否让农

---

① 《马克思恩格斯全集》第32卷，北京：人民出版社1974年版，第8页。
② 同上书，第525页。
③ 同上书，第11页。
④ Dühring, E., *Die Verkleinerer Cary's und die Krisis der Nationalökonomie. Sechszehn Briefe*, Breslau. 1867.
⑤ 《马克思恩格斯全集》第32卷，北京：人民出版社1974年版，第32页。
⑥ Dühring, E., "Marx, Das Kapital, Kritik der politischen Oekonomie, 1. Band, Hamburg, 1867", *Ergänzungsblätter zur Kenntniß der Gegenwart*, Bd. 3, Heft 3, pp. 182–186.
⑦ 参见 Drechsler, W, "Herrn Eugen Dührings Remotion. Eugen Dühring (1833–1921) and the freedom of teaching and research", Maastricht University, Maastricht, 16 October, pp. 1–34.

业土地比以往变得更好的问题。总之，这是马克思和恩格斯与杜林基于不同路径的理论争论。论战主要围绕经济学观点和"标准的"理论问题展开。这个过程基本限于学术争论的范围，直接趋于科学中的标准。但是，这种状况没有持续下去。从19世纪70年代中期开始，马克思和恩格斯对待杜林及其著作的方式发生了改变。

再次，杜林对《资本论》的评论文章使马克思开始更加全面地关注前者的文章。因此，他在位于伦敦的英国博物馆图书馆里阅读了其中收藏的杜林的哲学和经济学著作。例如，他明确提到了《自然辩证法》和《自然科学和哲学的新逻辑基础》①，杜林在其中对黑格尔的思想和理论体系进行了批判分析②。马克思在伦敦还进而发现了杜林在柏林出版的著作《资本和劳动力——旧题新解》③。他在选择这本书的同时，还选择了杜林1866年在柏林出版的另一本书《政治经济学批判基础》④。而库格曼还应马克思的要求将上面提到的那本书《驳贬低凯里的功绩的人和国民经济学的危机》寄给他⑤。卡尔-埃里希·福尔格拉夫还偶然注意到这个事实，它们"并非反映了不同的意见，诸如对劳动价值论的理解，而是马克思不得不为解决《资本论》第2卷和第3卷中的一些问题所做的着眼于未来的理论储备"⑥。马克思在其中表明对杜林关于凯里地租理论的评论的特别关注。

马克思多次重述他在1868年3月与杜林的第一阶段论战。在上面已经提到的给库格曼的信中，他以批评的语调评价杜林以"政治经济学中的革命者"自居⑦。但从本质上来讲，他只是将自己和一篇基于凯里

---

① 参见 Dühring, E., *Natürliche Dialektik. Neue logische Grundlegung der Wissenschaft und Philosophie*, Berlin. 1865。
② 《马克思恩格斯全集》第32卷，北京：人民出版社1974年版，第18页。
③ Dühring, E., *Capital und Arbeit. Neue Antworten auf alte Fragen*, Berlin. 1865.
④ 参见 Vollgraf, C. E., "Marx's Randnoten zu Dührings 'Kritische Geschichte der Nationalökonomie'", *Marx-Engels-Jahrbuch* 8, Berlin, pp. 235.
⑤ 《马克思恩格斯全集》第32卷，北京：人民出版社1974年版，第520页。
⑥ Vollgraf, C. E., "Marx's Randnoten zu Dührings 'Kritische Geschichte der Nationalökonomie'", *Marx-Engels-Jahrbuch* 8, Berlin, p. 236.
⑦ 《马克思恩格斯全集》第32卷，北京：人民出版社1974年版，第525页。

与政治经济学的论文以及一篇主要是直接反对黑格尔的论辩证法的文章区别开来。提到他的《资本论》,马克思这样评价道:"我的书在这两方面都把他埋葬了"①。马克思成功地评论了杜林对他的理论原创性和独立性的质疑。他专门强调了他的方法与作为这个方法的来源的黑格尔的方法的区别。而至于李嘉图,"那末使杜林先生感到伤心的,正是在我的论述中没有凯里以及他以前的成百人曾用来反对李嘉图的那些弱点。因此,他恶意地企图把李嘉图的局限性强加到我身上。"②

高 潮

第二阶段从19世纪70年代中期到19世纪80年代初,这无疑是马克思和恩格斯与杜林的论战最为激烈的阶段。

主要由恩格斯撰写的文章《欧根·杜林先生在科学中实行的变革》代表了论战的高潮。这个很长的标题清楚地显示出与杜林早期的文章《凯里在国民经济学说和社会科学中实行的变革——十二封信》③的联系。这个标题的简称——《反杜林论》——立足于马克思主义史上关于马克思和恩格斯与杜林之间关系的纲领性标志。后来的马克思主义者关于杜林的基本看法是由此建立起来的。

恩格斯这部著作是在1876年9月到1878年6月之间完成的。首先以一组论文的形式陆续发表在《前进报》上,这份报纸是德国社会民主党中央机关报。1878年,《反杜林论》在莱比锡出版了单行本。在马克思看来,它已经"在德国社会主义者中间获得了巨大的成功"④。

人们通常认为,恩格斯是《反杜林论》的作者。马克思在这本著作的起源和写作过程中发挥的作用则鲜为人知。然而,马克思积极参与

---

① 《马克思恩格斯全集》第32卷,北京:人民出版社1974年版,第525页。
② 同上书,第526页。
③ 参见 Dühring, E., *Carey's Umwälzung der Volkswirthschaftslehre und Sozialwissenschaft*, Berlin, 1865.
④ 《马克思恩格斯文集》第3卷,北京:人民出版社2009年版,第493页。

了这本书的结构和计划的制定过程。他还被作为作者出现在这本书中——马克思是第二编第十章（《〈批判史〉论述》）的作者，这部分致力于政治经济学问题的研究①。他在 1877 年写完了这一章，标题为《杜林〈国民经济学和社会主义批判史〉札记》。

《反杜林论》产生之前和产生时的历史环境很值得注意。首先，欧根·杜林在 19 世纪 80 年代初就开始重新加强他对《资本论》的批判。由于它被作为实现经济学领域变革的一部序曲，作为对他的《国民经济学及社会主义经济学教程》②的研究，他对马克思的文章进行了激烈的批判。杜林的著作《国民经济学和社会主义批判史》在这个过程中起到了关键作用。他关于马克思理论的评论基本上都集中在这本著作里。在《批判史》第一版特别是第二版中，他指责马克思的价值确定方法，而这两次指责都缺乏说服力和科学性。杜林认为，马克思的经济思想基本停留在李嘉图的水平上③，他所提供的辩证法缺乏理论创新之处。这种指责在第二版中被重新提起④。杜林这个看法基本上是不科学的：在思想史的进程中，马克思仅仅应该被认为起到了"新经院主义学派的一个分支的作用"⑤。

杜林显然将马克思的《资本论》理解为与他相对立的理论著述，这不仅体现在他不客气的评论方面，这些评论显然起到了阻碍那些可能对马克思感兴趣的人关注这个理论，而让他们尝试对杜林自己的作品感兴趣的作用。这在杜林准确指出《资本论》第二版（1872）每个修改之处这个事实上得到进一步体现。因此，他在部分重写的新版《批判史》中提到：

---

① 《马克思恩格斯文集》第 9 卷，北京：人民出版社 2009 年版，第 239 页。
② Dühring, E., *Cursus der National und Socialökonomie einsnschliesslich der Hauptpunkte der Finanzpolitik*, Leipzg, 1873.
③ Dühring, E., *Kritische Geschichte der Nationalökonomie und des Socialismus*, 1 Auflage, Leipzig, 1871, p. 528.
④ Dühring, E., *Kritische Geschichte der Nationalökonomie und des Socialismus*, 2 Auflage, Leipzig, 1875, p. 574.
⑤ Dühring, E., *Kritische Geschichte der Nationalökonomie und des Socialismus*, 1 Auflage, Leipzig, 1871, pp. 524 – 525.

价值论是经济制度的价值试金石。不过，恰恰是在这里，马克思先生，在第一版中……陷入了这种纠缠，他不得不在第二版中退回，并心照不宣地做出让步，以更好地……批判经济学。甚至这个离奇的用法，即使用价值和交换价值的区别与联系，也发挥了重要作用。唯一有价值的……只有几章……如果删除了辩证的丛林，甚至马克思先生自己也试图使第二版简约一点儿，那么这里所揭示的就完全是一些平常的理论，主要遵循的是李嘉图的理论，即劳动是一切价值的成因，而劳动时间是衡量的尺度。①

需要强调的是，杜林对马克思的政治活动也有为数不多的友好的评价。② 不难发现，他的论述"与工人运动联系起来"并"暂时接近"，这是他与马克思论战的主要原因。他们都关注这场论战的状态，杜林认为自己比马克思、马克思理论以及社会主义运动的其他代表人物具有更强的学术性和政治性。

杜林这种激烈的批判自然未被马克思和恩格斯掩盖，他的思想逐渐在德国工人运动和他于1875年5月在哥达加入的德国社会民主党的代表人物中引起共鸣。例如，在70年代中期，爱德华·伯恩施坦、约翰·莫斯特、奥古斯特·倍倍尔，还有威廉·李卜克内西都宣称他们是杜林的追随者。这体现在倍倍尔以《一个新"共产主义者"》③为题所写的两篇文章中，他专门向杜林的《国民经济学和社会主义批判史》致敬，并将其与《资本论》相提并论。他认为杜林的理论和思想"完全能够涵盖对科学共产主义的理解"④。

鉴于这些想法，马克思和恩格斯注定要在一系列论战中审视杜林，重点是他争取在德国工人运动和社会民主的意识形态和政治中产生持续影响的哲学和经济学思想，以及他的社会蓝图。他们将杜林视为在理论

---

① Dühring, E., *Kritische Geschichte der Nationalökonomie und des Socialismus*, 2 Auflage, Leipzig, 1875, p.499.
② 同上书，第572页。
③ 参见 Bebel, A., Ein neuer "Communist", Der Volksstaat, 13 März. 1874。
④ 参见 Bebel, A., Ein neuer "Communist", Der Volksstaat, 20 März. 1874。

和实践斗争中平等的对手并为此作出标记。出于要实现工人阶级的"革命力量"和"历史使命",马克思和恩格斯必须对杜林的著作进行批判。其中特别的原因在于,如果遵循杜林关于社会和社会主义的思想,就会使反资本主义的解放运动声名扫地、陷入危机。

恩格斯清楚地表明批判杜林的意图:

> 大约在1875年,柏林大学非公聘讲师欧·杜林博士突然大叫大嚷地宣布他改信社会主义,不仅向德国公众提出一套详尽的社会主义理论,而且还提出一个改造社会的完备的实际计划。当然,他竭力攻击他的前辈,首先选中了马克思,把满腔怒火发泄在他身上。这件事发生时,德国社会党的两派——爱森纳赫派和拉萨尔派——刚刚合并,因而不仅力量大增,而且更重要的是能够全力以赴地对付共同的敌人。德国社会党正在迅速成为一股力量。但是,要使它成为一股力量,首先必须使这个刚刚赢得的统一不受危害。可是,杜林博士却公然准备在他周围建立一个宗派,作为未来的独立政党的核心。①

由于杜林已经在他宏大的"教程",最终在一个新的哲学体系,即"现实的哲学"中提出关于自然和社会的奇思妙想,对他的观点进行全面批判就很必要了。恩格斯试图在他的《反杜林论》中表达这个想法。

> 整套的"哲学体系",精神的、道德的、自然的和历史的一应俱全;全套"政治经济学的和社会主义的体系";最后还有"政治经济学批判史"。这三部八开本的巨著,在外观上和内容上都很有分量,这三支论证大军被调来攻击所有前辈哲学家和经济学家,特别是马克思……我所要应付的就是这些……无论如何,我的对手的包罗万象的体系,使我有机会在同他争论时用一种比以往更连贯的形式,阐明马克思和我对这些形形色色的问题的见解。②

---

① 《马克思恩格斯文集》第3卷,北京:人民出版社2009年版,第499页。
② 同上书,第499—500页。

从马克思主义史的理论视角来看，这意味着恩格斯不仅要创作他的重要著作，而且还要体现马克思主义哲学、经济学、社会政治理论三位一体的重要特征。特别是出于这个原因，《反杜林论》在马列主义中享有重要地位。因此，鲍尔曼和雅恩强调，在这部著作中，第一次使"马克思主义的三个组成部分以一种统一、完备的形式被出版"①。恩格斯已经证明"以熟练的方式运用完备的马克思主义理论分析社会的进程"，并同时"对马克思主义中的哲学、政治经济学、科学社会主义等组成部分作出卓越贡献"②。塞姆约诺夫评论道，《反杜林论》包含了对"历史唯物主义和科学共产主义基本原理的完整阐述"③。而在科普夫看来，这部著作开创了"马克思主义影响历史的新时代"。④

源自恩格斯主要著作中关于今后如何对待杜林的看法会在历史上产生什么样的结果呢？有两个方面的问题值得特别关注。

第一，尽管关于杜林的争论加速了对自然科学、哲学、经济学和社会学理论方面学术问题的探讨，但这些主要是在政治—意识形态的前提下建构的。这里的关键问题是，将马克思和恩格斯的对手的影响决定性地限定在谈及德国工人运动和社会民主的学术思想方面。在马克思主义的两位创始人看来，杜林显然将意识形态"未来的危险"人格化了。他们为动员和解放工人阶级而提出的革命、社会和政治的概念，几乎没有为对手发动政治和社会革命留下任何空间。或者，换句话说，在马克思和恩格斯看来，思考多样的工人运动图景是不可能的。

第二，关于杜林主要指向内在的科学规范似乎不再是针对马克思和

---

① Bauermann, R. and Jann, W., "Anti – Dühring" ——Eine Enzyklopädie des Marxismus, *Einheit*, 1977: (5), p. 592.

② Fiedler, G., Hoel, G. and König, R., "Der 'Anti – Dühring' von Friedrich Engles und die Politische Okonomie des Sozialismus", *Wirtschaftswissenschaft*, 1977: (12), p. 169.

③ Semjonow, W. S., "Die philosophische Begründung des wissenschaftlichen Kommunismus in Engles' Werk 'Anti – Dühring'", *Deutsche Zeitschrift für Philosophie*, 1977: (5), p. 177.

④ Kopt, E., "Engels' 'Anti – Dühring' und die bürgerliche Marxismuskritik im 19 Jahrhundert", *Deutsche Zeitschrift für Philosophie*, 1977: (7), p. 814.

恩格斯的论断。他们与杜林的论战和讨论的形式是由权力政治支配的。具体来说，作为意识形态的、政治的和有组织的联盟，即哥达的爱森纳赫派和拉萨尔派成员的联盟，刚组建的德国社会民主党被认为具有掌握政权的基本条件，杜林及其观点被他们严厉审视并遭到质疑。所以，《反杜林论》通篇都充斥着"揭发"的精神，就不值得大惊小怪了。杜林被描述为这种"放肆的伪科学"的"最典型的代表之一"①，"高超的胡说"② 的生产者，表明绝对不同的"社会主义最时髦的信徒以及复兴者"。③ 它几乎不允许思考对相关问题的科学交流，不允许追求不同理论的共同立场或与论战对手在未来求同存异的想法。

在与杜林的这次论战中，在哲学和经济学中彻底合理的问题构想，思想的新形式和新演绎，对理论或国家的批判性反思的实质内容，不同的论域或观点的补充在此后并没有形成。在这些权力政治结构的背景下，恩格斯和马克思对于杜林的看法必将走向扭曲、偏见和浅薄。

作为《反杜林论》的素材，恩格斯和马克思主要使用杜林的著作《国民经济和社会主义批判史》（1871，1875）、《国民经济学与社会主义经济学教程》（1873）和《哲学教程——严格的科学世界观和人生观》（1875）。他们进一步被引入《自然辩证法》的写作中。还有《科学和哲学的新的逻辑基础》（1865），《政治经济理论的批判基础》（1866），《我致普鲁士内阁的社会条陈的命运》（1868）和《对〈资本论〉评论》（1867）。

恩格斯将对杜林的批评围绕哲学、政治经济学和社会主义理论三大方面进行了归类。在哲学领域，争论主要集中在对自然哲学问题、道德和法的问题以及辩证法问题的基本不同的回答。杜林的"现实哲学"概念以及对这些以往的哲学家诸如莱布尼茨、费希特、谢林和黑格尔的高度批判性的评价在恩格斯看来都是有问题的。他严格的判断最终表

---

① 《马克思恩格斯文集》第9卷，北京：人民出版社2009年版，第9页。
② 同上。
③ 《马克思恩格斯全集》第19卷，北京：人民出版社1963年版，第51页。

述为：

> 如果他不把自己对烟草、猫和犹太人的厌恶作为普遍适用的规律强加给包括犹太人在内的全人类，他就不能制造出这套现实哲学。他对别人采用的"真正批评的观点"，就在于固执地把别人从来没有说过的、而是杜林先生一手炮制的东西硬加给别人。他在生活的价值和生活享乐的最好方法这类庸俗题目上所调制的施给乞丐的稀汤，充满了庸人气味，这说明他为什么对歌德的浮士德义愤填膺。①

关于政治经济学，恩格斯将争论的焦点集中在杜林对这门学科主题的规定，他对生产与分配的关系、暴力理论、价值论的理解以及对资本和剩余价值的解读上。恩格斯特别驳斥了杜林关于暴力应当被视为经济过程和经济现象的真正原因的论断，以及如果人们同意将正义作为取代暴力的秩序准则，则当代的经济冲突是可以避免的。

在这个语境中，他强烈反对杜林对价值的片面看法。这包括诸如商品价值主要由两部分组成，一部分是包括劳动力在内的"生产价值"，另一部分是手持利剑强加的附加税，即强制的"分配价值"。

面对这种分歧，凯里和皮埃尔·蒲鲁东在一定程度上吸收了杜林的价值理论构想，恩格斯讽刺地评论道：

> 现在读者可以从杜林先生向我们提供的五种价值中选择自己最喜欢的那一种了：来自自然界的生产价值，或人的劣根性所创造的分配价值，其特点在于它是按照并非自身所包含的力的花费来计量的，或第三，由劳动时间计量的价值，或第四，由再生产费用计量的价值，或最后，由工资计量的价值。真是丰富的选择，十足的混乱，我们只好和杜林先生一起喊叫"价值学说是经济学体系的纯洁性的试金石"！②

---

① 《马克思恩格斯文集》第9卷，北京：人民出版社2009年版，第152页。
② 同上书，第204页。

应当强调的是，与杜林的这种论战为恩格斯更精确地表述并强化马克思在重要的哲学问题、政治经济学问题和历史学概念方面的研究计划提供了机会。从这个角度说，《反杜林论》在后来的马克思主义教育传统中起到了重要作用。

特殊情况

什么是我们在这里要考虑的特殊情况的起点呢？在与杜林的经济学论战语境中，恩格斯和马克思的看法是，评论杜林对政治经济学史上第一次科学表述的批判是必不可免的。

这个断言，对马克思经济学理论的大规模攻击，特别是对他的价值论、剩余价值理论、资本和财产理论的批判，以及对被马克思视为他研究计划的重要来源的经济学家、哲学家和社会理论家诸如李嘉图、黑格尔、欧文、圣西门和傅里叶等的观点的争论，主要体现在《国民经济与社会主义批判史》一书中。因此，例如，在该书第二版中，杜林说，"对所有领域的历史的深入阐述，确实是对仍然需要被书写的同样新颖部分的表述，而科学与文化的裂隙是由当前的企业来填充的"。顺便指出，杜林对这个事实毫不质疑，即他关于理论史只是对将由他实现的经济学理论中的革命的进一步有说服力的论据这个描述，就像"对思想史的陈述，其中成功与失败都得到表述并被区别对待，它不仅被用于表达最高度发达的当代体系，而且传递着关于这种基础重建的正当性的更彻底的证据"[①]。

在他们合著政治与科学著作的过程中，马克思与恩格斯达成了共识，马克思应该审阅《批判史》。他关于经济学思想史的深厚知识是理想的前提条件。1877年3月，他给恩格斯寄送了他手稿的第一部分也是较大的一部分——《杜林〈经济学批判史〉论述》。几个月之后，在这一年8月，又寄去手稿的第二部分。这部分专门致力于研究法国重农

---

① Dühring, E., *Kritische Geschichte der Nationalökonomie und des Socialismus*, 2 Auflage, Leipzig, 1875, pp. 1-2.

主义者和弗朗斯瓦·魁奈的经济表。马克思这篇论述的主要部分被命名为《〈批判史〉论述》，作为《反杜林论》第二编第十章，在那时被发表了。恩格斯衷心感谢马克思在《〈批判史〉论述》中所做的大量基础工作，进而评论道，"这超过我在这个领域里把这个家伙驳得体无完肤的需要"。①

他们的写作历史表明，马克思的两部较长的手稿是先于《〈批判史〉论述》写作的：《〈批判史〉论述》自身的最初两部分手稿在先，其次是早期经济学思想家的重要论述和来自魁奈和尼古拉·博多对《经济表》进行评论的研究资料。② 这一事实表明，在思想史领域，马克思与杜林展开的论战是极其严肃的。这也表明这个事实，他专门查阅并分析了当时的经济学说史评论，并在大英博物馆的图书馆中钻研了大量文本，因此对他的1861—1863经济学手稿做了一定的补充。

《〈批判史〉论述》表明，马克思提出他对《批判史》主要是对杜林的"历史眼光的广博远大"的"几个惊人的例子"的考察结论。③ 在这里，他特别聚焦了四个问题域。一是对经济科学产生和政治经济学形成并展开论述的时间和原因的研究。在这里，马克思精确地批判了杜林的经济学理论观点是一种"非常现代的现象"，基本上"完全没有先驱者"。④ 他从《资本论》和《〈政治经济学批判〉序言》的角度对此进行反驳，政治经济学得到了发展，并变成专门研究资本生产周期的一门独立的科学。他因此特别将配第和布阿吉尔贝尔视为个人的停顿和出发点。杜林的观点即"高级经济学只是随着资产阶级科学在其古典时期结束之后所发生的可怜的流产才开始的"⑤ 在这里遭到批判地反驳。

二是马克思自己研究了价值和货币理论问题（在这里，他没有对剩余价值和各种关于他的表现形式作出任何评论）。他特别提到了配第、

---

① 《马克思恩格斯全集》第34卷，北京：人民出版社1972年版，第38页。
② 参见 Vollgraf, C. E., "Marx's Randnoten zu Dührings 'Kritische Geschichte der Nationalökonomie'", *Marx – Engels – Jahrbuch* 8, Berlin, 1985, p. 234.
③ 《马克思恩格斯选集》第3卷，北京：人民出版社1995年版，第605页。
④ 同上书，第572页。
⑤ 同上书，第573页。

洛克和诺斯的劳动价值论和货币理论著作。他在这里的批判直指杜林对他们的低估。

三是对一些经济学家——配第、洛克、诺斯和休谟的历史分类的讨论。例如，杜林对配第的评论，他认为后者的思维中具有"相当轻率的记述"，他认为可以察觉到，配第"对于概念的内部的和更精细的区别缺乏理解"①，马克思大体来说与他观点一致。就配第关于价值和使用价值、关于劳动价值决定商品和货币价值的理论观点来说，马克思将他描述为"现代政治经济学的创始人"，并强烈反对配第的思想"在真正的政治经济学史上不占任何地位"。② 杜林认为休谟是政治经济学的真正入口这个事实激发了马克思对休谟以及休谟与杰科布·范德林特之间关系作进一步研究③。特别需要提到的是休谟的货币理论，他在被誉为生产力引擎的重商主义领域享有盛名，马克思得出与苏格兰学者一致的观点，"尽管杜林先生给休谟以特许证，休谟在政治经济学领域中也还是一位值得尊重的人物，但是在这里，他不能被认为是有创见的研究者，更不是划时代的人物"。④

四是杜林对法国重农主义及魁奈《经济表》的评价吸引了他的特别关注。杜林将重农主义描述为"一种纯粹理论思辨的代表"，谴责他们为"武断的解释"，指责他们为"不确定的晦暗"⑤，并认为在《经济表》中"除了混乱和武断的概念以及故作神秘的描述外，简直一无是处"，但是马克思却不敢苟同。他不仅清晰地表明杜林几乎没有理解由魁奈发展的再生产模式，还指出《经济表》"对年度再生产过程所作的简单的、在当时说来是天才的说明"⑥，已经非常清晰地展现了资本生产的一般逻辑和基本架构。

---

① 《马克思恩格斯文集》第9卷，北京：人民出版社2009年版，第244页。
② 《马克思恩格斯选集》第3卷，北京：人民出版社1995年版，第577、580页。
③ 同上书，第584页。
④ 《马克思恩格斯文集》第9卷，北京：人民出版社2009年版，第255页。
⑤ Dühring, E., *Kritische Geschichte der Nationalökonomie und des Socialismus*, 2 Auflage, Leipzig, 1875, pp. 97–98.
⑥ 《马克思恩格斯选集》第3卷，北京：人民出版社1995年版，第602页。

在《〈批判史〉论述》中体现的马克思揭露杜林的这种形式证实了这个事实：这里没有对思想史作任何有目的的处理。马克思经过充分考虑后，才从例证入手与杜林的历史观进行论战。此外，由于他致力于完成自己的理论史纲要——《剩余价值理论》，这个计划显然没有在与杜林争论时抛出他所有重磅的科学成果中启动。福尔格拉夫客观地评论道，"马克思在这一点上决定性地预先准备他的理论史研究，但仍然未能有足够的根据对杜林的历史叙述进行合理地批判"。① 这在马克思写给恩格斯的一封信中得到了证实，他还不想将在科学史中对重农主义者的分类这一观点"直接告诉这个人"。"在我有可能详细阐明这个观点之前，完全明确地把它讲出去，那就会被形形色色的下流作家接过去并加以歪曲"。②

最后陈述

80年代和90年代是马克思、恩格斯与杜林论战的第三和最后一个阶段。这个阶段的特征是，仅仅偶然、孤立地提到杜林的著作和思想。马克思和恩格斯没有对此作进一步系统地大规模地研究，也没有提到对杜林的评论视角的变化。似乎也没有谈及杜林思想的进一步发展。

在1885年编辑的《反杜林论》第二版的语境中，恩格斯写道："本书所批判的对象现在几乎已被遗忘"。③ 在恩格斯对杜林《批判史》第三版④的驳斥中才能见到他提及杜林的成就，对后面这本书他写道："杜林先生针对我的论战所写的东西，我没有看过，而且如无特殊的必要，也不想去看；我在理论上对他的清算已告结束"。⑤ 柏林大学下达的对他的教学禁令是对他的羞辱和惩罚，他补充道："况且，杜林

---

① Vollgraf, C. E., "Marx's Randnoten zu Dührings 'Kritische Geschichte der Nationalökonomie'", *Marx-Engels-Jahrbuch* 8, Berlin, 1985, p. 247.
② 《马克思恩格斯全集》第34卷，北京：人民出版社1972年版，第40页。
③ 《马克思恩格斯文集》第9卷，北京：人民出版社2009年版，第10页。
④ Dühring, E., *Kritische Geschichte der Nationalökonomie und des Socialismus*, 2 Auflage, Leipzig, 1879.
⑤ 《马克思恩格斯文集》第9卷，北京：人民出版社2009年版，第12页。

先生后来遭到柏林大学卑劣的、不公正的对待,我对他更应当遵守文字论战的道义准则"。①

马克思在1880年5月为恩格斯的《社会主义从空想到科学的发展》法文版撰写的前言中第一次提及杜林②,指出杜林的政治和新闻著作引起了恩格斯的关注,并撰写了一系列讽刺文章发表在《前进报》上。

后来,仅有恩格斯的一些评论。因此,他在1882年9月写给伯恩施坦的信中指出,他计划与斐迪南·拉萨尔进行论战,他说:"我由于《反杜林论》一书曾遭遇过不愉快的事情……现在我不能再一次遭遇这种事情了"。③他在这里提到了1877年5月德国社会主义工人党哥达代表大会的事件,约·莫斯特企图阻止恩格斯的《反杜林论》继续在《前进报》发表。1889年1月,恩格斯对德国的大学强制执行教学禁令以羞辱作者的行为表达了愤慨,因此也特意提到了杜林。1890年10月,恩格斯评论了社会民主党记者保尔·恩斯特在一篇题为《马克思主义的危险》的文章中表达的观点,在论及恩斯特的作为时,他得出了这样的结论——"他直截了当地重复他从形而上学者杜林那里学来的荒谬论断……这个人竟能把杜林这样的敌人对马克思理论所作的歪曲同这个理论本身混为一谈,让别人去帮助他吧,我可不会。"④

恩格斯在1892年最后一次提到杜林。在为他的小册子《空想社会主义和科学社会主义》——包括《反杜林论》中的三章——英文版所写的导言中,恩格斯为外国读者专门介绍了写作这几章的历史背景——使他和马克思认为"我们必须应战,把斗争进行到底"⑤。这篇文章清晰地解释道,与杜林论战的内容和立意在很大程度上是出于在德国的土地上汇聚和形成的工人运动的政治需要,"不仅力量大增,而且更重要的是能够全力以赴地对付共同的敌人。德国社会党正在很

---

① 《马克思恩格斯文集》第9卷,北京:人民出版社2009年版,第12页。
② 《马克思恩格斯文集》第3卷,北京:人民出版社1995年版,第689页。
③ 《马克思恩格斯全集》第35卷,北京:人民出版社1971年版,第356页。
④ 《马克思恩格斯全集》第22卷,北京:人民出版社1965年版,第97—98页。
⑤ 《马克思恩格斯选集》第4卷,北京:人民出版社1995年版,第695页。

快成为一股力量。"① 在这种环境下，杜林的哲学和经济学观点、他对新的社会计划的建议、他对马克思的批评以及他的政治活动都不可避免地显现出威胁和对立——因而遭到了攻击。在这里不是要寻求可能有的共同立场或联系点，而是要指出绝对的分水岭、明确的成就和最终的话语权。

恩格斯的论文集——1892年6月被译成德语并以独立的题目"论历史唯物主义"公开出版——不单单是从马克思主义创始人的角度进一步将目光投向他们与杜林论战的背景。同时，他们圆满地结束了在19世纪德国思想史上长达25年的这段特殊时期。

---

① 《马克思恩格斯选集》第4卷，北京：人民出版社1995年版，第695页。

附录 II 延伸阅读书目

一 中文文献资料

1. 《马克思恩格斯全集》第 18 卷,北京:人民出版社 1964 年版。
2. 《马克思恩格斯全集》第 19 卷,北京:人民出版社 1963 年版。
3. 《马克思恩格斯全集》第 20 卷,北京:人民出版社 1971 年版。
4. 《马克思恩格斯全集》第 21 卷,北京:人民出版社 1965 年版。
5. 《马克思恩格斯全集》第 22 卷,北京:人民出版社 1965 年版。
6. 《马克思恩格斯全集》第 30 卷,北京:人民出版社 1974 年版。
7. 《马克思恩格斯全集》第 31 卷,北京:人民出版社 1972 年版。
8. 《马克思恩格斯全集》第 34 卷,北京:人民出版社 1972 年版。
9. 《马克思恩格斯全集》第 35 卷,北京:人民出版社 1971 年版。
10. 《马克思恩格斯全集》第 36 卷,北京:人民出版社 1974 年版。
11. 《马克思恩格斯全集》第 44 卷,北京:人民出版社 2001 年版。
12. 《马克思恩格斯文集》第 5 卷,北京:人民出版社 2009 年版。
13. 《马克思恩格斯文集》第 9 卷,北京:人民出版社 2009 年版。
14. 《马克思恩格斯选集》第 2 卷,北京:人民出版社 1995 年版。
15. 《马克思恩格斯选集》第 3 卷,北京:人民出版社 1995 年版。
16. 《马克思恩格斯选集》第 4 卷,北京:人民出版社 1995 年版。
17. 《列宁全集》第 14 卷,北京:人民出版社 1988 年版。
18. 《列宁全集》第 18 卷,北京:人民出版社 1990 年版。
19. 《列宁专题文集(论马克思主义)》,北京:人民出版社 2009 年版。

20. 恩格斯:《反杜林论》,吴黎平译,北京:三联书店 1951 年版。
21. 恩格斯:《反杜林论》,吴黎平译,北京:人民出版社 1956 年版。
22. 《毛泽东文集》第 7 卷,北京:人民出版社 1999 年版。
23. 〔匈〕卢卡奇:《历史与阶级意识》,杜章智、任立、燕宏远译,北京:商务印书馆 1992 年版。
24. 〔德〕弗里德里希·尼采:《权力意志——重估一切价值的尝试》,张念东、凌素心译,北京:商务印书馆 1991 年版。
25. 〔德〕曼·克利姆:《恩格斯文献传记》,中央编译局译,长沙:湖南人民出版社 1985 年版。
26. 〔美〕保罗·托马斯:《马克思主义与科学社会主义》,王远河、王克军译,南京:江苏人民出版社 2011 年版。
27. 〔美〕悉尼·胡克:《对卡尔·马克思的理解》,徐崇温译,重庆:重庆出版社 1989 年版。
28. 〔美〕特雷尔·卡弗:《马克思与恩格斯:学术思想关系》,姜海波、王贵贤等译,北京:中国人民大学出版社 2008 年版。
29. 〔美〕赫伯特·马尔库塞:《苏联的马克思主义——一种批判的分析》,张翼星、万俊人译,北京:中国人民大学出版社 2012 年版。
30. 〔苏〕Л.伊里契夫:《论〈反杜林论〉》,胡世凯等译,北京:五十年代出版社 1953 年版。
31. 〔苏〕列·阿·列文,《马克思恩格斯著作的发表和出版》,北京:生活·读书·新知三联书店 1976 年版。
32. 〔英〕戴维·麦克莱兰:《马克思以后的马克思主义》,林春、徐贤珍等译,北京:东方出版社 1986 年版。
33. 《恩格斯和马克思主义》编写组:《恩格斯和马克思主义》,北京:中国人民大学出版社 1985 年版。
34. 《卢森堡文选》上卷,北京:人民出版社 1984 年版。
35. 北京图书馆马列著作研究室编:《马克思恩格斯著作中译文综录》,北京:书目文献出版社 1983 年版。
36. 崔伟奇、翟俊刚编著:《〈反杜林论〉导读》,北京:中国民主法制出版社 2012 年版。
37. 高清海主编：《马克思主义哲学名著评介》，长春：吉林大学出版社 1989 年版。
38. 宫玉宽主编：《〈反杜林论〉哲学编教程》，北京：中央民族大学出版社 2007 年版。
39. 胡大平：《回到恩格斯：文本理论和解读政治学》，南京：江苏人民出版社 2011 年版。
40. 黄楠森等主编：《马克思主义哲学史》第 3 卷，北京：北京出版社 1991 年版。
41. 黄仲池：《〈反杜林论〉与当代中国的马克思主义》，北京：中共党史出版社 1997 年版。
42. 金鉴康等著：《〈反杜林论〉与现时代》，武汉：湖北人民出版社 2002 年版。
43. 乐燕平、曹玉文、金羽编写：《〈反杜林论〉（哲学编）解说》，石家庄：河北人民出版社 1987 年版。
44. 梁家珍编：《恩格斯与伯恩施坦通信集（1879—1895 年）》，北京：人民出版社 1982 年版。
45. 鲁克俭：《国外马克思学研究的热点问题》，北京：中央编译出版社 2006 年版。
46. 罗郁聪、苏振富：《〈反杜林论〉研究》，济南：山东人民出版社 1990 年版。
47. 马云鹏：《〈反杜林论〉研究与当代改革开放》，北京：北京出版社 1993 年版。
48. 全国《反杜林论》研究会编：《〈反杜林论〉研究文集》，哈尔滨：黑龙江人民出版社 1984 年版。
49. 叶卫平：《西方"马克思学"研究》，北京：北京出版社 1995 年版。
50. 殷叙彝编：《伯恩斯坦文选》，北京：人民出版社 2008 年版。
51. 雍桂良等：《吴亮平传》，北京：中央文献出版社 2009 年版。
52. 中央编译局编译：《回忆恩格斯》，北京：人民出版社 2005 年版。

53. 中央编译局国际共运史研究室编：《研究〈反杜林论〉参考史料》，北京：生活·读书·新知三联书店 1980 年版。
54. 朱传启、曹玉文、马云鹏、曹林：《马克思恩格斯哲学思想比较研究》，郑州：河南人民出版社 1995 年版。
55. 朱传棨：《恩格斯哲学思想研究论稿》，北京：人民出版社 2012 年版。

二 外文文献资料

1. А. И. Володин, «Анти–Дюринг» Ф. Энгельса и общественная мысль России 19 века, М. : Издательство «Мысль», 1978.
2. А. В. Тренин, Произведения Энгельса. *БСЭ*, т. 64. М. , 1934.
3. В. Адоратский, О работах Энгельса и их издании. Стенограмма доклада, сделанного на торжественном заседании, посвященном 40 – летней годовщине со дня смерти Энгельса. «*Пролетаская революция*», 1935, № 6.
4. В. Кружков, Фридрих Энгельс и его литературное наследство. «*Большевик*», 1945, № 14.
5. В. Шульгин, «Анти–Дюринг» в России 70 – х годов, *Звенья*, Ⅷ, М. , 1950.
6. Г. А. Багатурия, Володин А. И. «Анти–Дюринг», *БСЭ*, изд 3 – е, т. 2, М. , 1970, стб. 200-202.
7. Г. И. Мартынова, К 80 – летию произведения Ф. Энгельса «Анти–Дюринг», «*Информ. – метод. Бюллетень библиотеки (Ин – т марксизма – ленинизма при ЦК КПСС)*», № 3, 1959.
8. К. Маркс, *Ф. Энгельс и революционная Россия*, М. : Политиздат, 1967.
9. Л. Левин, Библиотека к 40 – летию со дня смерти Фридриха Энгельса. «*Красный библиотекарь*», 1935, № 7.
10. Л. А. Левин, *Библиография произведений К. Маркса и Ф. Энгельса*, М. : Госкультпросветиздат, 1948.

11. Ни - т марксизма - ленинизма при ЦК КПСС, *Энгельс—Теоретик*, М. : Политиздат, 1970.

12. О. Калекина, *Издание марксистской литературы в России конца 19 в.* М. : Госполитиздат. , 1957.

13. П. Шморгун, Издание и распространение произведений Маркса и Энгельса на Украине. «*Коммунист Украины*», 1960, № 11.

14. Произведения Ф. Энгельса на татарском языке. «*Коммунист Татарии*», 1960, № 11.

15. Редголлегия: Л. Ф. Ильичев и др. «*Анти - Дюринг*» *Ф. Энгельса и современность*, М. : Издательство «Мысль», 1978.

16. Царская цензура о произведениях Энгельса. «*Историк-марксист*», 1935, № 8 - 9.

17. Ю. П. Шарапов, *Ленин как читатель*, М. : Издательство политической литературы, 1983.

18. F. Jameson, *Valences of the Dialectic*, London: Verso Books, 2010.

19. David McLellan, *Engels: The Only Concise Guide to His Life and Work*, Harvester Press Limited, 1977.

20. Christopher J. Authur (ed.), *Engels Today: A Centenary Appreciation*, New York: St. Martin's Press, 1996.

21. Günter Krause, "Eugen Dühring in the perspective of Karl Marx and Friedrich Engels", *Journal of Economic Studies*, 2002: (29).

22. Peter R. Senn, Do Dühring's Tribulations Have any Lessons for us Today?, *Journal of Economic Studies*, 2002: (29).

后　记

　　恩格斯在《反杜林论》中表述的有关唯物辩证法和历史观的一些名言是马克思主义哲学原理的主要文献来源之一，也是我们最初接触到的哲学话语，这些话语在很大程度上以辩证唯物主义的面貌影响青年的内心世界。那些初步理解哲学的青涩岁月，想来已经15年有余。后来，在我探究马克思主义哲学史的重要思想路标，理解马克思主义哲学在中国的百年传播历程的过程中，曾多次重读《反杜林论》中的重要段落，每每对马克思主义哲学的特质也有新的认识。2011年，因主持中央编译局社科基金项目"恩格斯《反杜林论》研究"，我有机会完整而系统地重读恩格斯130多年前出版的这部经典文本，研究多年来国内外学界对该文本的诸多解读结论，也有了一些新的理解。

　　目前摆在读者面前的这部书由导论、历史考证、研究状况、当代解读、经典著作选编和附录组成。我试图在梳理《反杜林论》的创作背景及写作过程，简要考证《反杜林论》版本流传史的基础上，分析国内外学者对该文本的解读结论，进而解读《反杜林论》的主要内容，并在互文解读中理解恩格斯对社会主义的"科学"规定，研究其中体现的哲学和政治经济学思想要义。为了便于读者阅读，本书选编了《反杜林论》的三篇序言、哲学编全编、政治经济学编第一至四节"暴力论"部分以及社会主义编第二节"理论"部分，同时附录了国外学者研究《反杜林论》的五篇文献。希望这些文献有助于读者对恩格斯思想的理解，而对国外学者的一些解读结论，相信各位读者会以历史唯物主义的方式加以辩证借鉴。

　　本书得以付梓，首先要感谢中央编译局社科基金项目各位评审专家

后　记

的信任，在写作过程中，笔者就相关理论问题请教了顾锦屏教授和李惠斌教授，他们细心的指点令我深受启发。感谢中央编译局俄文专家凤玲女士帮我查找了很多俄文资料，与她多年的交往始终让我感到友情的温暖。感谢中央编译局研究室的全体同仁对我学术研究的理解和支持，胡长栓教授对如何研究马克思主义哲学提出了很多独到见解，王静和詹珩翻译了附录中的《卡尔·马克思和弗里德里希·恩格斯视野中的欧根·杜林》一文。还要感谢中央编译局张远航副研究馆员提供的有关《反杜林论》在中国传播的资料，以及感谢中央编译局郑锦老师帮助我联系扫描相关资料。此外，感谢中央编译出版社李媛媛编辑所作的大量认真细致的编辑工作。书中部分内容此前曾发表在《学习与探索》、《党政干部学刊》和《北京行政学院学报》，在此向编发拙文的高云涌老师、姚黎君老师和童萍老师致谢。最后感谢我的爱人臧峰宇博士，他帮我搜集了很多英文研究资料和图片，并与我合写了本书的最后一章，多年来的思想交流和学术探讨，让我们更好地读懂彼此，也早已成为我们的生活习惯。

《反杜林论》是一部体现宽广视域和深远立意的经典著作，笔者在书中所作的解读还只是一些初步的探索，对很多问题的阐释还要在今后进一步展开。书中的阐述和解读如有不妥之处，欢迎各位读者批评指正。

姚颖
2013 年 12 月 31 日
于京郊寓所

图书在版编目（CIP）数据

恩格斯《反杜林论》研究读本／姚颖编著．
—北京：中央编译出版社，2014.12
（马克思主义经典著作研究读本／杨金海　李惠斌主编）
ISBN 978-7-5117-2483-0

Ⅰ.①恩…
Ⅱ.①姚…
Ⅲ.①《反杜林论》-恩格斯著作研究
Ⅳ.①A811.24

中国版本图书馆 CIP 数据核字（2014）第 309533 号

恩格斯《反杜林论》研究读本

出　版　人：刘明清
责任编辑：李媛媛
责任印制：尹　珺
出版发行：中央编译出版社
地　　址：北京市西城区车公庄大街乙5号鸿儒大厦B座
电　　话：（010）52612345（总编室）　　（010）52612336（编辑室）
　　　　　（010）52612316（发行部）　　（010）52612317（网络销售）
　　　　　（010）52612346（馆配部）　　（010）55626985（读者服务部）
传　　真：（010）66515838
经　　销：全国新华书店
印　　刷：北京汇林印务有限公司
开　　本：720 毫米×1020 毫米　1/16
字　　数：271 千字
印　　张：22
版　　次：2014 年 12 月第 1 版第 1 次印刷
定　　价：77.00 元

网　　址：www.cctphome.com　　邮　　箱：cctp@cctphome.com
新浪微博：@中央编译出版社　　微　　信：中央编译出版社（ID：cctphome）
淘宝网店：编译出版社书店（http：//shop108367160.taobao.com）

本社常年法律顾问：北京市吴栾赵阎律师事务所律师　闫军　梁勤
凡有印装质量问题，本社负责调换，电话：（010）55626985